DER KOSMOS IM GARTEN

WOLF
DIETER
STORL

DER KOSMOS IM GARTEN

Gartenbau nach biologischen Naturgeheimnissen als Weg zur besseren Ernte

at VERLAG

Gott segne mir den Mann
In seinem Garten dort! Wie zeitig fängt er an,
Ein lockres Bett dem Samen zu bereiten!
Kaum riss der März das Schneegewand
Dem Winter von den hagern Seiten,
Der stürmend floh und hinter sich aufs Land
Den Nebelschleier warf, der Fluss und Au
Und Berg in kaltes Grau
Versteckt, da geht er ohne Säumen,
Die Seele voll von Ernteträumen,
Und sät und hofft.

Johann Wolfgang von Goethe

Dieses Buch ist eine vollständig überarbeitete und erweiterte Neuausgabe des 1982 erstmals im Verlag Hermann Bauer, Freiburg i. Br., erschienenen Werks »Der Garten als Mikrokosmos«.

6. Auflage, 2022

AT Verlag AG, Aarau, Schweiz
Gestaltung und Satz: AT Verlag, Aarau
Illustrationen: Sarah Winter, Hamburg
Fotos: Lisa Storl
Druck und Bindearbeiten: Graspo, CZ, a.s.
Printed in Czechia

ISBN 978-3-03902-154-3

Der AT Verlag wird vom Bundesamt für Kultur für die Jahre 2021–2024 unterstützt.

INHALT

VORWORT

Gärten bekommt man wie Kinder:
Beides sind Früchte der Liebe.
Max Mezger

Zurzeit schwimmt die Weltwirtschaft in Öl. Neue Quellen werden in den Staaten der ehemaligen Sowjetunion und in Afrika erschlossen. Die Verschwendung kann weitergehen. In den Siebzigerjahren gab es die Ölkrise. Das Öl wurde knapp, und die Ökonomen gaben sich um die Weltwirtschaft besorgt. Plötzlich stand das boomende amerikanische Agrobusiness und überhaupt die auf fossilen Brennstoffen basierende, technokratische Landwirtschaft – trotz fantastischer Überschussproduktion – gar nicht mehr in einem so guten Licht da. Pestizide, Kunstdünger, Maschinenparks, Kühllagerung und die endlosen Transportwege in die Supermärkte wurden nicht nur als Umweltzerstörer, sondern auch als Energieverschwender erkannt. Die bange Frage kam auf: Wie soll sich die Menschheit in einigen Jahrzehnten ernähren, wenn es so weitergeht? Man suchte nach neuen Energiequellen und beauftragte Ethnologen und Kulturanthropologen, die unterschiedlichen Landwirtschaftssysteme unter die Lupe zu nehmen und bezüglich ihres Energieverbrauchs zu untersuchen. Die in diesem Zusammenhang erstellten »Energie-Input/-Output-Studien« hielten eine Überraschung bereit. Wenn man den Energie-Input (in Kilokalorien quantifiziert) mit dem Output verglich, zeigte sich, dass die industrialisierte Landwirtschaft bis zu zehnmal mehr Energie verbraucht, als sie erzeugt. Allein der Transport der Nahrungsmittel benötigt mehr Energie, als diese selbst enthalten. Am besten schnitt die traditionelle chinesische Landwirtschaft ab: Sie beruht vor allem auf einer effizienten, arbeitsintensiven gartenbauähnlichen Praxis. Durch hervorragende Nutzung der Sonnenenergie (Photosynthese) erzeugt sie zweieinhalbmal so viel Kalorien, wie sie verbraucht (Allaby/Allen 1974: 39).

Zu beantworten war auch die Frage, wie es mit der traditionellen europäischen Landwirtschaft steht. Um dies zu erforschen, verließ ich mein College in Oregon und machte mich auf den Weg ins Emmental in der Schweiz, zu einem Hof, auf dem man noch die Kühe von Hand melkte, mit dem Pferdegespann pflügte und eggte, das Gras meist noch mit der Sense mähte, wo im Winter das Holz im Wald geschlagen wurde und die Bäuerin noch ihr eigenes Brot im Holzofen backte, den Gemüsegarten und die Hühner von Hand besorgte. Auf diesem Hof lernte ich, was »chrampfe« und »dürehebe« bedeutet. Ich war Knecht, gerade so, wie es bei Gotthelf beschrieben wird, und meine Frau war Magd. So hart hatten wir noch nie gearbeitet, so gesund waren wir aber auch seit Langem nicht gewesen. Den in Zahlen umgerechneten Kalorienverbrauch – wie viel wurde gegessen, wie viel fraßen die Tiere, wie viel Strom und Sprit wurden verbraucht – notierte ich so sorgfältig wie möglich und verglich ihn mit dem Energiegewinn, der durch Holzfeuer und Landwirtschaftsprodukte erzeugt wurde.

Jeden Donnerstag zog ich Anzug und Schlips an und nahm den Zug nach Bern, um am Institut für Ethnologie eine Vorlesung zum Thema »Kulturökologie« zu halten. Für den Bauern hätte ich ebenso gut in ein Ufo steigen können; die Verwandlung passte einfach nicht in seine Auffassung der Realität. Sicherlich wussten auch die Studenten nicht, was sie von mir halten sollten, immer erschöpft von der harten Arbeit und nach Kuhdung riechend. Zur Erholung und Entspannung ging ich in die nächstgelegene Buchhandlung. Ich las zwar nichts, sondern blätterte nur wahllos in den Büchern. Ein charmanter Jungverleger, der dort arbeitete, sprach mich dabei an: »Sicherlich haben Sie ein interessantes Manuskript für meinen Verlag.« Nein, das hatte ich beileibe nicht! Für Schriftstellerei hatte ich sowieso keine Zeit. »Machen Sie doch einmal, was Ihnen wirklich Spaß macht!«, beschwor er mich das nächste Mal. Und da es mir inzwischen vor den trockenen Zahlentabellen der Input-Output-Studien grauste, begann ich über das zu schreiben, was mir mehr am Herzen lag: über naturnahes Gärtnern, wie ich es einige Jahre zuvor in einem biodynamischen Garten gelernt hatte; von dem Garten, in dem ich unverhofft ins Reich der Heinzelmännchen gestolpert war, wo die Natur meine Seele wieder mit Licht erfüllt hatte und wo die Beklemmung, das Gefühl der Entfremdung, das sich notwendigerweise durch die anerzogene kalte, objektive Sichtweise einstellt, von mir abgefallen war. Das Buch zu schreiben, war eine Entscheidung des Herzens, nicht des berechnenden Verstandes. Und so kam das Buch »Der Garten als Mikrokosmos« zustande, dessen aktualisierte Neuauflage hier vorliegt.

Als von einer Neuauflage die Rede war, wurde mir bewusst, wie viel Wasser inzwischen die Aare hinabgeflossen war. Im Gärtnern und in der Landwirtschaft haben Veränderungen stattgefunden, auf die es einzugehen gilt. Auch die mit Fremdwörtern gespickte akademische Spitzfindigkeit galt es abzulegen, ebenso wie das viel zu schwere, überflüssige, esoterisch-metaphysische Gepäck. Dazu gehört auch die Alchemie. So bildhaft und bunt die Alchemie auch ist, sie setzt voraus, dass die Schöpfung unvollkommen, mangelhaft und hilfsbedürftig ist. Es bedarf des Adepten, des Eingeweihten, der aus seinem überlegenen Wissen heraus die Natur verbessert, sie zur Vollendung führt. Dies schmeichelt nicht nur dem Ego, sondern ist auch ein Aufruf zur Manipulation, zum »Machen«. Begegnungen mit traditionellen Stämmen, deren Grundsatz es ist, in Harmonie mit der beseelten Natur zu leben, und das Studium der Weisheiten der Upanischaden haben in mir inzwischen die Überzeugung reifen lassen, dass die Natur keiner Verbesserung bedarf, keine noch so gut gemeinte Manipulierung braucht. Sie ist göttlich, ohne Fehler. Kosmische Weisheit durchflutet sie. Es ist unser Verstand, verdüstert durch egoistische Bedürfnisse, der mangelhaft ist und der Läuterung bedarf. Wenn wir still werden und der weisen Natur, der Göttin, lauschen, dann wird sie uns inspirieren, und wir werden das Richtige tun.

Noch immer gärtnere ich mit unverminderter Freude. Nur ist der Garten inzwischen – wie auch ich selbst – ein anderer geworden. Er ist wilder geworden. Noch immer messe ich die Beete für das Gemüse sorgfältig aus, pflanze und säe zur rechten Zeit, mulche im Sommer und streue die Holzasche aus dem Herd im Winter auf die schneebedeckten Beete. So ist es möglich, die Familie das ganze Jahr mit gutem, naturbelassenem Gemüse und Kartoffeln zu versorgen. Aber, wie gesagt, der Garten ist wilder geworden, seine Grenzen sind schwerer auszumachen. Er hat keinen Zaun, der ihn einhegt. Auf der einen Seite geht er unmittelbar in Sumpfland über. Da habe ich Rohrkolben und Wassernuss angebaut, da wuchern Bachehrenpreis, Wasserkresse und Sumpfweidenröschen, da schwimmt die grüne Wasserlinse – alles wertvolle Wildgemüse, die in einer Zeit denaturierter Lebensmittel wichtig sind; da habe ich Fieberklee, Helmkraut und Kalmus gepflanzt, wertvolle Heilmittel für jene, die der seelenlosen Apparatemedizin misstrauen; im Morast leben Frösche, Kröten,

Erbsen schmecken gut und schonen den Boden.

Salamander, die nachts mitunter im Garten spazieren gehen und das heilsame Naturgleichgewicht erhalten helfen. Gelegentlich singen sogar die Unken ihre zarten elfenhaften Lieder.

Rund um den Garten wuchern die Brennnesseln, zwischendrin Haselsträucher, Obstbäume, Essigbäumchen – die Indianer brauten aus den sauren roten Beeren eine vorzügliche »Limonade« und aus der Rinde ein adstringierendes Wundheilmittel. Auch Himbeeren breiten sich aus, Topinampurhorste, Johannisbeeren, Elsbeeren, Brombeeren und andere Pflanzen, die man essen oder anders nutzen kann. Wo die Grenzen des Gartens sind, weiß ich nicht zu sagen. Der »Garten« verläuft sich in einer Wiese, die im Frühling blutreinigenden, entschlackenden Löwenzahn, Sauerampfer, Scharbockskraut, zarte Schafgarbenblätter, Wiesenschaumkraut und manch anderes Geschenk der Apotheke Gottes bereithält. Einige wenige Besucher stört es, dass sie nicht klar erkennen können, wo der Garten beginnt und wo er aufhört; und wenn sie denken, das sei unordentlich, dann sehen sie eben die »höhere Ordnung« nicht. Nicht ein nach unseren beschränkten Vorstellungen aufoktroyiertes Schema bezwingt hier die wilde Natur, sondern eine ihr eigene, innewohnende harmonische Gesetzmäßigkeit darf zur Geltung kommen.

»Kein Zaun? Wieso fressen die Rehe euren Garten nicht kahl? Zauberst du etwa?«, fragte ein Nachbar aus dem Tal. Nun, versicherte ich ihm, die Rehe mögen einfach nicht durch die hohen Brennnesseln laufen.

Natürlich lässt sich ein solcher »grenzüberschreitender« Garten nicht überall anlegen, sondern nur an einem abgelegenen Ort auf dem Land. Aber jeder kann, egal wo er wohnt, so naturnah und naturfreundlich wie möglich seinen Garten bestellen. Zum Glück gibt es inzwischen den Begriff »Permakultur«, mit dem man derartige wilde Gärten bezeichnen kann. Sogar in der Stadt ist solch verwegenes Gärtnern möglich.

DER GARTEN AN DER HERMETISCHEN QUELLE

Zeige mir deinen Garten,
und ich sage dir, wer du bist!
Christian Grunert

Beim Durchblättern der vergilbten Schriften der alten Alchemisten, Rosenkreuzer und Neuplatoniker tritt dem Menschen des einundzwanzigsten Jahrhunderts eine recht eigentümliche Welt vor Augen. Da wird die große Natur mit ihren Wäldern, Tieren, Meeren, Winden, Wolken und dem Sternenhimmel als ein riesengroßer Mensch gedacht. Dieser Riesenmensch hat einen von magischen Kräften durchdrungenen Leib, den wir als die sichtbare Natur wahrnehmen. Aber er hat auch eine Seele, die *anima mundi,* die fühlend, leidend, frohlockend und empfindend die Weisungen eines Weltengeistes, der hinter dem Sternenzelt wohnt, wahrnimmt und ihnen in unzähligen Formen und Gestaltungen Ausdruck verleiht. Dieser »Riesenmensch« wurde mit vielen Namen belegt, wovon *Makrokosmos* wohl der geläufigste ist.

Der Mensch wird von diesen alten Philosophen als ein getreues Spiegelbild des großen Makrokosmos angesehen, nur in ganz kleinem Format. Der Mensch ist demnach ein konzentrierter Auszug, eine Art Salzextrakt, der sämtliche Teile und jegliches Element des Großen in sich hat. Der Mensch als Mikrokosmos hat ebenso seinen kräftedurchwirkten Leib, seine wahrnehmende und fühlende Seele und einen ordnenden, individuellen Geist, der seinem Wollen und Erkennen zugrunde liegt.

Auch ein wohlgestalteter Garten besitzt alle diese Eigenschaften, auch er ist gewissermaßen ein Mikrokosmos. Obwohl ein Garten aus vielen Einzelteilen und einzelnen Lebewesen besteht, fügen sich diese doch zu einem »Organismus«, einer Individualität höherer Ordnung, zusammen. Und das nicht nur im geläufigen ökosystematischen Sinne. Schon architektonisch gestaltet der Garten sich, wie einst die Sakralbauten der alten Zivilisationen, anthropomorph, das heißt wie der Menschenleib. Man betrachte nur den Grundplan der mittelalterlichen Klostergärten, der Bauerngärten (Hauser 1976: 36) oder auch der Schrebergärten. Wie im menschlichen Körper kommt im Gartenentwurf, wenn man die Proportionen, die Längen- und Breitenverhältnisse betrachtet, der goldene Schnitt zum Ausdruck. Ein Hauptweg teilt den Garten in eine rechte und eine linke Hälfte, in denen die Beete wie Rippen liegen. Rechtwinklig durchquert ein anderer Weg den Hauptweg, sodass sich ein Kreuz formt. Hier, in der »Herzensmitte« des Gartens, findet sich oft der Brunnen, eine Kräuterspirale oder ein rundes Mandala aus bunten Blumen, oft mit Gartenzwergen, Gipsfröschen oder einer Statue des heiligen Franziskus bestückt. Kompostmieten und Jauchefässer entsprechen dem Darm und seinen Funktionen. Wie die feste Gehirnkapsel auf dem Körper befindet sich am oberen Ende des Gartens die brombeer- oder rosenumkränzte Laube oder der Geräteschuppen. Da sitzt der gestandene Gärtner in seinen Mußestunden, raucht sein Pfeifchen oder labt sich am kühlen Bier und hängt seinen Gärtnergedanken nach.

Wassertrog, Kompostplatz, Kräuterbeet, Obstbäume und Kleintierställe heben sich wie einzelne Organe aus dem harmonischen Gesamtgefüge heraus. Wie eine dicke Haut umgibt eine Hecke oder ein Zaun den Garten und trennt diese wohlgeordnete Gestaltung von dem Wirrwarr der noch undifferenzierten Natur oder schirmt sie vor der Außenwelt ab. Das Wort »Garten« bedeutete ursprünglich einen eingezäunten, kultivierten Ort (indogerm. *ghorto* = Flechtwerk, Zaun, Eingefriedetes). Der Garten stellt daher im primären Sinn den Ursprung der Kultur dar (lat. *cultura* = Pflege des Ackers, Bearbeitung, Bestellung; lat. *cultus* = Anbau und Pflege von Pflanzen, Pflege von Kunst und Unterricht, Verehrung, Kult). Es handelt sich um einen Ort, der gepflegt wird, der friedlich ist und in dem sich die kosmische Ordnung (griech. *kosmos* = Ordnung, Anstand, Schmuck) gegenüber dem wilden, wüsten Chaos (griech. *chaos* = Leere, Durcheinander, ungeformte Masse) behaupten kann. Es ist der Garten Eden, das Paradies (pers. *pardez* = Garten), der Midgard, der »Garten in der Mitte«, den die Mythen als den eigentlichen, für die Menschen bestimmten Wohnort angeben und in dessen Mitte der Lebensbaum wächst.

Der Garten besitzt Leib, Seele und Geist. Im Gartenleib findet ein reger Stoffwechsel statt: in und über dem Boden, zwischen Kleingetier und Vegetation sowie durch das Wirken des Gärtners, durch sein Gießen, Düngen und Umgraben. Man kann vom »Lebensleib« des Gartens sprechen als von einer kleinen Biozönose, einer Lebensgemeinschaft von Pflanzen und Tieren, die ihre eigene Kräftedynamik besitzt. Das Seelenelement tritt einem in den bunten Blu-

Anthropomorphe Gartengestaltung.

men, der summenden Insektenwelt, dem Vogelgezwitscher, den Würmern, Eidechsen, Mäusen und Igeln entgegen wie auch in den Gärtnerträumen, die in bunten Gipsfiguren, in Brunnen- und Beetgestaltung ihren Ausdruck finden. Der ordnende Geist strömt ebenso aus den kosmischen Rhythmen der Sonne, des Mondes und der Planeten wie aus der Vision und Planung des Gärtners.

Es ist der Gärtner, der das vom Makrokosmos, von der Natur Stammende individualisiert und dadurch den Garten zu einem Mikrokosmos macht. Der Gärtnermeister, die Bäuerin oder der alte Schrebergärtner übertragen ihre seelischen und geistigen Inhalte auf den Garten und werden zusammen mit den Naturkräften die »Eltern« dieses Gebildes. Wer nicht glaubt, dass der Gärtner seine Seeleninhalte in den Garten hineingibt, der versuche einmal, im Garten eines leidenschaftlichen Gärtners etwas Geringfügiges zu verändern, etwa einen neuen Weg anzulegen, einen Busch zu roden oder anders als erwartet umzugraben. Es ist, als verletze man diesen Menschen, als beleidige man ihn. Der Garten ist ein getreuer Spiegel dessen, der ihn gestaltet: Er spiegelt den geistigen und seelischen Zustand des Gärtners. Wer seine Seelentriebe ständig zurückdrängt, der beschneidet mit Eifer die Büsche und Bäume; wer Verdauungsschwierigkeiten hat, konzentriert sich auf Kompostierung und Schneckenbekämpfung; wer einen Sauberkeitstick hat, jätet jedes Unkraut und vergiftet jeden Käfer. Der sachlich nüchterne Praktiker pflanzt nur einfache Sorten, die gute Erträge bringen; beim Künstler wachsen oft exotische Gewächse in wirrer Vielfalt; der Offizier a.D. lässt Blumen und Gemüse wie kleine Soldaten zur Musterung in Reih und Glied antreten.

Der Garten als Spiegel des Menschen: War nicht der Klostergarten, der Hortulus, mit seinen in winzige Karrees unterteilten Beeten, in denen zwar liebevoll gepflegte, aber ökotopfremde Kräutlein aus den biblischen Ländern ihr Leben fristeten, ein Spiegel des Lebens in kargen Mönchszellen. Die dicke Mauer des Hortulus hielt Unkraut und Untier wie auch die Teufel fern. Der Garten der Renaissance mit seinen antiken Statuen und Pflanzen aus den neu entdeckten Ländern verrät die Weltoffenheit der Epoche. Anders die Gärten der Aufklärung und aus der Zeit der Inquisition: Hier wird die Natur gedemütigt und vollkommen der menschlichen Ratio unterworfen. Wie im Garten zu Versailles ist alles streng geometrisch eingeteilt, alle Wege führen zu einem Zentrum – es ist die Zeit der absoluten Herrschaft, eine Zeit, in der die Menschen das Universum als Uhrwerk begreifen und den Schöpfer als Uhrmacher. Bemerkenswert sind auch die protestantischen Pfarrgärten, die wie eine Erweiterung der Pfarrbibliothek anmuten; eingerahmt zwischen peinlichst sauber getrimmten niedrigen Buchsbaumhecken, wuchs dort manch exotisches und symbolträchtiges Gewächs.

Bemerkenswert ebenfalls die amerikanischen Gärten mit ihren großen, sorgfältig gemähten grünen Rasenflächen, auf denen Baseball gespielt und »Beef« gegrillt wird. Hinter ihnen verbirgt sich die unbewusste Sehnsucht der weißen Nordamerikaner nach den saftig grünen Weiden und Wiesen des nordwestlichen Europas, die ihre Vorfahren, oft unter Tränen, hinter sich lassen mussten. Diese materialisierten Kollektiverinnerungen verschlingen mehr Kunstdünger, als die gesamte Dritte Welt zur Nahrungsmittelerzeugung verwendet, und dazu Unmengen an Wasser. Auch der deutsche Garten, der Garten hinter dem Haus, der Schrebergarten oder die Datscha in der ehemaligen DDR verraten viel über das Seelenleben der Besitzer: Nur Spießer und Pseudointellektuelle nennen Gartenzwerge »spießig«. In Wirklichkeit versinnbildlichen sie die ätherischen Kräfte, die in der Natur wirksam sind. Sie stehen für eine Urerinnerung an ein Goldenes Zeitalter, in dem man noch mit den Elementarwesen und Elfen reden konnte. Der Garten ist Schlaraffenland, Sonntagsland. Der Himmel der keltisch-germanisch-slawischen Früheuropäer bestand aus einer blühenden Wiese, auf der einst die Götter mit den Würfeln des Schicksals spielten, den Met der Inspiration tranken und das Lebenskraft spendende Spanferkel schmatzten – nur eben sind heute die Götter zu Gipszwergen geschrumpft, das Spiel zu Skat, Jass oder Rommé und die Götterspeisen zu Bier und Bratwurst.

Es ist aber nicht nur der Garten, der vom Menschen gepflegt und gestaltet wird; der Mensch wird auch von seinem Garten beeinflusst, belehrt und »kultiviert«. Der Garten wird zum Yoga (altind. *yuga* = Joch, in das der Körper gleichsam eingespannt ist) und der Gärtner zum Yogi: Seine Hände werden breit und feinfühlig, sein Leib erstarkt, sein Gesicht wird braun und gefurcht wie die Erde selbst, und seine Arbeit, die regelmäßige Pflege der Pflanzen und Geschöpfe, ist für ihn wie ein Kult. Er arbeitet mit den irdischen Kräften zusammen und erkennt das Götterwirken auf der Erde. Er lernt Hoffnung und Geduld, wenn er pflanzt oder den Samen streut, auf die Ernte wartet, auf Regen hofft. Tiefsinnige Bilder gehen vor seinem inneren Blick auf, wenn er viele Stunden, sich rhythmisch bewegend, den Boden hackt oder Kompost schaufelt. Beim Jäten weben sich die wohlgestalteten geometrisch geformten Pflanzenrosetten wie Mandalas in sein Bewusstsein hinein. Die ruhige Arbeit lässt die Gedankenbilder wie Fische in einem Fluss vorbeiziehen, und mit der geistigen Angelrute fischt er mal diesen silbernen, mal jenen goldenen »Fisch« heraus.

In seiner meditativen Arbeit sieht der Gärtner auf die »Innenseite der Phänomene«. Das ist die trans-sinnliche und dennoch absolut wirkliche Dimension, die »Anderswelt« der Kelten, wo man das weiße Einhorn finden, die Heinzelmännchen werkeln oder Freya über taunasse Wiesen wandeln sehen kann. Letztlich sind es diese, in der gärtnerischen Meditation geschauten Wesenheiten, die dann in den Gipszwergen, Wunschbrunnen, Rehlein und Madonnenstatuen ihren physischen Ausdruck finden. Es mag kitschig erscheinen, wurzelt aber tief in den seelischen Archetypen.

In dieser »schamanischen Seite« des gewöhnlichen Gartens äußert sich die Individualität des Gartens, der Genius Loci, mit dessen Schicksal das eigene verbunden ist. Man kann dieses Wesen ansprechen, wie man einen guten Freund oder eine geliebte Freundin anspricht. Es kann einem sagen, was der Garten braucht, welchen Liebesdienst man ihm erweisen kann. Solch ein Garten »leuchtet« so, dass der Vorbeigehende kurz stehen bleibt und staunt – wie damals, als er noch ein Kind war. Bewusst oder unbewusst wird ihm eine frohe Botschaft mit auf den Weg gegeben. So gärtnert der Gärtner nicht nur in seinem eigenen Garten, sondern – wie der Heiland selbst – im Garten der anderen Seelen.

Oft sind wir Menschen jedoch viel zu wenig sensibel, um die Gartenseele zu sehen und mit ihr zu plaudern. Oft können wir die Runen in diesem von Götterhand geschriebenen Buch nicht entziffern, aber dann wissen wir doch über Nacht, im Schlaf oder durch eine plötzliche Eingebung, was, wie und zu welcher Zeit wir diese oder jene Gartenarbeit zu tun haben. Das geschieht ganz gewiss, wenn wir uns fleißig und voller Hingabe mit unserem Garten beschäftigen. Wie der Heiland in den Seelen der Menschen »gärtnert«, so sollten wir in dem uns anvertrauten Garten liebevoll pflegend wirken. Wir schaffen dadurch an unserem eigenen Schicksal.

Heutzutage muten solche Gedanken weltfremd an. Aber einst, als Gärtner und Bauern die Mehrzahl der Bevölkerung ausmachten, erlebte man diese Zusammenhänge von klein auf in der täglichen Arbeit mit der Natur und brachte sie in Sagen, Bauernweisheiten und Sprichwörtern bildhaft ins Bewusstsein. Dieses Bewusstsein ist heute weitgehend verdunkelt, denn die Machthaber streben einer anderen Vision nach: Sie träumen den trügerischen Traum der absoluten Kontrolle über die Natur; sie streben die Verwirklichung der kybernetischen Maschine an, des Golems, der einem die Arbeitslast abnimmt. Kaum kennen wir noch die tiefgründigen Gedanken der Alten. Weil wir zu schnell leben, umgeben von kaum mehr verständlicher Technologie, die uns in elektronische virtuelle Realitäten verstrickt und uns durch die damit verbundene Hektik kaum Zeit lässt, uns in tiefere Besinnung zu versenken, nach innen zu lauschen und zu wirken, machen wir unsere lebendige Erde kaputt. Dieses Gartenbuch folgt der Spur der Blumenkinder, die dem destruktiven technomanischen Rausch den Rücken kehrten und sich auf den Weg zurück zur lebendigen Erde machten.

DIE ERDE WIEDERFINDEN

Bevor wir uns mit den erkenntnistheoretischen Grundlagen und den praktischen Aspekten des Gartenbaus, dem Pflanzen, Kompostieren und Düngen, beschäftigen, will ich noch meinen eigenen Weg aus der ahrimanischen Zauberwelt beschreiben und gleichzeitig meinen Lehrmeistern danken.

Das Streifen durch Feld und Wald, das Gärtnern und die Erntearbeit bei den Farmern hatten mir schon immer Freude bereitet, und da ich mein Leben in der Natur verbringen wollte, schrieb ich mich nach dem High-School-Abschluss am OSU College of Agriculture ein, um Forstwirtschaft zu studieren. Es dauerte nicht lange, bis mir klar wurde, dass ich mich damit dem »ersten Kreis der technokratischen Hölle« verschrieben hatte. Da gab es keine schönen Bäume mehr, die einem zum Lobpreis des Schöpfers inspirierten, sondern sich selbst erneuernde Ressourcen, deren Wert allein in Dollar gemessen wurde. In dieser Agrarschule wuchsen auf staubigen, mineralisierten Böden unglückliche Pflanzen, von Kunstdünger aufgeschwollen oder mit Isotopen bestrahlt in der Hoffnung, dass daraus gewinnträchtige Mutationen hervorgingen. Im luftgekühlten Stall standen Tiere mit in den Bauch einoperierten Plastikfenstern, damit die Vorgänge bei der Verdauung studiert werden konnten. Wir lernten, dass die unzeitgemäßen Familienbetriebe verschwinden müssten, um einer rationellen, vollautomatisierten Agroindustrie Platz zu machen. Das sei vor allem eine ethische Notwendigkeit: Nur so würde man dem Problem des Hungers in der Dritten Welt Herr werden. Das hier irgendwas nicht stimmte, war mir klar, aber als jungem Menschen fehlen einem die Begriffswerkzeuge, um damit klarzukommen.

Nachdem der Traum, Förster zu werden, geplatzt war, wollte ich erst einmal die Welt kennen lernen. Nach einer langen Wanderung zu den toltekischen Sonnen- und Mondpyramiden und zu den Cheyenne-Indianern in den Rocky Mountains kam ich zurück und studierte Völkerkunde. Um die Landwirtschaft kümmerte ich mich dann kaum mehr, und das freundliche Gesicht der Natur verschleierte sich immer mehr hinter Theorien und Hypthesen, Labor und Büchern. Aber wie das Schicksal einen so oft wieder zum Ausgangspunkt zurückführt, kam ich Anfang der Siebzigerjahre in die Gärtnerei einer Dorfgemeinschaft in der Nähe von Genf, wo ich eine einjährige ethnologische Studie durchführen wollte.

Die Dorfgemeinschaft von Aigues Vertes war ethnologisch und soziologisch interessant, da es sich dabei nicht um ein traditionelles welschschweizerisches Dorf handelte, sondern um eine neu gegründete Gemeinschaft, die sich dem Zusammenleben mit pflegebedürftigen und geistig behinderten Menschen widmete.[1] In der Siedlung lebten zu dieser Zeit siebzig bis achtzig Menschen, von denen zwei Drittel mehr oder weniger geistig behindert waren. Man lebte in einzelnen Häusern mit individueller Haushaltung. Je nach Begabung und Verlangen arbeitete man in Werkstätten – Töpferei, Weberei, Schrei-

1 Wie so viele alternative Kommunen zerbrach Village Aigues Vertes an den Egoismen der Teilnehmer und wurde allmählich in eine straff organisierte offizielle Institution umgeformt.

nerei, Reparaturwerkstatt –, in denen das Handwerk gepflegt und die Arbeit dem Rhythmus der Menschen angepasst wurde. Diese sich selbst verwaltende Gemeinschaft konnte sich dank der mir damals noch unbekannten biologisch-dynamischen Wirtschaftsweise auch selbst versorgen.

Der Landwirtschaft standen 30 Hektar Land zur Verfügung, dazu zwei Hektar Gemüsegarten. Das genügte, um die Bedürfnisse an Grundnahrungsmitteln gänzlich zu befriedigen. Und für die Kunden aus der Stadt blieb auch stets etwas übrig. Das ganze Jahr hindurch gab es frisches Gemüse aus dem Garten. Im Winter war das Angebot kleiner, aber immerhin hatte man Karotten, Lauch, Chicorée, Endivien, Zuckerhut, Schwarzwurzeln, Pastinaken, Speiserüben, Wurzelpetersilie, Randen (Rote Bete) und Rosenkohl. Wenn die Ernte ausreichend war, hatte man bis zum Frühling noch Kohl, Sellerie, Kürbis, Fenchel und Zwiebeln.

Die Gärtner hatten das ganze Jahr über zu tun. Im Sommer war man von der Morgendämmerung bis zum Sonnenuntergang beschäftigt. Im Herbst wurden noch Gurken eingelegt, Sauerkraut und Dörrobst gemacht. Im Winter gab es weniger zu tun, aber es galt, Komposte umzusetzen, Gemüse für den Verkauf herzurichten, Werkzeuge auszubessern, Brüssler Chicoreé in warme Kästen zu pflanzen, Nüsslisalat (Feldsalat), Endivien und Zuckerhut unter Plastikzelten zu versorgen und, wenn nichts Besonderes oder Eiliges anstand, die vielen Steine, die wie Erdäpfel aus dem Moränenboden zu wachsen schienen, aufzulesen.

Die einzelnen Haushalte gaben ihre Bestellungen jeweils am Morgen auf, das Gemüse und Obst wurde frisch geerntet und direkt zur Küche gebracht. Statistische Aufzeichnungen der Bestellungen ergaben, dass unter dem Gärtnermeister Stauffer die Erträge mit dem Bewohnerzuwachs Schritt hielten, ja sich in manchen Jahren auf gleich bleibender Anbaufläche sogar verdoppelten. Zur selben Zeit nahm der Humusgehalt des Bodens zu, die Regenwürmer vermehrten sich, der Boden wurde dunkler und war leichter zu bearbeiten. Die Ansicht Prinz Kropotkins, dass der Ackerboden nicht bloß Naturgeschenk, sondern hauptsächlich ein Produkt des menschlichen Wirkens ist, hat sich in diesem Fall bewiesen (Kropotkin 1921). Die sorgfältige Kompostierung der Abfälle, Miste und Unkräuter und die Gründüngung haben entscheidend zur Humusverbesserung beigetragen. Auch das Einführen von organischen Stoffen von auswärts, was ja eigentlich keine biologisch-dynamische Praxis ist, hat dazu beigetragen, dass der Boden eine gesunde Humusstruktur bekam.

Für einige Franken oder eine Kiste Bier konnte man die städtischen Lastwagenfahrer dazu bringen, die in den Parks gesammelten Blätter, die Algen aus dem Genfersee und den Schlamm der Straßengräben nach Aigues Vertes zu bringen, anstatt sie in die kantonalen Müllgruben zu kippen. Alles Organische, was man fand, wurde kompostiert: alte Kleider, Küchenabfälle, Lederreste, Haare aus dem Friseursalon und sackweise Hühnerfedern von einer Hüh-

Gurken, des Gärtners Bockwurst.

Mischkulturen sind besser als Monokulturen.

nerfleischverarbeitungsfabrik. Die Weberin, die aus Versehen ihren Schlafsack und Mantel auf einem Lumpenhaufen liegen ließ, fand beides eine Woche später im vollen Vergärungsprozess. Als der Fenchel wegen zu feuchter Lagerung faulte, fand dies der Kompostmeister gar nicht so tragisch, sondern freute sich, dadurch den Komposthaufen vergrößern zu können. Ein Genfer Buchhändler, der dem Dorf einen Lastwagen voll billiger französischer Schmöker schenkte, hätte sich sicher gewundert, wenn er erfahren hätte, dass man sie nicht auf dem Flohmarkt weiterverkaufte. Stattdessen wurden die Bücher in einem Trog eingeweicht, zu einer Miete gehäuft, mit Stammkompost präpariert und mit einem Erdmantel bedeckt. Nach einem Jahr hatte diese Miete so viele Kompostwürmer, dass die Besucher, die neugierig den Garten bestaunten, wohl meinten, es handle sich dabei um »lebendig« gewordenes Hackfleisch. Letztlich wurde der »Bücherkompost« dann doch nicht für die Gemüsekulturen verwendet, da man sich nicht sicher war, ob nicht zu viele Schadstoffe in Papier und Druckerschwärze enthalten waren.

Es fiel mir nicht leicht, die erkenntnistheoretischen Grundlagen dieser Art zu gärtnern zu verstehen. Was sollte man sich auch unter »planetarischen und lunarischen Einflüssen«, »ätherischen Bildekräften« oder »Naturwesen und Seelen, die sich inkarnieren und exkarnieren«, vorstellen? Meine Notizhefte füllten sich mit Einträgen folgender Art: »Bergkristalle werden zu Pulver gerieben und in einem Kuhhorn den Winter über im Boden gelagert. Im Frühjahr werden einige Brösel davon in lauwarmem Wasser eine Stunde lang verrührt. Diese Mischung wird anschließend über den Garten gesprüht, um die formvermittelnden Lichtkräfte den Pflanzen zugänglicher zu machen.«

Bei einem Wolkenbruch tropfte die Dachrinne des Geräteschuppens. Meine mittägliche Freizeit opfernd, flickte ich den Knick. Beim nächsten Regen merkte ich, dass die Rinne wieder an derselben Stelle geknickt war und es heftig daraus tropfte. Wieder behob ich den Schaden. Als das Gleiche ein drittes Mal passierte, hörte ich den Gärtnermeister klagen: »Wer fummelt denn da immer an der Rinne herum?« Ich erfuhr, dass ein mit Eichenrinde gefüllter Schafsschädel unter der Traufe begraben lag, auf den das Regenwasser tropfen sollte. Als ich eines Tages das Verlangen verspürte, im Garten etwas »Ordnung« zu schaffen, indem ich die unkrautbewachsenen Streifen zwischen den Beeten säuberlich mit der Sense mähte, brachte mir auch diese gute Tat nicht das erwartete Lob ein. »Warum, um Himmels Willen, hast du die Schafgarbe abgemäht? Sie soll dort wachsen, sie strahlt positive astrale Energie in das ätherische Geschehen des Gartenorganismus!« Mich beschlich der Verdacht, in diesem Dorf würden die Behinderten von Verrückten betreut.

Im Sommer erschienen schwarze Blattläuse auf den Bohnen. Ich war gleich zur Stelle und opferte etwas von meinem teuren englischen Pfeifentabak, um daraus eine »biologische« Giftbrühe zu kochen, mit der sich die Schädlinge vertilgen ließen. Der Gärtnermeister gebot dem aber Einhalt und meinte, man müsse sich erst überlegen, ob man überhaupt etwas unternehmen sollte. »Was gibt es da lange zu überlegen?«, sagte der pragmatische Amerikaner in mir. »Da ist das Problem, und hier ist die Lösung: ein biologisch abbaubares Pflanzengift, das der Ökologie wenig schadet.«

»Nein«, erwiderte der Gärtner, »wir müssen zuerst gründlich überlegen, warum die Blattläuse überhaupt da sind.«

Auf eine entomologische Vorlesung an der Ohio State University zurückgreifend, versuchte ich ihm klarzumachen, dass der Wind sie wahrscheinlich herbeigetragen hatte und dass wir schnellstens den Ungezieferherd vernichten müssten, ehe er sich weiter ausbreitete. Aber der Gärtnermeister meinte gelassen, dass die Blattläuse eher Symptome schlechter Düngung, Auswirkung falscher Fruchtfolge oder ungünstiger Wettereinflüsse seien und dass es gelte, die Ursachen zu erkennen. Diese könne man erkennen, wenn man die Erscheinung ganz genau beobachte und aus dem Beobachteten dann die richtigen Schlüsse ziehe. Schließlich meinte er, dass die Blattläuse innerhalb einer Woche verschwunden sein würden. Eine Kräftigung der Bohnenpflanzen mit Brennnesselsud und eine Veränderung des Wetters trugen dazu bei, dass die Schädlinge auch tatsächlich verschwanden.

Wühlmäuse waren gelegentlich ein Problem im Garten. Die Mäuse, die des Gärtners Katzen fingen, wurden gehäutet und ihre Pelze zum Trocknen aufgehängt. Die Gärtnersfrau schmorte die Mäusekörper und gab sie ihren Katzen zu fressen. Wenn die Venus im Zeichen des Skorpions stand, wurden die Pelze verbrannt und die Asche auf den Acker gestreut, »damit sich die Tiere ein anderes Revier suchen«.

Aus dem vorgesehenen einen Jahr Feldforschung wurden schließlich knapp drei Jahre. Ich lernte wieder barfuß zu laufen und das Leben der Erde zu spüren. Die Haare und der Bart wuchsen mir lang, und mit ihnen wuchs zugleich die Überzeugung, dass die Haare eigentlich »Antennen« sind, die in die feinstofflichen Bereiche hineinspüren. Der Professor in Bern, bei dem ich promovierte, hegte schon die Sorge, ich könnte die Todsünde des Völkerkundlers begangen und mich zu sehr mit den Subjekten der »teilnehmenden Beobachtung« identifiziert haben. Ein Agronom des Oberlin-College, der nach einer Studienreise durch Länder der Dritten Welt, in denen die »Grüne Revolution« stattfand, auch Aigues Vertes besuchte, meinte, als ich ihm von homöopathischer Medizin für die Pflanzen, von kosmischen Einflüssen und Pflanzengemeinschaften erzählte, dass er den Garten gar nicht erst zu sehen brauche; er wisse schon: »Organic agriculture does not work.« Er freue sich jedoch, dass ich diese Beobachtungen anstellte, denn so könne man diese landwirtschaftliche Quacksalberei entlarven.

ARTHUR HERMES

Um etwas Besonderes in den »zwölf heiligen Wintersonnwendnächten« zu unternehmen, luden wir einen alten Einsiedler, einen weißhaarigen Bergbauern namens Arthur Hermes, ein, bei uns einige Kurse über bäuerliches Handwerk und »planetarisches Kochen« abzuhalten. Obwohl er schon weit über achtzig Jahre alt war, begegnete uns kein hilfloser Greis, sondern ein regelrechter Bär, der in einer Waldlichtung im Jura, hoch über dem Neuenburgersee, einen kleinen Bergbauernhof betrieb. Obwohl er nicht allzu viel vom Schreiben und Büchermachen hielt, widme ich ihm dieses Buch, denn von ihm lernte ich am meisten über den Geist in der Natur. Wenn ich im Text gelegentlich von biologisch-hermetischem Gartenbau rede, ist vor allem dieser Hermes gemeint.

Sein »Michaelshof«, der auch den alten keltischen Namen »Les Biolles« trägt, ist schwer zu finden. Wenn man jedoch die Lichtung am Ende eines gewundenen Waldweges entdeckt, liegt ein anmutiges Bauernhaus vor einem. Es schmiegt sich eng an eine überwachsene Erhöhung, die mitten in der Waldlichtung liegt. In dem Gestrüpp von Eichen, Eiben, Misteln, Stechpalmen und Efeuranken liegen Megalithsteine, von denen Hermes meinte, sie seien den Druiden heilig gewesen. Wenn Besuch den Weg heraufkam, meldete es ein Buntspecht, sodass Hermes seine Arbeit beiseitelegen und den Besuch empfangen konnte. Abends kamen neugierige Rehe bis an die rosenumkränzte Haustür; und wenn man mit Hermes auf der Bank vor dem Haus saß, umsummten ihn zuweilen Bienen und Schmetterlinge, als wollten sie ihm etwas mitteilen.

Hermes wurde im 19. Jahrhundert unter einem Strohdach in der norddeutschen Heide geboren. Erst nach dem Zweiten Weltkrieg verschlug es ihn in den Schwarzwald, wo ihn bald die Bauern aufsuchten, um Rat zu holen. Schweizer Bauern, die seinen Rat ebenso schätzten, holten ihn dann in die Schweiz. Zur Bestürzung der in ihrem Elfenbeinturm sitzenden Anthroposophen zog er einmal mit sechzig Bauern in die Hallen des Goetheanums. Es war auch Hermes, der die biologisch-dynamische Bauernbewegung in der Schweiz erst richtig in Gang brachte (Storl 1980: 134). Da er die Menschen kannte, die mit dem Kuhgeruch in der Nase zur Welt kommen, ihre Sprache sprach und von ihren Nöten wusste, hatte man Vertrauen zu ihm.

Als Sechzigjähriger zog Hermes mit Familie, Vieh und Geräten auf den Michaelshof, pflügte die Scholle mit Pflug und vorgespanntem Ochsen, säte das Getreide mit der Hand, machte Heu mit Sense, Gabel und Pferdewagen. Mit Frau, Sohn und Tochter arbeitete er im Winter in der Holzwerkstatt und fertigte Schnitzereien und Kinderspielzeug.

Hermes erklärte, dass jede Arbeit mit vollem Bewusstsein getan werden soll, denn wenn man Holz sägt, Korn sät oder Wasser schöpft, prägt sich das, was der Mensch in seinem Bewusstsein trägt, durch den Arbeitsvorgang in die

Materie ein. Man schafft so den Nährboden für gute und böse Elementarwesen. Da der Mensch Vermittler der guten Kräfte sein soll, sollte er darauf achten, was er wie tut. In diesem Sinne wurden bei Hermes auch die Tiere behandelt, denen man an ihrem glänzenden Fell und ihren leuchtenden Augen die Lebensfreude anmerken konnte. Mit seinen bloßen Gedanken konnte er sie von der Weide in den Stall zurückrufen. Auch im Garten kam diese ungewöhnliche Einstellung klar zum Ausdruck. Setzlinge wurden so liebevoll, wie man abends Kinder zu Bett bringt, in die Erde gesetzt und mit einer Mulchdecke umgeben. Blumen blühten überall zwischen den Gemüsen. Wenn er den Samen in die Rillen streute, war er in Gedanken bei dem Sonnengeist, der von sich sagt: »Ich bin das Leben.« Die Käfer, Maulwürfe und besonders die Ameisen wurden von Hermes respektvoll als »unsere kleinen Mitarbeiter« bezeichnet.

Dem kritischen Verstand des zeitgenössischen Lesers kommt das womöglich wie ein Rückfall in die Romantik vor. Wenn man jedoch an Ort und Stelle die Atmosphäre spürte und den Michaelshof nach ökologischen Gesichtspunkten beurteilte, musste man gestehen, dass es doch irgendwie stimmte. Aus Hermes sprach nicht nur seine lange persönliche Erfahrung. Man meinte, die Stimmen der Ahnen zu vernehmen, man »ahnte«, was die Vorfahren Jahrtausende hindurch im Zusammenleben mit der Natur erlebt und erfahren haben. Hermes versuchte, sein Schauen seinen Mitmenschen verständlich zu machen, indem er es in die Begriffsformeln Rudolf Steiners fasste. Aber auch Theophrastus Paracelsus und Agrippa von Nettesheim, deren Schriften auf den staubigen Regalen in der Stube zu sehen waren, gaben dem Geschauten Worte. Viele Themen, die in diesem Buch zum Ausdruck kommen, wurden bei Kaffee und Kuchen in gemütlicher Unterhaltung auf dem Michaelshof »durchwandert«.

LEHRJAHRE

1974 konnte ich einen biologischen Selbstversorgungsgarten für ein kleines Heim für geistig Behinderte im Bernbiet anlegen. Die Sonntagsspaziergänger lobten die schön gewachsenen Gemüse, aber die Unkräuter, die ich wegen ihrer bodenschützenden und ausgleichenden Wirkung absichtlich hatte stehen lassen, riefen bei den Bauern, die ihr Feuerholz sorgfältig aufschichten und den Miststock kunstvoll flechten, nur Kopfschütteln hervor.

Von 1975 bis 1978 veranstaltete ich an einem College in Oregon Kurse in dieser biologisch-hermetischen Gartenbaumethode. Das tat ich aus lauter Begeisterung neben meinen offiziellen Aufgaben als Kulturanthropologe. Das Häuschen, das wir gemietet hatten, befand sich im Wald, ganz in der Nähe des College. Eines Tages, nachdem seine Frau sich lange genug über die Bäume beschwert hatte, sägte der Besitzer die alten Waldriesen auf seinem Grundstück einfach um, türmte die Stämme mit einem Bulldozer übereinander, übergoss sie mit Benzin, zündete sie an und schaute – genüsslich eine Zigarette paffend – zu, wie sie zu Asche verbrannten. Als im nächsten Jahr üppig wachsende Wildkräuter die gerodete Fläche bedeckten, schob er mit seiner Planierraupe die Muttererde zu einem riesigen Haufen zusammen. Es waren eben zu viele unkontrollierbare »verdammte« Unkräuter, die da wuchsen. Ich fragte ihn, ob wir auf dieser Fläche, die ungefähr eine Are ausmachte, einen Gemüsegarten anlegen dürften, und stürzte mich, nachdem er seine Zustimmung gegeben hatte, in die Arbeit. Schubkarre für Schubkarre trug ich den Mutterboden wieder auf die Beete. Von Ranchern ließ ich mir eine Lastwagenfuhre Mist bringen, den ich zu Komposthaufen aufschichtete. Als der Besitzer sah, dass ich auf seinem Grundstück »Shit« abgelagert hatte, war er entsetzt. Ich versicherte ihm jedoch, es würde alles gut verrotten, würde nicht stinken und auch keine Seuche auslösen. Der Garten antwortete auf die liebevolle Pflege mit ungestümem Wachstum. Die überaus reiche Ernte wollten wir auch mit unseren Hauswirten teilen. Als wir mit einem Korb voller Prachtgemüse vor der Tür ihres Fertighauses standen, lehnten sie dankend ab mit den Worten: »Wir essen unser Gemüse lieber aus der Büchse, das ist viel hygienischer.«

Die Studenten, die auf den Weg zu ihren Vorlesungen am Garten vorbeigingen, bestaunten die Beete mit den herrlichen Gemüsen und den vielen bunten Blumen. Sie wollten mehr über diese unkonventionelle Gartenbaumethode wissen. So kam es zu dem Kurs »Organic Gardening«, der jedes Quartal überbelegt war. Bald stellte mir die College-Verwaltung noch einen zusätzlichen Experimentiergarten auf dem Campus zur Verfügung. Die Studenten fragten, wo sie etwas über diese Gärtnermethode nachlesen könnten. Literatur dazu gab es nicht, da alles, was ich ihnen zeigte, auf praktischer Erfahrung, auf den Anweisungen des Kompostmeisters Stauffer, den Geschichten des Arthur Hermes und auf einigen obskuren Zeitschriften der europäsichen Bio-Bewegung beruhte. »Dann mach uns wenigstens die Vorlesungsnotizen zugänglich«, baten sie. Aus diesen Notizen wurde dann das Buch »Culture and Horticulture«, welches wir den Studenten zum Preis der Herstellung – 1 Dollar pro Buch – überließen. Es dauerte nicht lange, da wurde vor allem an der Westküste die Raubkopie des Buches zum »Underground-Bestseller«. Plötzlich sah man, wie in den kalifornischen Hippie-Landkommunen und bei anderen »Alternativen« die Gestaltung der Gemüsegärten genau derjenigen entsprach, die ich in dem Buch beschrieben hatte.[2]

Nach Oregon folgte ein Feldforschungsjahr auf einen biologisch-dynamischen Bauernhof im Emmental und ein längerer Aufenthalt bei Weinbauern in der Charante Maritime, bis es mich wieder in den Garten von Aigues Vertes zog. Der Kompostmeister Manfred Stauffer war inzwischen nach Dornach gegangen. Wahrscheinlich würde ich den Garten heute noch führen, wenn es nicht zu Differenzen mit dem Christengemeinschaftspriester und den anthroposophischen Fundamentalisten gekommen wäre (Storl 2020c: 143). Der Garten war zu biodynamisch geworden. Wir Gärtner lebten in einer *participation mystique* mit den Naturkräften, mit den Elementarwesen, mit den Naturgottheiten. Unsere Vollmondfeste wurden zu wild, denn die Naturgeister nahmen teil daran, tanzten in uns die Fruchtbarkeit der Erde hervor. Dieser »Rückfall ins Heidentum« war zu viel für diejenigen, welche die Fähigkeit zur Ekstase gegen trockenes Bücherwissen eingetauscht hatten. Nachdem die »wilden« Gärtner gegangen waren, nahm auch die Fruchtbarkeit des Gartens ab. Inzwischen ist man wieder beim Kunstdünger angekommen.

Ein ganzes Jahr lang träumte ich jeden Tag von dem Garten, wusste genau, wie es den einzelnen Gemüsekulturen ging, welche Arbeit gerade anstand, spürte, wie die Gartenseele trauerte. Nach einem Jahr – da waren wir schon in indischen Gärten –, nachdem die Sonne den gesamten Tierkreis durchmessen hatte, hörten die Träume abrupt auf. Inzwischen lebe ich seit über dreißig Jahren mit meiner Familie in den Allgäuer Bergen auf einem Einödhof, wo wir einen Selbstversorgergarten betreiben, der uns fast das ganze Jahr über mit gutem biologischem Gemüse versorgt (Storl 2017a, Storl 2016).

2 Später vergab ich die Rechte an die amerikanische Biodynamic Farming and Gardening Association. Viele Ideen in diesem Buch sind in »Culture and Horticulture« (Berkeley, California, North Atlantic Books, 2013) vorweggenommen.

Grüne Zwiebeln – Vitamine für den Frühling.

ES WAR EINMAL …

Kürbisblüten im Abfallhaufen.
Anfang des Ackerbaus.
Kühe lassen sich nicht vertreiben.
Anfang des Hirtentums.
Gary Snyder

Die verschütteten Grundrisse der ersten festen Hütten, verkohlte Körner, Tonscherben und Ziegenknochen – diese zaghaften Anfänge des sesshaften Bauern- und Gärtnertums fanden Archäologen im Zagrosgebirge oberhalb des Zwischenstromlandes. Nach neuesten Datierungen hat das Neolithikum vor rund elftausend Jahren begonnen – eine lange Zeit, in der sich viele Beobachtungen und Erfahrungen ansammeln können, denen wiederum hunderttausendjährige Urerfahrungen naturverbundener Jäger und Sammler zugrunde liegen.

Aus den Stämmen der Wanderfeldbauern und Brandroder gingen allmählich die ersten Zivilisationen hervor. Feudale Standes- oder Kastengesellschaften bildeten sich im alten Asien, in Ägypten und in Mittelamerika auf der Grundlage der von Bauern erzeugten Nahrungsmittel und Rohstoffe. Städtische Handwerker verarbeiteten die Waren weiter, und Händler sorgten für deren Verteilung. Krieger, die die Gesellschaft schützten, und Priester, die den Willen der Götter erkundeten, bildeten die oberen Kasten in einem System erblicher Arbeitsteilung. Von Tempeln, Pyramiden und Zikkurats (babylonischer Stufenturm) aus wurden die Sterne als Schriftzeichen der Götter gedeutet, die lebenswichtigen landwirtschaftlichen Kalender errechnet, Opfer vorgeschrieben und magische, fruchtbarkeitserhaltende Zeremonien ausgeführt.

Im Gegensatz zu den Schamanen der frei lebenden Wildbeuter und den autarken Wanderfeldbauern wurde den Priestern dieser Hochkulturen der direkte Zugang zu den Geistern und Göttern, der Seelenflug, immer mehr verschlossen. Die Hierophanten, die Oberpriester, machten sich daran, das überlieferte Wissen über die Götter und Kräfte der Welt zu großen Lehrgebäuden aufzubauen, deren Inhalte mit der Zeit in die religiösen und naturkundlichen Vorstellungen der Bauern eingingen und zum Teil bis in die Neuzeit erhalten blieben. Andererseits aber blieben beim einfachen Landvolk viele schamanistische Eigenschaften erhalten, und das Wissen darüber wurde mündlich von einer Generation zur anderen weitergegeben.

Eine ähnliche Entwicklung setzte später bei den Stämmen nördlich der Alpen ein. Zuerst betrieben sie Wanderfeldbau. Landes- und Ortsnamen wie

Schweden, Schweiz, Schwanden, Rüti, Rode usw. gehen auf die Praktik des Brandrodens (Schwendens) zurück. Mit der Bevölkerungsvermehrung und dem Zusammenwachsen mit römischen Kulturelementen zur Zeit Karls des Großen nahm die europäische Bauernkultur ihre charakteristischen Züge an. Es regierte der Waffen tragende Adel, und die römische Kirche besaß das weltanschauliche Monopol. Die Bauern lebten in eingefriedeten Dörfern (Markgenossenschaften), umgeben von drei großen Feldern (Zelgen), wo jede Familie je nach der Größe der Familie einen Ackerstreifen (Gewann) bearbeiten durfte. Ein vorgeschriebener Fruchtwechsel fand statt, indem in einem Feld das Wintergetreide (Korn, Roggen) und in einem anderen das Sommergetreide (Gerste, Hafer oder auch Bohnen) gesät wurde. Die dritte Zelge lag brach und wurde als Weide benutzt, bis dann im Juni (Brachmonat) gepflügt wurde, damit im Herbst die neue Wintersaat eingesät werden konnte. In dieser Dreifelderwirtschaft mussten alle zur selben Zeit ihren Streifen im Zelg bearbeiten, denn es gab keine Wege zwischen den Gewannen. Man konnte daher nicht zu jeder beliebigen Zeit auf sein Feld fahren, ohne des Nachbarn Getreide zu zertrampeln. Die gemeinsame Arbeit führte zu gemeinsamen Jahresfesten und erzeugte ein festgefügtes Gesellschaftsleben.

Das Vieh wurde vom Dorfhirten auf die gemeinsame Weide (Allmende) geführt. Der Schweinehirt trieb die Schweine des Dorfes im Herbst in den Eichenwald, und Kinder hüteten die Gänse. Im Gemeindewald konnte jeder Holz, Pilze und Kräuter suchen und seine Schweine mit Eicheln, Bucheckern oder Kastanien mästen. Die Jagd war jedoch den Rittern vorbehalten. Im Dorf gab es Gärten (Pünten) als Privateigentum, in denen die Frauen Küchengemüse, Hanf, Flachs und Ölpflanzen anbauen konnten. Im Dorf waren auch die Baumgärten angelegt, in denen die Hühner Auslauf hatten und die Bienenstöcke standen. Diese Gärten waren von der genossenschaftlichen Flurnutzung ausgenommen und bildeten einen Arbeitsbereich der Frauen.

Das Leben der Bauern, wie das der naturverbundenen Völker überhaupt, stand nicht in einem weltanschaulichen Leerraum, sondern wurde durch halb christliche, halb heidnische Rituale und zeremonielle Verrichtungen untermauert. Durch die jahreszeitlich bedingten Feste – Maibaumsetzen, Johannisfeuer, Erntekranz, Flurprozession und Winterorakel – wurde das Leben geleitet. In Sprichwörtern, Bildern, heiligen Statuen, Balladen, Tänzen und Märchen machte man sich die tradierten Weisheiten und kollektiven Erfahrungen anschaulich. Die Ältesten, die den größten Erfahrungsschatz hatten und ungewöhnliche Erscheinungen zu deuten vermochten, waren die Kulturträger. Für jede Sachlage kannten sie ein Sprichwort, eine Regel oder ein Lied. Auch wussten sie Rätsel aufzugeben, die die Sinne und Gedanken schärften.

DAS NATURVERBUNDENE, BÄUERLICHE BEWUSSTSEIN

Schwere körperliche Arbeit mit den Tieren und der Erdscholle verankern das Bewusstsein tief in den Leib hinein. Es handelt sich vorerst um eine nur dumpf bewusste Erfahrung in den Muskeln, im Rücken, in keuchenden Lungen, im Puls- und Herzschlag, ehe es zu einer erkenntnismäßigen Bewusstwerdung im Kopf kommt. Die Glieder sind von Kindheit an in rhythmischer Bewegung – beim Hacken, Melken, Heuen, Säen und anderen Arbeiten. Sie stehen unmittelbar mit dem Makrokosmos, mit der äußeren Natur, mit Erde, Steinen, Lebewesen, Wetter, Tages- und Nachtrhythmen und dem Jahreskreislauf in Verbindung. Dadurch entwickelt sich ein ganz anderes Bewusstsein, als wir es in unserer intellektualistischen bürgerlichen Zivilisation erleben. Kühe und Hühner sind unter demselben Dach, keine elektrische Geräuschkulisse oder Luftkühlung wehrt die Elemente ab, und nichts Geschriebenes erklärt und vermittelt das Erlebte. Wie viel stärker müssen damals die Natureindrücke gewesen sein!

Durch die eintönigen, rhythmischen Arbeiten wird das kombinierende, diskursive Kopfdenken – nicht anders als bei dem eintönigen Trommeln, Tanzen und Singen des Schamanen – zurückgedrängt. Da denkt man nicht mehr, sondern erlebt Bilder, die in ihren unzähligen Verwandlungen der Natur zugrunde liegen. Da steigt die Innenseite der Welt vor dem geistigen Auge auf, die Trennung zwischen Diesseits und Jenseits, zwischen Natürlich und Übernatürlich verschwimmt.[3] Man erlebte damals die durch das kulturelle Erbe vermittelte mythische Ausgestaltung der Naturkräfte unmittelbar. Man erlebte die Riesen, Zwerge, Nixen, Hausgeister, Waldfrauen, Kobolde oder Frau Holle. Die Mittagsfrau erschien den müden Schnittern in der Mittagspause bei der Ernte, oder ein Mädchen wurde ins Moor geschickt, um die Regentrude zu wecken, wenn eine Dürre herrschte.

Solchen in der Natur waltenden Wesen begegnete man mit Besprechungen und Zauberworten, oder man hielt sie mit kraftgeladenen Gegenständen, mit Knoblauch, Zwiebeln oder Brennnesseln, mit dem Kruzifix oder der Hostie, die man aus der Kirche gestohlen hatte, fern. Man sah, wie die Wesen wandeln und sich verwandeln konnten, wie sie zu erscheinen und zu verschwinden vermochten, wie alle Dinge unter bestimmten Umständen von Zauber erfüllt sein und manchmal sogar reden konnten.

3 Der russische Sozialgeschichtler Gurjewitsch schreibt in seinem klassischen Werk, *Das Weltbild des mittelalterlichen Menschen*: »Die Bauern (...) bauten ihre Beziehungen zur Natur nicht nach dem Typ der Subjekt-Objekt-Beziehung auf, sondern gingen von der Überzeugung aus, dass Natur und Mensch organisch verwandt und magisch gleichermaßen beteiligt sind, dass sie eine intime Einheit bilden und sich wechselseitig durchdringen.« (Gurjewitsch 1978: 379)

Alles ist wandelbar! Verwandelt die Kuh nicht Gras zu Milch, das Feuer Wasser zu Dampf, ein nasses Jahr die Gerste zu Lorch und den Roggen zu Trespe? Wenn die schöne Nachtigall aufhört zu schlagen, verwandelt sie sich nicht in einen einfachen Sperling? Entstehen nicht Würmer und Geschmeiß im Kuhdung? Können Hexen nicht mit Wölfen und Raben, ja sogar mit Bäumen und Steinen reden, wenn sie die richtigen Beschwörungen wissen, in der Form von Krähen durch die Lüfte fliegen oder in der Gestalt einer schwarzen Katze durch die Nacht streichen? Gibt es nicht kraftgeladene Wesen wie die Kreuzspinne, die das Kreuz des Heilands als Zeichen tragen, und den Marienkäfer, der von der heiligen Jungfrau gesandt wird? Mit all diesem muss man umgehen können. Für die Baumgeister lässt man als Opfergabe die letzten Kirschen oder Äpfel hängen, einige Beeren und Pilze lässt man den Waldgeistern übrig, eine Schüssel Milch und Brei den Hausgeistern, den Toten pflanzt man Blumen auf das Grab. Böse Geister vertreibt man mit frommen Gesängen, mit Blumen oder mit dem Kreuz. Man sperrt den Ziegenbock in den Pferdestall, damit der Teufel in diesen fahre und nicht in die Rosse.

Da alles lebt und alles in Sympathie miteinander verbunden ist, kann man die Saat durch Enthaltsamkeit oder rauschende Lustbarkeit beeinflussen. Wenn die Weiber ihren Flachs säen, sollen sie Röcke so blau wie die Flachsblüten tragen und in die Höhe springen, damit der Flachs recht hoch wachse. Ihre Schürzen sollen sie beim Kohlpflanzen zwischen den Beinen ballen, damit die Kohlköpfe recht fest werden, und Zwiebeln im Zorn stecken, damit sie scharf und hitzig werden.

Die alten Weißhaarigen im Dorf wussten viel über diese Zusammenhänge, mehr noch als die Pfaffen. Noch mehr wussten die alten Weiber, die Kräuter sammelnd Wälder und Felder durchstreiften. Als Hebammen wussten sie, wie man die neuen Menschen über die Schwelle bringt, und auch, wie man die Kranken heilt, die an dieser Schwelle liegen. Am meisten wussten aber die Hirten, die lange Zeit in der Wildnis hausten, über diese magischen Zusammenhänge. Bis in die Neuzeit waren Schäfer die bevorzugten Tierärzte der Bauern, denn sie konnten »in die Tiefen steigen«, mit den Tieren reden und erkennen, welcher Geist oder welcher Zauber das Tier siech machte.

Dieses aus der Urzeit übermittelte Wissen blieb auch im volkstümlichen Christentum erhalten. Vieles wurde zwar als Aberglaube gebrandmarkt, aber ansonsten kümmerten sich die Pfaffen nicht um die so genannte niedere Mythologie. Es galt hauptsächlich, den Menschen klar zu machen, dass über den zu Teufeln degradierten oder zu Engeln verwandelten alten Göttern Christus als wahrer Gott und wahrer Mensch waltet. Erst lange nach der Reformation, im Zeitalter der Hexenverfolgungen und dann in der Periode der Aufklärung, versuchte man, mit Gnomen, Hexen, Sylphen und anderen Geschöpfen der niederen Mythologie aufzuräumen.

Noch lange wurden die einzelnen Tage im Jahreslauf mit den Namen von Heiligen belegt. So waren die Tage nicht nur abstrakte Ziffern auf dem Kalenderblatt, sondern erhielten die ganz besonderen Eigenschaften des jeweiligen Heiligen. So gehörte es zum Wesen des Pankratius, Servatius und Bonifazius (12., 13. und 14. Mai), kaltes Wetter mit sich zu bringen; sie wurden deshalb die »Eisheiligen« genannt. Die besondere Eigenart der einzelnen Tagesheiligen wurde von den analphabetischen Bauern mündlich in gereimten Regeln weitergegeben. Da heißt es zum Beispiel (Hauser 1973):

»Vinzent Sonnenschein [22. Januar]
bringt Korn und Wein.«

»Georg [23. April] und Marx [25. April]
bringen oft viel Args.«

»Regnets am St.-Peters-Tag [29. Juni]
drohen dreißig Regentag.«

Petrus ist schließlich der Wetterherr, der die Stelle des heidnischen Donnergottes einnahm. Die heilige Barbara (4. Dezember) konnte dem hoffnungsvollen Jungfräulein zeigen, ob sie im nächsten Jahr heiraten werde. Daran, ob die Kirschzweige, die sie am Barbaratag in einer Vase in die warme Stube stellt, blühen oder nicht, kann sie die begehrte Antwort ablesen. Mit dem Heiligen, an dessen Namenstag man geboren war, hatte man ein besonderes Verhältnis und trug auch oft dessen Namen, ein Brauch, der bei den lateinamerikanischen Campesinos noch heute lebendig ist.

Die Heiligen waren auch die Schutzpatrone aller Gewerbe und Tätigkeiten. So war der heilige Georg Beschützer des ackernden Bauern und Gambrinus der Heilige der Bierbrauerkunst. Der heilige Fiaker, dessen Tag auf den 30. August fällt, ist der Beschützer des Gemüsebaus. Er wird mit einem Spaten und einem aufgeschlagenen Buch dargestellt. Sein Name ist übrigens als Synonym für Droschke in die Sprache eingegangen, weil die Pariser Lohnkutschen beim Hotel St-Fiacre standen. Aber auch von dort aus wirkte der Heilige segnend auf den Gemüsebau, denn der Pferdemist dieser Droschken wurde die Grundlage der Düngung in den berühmten Pariser Marktgärten.

Wie die anderen übersinnlichen Wesen konnten diese Tagesregenten angesprochen werden; man konnte ihnen Blumen und Kerzen opfern oder sie im Zustand der Verzückung »sehen«. Wenn diese nichts auszurichten vermochten, konnte der mittelalterliche Mensch immer noch heimlich zur Frau Holle gehen oder die älteren Naturgeister zu Hilfe rufen. Man brauchte nur dreimal an Holz zu klopfen und ihren Namen zu rufen, dann kamen sie. Die Beziehung der Landbevölkerung zu den Heiligen gleicht der Verehrung der Ahnen und Vorfahren bei den afrikanischen Pflanzern oder den chinesischen Gartenbauern.

KLOSTERGÄRTEN

Natürlich gab es im Mittelalter nichts, was sich mit der modernen wissenschaftlichen Forschung vergleichen lässt. Was man am ehesten als Forschung auffassen könnte, war die Tätigkeit der Mönche, besonders der Zisterzienser und Benediktiner, die überall Klostergärten und Klosterhöfe anlegten. Grobgemüse, Bohnen, Erbsen und Rüben kamen nicht in die Gärten, sondern wurden feldmäßig angebaut. Die feineren Gemüse kamen in den von einer Mauer umgebenen Hortus.

Im berühmten karolingischen Klostergarten von St. Gallen tritt uns wieder die anthropomorphe Gartengestaltung vor Augen: Der Hortus ist durch ein Wegkreuz in zwei Hälften geteilt. Nach beiden Seiten laufen zehn fest angelegte Wege, die wie die zehn Rippenpaare zwischen den Beeten liegen. Am Ende ist ein Herbularius, der als Gewürz- und Kräutergarten eine wichtige Rolle in der mittelalterlichen Arzneiversorgung spielte. In manchen Klöstern findet man noch einen Meditationsgarten mit Kreuzgang, in dem die der Jungfrau Maria geweihten Pflanzen, Veilchen, Margeriten, Majoran und Rosmarin, neben weißen Lilien, die die Reinheit darstellen, und roten Rosen, die das Martyrium symbolisieren, wachsen. Im Hortus gedeihen Zwiebeln, Lauch, Gurken, Salat, Pastinaken, Mohn, Kerbel, Kümmel und andere uns bekannte Arten. Daneben sprießen die seither verwilderten Pflanzen, die man heute zu den Unkräutern zählt, wie Bürzelkraut (*Portulaca oleracea*), Gemüsesenf, Malve oder Käsepappel und die Melde. Auch Pflanzen zum Färben und zur Textilbereitung wie Karde (*Dipsacus sativa*), Schafgarbe und Färberwaid (*Isatis tinctoria*) wurden hier gepflegt.

Zu neuen Einsichten gelangte man durch Meditation, Kontemplation und die Autorität der alten Manuskripte anstatt durch kontrollierte Experimente. Die Erfahrungen der alten Griechen und Römer blieben uns durch das fleißige Kopieren der landwirtschaftlichen Manuskripte des Plinius, Cato, Theophrastus und Vergilius erhalten. Diese Kenntnisse wurden teilweise in den Schatz der Bauernregeln und Sprichwörter des einfachen Volkes mit aufgenommen und durch eigene Beobachtungen ergänzt.

RENAISSANCE

Im 12. und 13. Jahrhundert gelangten viele alte griechische Texte, darunter astrologische, meteorologische und landwirtschaftliche Abhandlungen, die die Araber aufbewahrt hatten, in den Westen. Ein neues Interesse an Gartengestaltung, seltenen Pflanzenarten und Kräuterkunde erwachte. Mit dem neuen Zugang zur Antike drängten die mythologischen Gestalten, die Götter und Heroen, erneut in das Bewusstsein der abendländischen Völker. Die neuplatonische Philosophie hob die sieben Planetengötter, mit oder ohne christliche Übertünchung versehen, in den Bereich des seriösen, wissenschaftlichen Gesprächs. Dazu kam die Astrologie, die sich erneut mit den Tierkreiszeichen, mit dem Meganthropus und dem Wirken der Götter im Kosmos und auf der Erde befasste. Es handelte sich um eine Wissenschaft, die hauptsächlich Qualitäten zu ermitteln suchte, nicht Quantitäten wie unsere moderne Wissenschaft. Die kosmologischen Bilder, die uns hier entgegentreten, sind Ausdruck qualitativer Verhältnisse. Viele dieser Qualitäten sind heute noch bedingt gültig und haben ihre Zufluchtsstätte in den Gärtnerweisheiten und Bauernregeln gefunden.

Die sieben Bereiche der antiken Götter, die auch vage mit den Sphären der Engel und Erzengel identifiziert wurden, sind nicht nur in den Wandelsternen zu suchen, sondern hauptsächlich hier auf Erden. Ihr Einfluss ist durch die Signaturen (lat. *signatura* = Siegelzeichen), die sie allen Geschöpfen aufprägen, zu erkennen. Jedes Metall, jeder Stein, jede Blume, jedes Tier, jeder Tag, die Landschaft wie auch jede seelische und moralische Eigenschaft in Mensch und Natur tragen diese planetarischen Siegeleindrücke.

Wenn Arthur Hermes die roten Nacktschnecken mit einer Brühe aus gekochten frischen Rottannenzweigen (*Picea abies*) aus seinem Garten vertrieb, bewegte er sich ganz in der Tradition der Renaissance-Philosophen. Die weichen, schleimigen Schnecken gehören dem wässrigen Mond an, aber ihre rötliche Farbe und ihre gierige Fresslust verraten, dass auch der aggressive Mars in ihnen ist. Dem nassen, kalten Mond setzt man nach dem Prinzip »*contraria contrariis*« den trockenen, warmen Saturn entgegen, indem man aus Zapfen und Zweigen der Fichte, welche die Signatur des Saturns trägt, eine duftende Brühe bereitet, die man mit der Gießkanne um den Garten herumgießt. Wenn die Mondtierchen in diese Saturnzone kommen, kehren sie eiligst um, denn sie fürchten, in einen trockenen, warmen Tannenwald zu kommen. Am Samstag, dem Tag des Saturns, ausgeführt, steigert sich diese Wirkung noch. Arthur Hermes legte im Winter auch Fichtenzweige auf die Gartenbeete, damit die »für die äußeren Sinne nicht spürbare« Saturnwärme die Knollen und Stauden schützt.

Man kann die Schnecken aber auch nach dem Prinzip »*similia similibus*« mit dem Mond selbst bekämpfen, indem man sie mit Bier, das man in Konservendosen in den Boden setzt, anlockt, in der Hoffnung, dass sie hineinfallen

Kapuzinerkresse und Phacelia.

Apfelbeerenblätter im Herbst.

und ertrinken. Bier ist aus Gerste gemacht, die das Siegel Jupiters trägt, ist aber durch den Vergärungsprozess ganz »Mond« geworden.

Ein Gärtner oder Bauer arbeitet mit dem Signaturdenken, wenn er einen sandigen Boden (der Mars, Jupiter und Saturn angehört), auf dem natürlicherweise als dominante Vegetation Wacholder (Jupiter), Heidelbeeren (Saturn) und Tannen (Saturn) wachsen, mit Kalk (Mond) und Kuhmist (hauptsächlich Mond) düngt. Er gleicht dadurch die obersonnigen mit den untersonnigen Planeten aus.

Auf die Signaturenlehre kommen wir später zurück; wir wollen erst einen kurzen Überblick über die »ländliche« Wissenschaft geben.

BAUERNREGELN

Der Tierkreis ist ein Ring von Fixsternen, an denen die Planeten, die Sonne und der Mond in ihrem vorgegebenen Lauf vorbeiziehen. Dieser Ring wurde schon seit babylonischen Zeiten in zwölf Regionen unterteilt, die jeweils einer Körperstelle des Menschen entsprachen. Es handelt sich hier wiederum um den großen kosmischen Menschen, den Meganthropus, dessen Abbild der Mikrokosmos, der kleine Mensch auf Erden, ist. Vom Tierkreiszeichen des Widders empfand man herunterströmende Kopfkräfte, vom Stier Halskräfte, von den Zwillingen Schulter- und Armkräfte und so weiter durch den ganzen Tierkreis, bis man zum Zeichen der Fische kam, von dem die Fußkräfte des Meganthropus herunterstrahlten.

Durch den Tierkreis wirken die Urbilder auf die Erde herab. Die Kräfte der Urbilder werden aber verändert, verstärkt oder geschwächt, wenn sich ein Planet in einem der Zeichen befindet. Man kann sagen, dass ein Mars, der vom Skorpion her leuchtet, weniger Gutes verheißt, als wenn er von der Jungfrau her leuchtet. Eine Sonne im Löwen (August) ist eine heißere, stärkere Sonne, als wenn sie matt aus der Richtung des Steinbocks oder Wassermanns (Februar) her scheint. Ein Vollmond im Stier hat eine andere Qualität als einer in den Fischen. Für den Landmann waren diese Qualitätsunterschiede wichtig genug, dafür etliche Regeln mündlich zu überliefern.

Karotten (Möhren) sollen nicht im Krebs gesät werden, heißt es da, sonst treiben sie zu

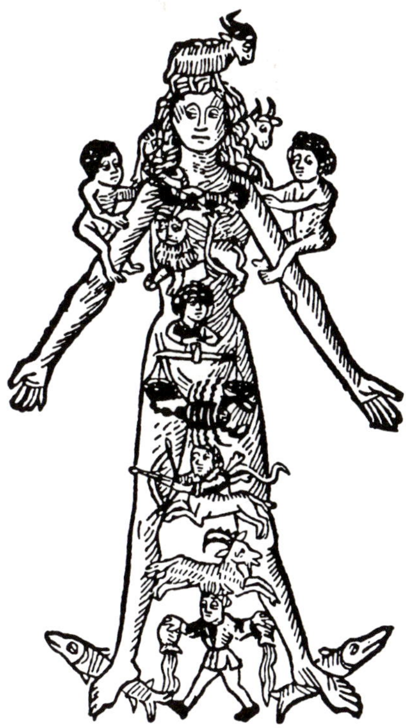

Meganthropus. Augsburger Holzschnitt: Versehung des Leibes, 1491.

viele kleine Würzelchen. Zwiebeln, im Steinbock gesetzt, werden fest wie Stein, im Wassermann aber faulen sie. Die bayerischen Bauersfrauen säten Hanf und Flachs in den Zeichen des haarigen Widders und des Löwen. Bei den Hillbillies im Appalachengebirge ist es noch immer Brauch, das Gemüse, das zum Einmachen bestimmt ist, nicht im Zeichen des Skorpions oder der Fische zu pflanzen, denn sonst würden die Konserven sehr unangenehm riechen.

Viele Regeln bezogen sich auf die Mondphasen, die mit dem Wachsen und Vergehen, Aufbauen und Faulen zu tun haben. Man soll Hecken, Reben und die Klauen der Tiere im abnehmenden Mond schneiden, Gemüse mit oberirdischen Teilen im zunehmenden Mond pflanzen und Wurzelgemüse im abnehmenden Mond säen. Bohnen setzt man bei Neumond.

Weitere Regeln bezogen sich weniger auf kosmologische Zeichen als auf Naturbeobachtungen, mit denen man die nähere Zukunft deuten konnte:

»Bienenschwarm im Mai
ist wert ein Fuder Heu.
Aber ein Schwarm im Juli,
der lohnt sich kaum der Müh.«

»Gibt's der Eichenblüten viel,
füllt sich auch des Kornes Stiel.«

»Sonnt der Dachs in der Lichtmesswoche [2. Februar],
geht er vier Wochen wieder zu Loche.«
*Vier Wochen bedeutet hier nicht unbedingt vier Kalenderwochen,
sondern eine recht lange Zeit, in der das Wetter noch winterlich ist.*

»Regnet es Johanni sehr [24. Juni],
sind die Haselnüsse leer.«

Andere Regeln geben dem Landmann Anleitung, worauf er zu achten hat, um sein Werk zum günstigsten Zeitpunkt zu verrichten:

»Frühe Saat hat nie gelogen,
allzu spät hat oft betrogen.«
Das gilt vor allem für das Getreide, weniger für den Garten.

»Zur Gartenarbeit lass dir raten
wenn die Erde sich löst vom Spaten.«
*Solange der Boden gefroren oder zu nass ist, sodass die Erde
an den Geräten klebt, soll man nicht auf die Beete.*

»Benedikt [21. März]
macht Zwiebeln dick.«

»Gertrud [17. März]
säe das Chrut.«

Andere Regeln sind wiederum einfach Bauernhumor:

»Fällt der Regen auf den Roggen,
bleibt der Weizen auch nicht trocken.«

Jeder, der längere Zeit mit einem naturverbundenen Landvolk zusammengelebt hat, wird diese Regeln und Sprichwörter, die jeder Begebenheit und Angelegenheit einen Inhalt geben, gehört haben. Dazu kommen die Rätsel, deren Lösung ein anstrengendes Denken in Analogien, Gleichnissen und Signaturen erfordert. An manchem kaltem Winterabend, wenn ich bei Arthur Hermes zu Besuch war, unterhielten wir uns, indem wir einander uralte Rätsel aufgaben. Oft dauerte es mehrere Tage, bis einem die treffende Antwort einfiel:

»Aus dem Igel, eins, zwei, drei,
schlüpft das braune, runde Ei.«[4]

»Schdeht ebbis am Rai
hat nummä ei Bäi,
hets Härz im Kopf.«[5]

»Vorn lebendig,
Mitten tot,
Hinten mags gern Käs und Brot.«[6]

DIE KALENDER

Sonnen- und Mondstellung, das Blühen und Reifen der Vegetation und das Verhalten der Tiere, etwa die Wiederkehr der Singvögel, war der sichtbare, lebendige Kalender des Landvolkes. Die Rhythmen des Säens und Erntens standen im Einklang damit. Der aufgeschriebene Kalender war Angelegenheit der Pfaffen

4 Kastanie in der Schale.
5 »Steht etwas am Rain, hat nur zwei Bein', hat's Herz im Kopf.«: Der Krautkopf.
6 Ochse, Pflug und Bauer.

und Gelehrten. Erst nach der Reformation, als immer mehr Leute lesen und schreiben konnten, wurden gedruckte Kalender bei den Bauern beliebt. Sie enthielten Bauernregeln, gaben astronomische Daten an, erteilten Ratschläge und nannten auch die Tage der Heiligen. Großes Ansehen genoss der »Hundertjährige Kalender« (1702), der aufgrund einer siebenjährigen Periodizität der Planeten das Wetter für ein Jahrhundert voraussagte. Da einige Planeten heiße, andere kalte, einige feuchte, andere wiederum trockene Eigenschaften haben, meinte der Zisterzienserabt Mauritius Knauer (1612–1664), man könne errechnen, wie das Wetter wird, wenn man weiß, welcher Planet in welchem Jahr herrscht.

Die Kosmologie, auf der diese Kalender und das Bauernwissen aufbauten, verfiel immer mehr. Das allmähliche Fortschreiten des Frühlingspunktes und das damit verbundene Auseinandergehen der Erfahrungen mit den Regeln sowie die Kalenderreform von Papst Gregor XIII. im 16. Jahrhundert, durch die der Kalender um elf Tage verschoben und der bäuerliche Jahresbeginn vom 25. März (Maria Verkündigung) auf den 1. Januar verlegt wurde, brachte viel Verwirrung um die Regeln. Die Qualitäten der Heiligen wurden immer weniger glaubwürdig, und dies nicht nur bei den Protestanten. Die Kalender enthielten Regeln, die nicht überall und in jedem Ökotop anwendbar waren. Das war besonders der Fall bei den Einwanderern in Amerika, wo ganz andere ökologische Bedingungen herrschten, die den Kalender und die damit verbundene Weltanschauung ungültig machten.

Der Strukturwandel auf dem Lande, der Wandel von der selbstversorgenden Naturalienwirtschaft zur Geldwirtschaft und die damit verbundene weltanschauliche Veränderung, die ihren Höhepunkt in der Aufklärung fand, ließ die alte Bauernwissenschaft zum Aberglauben werden. Man schüttete das Kind mit dem Bade aus und wandte sich der materialistischen, naturwissenschaftlichen Denkweise zu. Nur einige Hinterwäldler und Kräuterseppen hielten an ihren alten Anschauungen fest. In der DDR, wo die industrialisierte, produktionsgenossenschaftliche Landwirtschaft allein maßgebend war, traf ich zum Beispiel Bäuerinnen, die noch am Karfreitag Osterwasser schöpften und sich jedes Jahr einen astrologischen Bauernkalender aus dem Westen herüberschmuggeln ließen.

Der biologisch-hermetische Gartenbau hat also tiefe Wurzeln, die jahrtausendeweit bis zu den Urerfahrungen der Schamanen und dem Weisheitsgut alter Kulturen zurückreichen. Verborgenes Gold liegt da unter dem Schutt des Aberglaubens, verachtet von der aufgeklärten, skeptischen Wissenschaft. Wir werden sehen, ob wir dieses Gold nicht durch die Scheidekunst der Alchemie läutern können, um dann die kränkelnde Landwirtschaft unserer Tage damit zu tingieren.

Anzuchtbeet für den Frühling mit Freilandsaatkasten.

DIE NEUE LANDWIRTSCHAFT UND RUFER IN DER WÜSTE

Die moderne Landwirtschaft ist ein Wunderwerk
der Technik und Wissenschaft
ein untergehendes Schiff wie die Titanic.
Die kleinen Landwirte sind die Rettungsboote.
Sie haben in ihren Nischen Überlebensmodelle entwickelt und stehen
mit ihren Konzepten für eine Trendwende in der Landwirtschaft bereit.

Bernd Lötsch, Biologe und Direktor
des Naturhistorischen Museums, Wien

Das in Religion und Mythe eingebundene Leben der ländlichen Bevölkerung, die Allmende, die Dreifelderwirtschaft und andere organisch gewachsene feudale Einrichtungen zerbrachen an der Aufklärung und dem experimentalwissenschaftlichen und kommerziellen Geist des liberalen Bürgertums. Die Jahreszeitenfeste verloren an Strahlkraft. Man glaubte an »Fortschritt« und sah in jeder Veränderung eine Verbesserung. Kleinbauern und Tagelöhner wanderten aus oder in die Industriestädte ab und überließen das Land den größeren Bauern, die sich nunmehr auf ertragreiche Sorten spezialisierten und den Anbau neuer Pflanzenarten wie Mais, Kartoffeln und Tabak ausprobierten, die Brache mit Hackfrüchten und Textilfaserpflanzen bebauten, Stallfütterung intensivierten und den Mist besser verwerteten. Die Industriebevölkerung der Städte war Abnehmer der Agrarprodukte und lieferte gleichzeitig die nötigen Maschinen und Geräte. An den Rändern der Großstädte entwickelten sich die großen Marktgärtnereien; die Arbeiter, ehemalige Landbewohner, richteten sich kleine Blumen- und Schrebergärten ein. Neben herkömmlichen Gemüsen finden Bohnen, Kürbisse, Topinambur und andere neue Pflanzen aus der Neuen Welt Platz in den Beeten.

Mehr Mist, Abschaffung der Brache, Einführung der Kartoffel, das Drillen des Getreides, Zwischenfrüchte und Klee-Einsaaten führten zuerst in Großbritannien und dann in den anderen Ländern zu enormen Ertragssteigerungen. Bürgerlicher Forschungseifer und Erfindergeist brachten im 19. Jahrhundert in Amerika die ersten Mähdrescher, Dampfpflüge, Kartoffelsetzmaschinen, Drainagen, Stacheldrahtzäune und andere technische Entwicklungen hervor, die die menschliche Arbeit auf dem Land zunehmend ersetzten. Zur selben Zeit begannen Sortenzüchtung, Anwendung der Pharmakologie, Leistungsprüfungen, Versuchsanstalten und Ausstellungen eine Rolle zu spielen.

Als größte Leistung wurde damals die Kunst- oder Mineraldüngertheorie des Chemikers Justus von Liebig angesehen. Diese Theorie, auf deren Umsetzung der Aufschwung der großen agrarchemischen Industrie zurückzuführen ist, geht davon aus, dass die durch die Ernte dem Boden entzogenen Mineralstoffe ersetzt werden müssen. Ob man nun den Boden mit Mist oder mit Mineralsalzen dünge, sei einerlei, denn Stickstoff bleibt Stickstoff, Phosphor bleibt Phosphor und Kalium bleibt Kalium. Man könne also ebenso gut mit mineralischen Salzen düngen und brauche sich nicht mehr mit schmutzigem, klebrigem Tierkot abzugeben. In England begannen J.B. Lawes und der Chemiker J.H. Gilbert die industriemäßige Kunstdüngerherstellung, indem sie Knochen oder Kalkphosphatgestein »vitriolisierten«, das heißt mit Schwefelsäure zu Superphosphat machten, und mit Erfolg vermarkteten. Die großen Schlachthäuser und Schlachtfelder – etwa die Gebeine der Gefallenen im Krimkrieg – lieferten das Rohmaterial. Man war überzeugt, dass die chemische Düngung ebenso gute Ernten hervorbringe wie der stinkende, schwer zu handhabende Tiermist. Außerdem war sie billiger, leichter herzustellen und zu verwenden. Der apokalyptische Reiter auf dem fahlen Pferd, der Hunger, schien auf ewig gebannt. Das lang ersehnte Pays de cocagne, das Schlaraffenland, das sich die Menschen schon so lange ersehnt hatten, schien in greifbarer Nähe.

Die materialistische Wissenschaft, die den Ackerboden lediglich als Rohstoff für die Zucker und Stärke produzierenden, sonnenenergiebetriebenen Pflanzenfabriken begreift, hatte den Sieg davongetragen. Industrie, internationaler Kommerz und Landwirtschaft verquickten sich zunehmend. Die sich entwickelnde Schwerindustrie lieferte Phosphor, der in Form von Thomasschlacke als Nebenprodukt der Stahlerzeugung anfiel. Kali konnte in Bergwerken im Tagebau gewonnen und auf dem leistungsfähigen Transportnetz der Eisenbahnen verfrachtet werden. Stickstoff ($NaNO_3$), eigentlich uralter, abgelagerter Mövendung, wurde aus Chile eingeführt oder auch als Nebenprodukt bei der Verkoksung von Kohle gewonnen. Von sich aus interessierten sich die Bauern und Gärtner wenig für den Kunstdünger. Ausnahmen waren die Großgrundbesitzer, die dadurch kostenaufwendige Arbeitskräfte einsparen konnten.

Wessen Kind die neue chemische, technisierte Landwirtschaft ist, zeigt sich deutlich. Jeder Krieg gab ihr größeren Auftrieb. Als die Blockade der Alliierten im Ersten Weltkrieg die Einfuhr von Chilesalpeter in die Länder der Zentralmächte verhinderte, baute man in Deutschland Fabriken, in denen die energieaufwendige Ammoniaksynthese im Haber-Bosch-Verfahren stattfinden konnte. Es ging dabei hauptsächlich um die Munitions- und Sprengstoffherstellung, die ja auf Stickstoffverbindungen basiert. Nach dem Krieg blieben die Fabriken bestehen und erzeugten stickstoffhaltigen Kunstdünger für die Landwirtschaft.

Aus den Forschungen zur Herstellung von Giftgasen und chemischen Kampfstoffen, denen im Ersten Weltkrieg 800 000 Menschen zum Opfer fielen, ergaben sich letztendlich die Pflanzenschutzmittel (Insektizide), mit denen dann gegen die Kriecher und Krabbler auf Wiesen und Äckern Krieg geführt wurde (Thompkins/Bird 1991: 13). Was sollte man denn sonst mit den industriellen Kapazitäten tun? Die Genfer Konvention hatte ihre Anwendung zur Vergiftung von Menschen verboten. Anstatt diese Produkte zu verschwenden, wurden sie umfunktioniert. Als Erster der chlorierten Kohlenwasserstoffe wurde DDT, eines der gefährlichsten Abfallprodukte der Militärforschung, von den Alliierten 1943 in Neapel zur Bekämpfung von Läusen eingesetzt und propagandistisch ausgeschlachtet. In den darauf folgenden Jahrzehnten wurden Nützlinge dezimiert, Boden und Grundwasser verseucht, und zugleich wurden die »Schädlinge« resistent und gefährlicher.

Auch der Vietnamkrieg hatte seine *spinn offs* für die dummen Bauern. Herbizide und andere Pflanzenvernichtungsmittel wie Agent Orange wurden vom Chemiekonzern Dow Chemical in Massen hergestellt, um die Urwälder Südostasiens zu entlauben, damit die Truppen des Vietkong sichtbar gemacht und ihre Nahrungsmittelgrundlage zerstört werden konnte. Die Überproduktion wurde, als der Krieg vorüber war, gewinnbringend als Unkrautvertilger an die Landwirtschaft weitergeleitet. Eigentlich war das Gift, das dioxinhaltige Herbizid 2,3,5-T schon im Zweiten Weltkrieg in Militärlabors entwickelt worden, um die japanische Reisernte zu vernichten. Da die Atombombe aber früher kam, mussten die mit dem Kampfherbizid beladenen Frachter kurz vor dem Ziel umkehren (Grimm 1999: 206).

Auch die Kernwaffentechnik hielt Einzug in der Landwirtschaft und der Lebensmittelherstellung. In einigen Ländern werden Nahrungsmittel bestrahlt, um Pilze oder Fäulnisbakterien abzutöten und die Produkte haltbarer zu machen. Dass das auf diese Weise behandelte Obst oder Gemüse an Lebenskraft und Nahrhaftigkeit einbüsst, braucht der Kunde ja nicht zu merken.

Noch immer verspricht man sich aus der radioaktiven Bestrahlung des Pflanzenerbguts Zufallsmutationen für gewünschte Eigenschaften. Doch damit sind wir schon beim Thema der Genmanipulation, mit dem wir uns später befassen werden.

Seit den 1970er-Jahren ist das Totalherbizid Glyphosat (Roundup) weltweit im Einsatz, insbesondere für genveränderte Pflanzen wie Mais, Soja und Baumwolle. Auch Kleingärtner können der Versuchung oft nicht widerstehen, den Unkrautvernichter einzusetzen. NGOs wie BUND, Greenpeace oder Friends of the Earth weisen jedoch darauf hin, dass sich Glyphosat negativ auf Gesundheit und Ökologie auswirken kann. Nicht nur tötet es die Ackerbegleitkräuter, von denen viele Insekten abhängen, sondern es reduziert auch Bodenmikroorganismen, Knöllchenbakterien und Pilzmyzelien und zerstört dabei die Krümelstruktur des Bodens. Für Tiere ist es ein endokriner Disruptor, es hat eine negative Wirkung auf das Hormonsystem und ist höchstwahrscheinlich karzinogen.

REFORMBEWEGUNGEN

Glücklicherweise gab es immer wieder nachdenkliche Gemüter, die sich im Laufe der oben beschriebenen Entwicklungen fragten, ob trotz der wissenschaftlichen Errungenschaften nicht doch ein Pferdefuß an der Sache sei. Schon vor der Jahrhundertwende gab es Reformer (Waerland, Kneipp, Graham u. a.), die einer bedrohten Lebensqualität mit natürlicher Nahrung und naturopathischen Kuren begegnen wollten. Anfang des 19. Jahrhunderts entstanden nach englischem Vorbild die »Armengärten«, wo arme Proletarier Parzellen pachten konnten, um dort frische Luft zu schnappen und etwas Gemüse anzubauen. Um 1870 kamen die Schrebergartenbewegung und die Kleingärtnerkolonien der verschiedenen Naturheilvereine, des Roten Kreuzes und anderer Reformgruppen auf. Hier und da meldeten sich auch Stimmen, die ganz und gar »zurück zur Natur« wollten. Im Großen und Ganzen aber glaubte man fest an den Fortschritt und lehnte die Kritiker als Naturapostel, Fanatiker, Reformköstler und Spinner ab. Im Laufe des weiteren technischen Fortschritts würde ihr Protest schon verstummen.

RUDOLF STEINER

Der österreichische Philosoph Rudolf Steiner (1860–1925), Begründer der Anthroposophie, der Waldorfschulen und der anthroposophischen Heilkunde, war für die Ausbreitung der biologischen Landwirtschaft bahnbrechend. 1924 baten ihn schlesische Großbauern um Rat auf der Basis seiner »geisteswissenschaftlichen« Erkenntnisse. Ihre Zuckerrüben wurden zunehmend von Fadenwürmern befallen, das Saatgut verlor an Keimfähigkeit, und die Luzerne, die man früher gut dreißig Jahre lang hatte ernten können, gedieh nur noch ein Dutzend Jahre, zuletzt hatte man sie nur noch vier oder fünf Jahre. Früher, so sagten die besorgten Bauern, nahm man das eigene Saatgut für Roggen, Hafer, Weizen und andere Getreide, aber nun degenerierten die Sorten dermaßen, dass man gezwungen war, immer wieder neues Saatgut zu kaufen. Zugleich kam es vermehrt zu Unfruchtbarkeit bei den Tieren, Schwierigkeiten beim Werfen und Krankheiten im Stall. Zu Pfingsten 1924 hielt Rudolf Steiner acht Vorträge auf dem Gut von Graf Keyserlingk in Koberwitz. Er machte vor allem den mineralischen Kunstdünger für die Probleme der Landwirte verantwortlich. Der mineralische Dünger regt nur die »Wässrigkeit« der Pflanzen an, belebt sie aber nicht; was auf kunstgedüngten Feldern wächst, verliert im Laufe der Zeit an Nährwert (Steiner 1975: 94, 176). Er riet den Bauern, wieder zu kompostieren und die landwirtschaftlichen Arbeiten im Einklang mit den kosmischen Rhythmen zu verrichten. Die Vorträge waren Anlass zur Gründung eines Versuchsrings, des-

Blühende Quecke.

sen Mitglieder die im Kurs stenografisch festgehaltenen Angaben wissenschaftlich erforschen und in der Praxis anwenden wollten. Auf diesen Versuchsring geht die Bezeichnung »biologisch-dynamisch« zurück.

Unvorbereitet kann man die landwirtschaftlichen Vorträge Steiners nicht lesen. Selbst wenn man in der Landwirtschaft tätig ist, bieten sie einige Schwierigkeiten, denn Steiner baut auf einer anderen als der geläufigen Wissenschaftstheorie auf. Er verwirft keineswegs die Wissenschaft – die genaue Beobachtung und die logisch-mathematische Schlussfolgerung –, sondern preist die durch sie bewirkte Disziplin und Gedankenschulung; ja er warnt sogar vor einseitigem Mystizismus und vor »atavistischem« Denken.[7] Nur ist seine Wissenschaft auf anderen Grundlagen aufgebaut als die materialistische. Er knüpft an eine andere wissenschaftliche Tradition an, eine, die neben empirischer Beobachtung und mathematischer Abstraktion auch kräftemäßige, seelische und geistige Instanzen einbezieht und dadurch vermeidet, reduktionistisch vorzugehen.

Durch Bekanntschaft mit einem Kräutersammler im Wienerwald und durch seine Mitarbeit an der Kürschner-Ausgabe der naturwissenschaftlichen Schriften Goethes in Weimar kam der junge Steiner als Student mit der okkulten (lat. *occultus* = verborgen) Strömung in Berührung, die über Goethes naturwissenschaftliches Werk, Paracelsus, die Alchemie und die Homöopathie bis in die Antike zu verfolgen ist. Es war Steiners Anliegen, die aus dieser okkulten Wissenschaft stammenden Einsichten dem modernen Verständnis nahe zu bringen und dem Landmann wieder eine ganzheitliche Anschauung zu vermitteln, die sein praktisches Tun begleiten kann.

Wie schwer Steiners Grundsätze zu verstehen waren, zeigt die Abneigung eines so kühnen Denkers wie Sir Albert Howard, der Steiners Methode als »muck and magic« (Mist und Zauberei) bezeichnete und meinte, auf solchen Hokuspokus könne man verzichten. Auch der populäre Gartenbuchautor John Seymour konnte sich nicht enthalten zu schreiben: »Einige Befürworter des organischen Gartenbaus haben recht exzentrische Methoden, wie zum Beispiel den Anbau von Pflanzen in Übereinstimmung mit den Mondphasen oder das Verstreuen winziger Mengen geheimnisvoller Substanzen auf den Boden und so weiter (...) In der Lehre von den organischen Zusammenhängen haben derart unsinnige und abergläubische Vorstellungen keinen Platz. Der organische Gartenbau beruht auf beweisbaren Tatsachen und wissenschaftlichen Erkenntnissen, und die Durchführung erweist sich als wirkungsvoll und damit als richtig« (Seymour 1978: 96).

7 Anscheinend war sich Steiner nicht bewusst, dass auch in seinen Visionen viel »atavistisches« beziehungsweise altkeltisches Wissen steckt. Siehe dazu: Storl, Wolf-Dieter: *Pflanzen der Kelten*, Aarau, AT Verlag 2017b.

ORGANIC AGRICULTURE

Die »organische« Bewegung in den angelsächsischen Ländern geht auf Sir Albert Howard (1873–1948) zurück, der nach jahrelanger Forschung und praktischer Erfahrung seine Werke »An Agricultural Testament« (1941) und »Soil and Health« (1947) herausgab. Zur selben Zeit entwickelte sich die biologische Methode von Lemaire-Boucher in Frankreich. In den frühen Fünfzigerjahren verbreitete sich das Interesse an biologischem, natürlichem Landbau auch in den fortschrittsgläubigen Vereinigten Staaten, wo die unsachgemäße Bodenbearbeitung zu massiver Bodenerosion und Staubstürmen (dust bowls) geführt hatte, wodurch weite Landschaftsteile verwüstet und Milliarden Tonnen Humus verloren gegangen waren.

Kaum einer hat im englischen Sprachraum mehr für die biologische Landwirtschaft getan als Sir Albert Howard. Als junger Mykologe (Pilzforscher) und Dozent für Agrikultur wurde er 1905 Reichsbotaniker der indischen Kolonialregierung. Diese Stelle bis 1924 und ähnliche Aufgaben in Afrika brachten ihn täglich in Berührung mit den Kleinbauern dieser Länder. Dies brachte ihn zur Einsicht, dass der Spezialist, der »Einsiedler« im Labor, weit davon entfernt ist, die vielen biologischen Wechselwirkungen innerhalb der Landwirtschaft richtig zu erkennen. Die Bauern wiesen ihm den Weg zu einer ganzheitlichen Auffassung der Lebenszusammenhänge, der Aufbau- und Abbauprozesse im Boden, in der Pflanzen- und Tierwelt. Dieses »Rad des Lebens« gilt es zu achten. Die Kompostierung ist ein wesentlicher Teil dieses Lebensrades, der Kunstdünger hingegen unterbricht den Kreislauf. Mit diesem Gedanken im Sinn entwickelte er in Indien die Indore-Kompostierungsmethode.

In seinen Arbeiten macht Sir Howard auf die wichtige Rolle der Pilzwurzeln (*Mycorrhizae*) aufmerksam, die mit den Wurzelhärchen der höheren Pflanze symbiotisch verwachsen sind. Sie versorgen die Pflanze mit Wachstumshormonen, geben ihr Widerstandskraft gegen anderen Pilzbefall und führen ihr Mineralien zu, die sie aus dem Kristallgitter herauslösen. Die grüne Pflanze ihrerseits versorgt die Pilzwurzeln reichlich mit Zucker und anderen Kohlehydraten. Die *Mycorrhizae*, die in gutem Boden reichlich vorhanden sind, verschwinden, wenn der Boden chemisch behandelt wird.

Ein gesunder Boden ohne Einschaltung von chemischen Substanzen oder Giften ist die Grundlage für das Gedeihen der Pflanzen, Tiere und Menschen. Fruchtbarkeit und Gesundheit resultieren aus sorgfältiger Humuspflege mit Kompostierung aller organischen Abfälle. Ein Beweis dafür war, dass Sir Howards Rinderherde von der Maul- und Klauenseuche verschont blieb, die bei den Kunstdüngerbetrieben der Nachbarn wütete. Er konnte auch zeigen, dass der Schädlingsbefall in erträglichen Grenzen gehalten werden kann, wenn die Kompostierung als Grundlage dient. Er machte die biologische Landwirtschaft auf Charles Darwins letztes großes Werk über die Regenwürmer aufmerksam. Diese Tierchen verdauen als Garanten der Bodenfruchtbarkeit nach Darwins Schätzungen ungefähr 20 Tonnen Erde pro Hektar und Jahr und reichern die verarbeitete Erde mit Nährstoffen an. Kunstdüngersalze vertreiben diese hilfreichen Tiere.[8]

Das breitere Interesse am Biolandbau währte nur kurze Zeit. Als die Nachkriegswirtschaft in eine expansive Phase geriet, schien die biologische Bewegung geschlagen. Spottbilliges Öl, welches die preisgünstige Kunstdüngerherstellung und einen expansiven Maschineneinsatz ermöglichte, sowie neokolonialistische Handelsstrukturen begünstigten den Sieg der Technokraten. Die Biolandbau-Bewegung wurde als Flause nicht ernst zu nehmender Naturkäuze und Gesundheitsköstler belächelt. Derweil merkte man kaum, dass die Bodenstruktur immer schlechter wurde, dass es ständig mehr chemischer Hilfsmittel bedurfte, um die Erträge auf der Höhe zu halten, und dass Schmetterlinge und Singvögel verschwanden, während Schädlinge nur mit starken Giftbehandlungen in Schach gehalten werden konnten. Wer dachte schon, dass die Zunahme an Zahnkaries, Kreislaufstörungen und Krebs vielleicht etwas mit der so erzeugten Nahrung zu tun haben könnte?

Die blinde Euphorie bezüglich der Ertragssteigerung durch Gift und Chemie hielt an, bis die Biologin Rachel Carson das inzwischen klassische Werk »Der stumme Frühling« (1962) herausgab. Als Stimme der um ihre Kinder besorgten Mutter Erde erhob sie die Klage, sodass sogar Präsident Kennedy aufhorchte und das Wort *ecology* (Ökologie) zum allgemein geläufigen Modewort avancierte. Als das Buch erschien, fragte ich meinen Entomologie-Professor, der auch als Ratgeber einer Chemiefirma tätig war, wie er das Buch von Rachel Carson beurteile. »Ach, diese hysterische Frau! Wir brauchen das Gift, denn entweder sind wir es oder die Schädlinge, die überleben werden«, gab er zur Antwort.

In den Sechzigerjahren wurden die »Grenzen des Wachstums« zunehmend spürbar. Der materialistische Fortschrittsglaube geriet ins Wanken. Junge Idealisten suchten nach Alternativen, reisten in fremde, »unterentwickelte« Länder und versuchten Auswege zu finden. Die Gedankengänge der so genannten Naturapostel und Reformköstler fanden wieder Gehör. Viele experimentierten mit anderen Bewusstseinsformen, mit Meditationspraktiken und mit Pflanzendrogen. Nicht wenige haben den Gärtner in sich entdeckt, als sie Zauberdrogen suchten und ihr eigenes Marihuana oder Ololiuqui anzubauen begannen. Inzwischen klingen viele dieser Ideen schon gar nicht mehr so verrückt. Fort-

8 Mit dem Kunstdünger Ammoniumsulfat tötet man absichtlich die Regenwürmer auf den Golfplätzen, damit auf dem kurzgeschorenen Rasen ihre Häufchen den Golfbällen nicht in die Quere kommen.

Kamille – Wunderheiler im Garten.

Silphie – eine wertvolle Bienenweide.

schreitende Verwüstung der Landschaft, drohende Energieknappheit und die damit verbundene allgemeine Teuerung machen Selbstversorgergärten und Gemeindegärten nach biologischem Prinzip immer beliebter, bis schließlich sogar gutmeinende, aber hinter den avantgardistischen Entwicklungen hinterherhinkende Akademiker und zuletzt die Behörden sich dafür stark machten.

Inzwischen haben viele Bauern und Gärtner umgestellt. Biologische Produkte werden in der Schweiz sogar in den großen Supermarktketten angeboten. Die BSE-Krise hat viele Verbraucher hellhörig gemacht. Dennoch ist nichts entschieden. Technologischer Machbarkeitswahn beherrscht die Großkonzerne, die sich fette Profite auf einem globalisierten Markt versprechen. Mehr als 40 000 000 000 US-Dollar werden weltweit pro Jahr mit agrarchemischen Produkten für die Landwirtschaft umgesetzt – eine astronomische Ziffer, deren Bedeutung sich der normale Mensch kaum vorstellen kann. Ohne dass die Folgen für die Ökologie und die Gesundheit abzuschätzen sind, wird weiterhin mit gezielten Erbgutveränderungen experimentiert. Allein in Deutschland werden 38 000 Tonnen Pestizide pro Jahr eingesetzt – das ist auf die Bevölkerung umgerechnet ein Pfund pro Person. Die gesundheitlichen Schäden sind enorm. Nach Schätzung der Weltgesundheitsorganisation vergiften sich weltweit eine Millionen Menschen an Pflanzenschutzgiften, 20 000 von ihnen sterben (Grimm 1999: 199). Auch der Energieverschleiß geht unvermindert weiter. Ein Beispiel: In Südspanien bedecken Plastikfolien hunderttausende Hektar Land. Hier und da ragt ein Kirchturm aus dem Plastikmeer – da weiß man, dass sich dort ein Dorf befindet. Unter den Folien werden meist in künstlichen Nährlösungen genormte Tomaten, Paprikaschoten, Salat, Gurken und andere Gemüse gezüchtet. Tausende von Lkws mit Kühlsystemen fahren auf neu gebauten, mit EU-Geldern finanzierten sechsspurigen Autobahnen Tausende von Kilometern bis in die entferntesten Länder der EU, um die Gemüse in die Supermärkte zu bringen. Zweites Beispiel: Die industriellen Gartenprodukte der Niederlande haben einen dermaßen schlechten Ruf, dass viele Verbraucher sie meiden. Daher werden diese Gewächshauserzeugnisse nach Spanien verfrachtet, dort in andere Kisten umgeladen und – im Einklang mit EU-Recht – als »spanische Erzeugnisse« wieder zurück ins nördliche Europa gebracht.

ORGANISCHE LANDWIRTSCHAFT, BIODYNAMISCHE LANDWIRTSCHAFT, PERMAKULTUR

Haben wir es da nicht mit den gleichen Begriffen und Praktiken zu tun? Wenn man die Literatur zum biologisch-dynamischen Landbau liest, könnte man meinen, dass es sich, abgesehen von einigen Präparaten aus Heilkräutern, um ein und dieselbe Sache handelt. Überall, wo biologische oder organische Landwirtschaft betrieben wird, hat man es mit einer ganzheitlichen, ökologisch orientierten Praxis zu tun. Dem gesunden Menschenverstand wird gegenüber den Abstraktionen der Labortechniker der Vorzug gegeben. Man arbeitet mit der Natur, nicht gegen sie; man vollzieht natürliche Prozesse nach, denn die Natur ist weiser als wir. Statt Düngersalze nimmt man Kompost, statt chemischer Gifte nimmt man die Mittel, die die Natur selbst anbietet. So bekämpft man Schädlinge mit Marienkäfern, Gottesanbeterinnen, Trichogrammawespen oder spritzt zur biologischen Abwehr mit Knoblauch- und Chilipfefferbrühen. Das Ziel ist, auf der Basis eines gesunden, lebendigen Bodens gesunde Nahrung zu ernten.

Die biologisch-dynamische Landwirtschaft widersetzt sich diesen Zielen nicht, ihr Anliegen ist jedoch viel weiter gefasst. Zur Ganzheit gehören nicht nur die unmittelbaren Gegebenheiten wie der Boden, die Pflanzen, Tiere und Werkzeuge, sondern auch die geologischen Bedingungen, der Längen- und Breitengrad, der Einfluss der Sonne, des Mondes, der Sterne und des Menschen selbst. Nicht nur, wie er den Boden bearbeitet, sondern auch was er dabei fühlt und denkt, ob er ihn liebt oder ob er ihm gleichgültig ist, all das zeigt seine Wirkung. Um sich über die Kräfte und die großen Kreise der Natur (Makrokosmos) und ihren Zusammenhang mit dem Denken, Wollen und Fühlen des Menschen (Mikrokosmos) klar zu werden, braucht es eine Bewusstseinserweiterung über den gewöhnlichen Grad des Bewusstseins hinaus. Diese Bewusstseinserweiterung – Geistesschulung genannt – ist ein Bestandteil der biologisch-dynamischen Methode. Wenn das Bewusstsein entsprechend geschult ist, erkennt man auch, dass die Erde selbst ein lebender Organismus ist. Man wird auf wunderbare, ja magische Zusammenhänge aufmerksam, und man empfindet, wie man karmisch mit diesem Erdorganismus verbunden ist.

Das Gärtnern und Bauern wird dann ein Dienst an der Erde. Was man ihr antut, bestimmt das Karma des eigenen Lebens und der Menschheit mit. Man arbeitet an der Zukunft des Universums. Aus dem richtigen Verhältnis zur Erde und zum Kosmos wird dann, fast nebenbei, eine menschenwürdige Nahrung hergestellt. Biologisch zu gärtnern, um gesunde Nahrung zu haben, ist verfeinerter Materialismus. Die gesunde Nahrung ergibt sich von selbst, wenn der Mensch seine Aufgabe an der Erde erfüllt. Wichtiger als die gesunde Nahrung ist, was man mit der Kraft, die einem die Nahrung spendet, anfängt.

Der Biodynamiker sieht sich als Alchemist, der einer alt werdenden Natur neue Sternenkräfte vermittelt, der nicht nur die Natur walten lässt, sondern sie mit Präparaten und Heilmitteln unterstützt und ihr durch bewusstes Handeln gute Impulse vermittelt. Ein Hauptaxiom des Biodynamikers ist es, die positiven Kräfte zu unterstützen und nicht Energien zu verschwenden, indem man verbissen die vermeintlich negativen Kräfte bekämpft und unterdrückt. Man bekämpft nicht die Schädlinge, von einer Notmaßnahme abgesehen, auch nicht mit »biologischen« Mitteln, sondern man unterstützt die Gesundung der Felder und Gärten durch Humuspflege, Tierschutz, Anlegen von Hecken und Teichen und ähnliche Maßnahmen. Man arbeitet an den Ursachen, die oft so tief verborgen liegen, dass es dem Unwissenden »mystisch« oder seltsam vorkommen mag, wenn er einem bei der Arbeit zusieht. Man schult sich in der genauesten Beobachtung, damit auch jeder Zugriff folgerichtig ist.

Der Begriff Permakultur wurde 1978 als Antwort auf die globale ökologische Krise von den Australiern Bill Morrison und David Holgren geprägt. Morrison hatte einige Zeit seines Lebens mit den australischen Ureinwohnern im Busch verbracht und gesehen, wie diese naturverbundenen Menschen harmonisch mit ihrer Umwelt leben und diese nicht »verbrauchen« oder zerstören, wie es in der Konsumgesellschaft der Fall ist. Ihm schwebt eine Landwirtschaft vor, die nachhaltig ist. Kernpunkte sind Selbstversorgung mit qualitativ hochwertigen Lebensmitteln, lokale Märkte für Überschüsse, sparsame und effektive Nutzung der immer knapper werdenden Ressourcen, organische Vernetzung von Natur und Kultur, Ende der Verschwendung fossiler Brennstoffe durch energieaufwendige chemische Düngemittel, Gifte und lange Transportwege. Auch Städte sind in das Konzept mit einbezogen – Sonnenkollektoren und Regenwassersammlung, Gewächshäuser, Kleingetier, Mischkulturen in den Hausgärten.

Vorbild für die Permakultur ist das Ökosystem Wald, insbesondere die Urwaldgärten, wie man sie in Kerala oder Tansania findet. Dort werden Nutzpflanzen, Kräuter und Gemüse, Beerenbüsche und Obstbäume in Nachahmung des Waldes »etagenweise« übereinander angeordnet; Tiere, wie Schweine oder Hühner, helfen durch Scharren und Wühlen bei der Bodenarbeit. Vorbild ist auch der Versuch des Japaners Masanobu Fukuoda, in der Landwirtschaft die natürlichen Bedingungen so genau wie möglich nachzubilden, sodass sich die Nutzpflanzen selbst aussäen, das Pflügen überflüssig wird, die Wildkräuter als Nahrung, Gewürz oder Bodenbedeckung mit einbezogen werden usw. Problematisch beim Konzept der Permakultur ist jedoch, dass viele in den tropischen Ländern erarbeitete Konzepte theoretisch sehr schön sind, sich aber in der Praxis schwer auf unsere klimatischen und ökologischen Gegebenheiten übertragen lassen.

ALTERTÜMLICHE BEGRIFFE

Was kann der Mensch im Leben mehr gewinnen
Als dass sich Gott-Natur ihm offenbare,
Wie sie das Feste lässt zu Geist gerinnen
Wie sie das Geisterzeugte fest bewahre.

Johann Wolfgang von Goethe

Uralte Begriffe über das Wesen der geschaffenen Welt, die man Generationen hindurch den Phänomenen abgerungen hat, sind auch heute noch größtenteils geeignet, das Leben im Garten und dessen ständige Verwandlungen und Erscheinungen zu erfassen. Die angemessenen Begriffe sind ebenso wichtig wie die richtigen Zugriffe und Eingriffe, ja sie geben den Letzteren erst Sinn und Bedeutung. Viele dieser Begriffe liegen der biologisch-dynamischen Methode zugrunde.

DIE VIER ELEMENTE

Schon zur vorsokratischen Tradition im alten Griechenland gehörte die Auffassung, dass die Schöpfung aus vier Elementen, dem Feuer, der Luft, dem Wasser und der Erde, zusammengesetzt ist. Diese Auffassung hielt sich bis zum Anfang des 19. Jahrhunderts, als sie durch das Periodensystem Mendelejews ersetzt wurde. Die alte Elementenlehre wirkt recht primitiv im Vergleich mit den rund hundert Elementen, mit denen die moderne Chemie arbeitet. Man sollte sich jedoch nicht täuschen, denn was man früher »Element« oder Grundstoff nannte, bedeutete etwas anderes als das, was man heutzutage mit dem Begriff meint.

Aristoteles formulierte es folgendermaßen: Urgrund der Dinge ist das Chaos, der wirre, formlose, ungegliederte, durchmischte Urstoff. Nur wenn diese Urmaterie vom Kosmos, von den ordnenden Kräften durchdrungen wird, können differenzierte Formen in Erscheinung treten. Diese manifestieren sich zuerst in vier Grundqualitäten, in den vier Urelementen. Kosmos sowie Chaos können nicht als solche in Erscheinung treten. Sie lassen sich nur in Form von verschiedenen Mischungen erkennen. Alle Erscheinungen können auf feurige, luftige, wässrige oder irdische Grundformen reduziert werden. Die Erscheinungen sind nicht bloße Zusammensetzungen, sondern innig vermischte Kombinationen, die sich ständig ineinander verwandeln können und nie in reiner Form, sondern nur in irgendeiner Vermischung zu erleben sind (Holmyard 1968: 21).

Jedes Element hat zwei Haupteigenschaften, mittels derer es sich mit den anderen Elementen verbindet (Agrippa von Nettesheim 1530: 49). Das Feuer ist trocken und heiß. Die Erde ist auch trocken, aber kalt. Trocken bedeutet so viel wie nicht klebrig oder haftend im Gegensatz zum Wasser, das benetzt, oder der Luft, die auch an allem haftet. Das Wasser ist kalt wie die Erde, aber feucht, und die Luft ist feucht und heiß. Die Elemente Feuer und Wasser sowie Luft und Erde bilden Gegensatzpaare und stehen in dialektischer Beziehung, die durch die Mittelpaare aufgelöst oder vermittelt wird.

Erde und Wasser sind die schweren, passiven, Luft und Feuer die leichten, beweglichen und aktiven Elemente. Feuer, das leichteste Element, bildet schon eine Übergangsstufe zur unsichtbaren, geistigen Welt und wirkt verwandelnd, läuternd und transmutierend auf die anderen Elemente. Alles, was heiß, bunt, schnell und belebt wirkt, lässt das Feuerelement in sich erkennen. Ob es sich um ein brennendes Holzscheit oder ein heißes, cholerisches Temperament handelt, die Feuerqualität ist in beiden. Im Gegensatz dazu manifestiert sich das Erdelement in allem, was dunkel, fest und kalt wirkt, ob nun im Blei oder im schwermütigen, melancholischen Gemüt. Wasser ist ebenso kalt und dunkel, aber es fließt, bewegt sich und lässt sogar Licht hindurch. Es umfließt alles und nimmt jegliche Form an. Wasser kann die Härte der Erde auflösen. Die Luft ist noch leichter und lebendiger als das Wasser. Sie hat das Fließende, Feuchte, aber auch schon das Warme in sich und gibt sich im Wind, im Dampf und im sanguinischen Temperament zu erkennen. Sie zeigt ihre Verwandtschaft mit der Seele im Atem (*pneuma*).

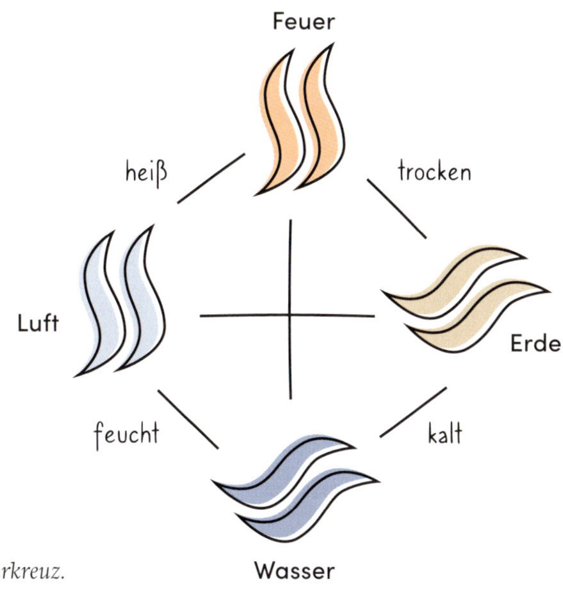

Das Elementarkreuz.

Jede Erscheinung ist ein Gemisch der vier Elemente, wobei einmal das eine Element vorherrscht, ein andermal das andere. Im Holzfeuer beispielsweise erkennt man das Feuerelement in der Hitze und den tanzenden Flammen, das Luftelement an Licht, Rauch und Geruch. Das Wasserelement zeigt sich im schmelzenden Harz, und die Asche gibt das Erdelement zu erkennen.

Nicht nur in der anorganischen, mineralischen Welt manifestieren sich die Grundstoffe, sie geben auch allen Lebenserscheinungen Substanz. In der Wurzel der Pflanze herrscht das Erdelement vor, das Wasserelement dominiert in Stängel und Blättern. Die Luft zeigt sich in der Leichtigkeit und dem Duft der Blüten, und das Feuer gibt den Samen und Früchten Reife und Süße.

Man kann die Pflanzenarten nach ihrer Vorliebe für das eine oder andere Element charakterisieren. Kartoffeln, Rote Beten (Randen) und Weißkohl liegen dem Erd- und Wasserelement viel näher als Getreide, Kräuter und Blumen, die wiederum eine Vorliebe für das luftige und feurige Element zeigen. Im Menschen- und Tierorganismus gehören die schweren Knochen und die kühlen Nerven dem Erdelement an, Lymphe und Drüsen dem Wasser, die Lungen der Luft, und das Feuerelement zeigt sich im pulsierenden, warmen Blut. Auch die Temperamente der Tiere und Menschen zeigen den Einfluss der Elemente auf die Seele. Die Kuh ebenso wie der Phlegmatiker sind stark mit dem Wasserelement verbunden; im Schwein, im Hund und im Melancholiker liegen eine gewisse Erdenschwere; das Pferd und der Sanguiniker sind der Luft zugehörig; der Hahn und der Choleriker sind der Gereiztheit des Feuers verwandt.

Im Allgemeinen ist das Mineralreich dem Erdelement, das Pflanzenreich dem Wasser, das Tierreich dem Luftelement und das Menschenreich dem Feuerelement zugeordnet.

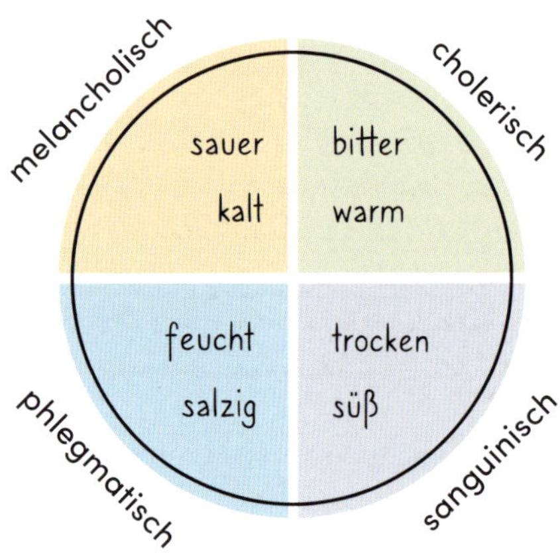

Die vier Temperamente und ihre Zuordnungen.

Was hat das alles nun mit Gärtnern oder Bauern zu tun? Die Manifestationen der vier Elemente sind unseren Sinnen unmittelbar zugänglich im Gegensatz zu den rund hundert Elementen des mendelejewschen Periodensystems, die man errechnen und gedanklich erfassen, aber nur begrenzt direkt beobachten kann. Dass die Sinne wieder geschärft werden und der Gärtner sich auf sie verlassen kann, dass er seine Urteile aufgrund seiner erlebten Erfahrungen folgerichtig fällen kann und nicht von den Meinungen wissenschaftlicher Experten oder von aufwendigen Computeranalysen abhängig wird, darauf kommt es an! Wir werden sehen, dass die Vorstellung der vier Elemente nicht ein abstraktes Schema darstellt, sondern dass sich gut damit arbeiten lässt, wenn man die Jahreszeiten, die Wachstumsgesten der Pflanzen, die Qualität der Dünger oder die Verrottungsvorgänge der Komposte beschreiben will.

Der Gärtner sollte es sich zur Angewohnheit machen, sich im Erkennen der vier Elemente und deren Verwandlungen zu üben und seine Beobachtungen im Garten auf diese Art zu beschreiben. Viele Geheimnisse der Natur offenbaren sich dann auch ohne Bodenanalysen, mikroskopische Untersuchungen, komplizierte Instrumente, Tests und Begriffszwangsjacken. So konnte Arthur Hermes zum Beispiel durch die Beobachtung von Wolkenformationen das Wetter auf 72 Stunden voraussagen, während sein Nachbar, der sein Vertrauen in die eigene Beobachtung verloren hatte, sich an die Wettervorhersage des Rundfunks hielt. Die unmittelbare Beobachtung, gerade im unberechenbaren Bergklima, war dann meistens zutreffender als die vom Satellitenbild abgelesene und vom Sender einer Großstadt ausgestrahlte Prognose. Die Wetterbeobachtung ist immerhin eine wichtige Angelegenheit des Landwirts.

Die Entfremdung vom Vertrauen in die unmittelbare Wahrnehmung beginnt schon in der Schule. Wenn ein Kind meint, dass die Sonne im Osten aufsteigt und im Westen untergeht, wird es sofort belehrt, dass das eigentlich nicht stimme, denn der Erdplanet sei in Wirklichkeit rund und kreise um die Sonne. Das sich dem Auge bietende Erscheinungsbild wird als Täuschung bezeichnet. Das mag im intellektuellen, wissenschaftlichen Sinn stimmen und hat die weltanschaulichen Voraussetzungen geschaffen, die den Bau von Raketen und Kernkraftwerken wie auch die Mondlandungen ermöglichten; phänomenologisch und auf die Verhältnisse auf dem Erdboden bezogen, stimmt es jedoch nicht: Für die Pflanzen, mit denen es der Gärtner zu tun hat, geht die Sonne im Osten auf und im Westen unter, die Erde ist flach und der Mittelpunkt des Geschehens.

Man muss sich im Erkennen der Erscheinungsoffenbarungen der vier Elemente üben. Man kann das zum Beispiel tun, indem man Eis tauen und das Wasser verdampfen lässt, indem man es zum Kochen bringt. Vergleichen wir diesen Vorgang mit dem Übergang vom Festen zum Luftigen beim Trockeneis (Kohlendioxid). Was ist da der Unterschied? Kochen, besonders auf einem

Gartenzwerg – Sichtbarmachen der Gartenseele.

lebendigen Holzfeuer, ist eine der allerbesten meditativen Praktiken, um die Verwandlung der Grundelemente ineinander kennen zu lernen. Fertiggerichte aus Plastikbeuteln verderben nicht nur den Magen, sondern berauben uns der Möglichkeit, grundsätzliche Erfahrungen zu machen. Jedes Handwerk – Gerben, Töpfern, Malen, Färben – ist geeignet, diese Erfahrungen zu vermitteln. Kompostieren oder das Hervorbringen der Ernte aus dem Gartenboden besteht aus praktischen Meditationen und Beobachtungen dieser Art.

DIE ÄTHERISCHEN KRÄFTE

In früheren Zeiten stellte man sich die Kräfte, die hinter den Grundstoffen und ihren Verwandlungen stehen, als Elementarwesen vor. Man erlebte bildhaft im irdischen Element das Schaffen der Gnome und Zwerge in den Wurzeln, Metallen und Kristallen. Im wässrigen Element, bei sprudelnden Quellen und dunklen Tümpeln, sah man Nixen und Undinen. In der Luft umwirkten Sylphen und Feen die Schmetterlinge und Blumen, und im Feuer wohnten die »Salamander« oder Feuergeister. In der biologisch-dynamischen Forschung, wie sie auf Rudolf Steiner zurückgeht, nennt man diese Kräfte ätherische Bildekräfte. Man spricht vom Wärmeäther (Kräfte, die im Feuerelement wirksam sind), Lichtäther (Luftelement), Klang- oder chemischen Äther (weil Klang, Töne und chemische Verwandlungen mit dem Wasserelement viel gemeinsam haben) und vom Lebensäther (das Erdelement, dessen Kräfte an allen Lebenserscheinungen teilhaben).

Die Ätherarten als formative Kräfte kann man nicht unmittelbar erleben. Man muss das »innere Auge« öffnen, um diese Bildekräfte direkt wahrzunehmen. Sie können jedoch an allen Erscheinungen abgelesen werden. Der Gärtner kann in den Wachstumsgesten seiner Pflanzen lesen, was für Bildekräfte in ihnen wirken. Wie unsichtbare Bildhauer geben sie unserer sichtbaren Welt Form und Kontur.

So entdeckt man in der Physiognomie der Hanfpflanze die starke Einwirkung der Licht- und Feuerkräfte. Diese lassen die fleischige Blattsubstanz fast wegschmelzen und hinterlassen nur noch feine Spitzen, voll von duftendem Harz. Im Gegensatz dazu sieht man in den dicken, satten Blättern des Kohls die Erd- und Wasserbildekräfte wirken. Im Übrigen haben solch gegensätzliche Pflanzenarten einen ausgleichenden Einfluss aufeinander, sodass man gerne Hanf in das Kohlbeet sät (Nachbarschafts-Pflanzenwirkungen). Auch im menschlichen Magen lassen sich schwere, irdisch-wässrige Gemüse besser verdauen, wenn man ihnen feurig-luftige Gewürze, wie Kümmel oder Wacholder, hinzufügt.

Der Gärtner kann mit diesem Wissen um die ätherischen Bildekräfte praktisch umgehen. Er pflanzt zum Beispiel diejenigen Arten, die eine Neigung zum Irdisch-Wässrigen haben, in die kühleren, schattenreicheren Beete, denn wenn sie zu viel Licht und Hitze ausgesetzt sind, schießen sie in die Blüte. Präparate, die nicht nur auf die äußere Erscheinung einwirken, sondern auch im ätherischen Bereich die Kräftewirkungen unterstützen und steigern, werden wir in einem späteren Abschnitt beschreiben.

Die an sich unsichtbaren ätherischen Kräfte können teilweise sichtbar werden. Eisblumen, die sich im Winter auf den Fensterscheiben bilden, oder die »Kraftlinien«, die auf der sich abkühlenden Milch entstehen, sind solche sichtbar gewordene Kräfte. Staub auf einer dünnen Platte, die an einer Geige befestigt ist, ordnet sich zu harmonischen, organischen Formen, wenn man mit dem Bogen über die Saiten streicht. Durch diese so genannten Chladni-Figuren werden Töne sichtbar gemacht. Besonders anthroposophisch orientierte Wissenschaftler haben versucht, die Bildekräfte in sichtbare Erscheinungen umzusetzen. Um festzustellen, welche ätherischen Bildekräfte in einer Pflanze wirksam sind, hat Lili Kolisko die so genannten Steigbilder entwickelt. Eine Filterpapiersäule wird in eine Schale mit einer Silbernitratlösung gestellt, die den zu prüfenden Pflanzensaft enthält. An den Markierungen, welche die aufsteigende Flüssigkeit am Filterpapier hinterlässt, werden die unterschiedlichen Wirkungen abgelesen. Kolisko konnte damit zeigen, dass charakteristische Unterschiede zwischen biologisch gezogenen und kunstgedüngten Gemüsen bestehen. Sie konnte außerdem feststellen, dass die Mondphasen einen Einfluss haben (Kolisko 1939).

In ähnlicher Weise ging Ehrenfried Pfeiffer mit seiner Kupferchloridkristallisation vor, indem er pflanzliche, tierische und menschliche Gewebe, zwischen Glasplatten gepresst, in einer Kupferchloridlösung zu charakteristischen Kristallbildern trocknen ließ (Pfeiffer 1936). Ein anderer Versuch ist die Tropfenbildmethode Schwenks zur Unterscheidung der Wasserqualitäten, wobei er genau gewogene Tropfen in Glyzerin fallen lässt und die charakteristischen Gestalten, die sich im Glyzerinsubstrat bilden, fotografisch festhält (Schwenk 1976).

Schulwissenschaftler belächeln diese Versuche, die Bildekräfte anschaulich zu machen, als eine fortgeschrittene Art der Kaffeesatz- oder Teeblattwahrsagerei oder des schamanistischen Schulterblattorakels. Obwohl man die Erscheinungen der Bildekräfte nicht in Zahlen fassen (quantifizieren) kann, ergibt sich doch ein starker Hinweis, dass sich hier reale Wirkungen zeigen. Die Kunst liegt in der korrekten Deutung der Erscheinung. Der Wissenschaftler muss klar zwischen dem Phänomen und seinen Einbildungen unterscheiden können.

Inzwischen wurden die Untersuchungen verfeinert. Dem Physiker Fritz-Albert Popp gelang es, die Intensitäten der Lichtabstrahlung in lebenden Substanzen – Gemüse, Pflanzenöle, Hühnereier usw. – zu messen und daraus auf die darin enthaltene Lebenskraft zu schließen (Popp 1999). Der japanische Wasserforscher Masaru Emoto fotografierte die mikroskopischen Eiskristalle von verschiedenen Gewässern und Wasserarten – Heilquellen, Regenwasser, Tau, Trinkwasser aus verschiedenen Städten, Abwasser. Er konnte zeigen, dass Wasser vollkommen Yin, also absolut empfänglich und prägsam ist. Sauberes, naturbelassenes Wasser zeigt charakteristische harmonische Kristallstrukturen, im Gegensatz zu Wasser, welches Spuren von Chemikalien oder Hormonen enthielt. Auch für die Einprägungen von Klängen und Tönen – Mantren, Gebete, schöne Musik – ist Wasser empfänglich und bildet dazu gleichmäßige harmonische Kristalle. Die meiste kommerzielle Musik erzeugt Verzerrungen in der Kristallstruktur; Bach, Beethoven oder auch traditionelle keltische Musik dagegen wohlgeformte Muster. Wenn Heilkräuterextrakte, auch in minimaler Dosierung, ins Wasser gegeben werden, nehmen die Eiskristalle spezifische Formen an, die den Blüten der jeweiligen Pflanzenart nahekommen (Emoto 2000: 127).

Die vier Elemente können nicht erwähnt werden, ohne das fünfte Element, die Quintessenz, die über die anderen vier waltet, zu nennen. Kompost braucht feste, irdische Substanz, genügend Feuchtigkeit (Wasser) und muss locker gestapelt sein, damit der Sauerstoff (Luft) den Stoffwechsel beschleunigt und es zu einer hitzigen Umsetzung (Feuer) kommen kann. Von sich aus können die vier Elemente jedoch keinen Kompost schaffen. Um die richtige Zusammensetzung zu finden, bedarf es des Gärtners als quinta essentia, dessen Bewusstsein die Teile ordnet und in Harmonie zueinander bringt. Wie man in der christlichen Mythologie Christus als Herrn der vier Elemente des Makrokosmos darstellt, so ist im Bereich des Gartenmikrokosmos der Gärtner der Ordner der Elemente. Hier haben wir vielleicht eine Andeutung zur Stellung des Menschen in der Natur überhaupt.

DIE PROZESSE: SAL, MERCURIUS, SULPHUR

Neben den vier Elementen, in denen sich alles Existierende offenbart, erkannten die Alchemisten drei Prozesse, welche die Funktionen, Bewegungen und Veränderungen des Geschaffenen charakterisieren. Da ist der Sal- oder Salzprozess, der Kristallisation, Präzipitation (Ausflockung) und Verhärtung beschreibt. Ihm entgegengesetzt ist der Sulphur- oder Schwefelprozess, der Auflösung, Dissipation, Sublimation und Verflüchtigung bedeutet. Der Mercurius- oder Quecksilberprozess vermittelt zwischen den beiden Extremen, dem zentrifugalen Sulphurvorgang und dem zentripetalen Salzvorgang.

In der typischen Pflanze zeigen die saugenden Wurzeln am stärksten den Salzprozess. Der Merkurprozess tritt am klarsten im Luftaustausch, Stoffwechsel und Saftfluss in Blättern und Stängeln zutage. Die Blüten, die Düfte, Blütenstaub und schließlich Samen an ihre Umwelt abgeben, zeigen den Sulphurpro-

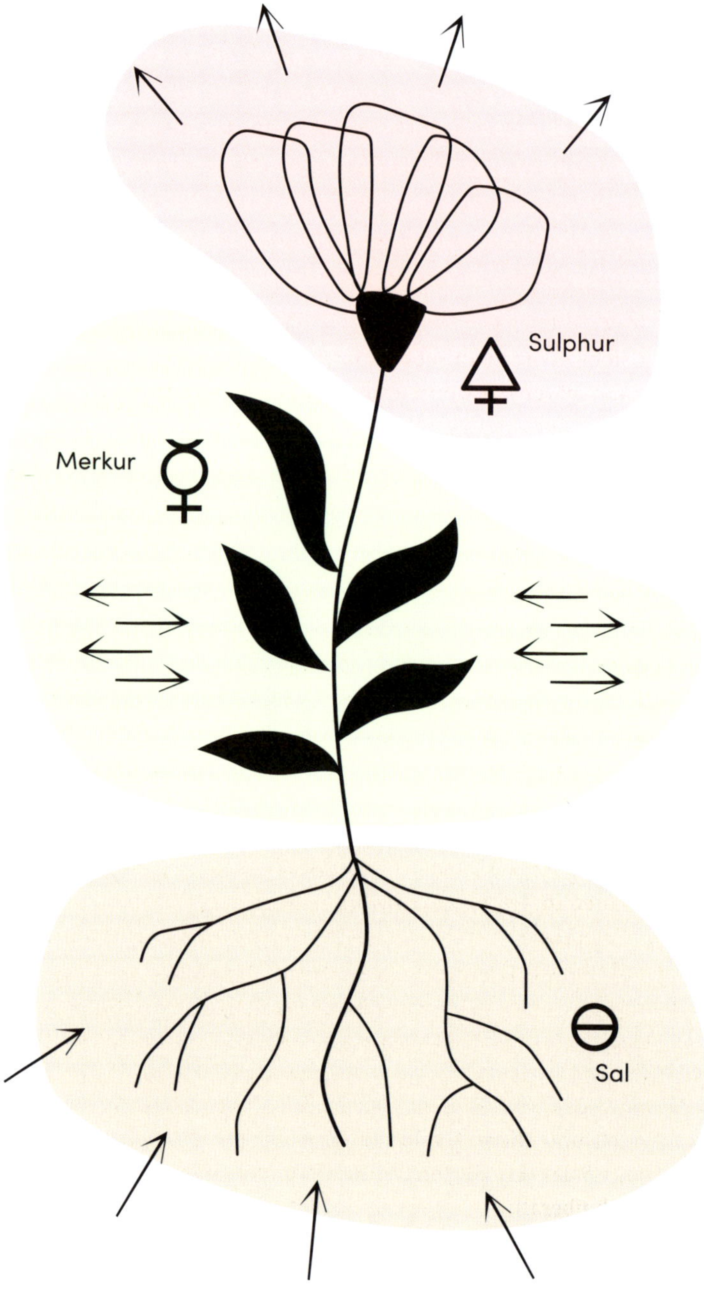

Sal-, Merkur- und Sulphurprozesse in der Pflanze.

zess am deutlichsten. Wenn man eine einfache blühende Pflanze im Jahreslauf betrachtet, sieht man, wie sie aus dem verfestigten Wurzelstock oder harten Samen (Sal) zuerst dicke, runde, fleischige Blätter ausbildet (Merkur), wie diese nach oben hin immer feiner und spitzer werden und schließlich in die duftenden, bunten, stäubenden Blüten übergehen (Sulphur).

Die Jahreszeiten liefern ebenfalls ein anschauliches Beispiel der Vorgänge. Der Winter wirkt kristallisierend auf das Wasser, die Vegetation zieht sich zurück in die feste Geborgenheit der Knospe, der zusammengezogenen Rosette oder der Samen. Die Vögel fliegen in Scharen gruppiert; den Kühen macht es nichts aus, dicht gedrängt im Stall zu stehen; andere Tiere ziehen sich zum Winterschlaf zurück. Dieser Salzprozess wird im Frühling vom Merkurprozess abgelöst. Man sieht es im launischen Aprilwetter, im raschen Wachstum der Pflanzenwelt, im Gebären der Lämmer und Kälber, dem Ausbrüten der Eier, den bewegten lauen Winden. Im Hochsommer und Herbst schlägt die Natur in den Sulphurprozess um, die Landschaft duftet nach Heu und Blumen, Pappel- und Distelsamen fliegen durch die warme Luft, Blätter färben sich bunt, und viele Tiere überwinden ihr Einzelwesen in Brunst und Begattung. Der Sulphurprozess geht dann wieder über einen kurzen Merkurprozess in den winterlichen Salzprozess über.

Nach Paracelsus ist die Gesundheit der äußeren Natur (Landwirtschaft und Garten) ebenso wie der menschlichen Natur auf die Harmonie, die Übereinstimmung der drei Prozesse angewiesen. Das Gleichgewicht zwischen ihnen wird durch den *Archeus* (Ätherleib) hergestellt. Wenn der Archeus nicht funktioniert, fallen die Prozesse auseinander, ein Teil verbrennt, verrottet oder verfault, während ein anderer Teil verhärtet oder verkrustet. Der Gärtner kann in seinen Erden, Komposten und Pflanzen Einseitigkeiten und Abnormitäten in den Prozessen feststellen und sie dementsprechend behandeln. Wenn Obstbäume harte Knoten in der Rinde bekommen und holzige Früchte tragen, liegt ein zu starker Salzprozess vor. Wenn andererseits die Pflanzen faulen, schleimig werden und unnatürliche Gerüche entwickeln, so hat sich an der falschen Stelle zur falschen Zeit ein Sulphurprozess entwickelt.

Ohne dass man der Hilfe besonderer Geräte und Instrumente bedarf, kann man sich üben, die Prozesse wie auch die Elemente überall wahrzunehmen. Man hat sie vor Augen beim Kochen, Backen und Töpfern, wenn man das Feuer betrachtet (Rauch und Hitze = Sulphur; Zischen und Züngeln der Flamme = Merkur; Asche = Salz). Im Gartenhandwerk findet man die drei Urprozesse selbstverständlich überall.

Bei Doldenblütlern wie den Karotten dringt der Sulphurprozess von den feinen Blüten bis in die orangefarbene, würzige Pfahlwurzel hinab. Bei den Tannen merkt man, wie der Salzprozess bis in die Blüten (Tannenzapfen) steigt und sie hart und holzig macht, dagegen aber der Sulphurprozess den ganzen

Baum mit duftendem Harz durchwirkt. Übelriechende Komposte, die ihre Substanz als Sumpfgas (Methan), Geruch von faulen Eiern (Schwefelwasserstoff) und Ammoniak von sich geben, zeigen einen eindeutig zu starken Sulphurprozess, den man mit etwas Steinmehl (Salzprozess) dämpfen kann. Regenwürmer, die Pflanzenreste nach unten in die Erde tragen, mit Ton von den unteren Bodenschichten mischen und beide in der Gegenwart von Kalk verdauen, erfüllen eine merkuriale Funktion im belebten Boden. Ein zu starkes Salzen mit Kunstdünger verhindert ihre ausgleichende Funktion und lässt den Boden verhärten (Salzprozess). Solche Beispiele könnten beliebig fortgesetzt werden. Die alten Alchemisten fanden diese Dreiheit nicht nur in der äußeren physischen Natur vor, sondern auch als Prozesse der Seele und des Geistes. Der Gärtner, der ja die Quintessenz des Gartens ist, muss in sich das Salz des klaren, kristallinen Denkens, den Merkur einer beweglichen, mitfühlenden Seele und das Schwefelfeuer eines in der Welt wirkenden Willens entwickeln. Diese Aspekte des Gärtnerns gehören ebenso zur Landwirtschaft wie die äußeren Verrichtungen. Die inneren Eigenschaften sind teilweise eine Erklärung für das, was man den »grünen Daumen« nennt, oder für den Backster-Effekt, eine durch Galvanometer messbare Veränderung der elektrischen Spannung in Pflanzen, die durch die Gegenwart von Menschen hervorgerufen wird.

MIKROKOSMOS – MAKROKOSMOS

Der Mensch ist die »kleine Welt«, ein Mikrokosmos. In ihm befinden sich alle Elemente, Prozesse und Eigenschaften, die im Makrokosmos, in der »großen Welt« der Natur, zu finden sind. Beide Welten haben eine innere und eine äußere Seite. Der Mensch lebt mit seinen fünf Sinnen auf der äußeren Seite des Makrokosmos, die vom kleinsten Sandkörnchen bis zur Sternenwelt reicht und alle Mineralien, Pflanzen und Tiere enthält. Durch seine Gedanken, Gefühle, Instinkte, Träume, Erinnerungen, Imaginationen und Intuitionen kann der Mensch auch die Innenseite der Natur, die Seele und den Geist des Makrokosmos erkennen, die Elementarwesen und Gottheiten wahrnehmen.

Dem Mikrokosmos-Makrokosmos-Gedanken liegt das Verständnis zugrunde, dass sich Mensch und Natur gleichen, dass sie wesensidentisch sind. Deswegen gibt es in allen Aspekten und in jeder Hinsicht Entsprechungen (Korrespondenzen) und Sympathien zwischen beiden. Sie sind einander Spiegelbilder, wie es der Meditationsspruch des Hermes Trismegistos einprägsam ausdrückt:

»Himmel oben, Himmel unten;
Sterne oben, Sterne unten.
Alles was oben ist, ist auch unten.«

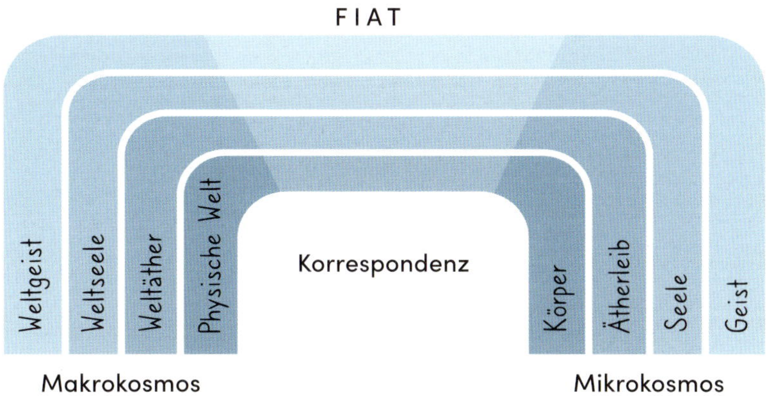

Die Korrespondenz zwischen Mikrokosmos und Makrokosmos.

Was als unzählige Einzelteile in den Naturreichen ausgebreitet ist, findet sich im Menschen, dem »Salz der Erde«, konzentriert wieder. Für den Bauernphilosophen Arthur Hermes findet die gesamte natürliche Tierwelt ihre mikrokosmische Entsprechung in den Leidenschaften, Gefühlen, Begierden und anderen Seelenäußerungen, die ihren physischen Sitz im Herzschlag, im Atem und in den Muskelgeweben des Menschen haben. Das ewige Wachsen, Keimen, Welken und Vergehen der Vegetation findet sein Spiegelbild in den sich wandelnden Fantasien, Träumen und Bildervorstellungen der Menschen, das seinen Sitz in den Lymphen und im vegetativen System hat. Das Reich der Mineralien, das der strengen, kausalen Gesetzmäßigkeit der Physik und Chemie unterworfen ist, findet man im Mikrokosmos in den strengen Gesetzen der Logik, im klaren Denken, das seinen Sitz in den Knochen und Nerven hat, den mineralisiertesten und am wenigsten lebendigen Zellgeweben des Körpers. Das ist auch ein Grund dafür, dass das logische, abstrakte Denken des verhärteten Kopfes so gut mit der physischen, materiellen Welt zurechtkommt, denn hier bewegen wir uns im Bereich der Mechanik, deren Gesetze abstrakt und mathematisch präzis formuliert werden können. Dieses mechanistische (tote) Denken ist jedoch nicht ausreichend für ein Verständnis der lebendigen Welt der Pflanzen und Tiere, mit denen der Gärtner täglich umgeht. Da muss ein tieferes Verstehen, ein lebendigeres, den Organismen gerechter werdendes Denken, das die richtigen Bilder (Imaginationen) entstehen lässt, zur Geltung kommen. Da muss mit dem Herzen und auch mit den Nieren, der Milz und den Füßen gedacht werden.

Sprossender Rhabarber.

DIE SIGNATURENLEHRE

Einst glaubten die Gelehrten in Europa, dass die Schöpfung in sieben Bereiche oder Göttersphären unterteilt sei, benannt nach den Planetengöttern Mond, Merkur, Venus, Sonne, Mars, Jupiter und Saturn. Die Planeten sind nicht nur die Lichtpünktchen, die man zufällig am Nachthimmel sehen kann, sie durchdringen die Seelenwelt, die ätherische Kräftewelt, das Tier-, Pflanzen- und Mineralreich, und haben ihre Konstellationen ebenso im menschlichen Mikrokosmos.

So gesehen, ist der Mond nicht nur ein lebloser Satellit des Erdplaneten, sondern es gehören zu ihm Wachstum und Vergehen, das Säuglingsalter, Fantasie und Einbildung, Milch, Flüsse, Tümpel und Wassertiere, Hunde, die den Mond anheulen, Schnecken, Pilze, blütenlose Gewächse und das Metall Silber. Im Mikrokosmos gebietet er über das Gehirn und die Nerven, die Monatsblutung und die anderen Ausscheidungen. Der Venus sind die Keuschheit und die Erotik, Jugend, Liebestraum und Eifersucht, außerdem liebliche, zarte Pflanzen wie die Birke und die Myrte, das Metall Kupfer und im Leib die Nieren, die Hoden, die Scham und das Fett zugeordnet. Zum Merkur gehören die Beweglichkeit, die Kindheit, das Schwatzen, Handeln, Heilen, Quecksilber, schnellwüchsige Pflanzen und flinke Tiere, Schlangen, Heilkräuter, die Lunge, die Zunge und die tätige Hand. Die Sonne ist die Herrin über Aufrichtigkeit, Rhythmus, das Süße, das Gold, das Herz sowie edle, starke und mutige Tiere, wie den Löwen, und Pflanzen, die sich mit der Sonne drehen und entfalten wie der Lotus. Der zornige, feurige Kriegsgott Mars, der das Eisen, die Röte, das Blut und die Galle beherrscht, hat seine Signatur im Tierreich bei den wilden und stolzen Tieren wie den Pferden und im Pflanzenreich in den stacheligen und brennenden Gewächsen wie den Disteln, Kakteen und Brennnesseln. Jupiter, dessen Signatur sich in der gelben Farbe, in der Leber, in edlen Lebewesen wie Hirsch und Adler, der Eiche, aber auch im Leberblümchen und Schöllkraut zeigt, repräsentiert die Weisheit und Würde des reifen Alters. Dem alten, bitteren Saturn gehören die dunklen Farben, die schwarzen Tannen und Buchen, der Beifuß, das Trockene, Warme, aber auch die Kälte, die Säuren und die Basen sowie die Zeit, im Mikrokosmos Schwermut, Altersstarre, aber auch Altersweisheit und Abgeklärtheit.

Man sieht, dass die formativen Bildekräfte der Planeten jedem Geschöpf des Makrokosmos und des Mikrokosmos ihr Siegel aufdrücken. Die Planeten sind Gottheiten, denen jeweils ein bestimmter Bereich der Schöpfung zuerkannt wird, in dem sie wirken können. Der moderne Mensch belächelt das alles als eine historisch überholte Denkart. Betrachtet man aber unsere schnelllebige Zivilisation – die Verkehrs-, Daten- und Geldströme – aus dieser Perspektive, gewahrt man die Signatur des schillernden Merkurs, dessen Zeichen der schlangenumwundene Stab ($ = Äskulapstab, Dollar) ist.

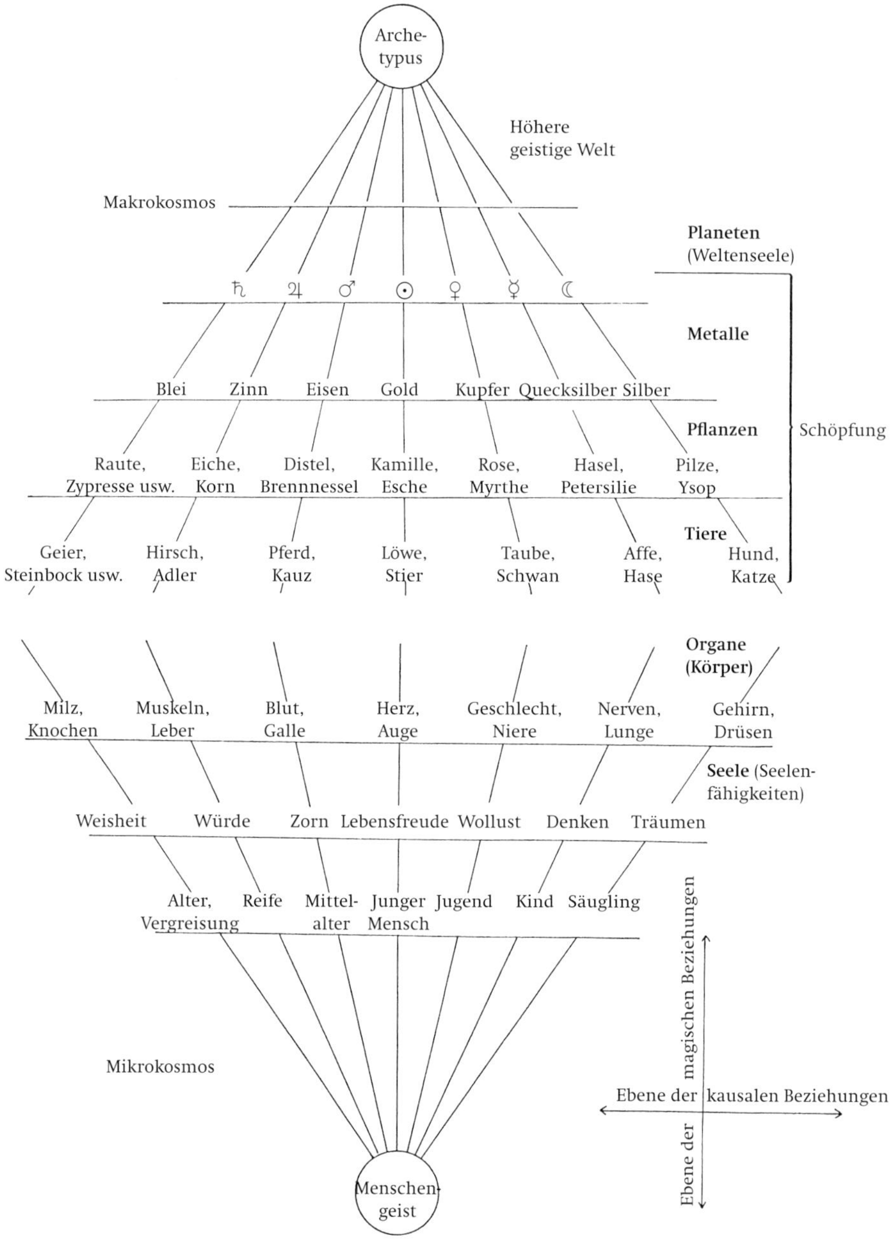

Archetypus
Höhere geistige Welt
Makrokosmos
Planeten (Weltenseele)
♄ ♃ ♂ ☉ ♀ ☿ ☾
Metalle
Blei Zinn Eisen Gold Kupfer Quecksilber Silber
Pflanzen
Schöpfung
Raute, Zypresse usw. Eiche, Korn Distel, Brennnessel Kamille, Esche Rose, Myrthe Hasel, Petersilie Pilze, Ysop
Tiere
Geier, Steinbock usw. Hirsch, Adler Pferd, Kauz Löwe, Stier Taube, Schwan Affe, Hase Hund, Katze
Organe (Körper)
Milz, Knochen Muskeln, Leber Blut, Galle Herz, Auge Geschlecht, Niere Nerven, Lunge Gehirn, Drüsen
Seele (Seelenfähigkeiten)
Weisheit Würde Zorn Lebensfreude Wollust Denken Träumen
Alter, Vergreisung Reife Mittelalter Junger Mensch Jugend Kind Säugling
Mikrokosmos
Ebene der magischen Beziehungen
Ebene der kausalen Beziehungen
Menschengeist

Wir sind es gewohnt, in kausalen Zusammenhängen zu denken, die sich auf der horizontalen Ebene der »realen« Welt abspielen. Im Garten jedoch ist man viel eher mit der vortechnologischen Denkweise verbunden. Da wird man gewahr, dass neben der »funktionellen« horizontalen Seinsweise auch andere, vertikale, magische Verbindungen bestehen. Man spürt das zum Beispiel, wenn beim ruhigen Vereinzeln der Roten Beten oder beim Häufeln der Kartoffeln die Gedanken im Kopf wie in einem Fluss vorbeifließen, und man bemerkt, wie die Gedanken eine synchronische Harmonie mit der Naturwelt erlangen. So merkt man vielleicht nebenbei, wie die Ameisen ihre Blattläuse, die sie wegen deren Zuckersaft melken, am selben Frühlingstag auf den Holunderbusch bringen, an dem der Bauer seine Kühe zum ersten Mal auf die Weide treibt. Werden nicht beide von ähnlichen Kräften bewegt? Vielleicht von der Sonne? Man ahnt geheimnisvolle Beziehungen, wenn man gerade an der Stelle im Garten, wo man im vergangenen Jahr viele Blattläuse hatte, im folgenden Jahr viele Marienkäfer entdeckt. Hatte man nicht damals gedacht: Wie schön, wenn doch die Marienkäfer da wären! Oder man träumt von einem Ackergaul und findet am selben Tag ein altes Hufeisen in der Scholle, und man ahnt, dass Donar (Jupiter) die Arbeit mit guter Ernte segnen wird. Wir haben es hier also mit unbekannten – man darf ruhig sagen: magischen und okkulten – Zusammenhängen zu tun, die eine vertikale Dimension herstellen, bei der die festen Grenzen von Subjekt und Objekt ins Wanken geraten (Peukert 1976: 40).

Diese Dimension war einmal Gegenstand einer Wissenschaft – man lese die Werke von Agrippa oder Paracelsus, ehe die kausale, »objektive«, materialistische Wissenschaft ihre Monopolstellung errang. Diese »vertikale« Wissenschaft ist jedoch nicht so einfach, wie die heutigen Zeitungsastrologen es uns glauben machen möchten. Die Planetensphären durchdringen einander, ihre Einflüsse sind lebendig und wandelbar. Eine stechende Sonne kann marshaft genannt werden. Die gelb blühende Narzisse ist eine Mondpflanze mit einer Jupiterblüte. Korn gehört dem Jupiter, ist aber in der Keimung dem Mond, im Wachstum dem Merkur und der Sonne und im Samen dem Saturn zugehörig; ein roter Rost auf der Ähre ist das Merkmal des negativen Mars. Ein grüner Apfel ist Merkur und Venus, ein reifer Apfel ist Sonne; Apfelsaft ist Mars, Apfelwein ist Jupiter und Apfelessig ist Saturn.

Man muss sich in dieser Naturkunde üben. Sie lässt sich nicht aus toten Buchstaben lesen. Tote Buchstaben sind ein Salz, das erst mit dem lebendigen Merkur tingiert werden muss. Mit anderen Worten: Es nützt nichts, die Tabellen, die in den Zauberbüchern angegeben werden, auswendig zu lernen, man muss selbst »im Licht der Natur« (Paracelsus) lesen lernen.

TRANSMUTATIONEN, WERDENDER UND VERGEHENDER STOFF

Wie die Alchemisten haben die alten Gärtner den ständigen Wandel in der Natur beobachtet, wie alles durch die Elemente vom Festen zum Wässrigen, zum Luftigen und Warmen und wieder zurückfließt. Sie konnten die Stadien der Veränderungen in der Feuerstelle, im Kochtopf, im eigenen Leib, im Gartenbeet, im Komposthaufen und in der Jauchegrube studieren und zogen daraus ihre Schlüsse. Sie sahen, wie die Materie frisch und undifferenziert in Erscheinung tritt als frisch fallender Schnee, als Milch aus dem Euter, als Keimling aus dem Samen, als neugeborener Säugling, als Ei; sahen, wie die neue Materie, aus dem wässrigen Mondenhaften kommend, durch das rasch wechselnde Merkurstadium schnellt, durch Sonne, Mars und Jupiter schreitet, bis sie wieder im Saturn vergeht, wo sie alt wird, erkaltet, verwest und verstaubt oder in Hitze verdampft und sich sublimiert. Hier, auf dieser letzten Stufe, ist der Stoff fein gezeichnet wie das Gesicht des Greises, wie die Rinde alter Eichenbäume oder zerklüfteter Fels.

Aus der naturnahen Beobachtung folgerten sie, dass der feste, dichte, schwere Stoff sich nicht leicht verwandeln lässt; er vermittelt höchstens die Erdkräfte (Magnetismus, Elektrizität) oder die Strahlkräfte der äußersten Planeten. Als Flüssigkeit aber ist der Stoff für Einflüsse zugänglich; er kann sie empfangen, sie spiegeln und abbilden. In das Flüssige können neue Informationen eingebracht werden, ganz gleich, ob es sich um den Fötus im wässrigen Mutterschoß handelt, auf den die Sternenkräfte formgebend wirken, oder um das Begießen der Saat im Beet. Auch die Taufe wird mit der Absicht vorgenommen, dem Täufling mittels des Wassers eine neue Seelenkonfiguration zu geben. Noch immer gibt es Gärtner, die das Gießwasser rhythmisch rühren, besprechen oder besingen, um es mit positiven Energien aufzuladen. Aus ähnlichem Grund ließ Arthur Hermes sein Gartenwasser vom Vollmond bescheinen, damit es seine Wachstumskräfte aufnehme.

In seiner imponderablen, bewegten, leichten Luftmanifestation ist der Stoff höchst wandelbar. Als Gas (griech. chaos) ist er den verschiedenen mikrokosmischen und makrokosmischen Einflüssen am offensten. Im Feuerelement verschwindet die Materie häufig, sie wird ganz vergeistigt und völlig transmutiert.

Da die verschiedenen kosmischen Einflüsse in allen Transformationen maßgebend sind, betrieben die Alchemisten, die Ärzte und die Gärtner ernsthaft Astrologie. Man achtete auf die Positionen der Planeten im Wandel der Tages- und Jahreszeiten. Das innere Firmament, die Seelenkonfiguration, wurde ebenso genau beobachtet, denn dieser innere Kosmos hat einen in gleicher Weise formgebenden und transmutierenden Einfluss auf die bewegte und undifferenzierte Materie wie der makrokosmische Planetenstand. Die innere

Konfiguration leuchtet durch die Augen, strömt durch diese Fenster der Seele, ganz wie die Sterne vom Kosmos hereinfunkeln. Auch das Wort, der Hauch, der Körperdunst, die Absonderungen wie auch die Energieströme aus den Fingern offenbaren das Wirken des inneren Kosmos. Wenn man in den alten Manuskripten liest, dann weiß man oft nicht, ob da der innere oder der äußere Kosmos gemeint ist. Damit sein innerer Kosmos gut und edel ist und damit sein Werk nicht verdirbt oder er aus Versehen ein Monstrum schafft, wie es Dr. Frankenstein oder der Rabbi Löw in Prag getan hatten, gibt sich der Alchemist und auch der mystische Gärtner Seelenübungen hin und lebt in Reinheit und Tugendhaftigkeit.

Gedankengänge dieser Art blieben auch in Rudolf Steiners biologisch-dynamischer Landwirtschaftslehre erhalten. In seinen früheren Vorträgen trifft er die Unterscheidung von Erdenstoffen, die sich vergeistigen, und geistigen Substanzen, die in die materielle Erscheinung treten. Zu den ersteren, saturnhaften gehören solch fein ziselierte Substanzen, die schon durch viele Verwandlungen und Metamorphosen gegangen sind, wie der Staub der Schmetterlingsflügel, Blütenstaub, das Gefieder der Vögel, Tropfsteingebilde und die Knochen des Skeletts. Zu den neuen geistigen, mondhaften Substanzen hingegen zählt er frischen Schnee, Tau, Milch, Sternschnuppen, Eiweißflüssigkeit, den Speckansatz der wachsenden Ferkel und andere frisch in Erscheinung tretende »kosmische« Stoffe (Steiner 1973). Steiner verfolgt die Verdauungsstufen durch die vier Elementenbereiche; er zeigt, wie das Feste (Erde) zerkaut und eingespeichelt (Wasser) wird, in den Gedärmen Gase (Luft) erzeugt und als Kraft (Wärme) durch die Darmwand in den Mikrokosmos dringt. Er vergleicht diesen Vorgang mit der Metamorphose der Pflanze, wenn sie aus dem festen, wässrigen Boden in die Luft und Wärme wächst und dort in den Makrokosmos hinein verblüht und verstäubt. Solche und andere Ideen, die mit Verwandlungen, Energieströmen, Rhythmen und anderem hermetischem Gedankengut zu tun haben, trifft man immer wieder in Steiners Werk. Nun liegt es an uns, nachzuprüfen, ob man damit etwas in der Landwirtschaft anfangen kann oder ob es sich lediglich um veraltete Vorstellungen und Übertragungen der Psyche auf eine an sich passive Natur handelt.

DIE STUFEN DES SEINS

Nach den Überlieferungen der Naturvölker besteht das Universum aus vielen übereinander liegenden Sphären und Reichen, die als Wohnungen der Geister, Götter und Dämonen dienen. Die urtümlichsten Kosmologien, wie zum Beispiel die der schamanistischen Völker, verwenden das Bild eines Baumes, der in der Weltenmitte wächst und dessen Wurzeln bis in das Reich der spinnenden

Schicksalsmütter, der Erdriesen und Zwerge und des schlummernden Drachen hinabreichen. Der Stamm dieses Baumes durchstößt die Menschenwelt und wächst in die sieben (oder neun oder zwölf) Himmel empor. An seinen Ästen hängen die Planeten und Sterne, auf seiner Krone wacht der Adler und darüber funkelt der Polarstern. Dieser makrokosmische Weltenbaum hat sein mikrokosmisches Ebenbild im Leib. Vom unbewussten, wurmähnlichen Gedärm erstreckt sich das Rückgrat bis zum Schädel; dazwischen liegen die Organe und Lebenszentren (Chakras) auf verschiedenen Ebenen.

1. Die natürliche Welt: In seinen Mußestunden im Winter kann der Gärtner, wie einst der Schamane, den Weltenbaum hinaufklettern und die vielgestaltige Welt von verschiedenen Höhen aus betrachten. Was wird er da sehen? Fangen wir mit der äußeren, sinnlich wahrnehmbaren Natur an. Das Gestein bildet die feste Grundlage, über die sich der wässrige Bereich der fließenden Ströme, der Seen und des Meeres, erstreckt. Darüber nimmt er den Bereich der Lüfte wahr, die Wolken und Winde und ganz am oberen Rand der sinnlichen Welt Licht und Wärme, die von der Sonne, dem Mond und dem Sternenzelt herunterstrahlen. In genau dieser Reihenfolge erlebt man die *Hierarchie der Elemente,* obwohl vermischte und in der Reihenfolge umgekehrte Zwischenformen immer möglich sind.

Manche Geschöpfe fühlen sich in einem dieser elementaren Bereiche wohler als in einem anderen. Die Würmer, Maulwürfe und Pilze lieben die dunkle Erde. Die Fische und Algen brauchen das Wasser, und der Adler, die Schmetterlinge und Blütenpflanzen fühlen sich am wohlsten im Licht und der durchwärmten Luft. Diese Geschöpfe leben in den Elementen, stellen jedoch mehr als bloße Manifestationen dieser Elemente dar. Als Lebewesen sind sie von den *Lebenskräften,* die den Elementen ihre Form geben, durchdrungen. Diese gestaltenden Lebenskräfte, auch *ätherische Bildekräfte* genannt, sind durch Vitalität, Symmetrie, Polarität, durch Leichtigkeit im Gegensatz zur Schwerkraft – Steine fallen, aber Sprosse schießen nach oben – und durch ein endloses Wiederholungs- beziehungsweise Vermehrungsvermögen gekennzeichnet. Die endlosen Wiederholungen zeigen sich in der Zellteilung, der DNS-Duplikation, im rhythmischen Wachstum der Pflanzen von Knoten zu Knoten und des Wurmes von Segment zu Segment. Phänomenologisch betrachtet besteht die Pflanzenwelt aus den Elementen oder aus physischer Materie (physischer Leib) und aus Lebenskräften (ätherischer Leib).

Weitere Organismen bestehen nicht nur aus einem physischen und ätherischen Leib. Bei ihnen wird der endlos wuchernden Vitalität Einhalt geboten und ihr eine neue Richtung gegeben. Die konstante Wiederholung von gleichartigen Zellen, Knoten und Segmenten hört auf. Die Ätherkräfte werden umgewandelt, sie dienen und energetisieren nun einen neuen Impuls, der sich im

Trieb, in der Empfindung, im Gefühl und schließlich als Bewusstsein kundtut. Organismen, bei denen das geschieht, werden Tiere genannt. Bei ihnen ist das vegetative, unbewusste Wachstum nach innen metamorphosiert. Es entstehen die inneren Organe, die Nerven und Sinne, die nicht mehr, wie ein Spross oder eine Knolle, regenerierende Kraft besitzen. Die Fortpflanzungskraft zieht sich auf spezialisierte Geschlechtsorgane zurück. Indem die Tiere fühlen, leiden, wahrnehmen und bewusst reagieren, sind sie auf einer »höheren« Stufe als die Pflanzen. Sie haben eine inkarnierte Seele (*anima*). Tiere sind beseelte (animierte) Wesen, sie haben neben dem physischen und ätherischen Leib einen Astralleib.

Auch der Mensch hat einen physischen Leib, einen Ätherleib und eine Seele (Astralleib), aber dazu hat er die Möglichkeit des symbolischen, abstrakten und moralischen Denkens, das über die Sympathien und Antipathien des simplen Seelenlebens hinausgeht. Max Scheler sieht in der Möglichkeit des Menschen, zu seinen Trieben, Begierden und Instinkten Nein zu sagen, die Andeutung des Geistes (Scheler 1935). Der Mensch befindet sich hier im Bereich der Ichhaftigkeit; er ist sich eines um sich selbst wissenden Wesensmittelpunkts bewusst, der auf die Frage: »Wer ist es, der da in mir denkt, will, fühlt, wahrnimmt und empfindet?« antworten kann: »Ich bin es! Mein spirituelles Selbst ist es.«

Diese Welt der Elemente, Pflanzen, Tiere und Menschen ist die *natürliche Welt,* der Ort, den die Götter den Menschen als Wohnort zugewiesen haben. Es ist das Midgard der altnordischen Mythologie.

2. Die unternatürliche Welt: Unterhalb der natürlichen Welt befinden sich die Regionen, die man früher imaginativ als die Wohnsitze der Titanen, Asuras und dämonischen Geister ansah. Diese lauern auch im Mikrokosmos, in den dunklen Schichten des Unterbewussten und in anderer Ausprägung ebenso im Makrokosmos in den untersinnlichen Bereichen, die nicht mehr konkrete Materie ausmachen. Der Naturwissenschaftler nimmt ihre Hüllen als Magnetismus, Elektrizität und als Kernkraft wahr. Unmittelbar sind diese Kräfte nicht wahrzunehmen, es bedarf der technischen Instrumente des Labors und der höheren Mathematik, um sie in den Griff zu bekommen. Man könnte diese Kräfte als negative Spiegelbilder der ätherischen Lebenskräfte auffassen, was sich auch dadurch feststellen lässt, dass sie in gemessener Dosierung einen Einfluss auf die Lebensvorgänge ausüben. So kann man Pflanzen mit elektrischem Strom zu schnellerem Wachstum reizen (Elektrokultur) oder durch radioaktive Bestrahlung in der Keimsubstanz Mutationen hervorrufen (Thompkins/Bird 1974: 153). Diese Versuche werden sich nach einiger Zeit als Irrtümer, als Versuchungen dämonischer Wesen entpuppen. Die Lebensgefährlichkeit dieser Kräfte, wenn sie unmittelbar mit Lebewesen in Berührung kommen, ist ja offensichtlich.

3. Die übernatürliche Welt: Die Weisesten der Menschheit haben nie daran gezweifelt, dass es Wesen gibt, die nicht bis in das Physische hineinreichen. Schon Gedanken und Träume sind immateriell. Warum sollte nicht die Möglichkeit bestehen, dass es Elementarwesen, Elfen, Engel und andere Geschöpfe gibt, die vielleicht nur einen Ätherleib und einen Astralleib besitzen oder nur einen Astralleib und einen Geist? Diese Wesen existieren »hinter« den Phänomenen, sie können nicht durch unser gewöhnliches, alltägliches Denken und Schauen wahrgenommen werden. (Wenn wir meinen, solche Wesen mit den physischen Augen zu sehen, dann halluzinieren wir sicherlich.)

Diese nicht physischen Wesen sind keine blossen Fantasien, sondern wahre Imaginationen, Bilder innerer Vision. Wie wäre es sonst möglich, dass der Mensch, wie man der Völkerkunde entnehmen kann, zu allen Zeiten und in jeder Kultur von Gestalten wie Einhörnern, Drachen, Hexen, Zwergen, spre-

	Sphäre	**Mineralien**	**Pflanzen**
Übersinnliche oder übernatürliche Welt	Göttliche Welt (Premium Mobile)	Geist (ich) der Mineralien	
	Harmonie der Sphären	Seele der Mineralien	Geist der Pflanzen
	Astrale oder elementare Sphäre	Ätherleib der Mineralien	Seele der Pflanzen
	Elementarwesen	Gnome	Undinen
Sinnliche Welt, Welt der Inkarnation	Erdensphäre (Midgard)	Steine, Mineralien Physischer Leib	Pflanzen Physischer Leib und Ätherleib
Untersinnliche oder unternatürliche Welt	Unterirdische Sphäre	Schwerkraft	Elektrizität

chenden Tieren und Sphinxen zu zeugen weiß? Die von der jeweiligen Kultur und dem Zeitgeist geprägten Mythen, Sagen und Bräuche verleihen diesen innerlich geschauten, nicht materiellen Wesen und Kräften greifbaren Ausdruck. Auf diese Weise werden sie dem Menschen zugänglich und ermöglichen es ihm, konsequent mit ihnen umzugehen. So entwickelte jedes Volk seine Methoden, um diese Wesen zu locken oder zu bannen, ihre Hilfe zu erbitten oder sie theurgisch zu zwingen. Ein wahrer Magier kann das erfolgreich tun, aber ein Abergläubischer führt Rituale aus, deren Wirkungen nicht zutreffen oder andere Folgen haben, als er glaubt. Viele Gärtner stellen Bildsäulen des heiligen Franziskus, der die Liebe zur Natur verkörpert, das Bild der Jungfrau, der Mutter der Naturgeschöpfe, oder Gartenzwerge, die die Elementarwesen des Gartens darstellen, als Sinnbilder und zur Verdeutlichung der in ihren Gärten waltenden Kräfte auf. Auch das Rühren und Spritzen von Präparaten stellt

Tiere	**Mensch**	**Art der Wahrnehmung**	**Hierarchien**
		Intuition	Kristallhimmel, Logos
		Inspiration	Zwölf Regionen des Tierkeises: ♉ ♈ ♓ ♒ ♊ Cherubime ♑ ♋ Seraphime ♐ ♌ ♍ ♎ ♏
Gruppenregister der Tiere		Imagination (Bilder)	Throne ♄ Saturn Kyriotes ♃ Jupiter Dynamis ♂ Mars Exusai ☉ Sonne Archai ♀ Venus Erzengel ☿ Merkur Engel ☾ Mond
Sylphen	Feuergeister		
Tiere: Leib, Ätherleib und Seele (Astralleib)	Mikrokosmos: Leib, Ätherleib, Seele, Geist (Ich)	Sinne und Vernunft	Erde
Magnetismus	Kernkraft	Besondere Instrumente und Mathematik	Höllen (niedere Hierarchien) ♅ Uranus ♆ Neptun ♇ Pluto

eine magische Handlung dar, die wirkliche Resultate zeitigt.[9] Der Gärtner biologisch-hermetischer Ausrichtung muss sich in solchen Bereichen bewegen, er muss über den so genannten reinen Sachverstand des materialistischen Wissens hinausgehen, um sich mit den Wesen und Kräften im Gartengefüge im echten Dialog und in Mitarbeit verbinden zu können. Durch die Entwicklung dieser inneren Vision, der *wahren Imagination,* kann der Gärtner die Bilder der astralen und elementaren Welt nicht nur *wahrnehmen,* sondern durch sie auch das Gedeihen des Gartens beeinflussen.

Über der astralen Welt liegt ein Universum höherer Ordnung, die Welt, die die Rosenkreuzer als die *Welt der Inspiration,* als Götterwelt oder *Harmonie der Sphären* bezeichneten. Hier reicht die bloße Imagination nicht mehr aus, diese Welt der Harmonien erfährt man durch die Gnade der Inspiration. Wahre Inspirationen sind einigen wenigen begabten Menschen vorbehalten, wie zum Beispiel Beethoven, Dante oder Shakespeare. Aus einer noch erhabeneren Welt, der *höheren geistigen Welt,* der Welt der Urbilder, kommen die Intuitionen, die sich den größten Söhnen der Menschheit und den mächtigsten Schamanen offenbaren. Diese *Intuitionen* bestimmen dann die menschliche Kultur auf Jahrtausende. Die Einsicht in die Ursachen des Leidens des großen Buddha, die Lehre der Sittengesetze des Konfuzius, die Erkenntnis der Einheit des Seins durch Shankaracharya oder die Intuition, die – wenigstens nach der persischen Überlieferung – zur Entdeckung der Landwirtschaft durch Zarathustra führte, gehören hierher.[10]

Aus Träumen und übersinnlichen Erfahrungen erkennt man, dass sich Zeit und Raum radikal verändern, wenn man die physische Welt verlässt. Trotzdem hat man versucht, die verschiedenen Welten oder Sphären sinnbildlich in räumlicher und zeitlicher Dimension zur Darstellung zu bringen. Oft bezieht man die astrale (griech. *astra* = Stern) Welt auf die Planetensphären. Die Vorgänge in der astralen Welt hängen mit den makrokosmischen Bewegungen der sieben sichtbaren Planeten zusammen. Die Welt der Inspiration hat Bezug zu der Region der Fixsterne, zum Tierkreis, vor dessen Hintergrund die Planeten ihre Bahnen ziehen. Die Welt der Intuition entspringt der Region hinter den Fixsternen, dem »Kristallhimmel«. In der christlichen Mythologie, wie sie von Dionysius, dem Areopagiten, im fünften Jahrhundert formuliert wurde, sind diese drei himmlischen Regionen von den neun Chören der himmlischen Heerscharen bevölkert.

Die für das bloße menschliche Auge unsichtbaren Planeten Uranus, Neptun und Pluto gehören – nach Ansicht des Bauernphilosophen Arthur Hermes – nicht zum Bereich der übernatürlichen (himmlischen) Welt, sondern sind die kosmischen Entsprechungen, die ihr Gegenbild im untersinnlichen Bereich des Magnetismus, der Elektrizität und Kernkraft haben. Diese Planeten wurden auch jeweils ungefähr in der Zeit entdeckt, als die Wissenschaft die entsprechenden Bereiche erschloss und nutzte: Uranus, 1781 von Herschel entdeckt, entspricht der Faszination des Magnetismus; Neptun wurde im Zeitalter der elektrischen Forschung entdeckt; Pluto, der 1930 zum ersten Mal gesichtet wurde, kündigte das nukleare, das »plutonische« Zeitalter an.

DIE SEELEN UND GEISTER DER PFLANZEN, TIERE UND STEINE

Wer hat nicht schon darüber gestaunt, dass sich die Lachse nach Jahren an ihre Laichplätze »erinnern«, dass die Zugvögel ihren Weg nach Süden und wieder zurück finden und wie perfekt sie ihre Nester bauen, wie die Raupen kunstfertig ihre Puppen spinnen oder wie die Wespen schon seit Jahrtausenden die Papierherstellung kennen? Wer kann da an einer weisen Führung zweifeln? Wenn unsere Wissenschaftler diese Wunder zu erklären versuchen, sprechen sie von »selbstregulierenden Systemen, die über Rückkopplungsvorgänge bestimmte Gleichgewichtszustände anstreben«, oder sie vertuschen ihr Unwissen einfach mit dem Wort »Instinkt«. Sie versuchen die »Kausalmechanismen des arttypischen Verhaltens« auf endogener sinnespsychologischer, neurologischer oder hormonaler Grundlage zu erklären. Aber nichts in den kleinen Gehirnen oder den Drüsen der Tiere lässt auf solch weisheitsvolles Verhalten schließen.

Die Suche nach endogenen Verhaltensmechanismen ist in etwa dem Bemühen vergleichbar, die Ursache der Bewegung der Zeiger einer Uhr in den Zeigern selbst zu suchen. Man kann die Zeiger unter die Lupe nehmen und ihre Geschwindigkeit messen, so oft und so lange man will, wenn man den unsichtbar dahinter liegenden Mechanismus des Uhrwerks nicht beachtet, kommt man nie zu einer vernünftigen Erklärung. Bei den Tieren ist der »Mechanismus« ihres Verhaltens in der übersinnlichen, elementaren oder astralen Welt zu suchen, in der die Tiere ihre Gruppen-Egos, ihre führenden Geister haben. Diese Region befindet sich »angrenzend« an unsere sinnliche Welt. Die Renaissancegelehrten lokalisierten sie in jener Region, in der die Planeten vor dem festen Hintergrund des Zodiaks (griech. *zoon* = Tier) oder Tierkreises ihre Bahnen ziehen. Bei den kalifornischen Indianern wohnen die Tierherren im Berg Mount Shasta; bei den Eskimos wohnt Sedna, die Herrin der Meerestiere, auf dem Meeresboden, bei den Kelten in der »Anderswelt«, der Elfenwelt, gleich

9 »Unter uns gesagt«, so der Gärtnermeister Manfred Stauffer, »sind die biodynamischen Präparate Nahrung für die Elementarwesen.«

10 Diese Sphäre oder Ebene des Seins wird in verschiedenen Traditionen unterschiedlich benannt. Die indisch-theosophische Lehre spricht von dem physischen Plan, dem Astralplan, dem *Rupa Devachan* (gestaltete Geistessphäre) und dem *Arupa Devachan* (Geistessphäre jenseits der Gestalten). Paracelsus spricht von der Erde, dem Himmel (astrale Welt), der Welt der Intelligenzen und der Welt der Urbilder (Archetypen), über denen der Schöpfer thront.

nebenan. Man kann eigentlich nur sagen, dass das Ichzentrum oder der Geist des Tieres sich nicht wie beim Menschen leiblich inkarniert; nur sein Ätherleib und seine Seele nimmt Wohnung im physischen Körper. Deswegen hat das Tier auch nicht die Merkmale des menschlichen Egos: Sprache, Kultur, Selbstbewusstsein. Auch die Sünde (altgerm. *sunder,* verwandt mit »sondern, absondern«), die ein Losgelöstsein von der göttlichen Ordnung darstellt, ist dem Tier fremd.

Jede Tierart ist in der sichtbaren Welt in viele Einzelwesen aufgesplittert, aber in der Astralwelt trifft man die geistigen Individualitäten der Tierarten. Hier haben wir den Schlüssel zum Verständnis des Phänomens, wie es bei primitiven Völkern den Schamanen, Medizinmännern oder Zauberern möglich ist, mit den Tieren zu »reden«, wie die Tiere ihnen in menschlicher Gestalt erscheinen und Anweisungen geben können. Die alten Jagdvölker konnten sich durch überlieferte Praktiken wie Fasten, Tanzen, Trommeln, Rückzug in die Einsamkeit oder durch psychotropische Kräuter mit den »Großvätern« oder *animal bosses* in Verbindung setzen, um Gunst, Schutz oder Jagdglück zu erbitten. Junge Indianer begaben sich ebenfalls auf diese Art in die imaginative Sphäre und suchten einen tierischen Schutzgeist, der ihr Leben führen half und ihnen ein Lebensziel gab. Als Gegenleistung verlangte der Tiergeist, dass besondere Tabus beachtet, Opfer dargebracht oder ein moralisch sauberes Leben geführt wird. Nur diejenigen Ethnologen, deren tiefere Sinne verschlossen sind, wollen diese Tatsachen als irgendwelche »soziopsychologische oder neurologisch bedingte Verhaltensmuster« abstempeln. Zu welch fruchtbaren Einsichten kommt dagegen der biologisch eingestellte Gärtner, wenn er die Schädlinge, die Vögel, die Regenwürmer oder die Düngewirkungen der Tiermiste von dieser imaginativen Warte aus betrachtet!

Wir Menschen haben unser Ichbewusstsein ganz in der physischen Welt; die Tiere haben es in der astralen Welt; die Pflanzen aber erleben ihre Gruppen-Egos in der Region der Sphärenharmonien, der mittleren geistigen Welt. Diese Sphäre, die nach rosenkreuzerischer Lehre durch die wahre Inspiration wahrnehmbar ist, liegt »weiter entfernt« als die astrale Welt. Sie ist »tief unter der Erde« oder auch »weit draußen in den Fixsternen«. Hier, in den zwölf Häusern des Zodiakus, weilen die Pflanzenarchetypen, die Geister der Pflanzen. Von hier aus dirigieren und leiten sie die vielen Kräuter, Bäume, Sträucher und Blumen, die ja nur physisch-ätherisch auf der Erde verkörpert sind. So schreibt Paracelsus in »De caducis«: »Wo sind die Meister, die die Formen der Lilien und Rosen schneiden, die so schön im Felde wachsen? Wo sind ihre Werkstätten und Werkzeuge? Die *characteres* der Lilien und Rosen findet man im astralen (Sternen-) Licht, und die Werkstatt ist die Natur. Eine Blume kann nicht aus Kot gemacht werden, noch ein Mensch aus Lehm. Und wer die bildenden Kräfte des astralen Lichtes verleugnet und glaubt, dass die Formen aus den Körpern selbst entstehen, der glaubt etwas, was unmöglich ist« (Hartmann 1973: 156).

Anderswo bringt der Hohenheimer die Pflanzenwelt mit den Sternen in Verbindung: »Die Sterne sind die Model, Patronen, Formen, Matrices aller Kräuter. Durch attraktivische Kraft zeucht jeder Stern seinesgleichen Kraut aus der Erden« (Traktat 1, »De Pestilitate«). Auch nach Arthur Hermes ist jede Blume durch einen unsichtbaren Strahlenfaden mit einem der Sterne verbunden; wir bewegen uns – welch Wunder – durch ein Strahlenmeer.

Aus dieser Sternenwelt strömt die pythagoräische Sphärenmusik. Ihr Puls durchdringt das Universum mit Harmonie, Rhythmus und Ordnung. Sie setzt den Tanz der Atome in Gang, gibt den Blumen ihre Geometrie und den Himmelskörpern ihren geordneten Lauf. Die eurhythmischen Tänze und die Musik der Landbevölkerung sind als ein Mit- und Nachempfinden dieser Harmonien zu verstehen und üben ihrerseits wieder einen Einfluss auf das Pflanzenwachstum und Tiergedeihen aus. Afrikanische Hackbauern und zum Teil noch die Weingärtner im Waadtland bestellen ihre Äcker zur Begleitung von Gesang, Trommel und Pfeife. Bei den Puebloindianern und anderen indianischen Gärtnervölkern sitzen die alten Opas in den Maisfeldern und singen ihren »Maiskindern« schöne Lieder, damit sie gut gedeihen. Die Hindus chanten Mantras oder singen ebenfalls Lieder – *Dohada* – für die Pflanzen im Garten. Die Irokesen waren überzeugt, dass der Gesang der Grillen und Zikaden im Hochsommer den Pflanzen Kraft (Orenda) zukommen lässt.[11] Dass Kühe mehr Milch geben, wenn im Stall gesungen wird, konnte ich auf dem Hof im Emmental miterleben. Zum Heiligen Abend wurden den Kühen bei ihren Futterkrippen von den Hofbewohnern Weihnachtslieder vorgesungen. Die größere Milchleistung hielt danach drei Tage lang an. Wissenschaftliche Untersuchungen ergaben, dass Musikschwingungen das Pflanzenwachstum beeinflussen.

In dieser »weit entfernten« Sternenregion wohnen auch die Toten und nehmen von dort aus Einfluss auf das Wachsen und Gedeihen der Vegetation. In fast allen Ackerbaugesellschaften, sei es in Afrika, Ozeanien oder Ostasien, glaubt man, dass die Ahnengeister für die Fruchtbarkeit der Felder verantwortlich sind. Man opfert den Toten, man speist sie und schmückt ihre Grabstätten. Mitunter geht man sogar für sie auf Kopfjagd. Als Gegenleistung gewähren sie durch das Naturgeschehen ihre Hilfe vom Makrokosmos aus. Die alten Chinesen stellten ihr Hochzeitsbett in die dunkelste Ecke des Hauses, wo die Toten begraben waren und die Samen lagerten – die Toten bewirken Fruchtbarkeit.

11 Das Aussprühen von Insektiziden dezimierte die Vogelpopulation in den riesigen Orangenplantagen von Florida. Allmählich gingen der Ertrag und die Qualität der Südfrüchte zurück, ohne dass man wusste, warum. Don Carlson vermutete, dass die Bäume den Gesang der Vögel brauchen, und stellte einige Versuche an. Inzwischen werden vielerorts die Plantagen mittels Lautsprecheranlagen mit Vogelgezwitscher beschallt, und tatsächlich bleiben die Bäume gesünder und produzieren mehr Obst. Dieses Phänomen wird als »sonic bloom« bezeichnet (Thompkins/Bird 1991: 142).

Hippokrates lehrte, dass die Geister der Verstorbenen die Samen keimen und wachsen lassen; in der »Geoponika« heißt es, dass die Winde (die Seelen der Toten) den Pflanzen und allen Geschöpfen ihr Leben schenken (Eliade 1958: 351). Die Germanen opferten den Toten bei der Aussaat im Frühling und bei der Ernte im Herbst; beim Säen mischten sie Erde von einem frischen Grab unter die Samen. Die Beziehung der Toten zur Pflanzenwelt wird durch das Bepflanzen und Schmücken der Gräber mit Blumenkränzen und Lebensbäumen unbewusst auch in modernen Zeiten weiter gepflegt. Die Vorstellung, dass die Toten im weißen Hemd auf Wolken sitzend Harfe spielen und mit den Engeln psalmodieren, ist lediglich eine grobe Vereinfachung der Vision der himmlischen Sphärenharmonie, die der Vegetation ihre Impulse gibt.

Das Pflanzenurbild (Pflanzen-Ich), das vom Fixsternhimmel herabstrahlt, wird in seiner Wirkung von den sieben Wandelsternen, den Planeten, beeinflusst und modifiziert. Die täglichen, jährlichen und mehrjährigen Rhythmen der Pflanzenwelt können ohne solche Beeinflussung gar nicht verstanden werden. Hier, in den Planetensphären, im Bereich der Tiergruppengeister, befinden sich auch die Seelen der Pflanzen. Im Einklang mit den Planetenrhythmen bewegen sich die Seelen der Pflanzen. Für den Gärtner ist das eine wichtige Angelegenheit, denn er sollte die richtigen Zeiten zum Säen und Pflanzen daraus ablesen können.

Die Steine und Mineralien haben nur ihren stofflichen Leib auf Erden. Ihre Bildekräfte (Ätherleib) befinden sich im selben Bereich wie die Pflanzen-Nana und die Tiergruppengeister. Die Seelen der Mineralien wohnen in den Fixsternen bei den Pflanzen-Egos; ihre Egos jedoch liegen in der Welt der Urbilder, im höchsten Himmel. Wir können dies in Gedanken scheinbar leicht nachvollziehen, aber um es sich richtig zu vergegenwärtigen, bedarf es der »schwer erreichbaren Kostbarkeit« der Intuition, der Gnade der himmlischen Vernunft, des »Steins der Weisen«. Dieser Stein befindet sich in der Sphäre, die die alten Weisen als den *Kristallhimmel* bezeichneten. Nach einer alten Legende sind die Fixsterne keine festen Körper, sondern Löcher, durch die der Himmel hindurchscheint. Sie entstanden, als der liebe Gott, auf seinen Stab gestützt, den Himmel durchwanderte und überall, wo er mit dem Stab aufstieß, ein Loch machte; die Stücke fielen als Edelsteine herunter. Auch die australischen Ureinwohner kennen eine ähnliche Anschauung: Wenn sie einen Kristall finden, meinen sie, er sei vom Sitz der uranischen Gottheit abgebröckelt; die totemischen Ahnengeister pflanzen bei der Initiation solche Steine in die Körper der »clever men« (Schamanen) ein.[12]

Obschon diese Auslegung der Seinsebenen und Sphären kompliziert erscheint, handelt es sich doch um die gröbste Vereinfachung. Wir haben uns erlaubt, einen flüchtigen Blick in diese immensen Regionen zu werfen, da wir es uns als Gärtner und Bauern nicht erlauben können, nur nach dem engen materialistischen Begriffsschema zu handeln, denn wir haben es mit lebenden Wesenheiten zu tun. Die Tabelle, obwohl äußerst vereinfacht, deutet diese Verhältnisse an. Das Verständnis kann vertieft werden durch das meditative Beobachten der Naturerscheinungen, durch schamanische Techniken sowie durch das Studium mystischer Zeugnisse, der Folklore und völkerkundlicher Zeugnisse.

Wenn es sich bei diesen Dingen um Wahrheiten handelt und nicht um Täuschungen oder Hirngespinste, dann muss es doch möglich sein, die Kräfte des Bergkristalls durch Präparierung aufzuschließen und mit den Pflanzen und Tieren zu »reden«. Der Gärtner sollte dann den Großvater der Raupen bitten können, seine Kohlköpfe zu schonen, oder die Vögel, Kröten und Blindschleichen in seinen Garten rufen können. Wie sonst kann man die Riesenkohlköpfe und die Blumenpracht im ungewöhnlichen Garten von Findhorn im hohen Norden Schottlands erklären, wo man mit dem Naturgeist Pan und den Devas der Pflanzen »spricht« (Hawken 1973). In Anbetracht dessen sind die Alemannisch sprechenden Amisch-Bauern in Pennsylvanien vielleicht gar keine so rückschrittlichen Hinterwäldler, wenn sie stur Maschinen, Schlepper und Elektrizität als Teufelsmachwerk ablehnen und bei ihren Pferden und ihren arbeitsintensiven Methoden bleiben. Die Amisch haben ja die vorbildlichsten Farmen in Amerika, ohne Verarmung der Böden und Schädigung der Agrarbiozönose. Und unverschuldet sind sie auch.

12 Die Verbindung der Steinwelt zu den höchsten und tiefsten Mysterien kommt in der Theophanie der Steine bei vielen Völkern zum Ausdruck, unter anderem bei der vom Himmel herabgefallenen *Ka'aba* in Mekka, den Menhiren der Megalithvölker, dem Marmorkegel *(Omphalos,* »Nabel der Welt«) in Delphi oder der Edelsteinkrone des vom Himmel stürzenden Luzifers, aus der der heilige Gral gemacht wurde. Der christliche Schöpfergott selbst wird aus dem Stein (*Bethel*, Zentrum des altisraelischen Steinfetisch *Baitylos*) geboren und gründet auf dem Stein (griech. *petros* = Fels) seinen Kultus. Die Altäre und Opfertische der Völker sind Steine. Bei den Christen enthielten die Steinaltäre die Knochen der Heiligen und wurden Ort der *unio sacramentalis* mit dem Herrn.

GOETHEANISTISCHE WISSENSCHAFT

> *Hab ein liebes Gärtchen vor dem Tore an der Ilm schönen Wiese,*
> *ist ein altes Häuschen drinnen …*
> *da lass ich mir von den Vögeln vorsingen und zeichne Rasenbänke,*
> *die ich will anlegen lassen, damit Ruhe über meine Seele kommt.*
> Johann Wolfgang von Goethe

Goethe war nicht nur Dichter und Künstler; er befasste sich auch mit wissenschaftlichen Fragen seiner Zeit, er entdeckte den Zwischenkieferknochen *(Os intermaxillare)* beim Menschen, studierte das Wetter, entwickelte eine andere Auffassung der Farben als Newton, die dem Kunstmaler mehr Freude macht als dem Physiker, studierte die Entwicklung der Tier- und Pflanzenformen und klopfte mit seinem Hammer an die Granitfelsen der Alpen, um die Mineralwelt zu erforschen. Im hohen Alter bekennt er: »Auf alles, was ich als Poet geleistet habe (...) bilde ich mir gar nichts ein. Es haben treffliche Dichter mit mir gelebt, es lebten noch trefflichere vor mir, und es werden ihrer nach mir sein.« Auf seine wissenschaftlichen Leistungen gab er hingegen viel (Voigt 1979: 31).

Der Dichter war ein begeisterter Gärtner, der die gepuderte Perücke und die Seidenstrümpfe, die damals Mode waren, ablegte und mit seiner Freundin in ein Gartenhaus an der Ilm außerhalb der Stadtmauern Weimars zog. Seine Mutter schrieb ihm einen empörten Brief, indem sie ihn anflehte, er solle doch in der Stadt wohnen bleiben, wie es sich für einen Patriziersohn gehört. Er aber war glücklich in der Natur, betrieb Gärtnerei und praktische Botanik. Sein Ansatz war ganzheitlich: Er verband die Botanik mit Pharmazie und Kunst; »Kunstliebhaber sind zugleich Botanophile«, schrieb er in einem Aufsatz. Eifrig studierte er das Hauptwerk seines brillanten Zeitgenossen, des Naturforschers Carl von Linné (Linnaeus). Dieser machte Inventur im Lagerhaus der Natur, ordnete und systematisierte die Pflanzen und belegte sie mit einer lateinischen Doppelbenennung. Für Goethe war das statische Bild, das Linnaeus von den Pflanzen vermittelte, zu starr. Als einen dynamischen Entwicklungsvorgang wollte er die Pflanzen verstehen. Vor allem die »Jungfer im Grünen« (Schwarzkümmel, *Nigella damascena)* hatte ihm vor Augen geführt, wie wandelhaft die Gestaltwerdung der Vegetation ist: »Wenn ich an demselben Pflanzenstängel erst rundliche, dann eingekerbte, zuletzt beinahe gefiederte Blätter entdeckte, die sich alsdann wieder zusammenzogen, vereinfachten, zu Schüppchen wurden und zuletzt gar verschwanden, verlor ich den Mut [mit dem linnaeischen System]« (Krätz 1998: 94).

Für uns unterhaltungssüchtige Massenmedienkonsumenten sind Goethes Schriften oft schwer zu lesen. Es drängt sich uns die Frage auf, wie aktuell seine Einsichten und seine allegorischen Anspielungen auf die griechische Sagenwelt eigentlich sind. Sicher hat uns auch ein Pauker in der Literaturstunde den Zugang dazu verkorkst. Rudolf Steiner, der als junger Philosoph als Redakteur einer Weimarer Ausgabe der naturwissenschaftlichen Schriften Goethes tätig war, macht darauf aufmerksam, dass es weniger der Inhalt als die Denkart ist, die uns bei Goethe interessieren sollte (Steiner 1962). Diese Denkart überwindet das Verhaftetsein in wissenschaftlichen Schablonen, die zwar für die anorganische, physikalische Welt angemessen sind, aber mit der organischen, belebten Welt nichts Gescheites anzufangen wissen. Diese Methode Goethes, die den Erscheinungen der organischen Welt gerecht wird, nennt Steiner die goetheanistische Methode oder Goetheanismus.

Dieser Goetheanismus ist ein wesentlicher Bestandteil der biologisch-dynamischen Landwirtschaft, daher wollen wir ihn uns etwas näher ansehen. Ich kam zum ersten Mal mit dieser Methode in Berührung, als wir im Garten von Aigues Vertes einen starken Lausbefall auf den Bohnen hatten. Wie in der Einführung schon geschildert, war ich sofort zur Hand mit einer starken Tabakbrühe, mit der ich die Läuse vergiften wollte. Der Gärtnermeister Manfred Stauffer ließ dies jedoch nicht zu, sondern hockte sich hin, strich über sein Kinn, kratzte sich am Kopf und murmelte Unverständliches, ehe er sagte, dass wir überhaupt nichts unternehmen sollten. Er habe eben überlegt, wie das Phänomen der Läuse zu bewerten sei, anstatt blindlings schematisch darauf zu reagieren. Fruchtfolgen, Wetter und Düngung hatte er an seinem geistigen Auge vorbeiziehen lassen. »Es gilt, die angemessenen Gedanken dem Phänomen gegenüberzustellen, nicht Hypothesen aufzuzwingen!«, belehrte er seine erstaunten Zuhörer. Der Vorgang war eine Lektion in der goetheanistischen Methode.

> »Bei Betrachtung der Natur im großen wie im kleinen hab ich unausgesetzt die Frage gestellt: Ist es der Gegenstand oder bist du es, der sich hier ausspricht?«
> (Goethe, Sprüche in Prosa)

Die Spiraltendenz. Originalskizze von Johann Wolfgang von Goethe.

Bienenfreund (Phacelia).

Reife Apfelbeeren – beerenstarke Kraftspender.

Dem Goetheanismus liegt eine genaue Naturbetrachtung, ein radikaler Empirismus zugrunde. Aus dieser Betrachtung sollen die richtigen Gedanken fließen, nicht aus irgendwelchen erlernten Begriffen oder voreiligen Schlüssen:

> »Es ist eine schlimme Sache, die doch manchem Beobachter begegnet,
> mit einer Anschauung sogleich eine Folgerung zu verknüpfen
> und beide für gleichgeltend zu achten.«
> (Sprüche in Prosa)
>
> »Theorien sind gewöhnlich Übereilungen eines ungeduldigen Verstandes, der die Phänomene gern los sein möchte und an ihrer Stelle deswegen Bilder, Begriffe, ja oft nur Worte einschiebt.« (Sprüche in Prosa)
>
> »Die Sinne trügen nicht, aber das Urteil trügt.«
> (Sprüche in Prosa)

Ebenso wie Goethe die schnelle Schlussfolgerung verwirft, weist er auch den primitiven Empirismus zurück, der nur die Tatsachen sammelt und addiert. Für ihn ist die Beobachtung der von außen an die Menschen herantretenden Erscheinungen nur die halbe Sache. Diese äußere Erscheinungshälfte muss ergänzt werden durch die von innen aufsteigende Idee. Jedes Wesen hat eine äußere Erscheinungsform und eine innere, zugrunde liegende Idee, die das klare, reine Denken wahrnehmen kann. Das Denken ist also ein Wahrnehmungsorgan! Während die genaue, ungetrübte Beobachtung der Erscheinungen nur einzelne Wesen, nur Einzeldinge und Spezialfälle ermittelt, gibt das Denken uns das Allgemeine, den grundlegenden »Typus«, die *Idee* des Organismus. Wir sehen verschiedene, einzelne Würmer, aber durch das klare Denken erkennen wir die »Wurmheit«. Wenn dieses innere Prinzip fehlen würde, dann würde die Erscheinungswelt in eine zusammenhanglose Ansammlung von Einzelheiten zerfallen. Dieses innere Prinzip, das die Urbilder und Ideen wahrnimmt, nennt Goethe die *anschauende Urteilskraft.* Das Erkennen kommt von innen, ungefähr so wie geistreiche Einfälle. Wir denken also nicht *über* die Dinge nach, sondern in die *Dinge, in ihr Wesen hinein.*

Dies ist eine ganz andere Erkenntnistheorie als diejenige, die in der heutigen Wissenschaft gepflegt wird, in der man von einer objektiven Welt »da draußen« spricht, die nicht viel mit unserer inneren »subjektiven« Welt der Gedanken zu tun hat, höchstens dass wir wie ein Computer Informationen von außen in unsere Datenbanken im Gehirn aufnehmen. Nach Goethe ist die innere Welt der Gedanken weder nur subjektiv noch eine Akkumulation von gespeicherten Informationen, sondern sie ist ein ebenso objektiver wie ideeller Bestandteil der Welt, in der wir leben. Die Gedanken nehmen eben die Innenseite des Universums wahr wie die Augen und Sinne die Außenseite.

Natürlich kann man falsch denken, genauso wie man falsch beobachten kann. Die schnellen, lauten, abstrakten Hypothesen und Gedankengerüste sind meistens falsches, den Phänomenen nicht entsprechendes Denken. Ebenso sind hastige, oberflächliche Beobachtungen oder durch umständliche, technische Instrumente vermittelte Beobachtungen falsch, das heißt, sie verzerren die Erscheinungen:

»Mikroskope und Fernrohre verwirren eigentlich
den reinen Menschensinn!«
(Sprüche in Prosa)

Der greise Goethe hat aus diesem Grund nicht einmal Brillengläser tragen wollen. Sein Alter Ego, Dr. Faust, drückt es folgendermaßen aus:

»Ihr Instrumente freilich spottet mein,
Mit Rad und Kämmen, Walz und Bügel:
Ich stand am Tor, ihr solltet Schlüssel sein;
Zwar euer Bart ist kraus, doch hebt ihr nicht die Riegel.
Geheimnisvoll am lichten Tag
Lässt sich Natur des Schleiers nicht berauben,
Und was sie deinem Geist nicht offenbaren mag,
Das zwingst du ihr nicht ab mit Hebeln und mit Schrauben.«

Die durch die anschauende Urteilskraft gewonnene Idee ist holistisch und ganzheitlich, wie wir sie in der Landwirtschaft und im ökologischen Gartenbau so dringend brauchen. Sie ist das Gegenteil der Bruchstücke, Teilansichten und Prokrustesbetten, wie sie uns vom Labor zurechtgeschustert werden.

Der Goetheanismus kennt kein experimentelles Ausschalten von »unwesentlichen und irrelevanten Faktoren«. Alle Faktoren, die zur Erscheinung dazugehören, ergeben den Erscheinungszusammenhang, zu dem die Idee gehört. Es ist des Teufels (Mephistopheles') Rat an den naiven Studenten, im experimentellen Modell »unwesentliche« Umstände aus dem Spiel zu lassen:

»Wer will was Lebendigs erkennen und beschreiben,
Sucht erst den Geist herauszutreiben,
Dann hat er die Teile in der Hand,
Fehlt leider! Nur das geistig Band.«

In der *Iatromathematik*, einer Heilmethode der Renaissance, wusste man, dass man nicht schablonengläubig verallgemeinern oder Teile der Erscheinung weglassen kann. Man bezog alle Aspekte einer Krankheitserscheinung ein: den seelischen und physischen Zustand des Patienten, den Stand der Sterne und die Disposition des Arztes. Man suchte für jeden Einzelfall die Kräuter und stellte bei günstigem Horoskop die Medizinpräparate her.

Der Cherokeemedizinmann Rolling Thunder wehrt sich gegen den Versuch einer medizinwissenschaftlichen Kommission, bei ihm diejenigen Elemente zu isolieren, die seine schamanistische Methode so erfolgreich machen: »Es gibt keine Experimente. Es gibt nur die wirkliche Situation. Wie kann denn überhaupt die ›Wissenschaft‹ die Medizin der Indianer bewerten, wenn sie nicht einmal begreift, dass *alle* Umstände zur wirklichen Situation gehören. Es gehört die Hoffnung auf ein ungewöhnliches Ergebnis, der Glaube an dieses Ergebnis, eine besondere Einstellung zur Sonne, zur Erde und zur ganzen Natur dazu (...) Es fehlt ›Objektivität‹ und Skepsis« (Boyd 1974: 10).

VOM SICHTBAREN ZUM UNSICHTBAR WAHREN

Im Garten trifft Ähnliches zu. Wir dürfen nicht unsere schlauen Theorien aus der Schule oder aus Büchern gedankenlos auf den Garten übertragen. Unsere Gedanken müssen sachlich aus dem, was vor uns liegt, hervorgehen.

Im Januar jeden Jahres wird in Dornach an der naturwissenschaftlichen Sektion des Goetheanums ein Ausbildungskurs für junge Gärtner und Landwirte veranstaltet, dessen Ziel ist, ihnen die schöpferischen Ideen, die in der Natur walten, bewusst zu machen. Man versucht, die Formen und Bewegungen in den Naturreichen durch körperliche Bewegungen nachzuvollziehen oder sie mit Farbe und Modellierton nachzugestalten. Jeden Tag, ob Regen oder Sonnenschein, unternimmt man einen Spaziergang durch die Natur und erlebt das gleiche Stück Weg bei verschiedenen Licht- und Witterungsverhältnissen. Man wird nicht aufgefordert, seine Beobachtungen zu erklären oder zu benennen, sondern ständig nur wahrzunehmen, bis die entsprechende »Idee« sich selbst aus den beobachteten Erscheinungszusammenhängen herausschält.

Der Pfad führte immer an einer merkwürdigen alten, dreistämmigen Eiche vorbei, an deren Südseite eine Gruppe junger Tannen wuchs. Ihre schweren Hauptäste wuchsen gegen Nordosten; die Stämme waren mit jungen Sprossen bewachsen, als hätte man Pfeile in sie hineingeschossen. »Versucht einmal, aus der Betrachtung heraus die Frage zu beantworten, warum dieser Baum so eigenartig gewachsen ist«, forderte uns der Leiter auf.

Wir schauten. Der Boden war Kalkmergel, der hier üblicherweise eine Eichen-Buchen-Klimaxvegetation hervorbringt. Wir zählten die Knoten an den Tannen: Es waren zwölf. Wir zählten die Jahresabschnitte an den Sprossen am Eichenstamm: Sie waren zehn Jahre alt. Vor dem inneren Blick ergab sich das Bild, wie es vor einem Dutzend Jahren hier ausgesehen hatte. Wo jetzt die Tannenbäumchen wuchsen, stand ein hoher Wald. Dieser Baum am Nordsaum des Waldes war als einziger stehen gelassen worden. Seine Südseite war beschattet gewesen, daher die Richtung des Wachstums der Hauptäste nach Norden.

Nachdem man die anderen Bäume gefällt hatte und Licht auf den Stamm fiel, erwachten die schlafenden Sprossen und begannen zu wachsen. Zur gleichen Zeit wurden junge Tannen gepflanzt. Und warum hatte der merkwürdige Baum drei Hauptstämme? Vor noch viel längerer Zeit hatte man den jungen Baum einmal gefällt. Drei Seitensprossen wuchsen dann zu einem neuen Baum heran.

Wir waren erstaunt, wie genau man sich ein Bild machen kann von etwas, was nicht mehr sichtbar ist, wenn man, wie ein Indianer die Fußspuren, die Phänomene genau liest. Ohne zu Fantasieren hatten wir uns anhand des noch Sichtbaren ein wahres Bild vom nicht mehr Sichtbaren geschaffen.

Der Gärtner sollte sich ähnlich darin üben. Er muss ja ungefähr wissen, wie sein Garten im nächsten Jahr aussehen wird, und muss sich merken, wie sich seine Gestalt von Jahr zu Jahr verwandelt hat. Er muss sich ein inneres Bild davon machen können, wie weit auseinander die Setzlinge und Bäume zu pflanzen sind. Anfänger säen und pflanzen immer alles zu dicht.

Um diese Fähigkeiten zu entwickeln, kann man folgende Übungen machen. Man kann einen Samen in die Hand nehmen, sich genau Schritt für Schritt vorstellen, wie er keimt, seine Blätter und Wurzeln entfaltet, wie er blüht und neue Samen hervorbringt. Dann denkt man sich den ganzen Vorgang wieder rückwärts bis zum Samen, den man in der Hand hält. Etwas Ähnliches tun die Priester der Puebloindianer im Winter in ihren Kivas. In diesen unterirdischen Tempeln nimmt einer der Priester-Zauberer ein Maiskorn in die Hand, lässt es keimen, sprossen und aufblühen, bis es zum reifen Kolben herangewachsen ist; dann lässt er es sich wieder zum Samenkorn zurückentwickeln. Dies geschieht innerhalb weniger Sekunden. Die Indianer schwören, dass es sich tatsächlich um den wirklichen Mais handelt, der im nächsten Jahr wachsen wird. Sie »sehen« eben in ihren dunklen, unterirdischen Zeremonialräumen das Wesen des Maises. Dieses Wesen nimmt dann im Sommer auf den Feldern der Puebloindianer mannigfache Gestalt in der Erscheinungswelt an.

Übung in Erscheinungszusammenhängen.

IMAGINATIVE WAHRNEHMUNG

Um in das Wesen der makrokosmischen Natur einzusteigen, brauchen wir klare Sinne. Wir dürfen unsere Beobachtungen nicht durch Übertragungen von Wunschdenken, Abstraktionen oder Fantasien trüben. Jede innere und äußere Wahrnehmung braucht jedoch Begriffe, Worte und Bilder, die die Träger des Gedankens sein können und durch die man sie mitteilen kann. Wir können zwar rein wahrnehmen, aber zum Mitnehmen des Wahrgenommenen wählen wir treffende Sinnbilder. Der Wein des klaren Geistes braucht Schläuche, Flaschen und Fässer. Diese Hüllen und Einkleidungen werden durch die mythologischen Strukturen, ja durch die Sprache selbst gegeben, die eine Kultur im Laufe der Jahrtausende entwickelt hat. Märchenbilder, Sagen und alchemistische Allegorien können die Träger des Verständnisses ganz genau erkannter Naturvorgänge sein. Nur muss man diese allegorische Sprache, ihre Metaphern und Grammatik beherrschen, um sie zu verstehen.

Goethe bevorzugte die reiche Bilderwelt der alten Griechen und kleidete sein unübertreffliches Naturverständnis in die Sagenmotive und Götternamen dieser Kultur. Weil wir uns heutzutage weitgehend von der klassischen Bildung entfernt haben und stattdessen die Allegorien der Maschinenwelt oder Motive aus der Unterhaltungsindustrie bevorzugen, verstehen wir kaum mehr, was der Dichter Wesentliches zu sagen hatte. Wer kann sich denn noch etwas unter Oberon, Daphne, Epaphos, Circe und ähnlichen Namen vorstellen?

Nehmen wir als Beispiel ein physisch wahrnehmbares Ereignis. Im Spätherbst oder im Vorfrühling wandeln wir durch unseren Obstgarten. Frostkristalle glitzern im sanften Licht der Morgendämmerung auf den schwarzen Ästen. Plötzlich fallen die ersten Sonnenstrahlen auf die Zweige. Die Eiskristalle lösen sich und purzeln raschelnd auf die trockene Bodenstreu. Das Geräusch hält so lange an, bis die Sonne frei über dem Horizont steht. Der Raureif ist verschwunden.

Eine sachliche, materialistische Wissenschaft legt diesen Erscheinungen folgende Deutung zugrunde: »Wenn der Planet Erde in der diurnalen Rotation seine relative Position vis-à-vis der Sonne so weit verändert hat, dass die vom Stern ausgehenden Photonen direkt auf die Borke strahlen, dann beschleunigt sich die Brownsche Molekularbewegung der im Kristallgitter gebundenen H_2O-Moleküle. Weil das Periderm der Rinde dunkel ist, absorbiert es das ganze Lichtspektrum. Die photoenergetischen Einheiten werden zu thermischen Einheiten umgewandelt. Beim Übersteigen des Schmelzpunktes (0° Celsius) dissoziieren sich die Moleküle aus dem kristallenen Bereich. Durch die Gravität der relativ viel größeren Masse des Planeten angezogen, bewegen sich die halbflüssigen Kristalle in Richtung des Oberbodenhorizonts, wo sie akustisch messbare Vibrationen beim Aufprall erzeugen, ehe sie in das Edaphon tropfen.«

Eine imaginative Erklärung des gleichen Phänomens entnimmt ihre Bilder weniger den Messinstrumenten und abstrakt formulierten Gesetzen der Physik und Chemie, sondern uralten, überlieferten Bildern, wie man sie im Märchen oder Mythos findet: »Der Sonnenkönig Helios kommt. Seine Schwester Eos, die schöne, rosenfarbige Morgenröte, deren Wagen von den beiden Rossen Lampos (Glanz) und Phaeton (Schimmer) gezogen wird, hat seinen Zug schon angekündet. In großer Eile ziehen sich die Gnomen, die sonst in den dunklen Kristalladern und Erzlagern der Erde arbeiten, vor dem Licht in die dunkle Erde zurück. Sie können die Sylphen nicht leiden und das direkte Sonnenlicht nicht vertragen; sie lassen sich viel lieber von den Wurzeln erzählen, was die Sonne tagsüber und im Jahreslauf macht. Hastig versuchen sie, die schönen Frostkristalle mitzunehmen, aber raschelnd entgleiten ihnen diese und fallen ins Laub. Die schalkhaften Undinen erhaschen die Kristalle und verwandeln sie spielend in glitzernde Wassertropfen, gerade als der goldene Sonnenwagen über die Berge gerollt kommt.«

Hier haben wir zwei Deutungen des Phänomens, eine wissenschaftliche und eine imaginative. Auf die Frage, welche richtig und welche falsch ist, können wir nur antworten: Beide sind richtig. Der Unterschied besteht darin, dass die wissenschaftliche Deutung vom Standpunkt der Messinstrumente und mathematisch-abstrakten Formulierungen ausgeht, vom Bereich des Untersinnlichen (der »ahrimanischen« Imagination), die die Welt als ein System von leblosen Kräften auffasst. Die bildhafte, mythologische Deutung hingegen geht vom Bereich der übersinnlichen Imagination aus, mit der man die Lebendigkeit und die Seelendurchdrungenheit der Schöpfung wahrnehmen kann. Es handelt sich nur um verschiedene Standpunkte des Beobachters.

Warum macht es etwas aus, wie man die Phänomene deutet? Wie man eine Sache anschaut und begreift, so wird man sie auch behandeln. Wenn man, als krasses Beispiel genommen, Behinderte als untermenschliche Fehlprodukte der Natur ansieht, wird man sie anders behandeln, als wenn man sie als Gotteskinder betrachtet, die Schwierigkeiten haben, sich in der physischen Welt zu inkarnieren. Ebenso ist es mit dem Gartenbau und der Landwirtschaft. Im Garten haben wir es mit unzähligen, unmessbaren Wesen, mit Mineralien, Pflanzen, Insekten, Vögeln, Wetter und kosmischen Einflüssen zu tun, und eine auf Messen und Zählen eingestellte Wissenschaft vergewaltigt diese Komplexität. Eine imaginative Anschauung kann viel besser Bilder schaffen, die der komplexen Realität mit ihren unzähligen Verwandlungen eher gerecht wird. Bilder können mit Ganzheiten besser umgehen als das logisch folgernde, lineare Denken. Die Gärtner wissen das unbewusst und stellen sich deshalb ihre kitschigen Heinzelmännchen, den heiligen Franz und einen Wunschbrunnen mit Steinfröschen in den Garten. Die Bilder und Imaginationen repräsentieren tatsächlich vorhandene übersinnliche Sachverhalte, die im Garten wirksam sind, oder, modern ausgedrückt: Sie machen auf Parameter aufmerksam, die außerhalb unseres konzeptuellen Systems liegen.

Die Menschheit wird sich langsam dessen bewusst, dass die Ansichten der materialistischen Wissenschaft »teuflische« Eingebungen sind. Sie lassen die Seele und das eigentlich Lebendige außer Acht und zerstören mit chemischen Giften, Bioziden (griech. *bios* = Leben, lat. *caedo* = töten), invasiven Techniken, schweren, lärmenden Maschinen und stinkender Müllproduktion die Lebensgemeinschaft (Ökologie). Goethe lässt den Lebenshass des Teufels im »Faust« zum Ausdruck kommen:

»Und dem verdammten Zeug, der Tier- und Menschenbrut,
Dem ist nun gar nichts anzuhaben:
Wie viele hab' ich schon begraben!
Und immer zirkuliert ein neues, frisches Blut.
So geht es fort, man möchte rasend werden!
Der Luft, dem Wasser, wie der Erden
Entwinden tausend Keime sich,
Im Trocknen, Feuchten, Warmen, Kalten!
Hätt' ich mir nicht die Flamme vorbehalten,
Ich hätte nichts Aparts für mich.«

Lebendiges, imaginatives Denken wird dem landwirtschaftlichen Organismus, dem Gartenmikrokosmos als durchseeltes Wesen, viel eher gerecht. Ehrfurcht vor dem Leben und ein offenes Seelenauge begleiten dieses Denken. Dieses ist im Einklang mit der Natur, es enthält keine falsche Sentimentalität und kein romantisches Wunschdenken. Es hat auch nichts mit den toten Abstraktionen des so genannten ahrimanischen Denkens zu tun oder den rauschhaften, schwärmerischen Verirrungen, die Steiner die »luziferische Versuchung« nennt. Nein, des Gärtners Imaginationen sollen wahre Bilder, keine Trugbilder sein.

DIE URPFLANZE UND DIE EIGENSCHAFTEN DES LEBENDIGEN

Goethe hat durch seine »anschauende Urteilskraft« manche Naturrätsel lösen können. Auf seiner langen Italienreise sah er, dass bekannte Pflanzenarten im sonnigen, südländischen Klima fast nicht wiederzuerkennende Formen und Gestalten annahmen. Dabei kam ihm die Idee der »Urpflanze«, die sich in jedem Kraut und Strauch der Erde auslebt, aber nur mit dem inneren Blick zu erfassen ist. Es handelt sich weder um eine genetische Urform noch um eine induktive Abstraktion, sondern um einen realen Aspekt des Pflanzenwesens. Mit der Formulierung der Idee der Urpflanze schuf Goethe eine Methodologie, mit der man die Eigenart des Lebendigen besser verstehen kann als mit dem schwärme-

Federkohl (Grünkohl).

rischen Pantheismus der Romantiker oder den mechanistischen Erklärungen der Aufklärer (Descartes), denen das Uhrwerk als Begriffsmodell diente.

Einige Begriffe, die das Wesen des Lebendigen auszeichnen und es von dem toten Mechanismus unterscheiden, hat Goethe bei seinen Pflanzenbeobachtungen hervorgehoben:

Polarität. Ein dynamischer Zweierrhythmus und sich ständig steigernde Metamorphosen machen das Wesen der Urpflanze aus. Die Polarität drückt sich in der Pflanze in einem dauernden Wechselspiel von Ausdehnen und Zusammenziehen aus. Das festgefügte Samenkorn dehnt sich zu Keimblättern aus, in den Achsen zieht sich die Pflanze jedoch wieder in eine zusammengeballte Knospe zurück, die sich dann wiederum in Form von Blättern ausdehnen. In fortschreitender Metamorphose verengen sich die obersten Blätter der Idealpflanze zu kleinen Kelchblättern, erweitern sich zu Blütenblättern, ziehen sich zu Stempel und Staubblättern zusammen, erweitern sich wieder in der Frucht und ruhen schließlich konzentriert im neuen Samenkorn. Ein Gesetz der Dialektik, des Yin-Yang tritt uns vor Augen, wobei jeder Widerspruch auf einer weiteren Stufe verwandelt und gelöst wird. Man kann diese Stadien nie alle auf einmal sehen, immer manifestiert sich nur ein beschränkter Teil vor unseren Augen. Die Ganzheit steht aber vor dem inneren Auge. Es ist die Ganzheit, die die eigentliche Pflanze ausmacht, nicht nur der eben materialisierte Teil.

In dieser Polarität machen sich eine senkrechte, dem Stängel entsprechende Tendenz und eine waagrechte, flächenbildende Tendenz bemerkbar, die einander durch die sich spiralförmig drehende Anordnung der Blätter um den Stängel ausgleichen. Wir können Pflanzentypen danach beurteilen, welche Tendenz vorherrscht. Beim Getreide herrscht die vertikale Stängeltendenz, beim Kürbis und den Blattgemüsen hingegen die horizontale Blatttendenz vor. Eine weitere Gegensätzlichkeit im Pflanzenreich besteht im Wachstum der oberirdischen Teile in Richtung des Zenit gegenüber dem Wurzelwachstum in Richtung der Erdmitte (Nadir). Hier kommen die Schwerkraft und das entgegengesetzte Prinzip der Leichtkraft zum Ausdruck.[13] Eine weitere der vielen Polaritäten im Lebensbereich ist jene von Tier (Biene) und Pflanze (Blume).

13 Ein Bauer, der wahrscheinlich John Ruskin gelesen hatte, drückte es so aus: »Newton wollte wissen, warum ihm der Apfel auf den Kopf gefallen ist; ich aber will wissen, wie er überhaupt auf den Baum gekommen ist.«

Spiraltendenz. Ein weiteres Grundprinzip des pflanzlichen Wachstums, das Goethe als fast Achtzigjähriger beim Studium des Riesenbärenklaus in seinem Garten entdeckte, ist die spiralige Anordnung der Knospen und Blätter an den Stängeln. Die Spiraltendenz, wie er die Urbewegung des Lebendigen nannte, fand er offen oder versteckt überall im Pflanzenwachstum (Balzer 1976: 150).

Metamorphose. Das Lebewesen verwandelt sich, metamorphosiert aus einem unsichtbaren Inneren heraus. Was für ein Wunder, wenn der steinhart gefrorene Boden taut und im März zarte, duftende Krokusse, Schneeglöckchen und Himmelsschlüssel hervortreibt und wenn im Mai der einst harte, scheinbar tote Apfelzweig Blätter und Blüten hervorzaubert. Maschinen und leblose Automaten können etwas Neues nur durch Addition von außen her bilden, eine innere Entfaltung in diesem Sinne gibt es nicht. Ein Samenkorn wächst nicht nur zu einem Riesensamen heran, sondern es verwandelt sich andauernd. Legt man uns einen uns unbekannten Samen vor die Augen, können wir nicht wissen, was für Blätter, Blüten oder Früchte darin verborgen sind, auch wenn wir den Samen unter das Mikroskop legen und ihn genauestens sezieren.

Steigerung. Je länger eine Maschine läuft, umso eher wird sie abgenutzt und verbraucht Treibstoff, bis sie stillsteht. Rein mineralisch-physikalische Gebilde zerfallen nach einer Zeitspanne. Das Gegenteil ist bei einem biologischen System der Fall. Je mehr Leben in einem Ökosystem ist, umso mehr Leben kann es hervorbringen. Eine Monokultur oder viehlose Landwirtschaft braucht immer ein Übermaß an Fremdenergie, um zu funktionieren. Wenn aber eine Pflanzen- und Tiervielfalt vorhanden ist, steigert sich die allgemeine Lebensaktivität. Man kann dann ohne Weiteres von einem landwirtschaftlichen Organismus sprechen, der *selbstregenerationsfähig* ist. Sich gegenseitig steigernde Lebenskreisläufe und Geselligkeit (Symbiose), nicht abbauende Konkurrenz der Arten, kennzeichnen diesen gesunden Organismus.

Der Gärtner muss sich die anschauende Urteilskraft, mit der er hinter die Erscheinungen sehen kann, erwerben. Dieses »Hellsehen« erlaubt es ihm, mit dem Wesen und nicht nur mit den äußeren Symptomen zu arbeiten. Bei jeder Erscheinung muss er sofort auf die dazugehörige Polarität schließen, auch wenn diese nicht unmittelbar sichtbar ist. Er muss die Stufen der Metamorphose kennen, um zu wissen, ob sich die Pflanzen artgemäß entwickeln. In seinem Inneren muss er jeden Schritt, den das Lebewesen im Makrokosmos vollzieht, mitvollziehen. Er muss die Ganzheit im Auge behalten, damit er Einseitigkeiten erkennen kann. Er muss die Polaritäten zu steigern wissen und den Garten zu einer immer vollkommeneren Lebendigkeit führen.

EVOLUTION – INVOLUTION

Alles Innere soll man an dem Äusseren erkennen.
Paracelsus

Den ewigen Kreislauf, den fließenden Wechsel und Wandel in der Natur sahen die Naturvölker wie die australischen Aborigines als den webenden Traum der totemischen Ahnenwesen, der Götter. Auch bei den alten Hochkulturen stand der Gedanke einer Entwicklung, einer Evolution in der Natur, wie wir es heute sehen, weniger im Vordergrund. Man richtete das Augenmerk auf die ewigen Urbilder, auf die Kreisläufe ihrer Manifestationen und weniger auf die unbeständigen weltlichen Dinge. Nach den Überlieferungen der alten Kulturen ist die Welt die Schöpfung der Götter, die zuerst den Makrokosmos als androgynes Urwesen (Adam Kadmon, Ymir, Purusha oder Gayomard) hervorbrachten, dieses dann opferten und aus seinen Teilen die Erde schufen: Seine Knochen wurden Fels und Stein, seine Adern Flüsse, sein graues Hirn die Wolken, seine Haare die Bäume und Sträucher, seine Flöhe die Tiere. Nach einer anderen Vision teilt sich das zwittrige kosmische Urwesen in eine dynamische Polarität – Vater Himmel und Mutter Erde, Yin und Yang, Purusha und Prakriti, Gaia und Uranos, Kosmos und Chaos, Geist und Materie. Jene Ureltern aller Geschöpfe bringen dann auch den Menschen, den kleinen zweigeschlechtlichen Mikrokosmos hervor, indem sie ihn ausschwitzen oder ihren Odem in einen Erdklumpen oder in angeschwemmte Baumstämme blasen. Bilder dieser Art gibt es so viele, wie es Kulturen gibt; eines jedoch ist allen gemeinsam: Die Schöpfung ist göttlich, ist heilig!

In der westlichen Welt verblassten solche Imaginationen zunehmend. Die christliche Schöpfungsmythe erstarrte allmählich zu einer Karikatur, an die im 19. Jahrhundert niemand mehr so recht glauben konnte. Dies war der Zeitpunkt, da die »vernünftige« materialistische Wissenschaft die Materie, den unbelebten, unbeseelten Stoff, als Grundlage und Ursprung hinstellte. Wie Hohepriester eines neuen Glaubens stellten Darwin, Haeckel und Huxley das Dogma einer *Evolution* auf, in der sich das Leben allmählich aus der leblosen Materie entwickelt. Sie lehrten, dass sich auch Seele und Bewusstsein aus der molekularen Komplexität der Materie entwickelt haben, wie eine Art Schaum oder Abgas, als Epiphänomen.

Auch wenn die Physik inzwischen viel weiter ist, hat das einseitige materialistische Denken für die meisten bis heute seine Gültigkeit bewahrt, es war – und ist – den wirtschaftlichen Zielen der Gesellschaft angemessen, denn es erlaubt die rücksichtslose Ausbeutung der lebenden Welt – Massentierhaltung, Mechanisierung, genetische Manipulation, Giftanwendung, Versalzung des lebenden Bodens. Es handelt sich ja im Grunde genommen nur um leblose chemo-physikalische Vorgänge. Diese entfremdende Sichtweise geht auch den Gärtner und Bauern etwas an. Allen Handlungen, Taten und Eingriffen liegt ein sinngebender Gedanke, eine Weltsicht zugrunde. Aus diesem Grunde wollen wir einen Blick auf den Ursprung und die Entwicklung der Naturreiche werfen.

Theosophische Esoteriker wie Madame Blavatsky oder Rudolf Steiner haben zur Zeit Darwins den Versuch unternommen, den Evolutionsgedanken auf den Kopf zu stellen (Roszak 1975). Sie wollten zeigen, dass die Materie ein Endprodukt des Lebens und dieses wiederum als Schöpfung des Geistes zu verstehen ist. Sie stellten sich eine vierstufige, absteigende Entwicklung vor, von den geistigen Archetypen über die Weltenseele in die Lebenskräfte und schließlich in die sichtbar manifestierte Materie. Diese Entwicklung vollzieht sich in einer Serie von Impulsen, zwischen denen Ruhepausen liegen. Es sind dies die Tage und Nächte Brahmas.

Steiner nennt den ersten der vier Impulse den »alten Saturn«, das Bewusstsein gleicht hier dem kataleptischen Tiefschlaf der Steine. Den zweiten Anstoß, in dem das Bewusstsein dem Schlaf der Pflanzenwelt entspricht, nennt er »alte Sonne«. Den dritten nennt er den »alten Mond«, das Bewusstsein ähnelt auf dieser Stufe dem Träumen der Tiere. Als vierter Impuls folgt unser Erdenstadium, in dem sich das wache, selbstbewusste Denken entwickelt hat. Dem kann man entnehmen, dass das Gestein immer noch im »alten Saturn« verweilt, die Pflanzenwelt auf der Stufe der »alten Sonne« lebt, die Tiere im Mondstadium verweilen und dass nur der Mensch bis jetzt zum Erdenbewusstsein gekommen ist. Die Engel jedoch sind über diese Stufe schon hinaus. Diese Evolution ist noch nicht zu Ende, weitere Stadien der Bewusstseinsentfaltung stehen bevor. Die ersten drei Stufen finden in der übersinnlichen Welt statt und lassen sich nur mit dem geistigen Blick beobachten. Allein in der vierten Stufe, in der Erdenstufe, hat man es mit einer physischen-materiellen Manifestation zu tun, die der mit den fünf Sinnen und dem Verstand arbeitenden Naturwissenschaft zugänglich ist. Hier kommen die Geologen und Paläontologen mit ihren Ausgrabungen, Steinen und Knochen zurecht. Den Sinn ihrer Entdeckungen kann aber nur eine seriöse Geisteswissenschaft erfassen.

Wenn wir versuchen, die Forschungsresultate der Naturwissenschaft mit den alten Mythen und der esoterischen Geisteswissenschaft in Einklang zu bringen, ergeben sich interessante Perspektiven. Man ahnt einen großartigen alchemistischen Vorgang, indem der Geist die Urmaterie erfasst und stufenweise durchdringt. Man sieht, wie am Anfang dieser Erdentwicklung, im Präkambrium, die Urmaterie von den Lebenskräften erfasst und durchdrungen wird. Man sieht, wie dann vom Paläozoikum bis zum Mesozoikum die makrokosmischen Seelenkräfte, die *Anima Mundi,* die frische Lebenssubstanz erfassen und durchseelen, wobei es zu einer Vielfalt von tierischen Erscheinungen kommt. Im Känozoikum erleben wir, wie der um sich selbst wissende Geist (Welten-Ich) durch die physische, ätherische und seelische Hülle hindurchstösst, um sich in einem Primaten in der äußeren Welt als Mikrokosmos zu manifestieren. Betrachtet man dies, so erkennt man in der Evolution einen *Involutionsprozess,* in dem sich der Makrokosmos durch vier Hauptstufen hindurch in unzählige Mikrokosmen verwandelt. Der Meganthropus streut seinen Samen aus und vervielfältigt sich. Auch Steine, Pflanzen und Tiere sind auf verschiedenen Stufen weilende zukünftige Mikrokosmen.

DER WEG VOM MAKROKOSMOS ZUM MIKROKOSMOS

Die Naturwissenschaft geht von der These aus, dass sich im Urmeer des Archäozoikums, vor über drei Milliarden Jahren, unter Einwirkung kosmischer Strahlung und von Blitzen komplizierte hochpolymere Moleküle bildeten, aus denen schließlich die ersten reproduktionsfähigen Urorganismen hervorgingen. Das inzwischen klassische Experiment von S.L. Miller (1953), der im Labor eine Methan-Helium-Wasserstoff-Uratmosphäre nachbildete und diese dann mit elektrischen Entladungen durchzuckte, wobei sich tatsächlich Aminosäuren bildeten, gaben der Hypothese der »Ursuppe«, des mit organischen Substanzen angereicherten Ozeans, eine bedeutende Stütze. Neuere Forschungen bezweifeln, dass es diese »Ursuppe« gab, da sich aufgrund der Fähigkeit zur Bildung energiereicher Phosphatbindungen schon sehr früh die Mechanismen zur CO_2-Assimilation entwickeln konnten. In anderen Worten, die Urlebewesen brauchten keine »Suppe«, um sich zu ernähren, sondern konnten schon mit Hilfe der vom Himmel einströmenden Photonen »die überall vorhandenen Kohledioxid- und Wassermoleküle zu Glukosepäckchen verschweißen« (Popp 1999: 55). Als »Abfall« erzeugten sie – wie die Pflanzen noch heute – Sauerstoff. Nun erst brauchte es die heterotrophen Organismen – die Vorfahren der Tiere und Pilze –, die den Sauerstoff und die überschüssig erzeugte Biomasse verwerten konnten. Damit wurde der noch heute existierende CO_2/O_2-Kreislauf in Gang gesetzt (Kandler 1987: 104). Der Sauerstoff ist – nach Rudolf Steiner – Träger der ätherischen Lebensenergien. In anderen Worten, wir sehen, wie der Weltenäther in diesem Stadium die Urmaterie ergreift und belebt.

In den Fossilien des Kambriums – vor nahezu 600 Millionen Jahren – sind schon die Pflanzen (Algen und Planktone) und alle wirbellosen Tierstämme bis auf einen vorhanden. In diesem Zeitraum greift die Astralität, das kosmisch Seelenhafte, in das physisch-ätherische Geschehen ein. Die »Beseelung« beginnt, indem die runden, hohlen Kugeln der ersten Zellkolonien wie von unsichtba-

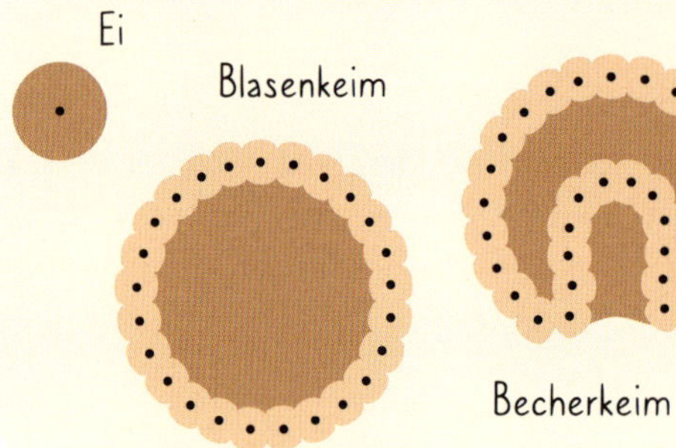

Der Weg vom Makrokosmos zum Mikrokosmos.

ren Geisterfingern eingestülpt und durchstoßen werden. Mit der tieferen Einstülpung formen sich Innenflächen im Gegensatz zu Außenflächen. Der Ansatz eines vom Makrokosmos abgewandten Mikrokosmos ist dadurch gegeben. Es entstehen Zellen, die den makrokosmischen Bildekräften nicht mehr unmittelbar ausgesetzt sind. In den Embryos der Säugetiere wiederholt sich diese Einstülpung, wenn die aus dem befruchteten Ei hervorgehende Zellenkugel (*Blastula*) zum Becherkeim (*Gastrula*) wird. Diese Einstülpung ist ein Schritt, den die Pflanzen nie vollbringen. Als rein ätherische Wesen bleiben sie dem Makrokosmos unmittelbar zugewandt.

Wie das Ei und der Samen des Menschen ihr makrokosmisches Ebenbild in den Urtierchen haben, so hat der Becherkeim des Embryos sein makrokosmisches Ebenbild in den Polypen, Quallen, Korallentierchen und Schwämmen. Wie alle niederen Organismen sind diese Tiere noch völlig unspezialisiert. Es fehlen die besonderen Organe für Stoffwechsel, Vermehrung, Blutführung, Ausscheidung und so weiter. Man kann sie sogar durch ein Sieb pressen: sie finden sich wieder zur Zellgemeinschaft zusammen. Ihre Organe sind noch im Makrokosmos: das salzige Meereswasser ist das Blut, das die Zellen bespült und mit Nährstoffen versorgt; ihr Herzschlag ist der Rhythmus der Wellen, und die Vermehrung geschieht asexuell durch Zellteilung, Jungfernzeugung (Parthenogenese) oder hermaphroditisch. Die Astralität, die Beseelung, die bekanntlich stark mit der Sexualität zusammenhängt, ist noch schwach manifestiert.

Wenn wir den Spuren der *Entelechie*[14] weiter folgen bis zu den Muscheln, Gliederfüßlern, Stachelhäutern (*Echinodermata*), Weichtieren (*Mollusca*) und Würmern, dann finden wir zunehmend klarer entwickelte, spezialisierte Organe. Die Astralität greift immer entscheidender in die Lebensvorgänge ein. Mit der Entwicklung der geschlechtlichen Vermehrung wird der Tod viel eher zur Wirklichkeit, als es bei der einfachen, asexuellen Zelltellung der Fall ist. Die strahlige oder radialsymmetrische Körperform wird von einer zweiseitig-symmetrischen abgelöst und ermöglicht dadurch eine Orientierung im Raum (hinten/vorne, oben/unten). Man sieht, wie sich diese Tiere der »irdischen« Dimension von Raum und Zeit nähern. Auch entwickeln sich in diesem Stadium die ersten harten Schalen, äußere Kalkpanzer, die ihnen Schutz gewähren: Sie verbinden sich fester mit der Stofflichkeit, obwohl ihre Larven den freischwimmenden, weichleibigen Modus der früheren Stadien der Evolution noch immer durchgehen.

In silurischen Zeiten – vor etwa 460 Millionen Jahren – kriechen die ersten Gliederfüßler, die Vorfahren der heutigen Skorpione und Tausendfüßler, aus dem Meeresschoß an die Luft und in das Licht des Strandes. Während eine Vervielfältigung der wirbellosen Meerestiere und die Entfaltung der Algenwelt stattfindet, konzentriert sich die schöpferische Entelechie auf die Wirbeltiere. Aus den primitiven Fischen, die zuerst noch wie die Wirbellosen mit äußeren Schutzplatten versehen sind, entwickeln sich Tiere mit biegsamem innerem Gerüst und beweglichem Kiefer. Im Devon findet man die fossilen Zeugnisse von Fischen, die nun die Flüsse und Frischwassergebiete besiedeln. Da ihre Körperflüssigkeit noch salzig wie das Meerwasser ist, müssen sie sich durch Nieren und einen Blutkreislauf, der durch ein zweikammeriges Herz fließt, der neuen Umwelt anpassen. Unter diesen Frischwasserfischen sind Quastenflosser und Lungenfische, denen es möglich ist, zeitweilig die feuchte Umwelt zu verlassen, nach Luft zu schnappen, auf ihren Flossen durch den Schlamm zu kriechen und so eine vorübergehende Austrocknung des Baches oder Tümpels zu überleben.

Im Steinkohlezeitalter (Karbon) kriechen die aus den Fischen hervorgegangenen Urlurche (Amphibien) an den Ufern und durch die Niederungen. In ihrer sumpfigen Umwelt treffen sie auf blütenlose Farne, Riesenmoose und Bärlappgewächse. Kerbtiere und Schnecken sind auch schon da. Diese Urlurche sind schon recht weit auf dem langen Weg zum Mikrokosmos, denn sie atmen mit Lungen, haben ein dreikammeriges Herz, das ihnen einen inneren Rhythmus schlägt, bewegen sich frei auf vier Beinen und geben die ersten mikrokosmischen Töne in den Makrokosmos zurück, wenn sie vor Lust quaken. Um aber an diesen Punkt zu gelangen, müssen sie immer wieder zurück an den Ursprung. Sie müssen ins Wasser zum Laichen, wobei das Männchen sich an den Rücken des Weibchens klammert, um gleichzeitig den befruchtenden Samen zu spenden. Das befruchtete Ei muss den langen Entwicklungsweg wiederholen: von der Gallertmasse zum Blasenkeim, zum Becherkeim, zum Würmchen und kiemenatmenden »Fisch«, bis der erwachsene Lurch das Wasser dann auf vier Beinen wieder verlässt. Dass diese Tiere noch stark mit dem Makrokosmos ver-

14 Entelechie (griech. *en telei echein* = in Verwirklichung sein), ein von Aristoteles geprägter Begriff, beschreibt die zielstrebige Kraft, vorhandene Anlagen zu entfalten und zu verwirklichen.

bunden sind, sieht man, wenn man heutzutage Frösche und Molche beobachtet, deren Lebensrhythmen noch ganz von Sonnen- und Mondzyklen bestimmt werden. Wie stark das Ätherische bei diesen Wesen noch hereinwirkt, erkennt man an ihrer oft grünlichen, pflanzenähnlichen Färbung, ihrer großen Vermehrungskraft und daran, dass sie wie die Fische mitunter zeitlebens wachsen.

Im Perm – vor etwa 250 Millionen Jahren – schreitet die Involution des Makrokosmos mit dem Aufkommen der Echsen (Reptilien) weiter. Sie befreien sich schon weiter vom Makrokosmos als die Amphibien, denn sie sind zur Fortpflanzung nicht mehr auf Tümpel oder Wasserbecken angewiesen. Männchen und Weibchen haben schon ineinander passende Genitalien; die Weibchen legen Eier mit harten Schalen, die einen Miniaturtümpel darstellen, in dessen Nährflüssigkeit sich die Larven entwickeln können. Die Reptilien können sich daher weit entfernt von Sumpf, See oder Fluss in das trockene Land wagen, um sich in den Wäldern der Nacktsamer, der Nadelhölzer und Ginkgos des Mesozoikums auszubreiten. Ihre Haut ist durch einen Schuppenpanzer vor Trockenheit geschützt.

Obwohl sich diese Kriechtiere im Mesozoikum in die vielfältigsten Arten verzweigen – zu riesigen Pflanzen fressenden Brontosauriern und Fleisch fressenden Tyrannosauriern, zu Ichthyosauriern, die die Meere, und zu Pteridosauriern, die die Luft besiedeln –, lässt sie der göttliche Plan der Entelechie beiseite und stößt in die Richtung der Warmblütler vor. Die makrokosmische Wärme, die Sonne, hält Einzug in den Mikrokosmos und baut sich im Vogel und Säugetier ein vierkammeriges Herz. Mit dem Herzen keimt auch die mikrokosmische Liebe in Form der Paarbindung und Brutpflege. Bei den Vögeln wird nicht einfach begattet, und die Eier werden von der Sonne im warmen Sand ausgebrütet, sondern die Eltern helfen einander beim Nestbau, Brüten und Füttern. Zusammen mit Blütenpflanzen und Schmetterlingen tritt diese edle Inkarnation der Astralität am Ende der Kreidezeit und gegen Anfang des Tertiärs auf.

Organisch und physiologisch ist die Involution der Weltenseele bei den höheren Säugern fertig. Die von Sonne, Mond und den Planeten stammenden Lebensimpulse und -rhythmen werden nicht mehr von unbestimmten Zellenmassen vermittelt, sondern finden ihren Brennpunkt in fertigen, spezialisierten Organen. Die Mondrhythmen, die die Reifung der Eier und die Paarung der primitiven Tiere bestimmen, werden bei den Säugetieren zu inneren Brunst-, Östral- und Menstruationsrhythmen. Die äußere Sonne, die die großen klimatischen Kreisläufe, Wind- und Wasserzirkulation in Gang hält, gibt den Amphibien und Reptilien ihre Wärme. Bei den Säugetieren hingegen ist es die »innere Sonne«, die das Blut zirkulieren lässt und die Temperatur konstant bei 37 °C hält, einer Temperatur, bei der Wasser chemisch am reaktionsfähigsten ist. Theodor Schwenk konnte im Buch »Das sensible Chaos« zeigen, wie die archetypischen Wirbelbewegungen der Luft und des Wassers in den tierischen Organen, in Herz, Gedärmen und Innenohr, nachgebildet werden und zu fester Form gerinnen. Die Rhythmen von Ebbe und Flut finden ihr mikrokosmisches Ebenbild im Atemrhythmus. Das saline Blut trägt in sich verschiedene Blutkörperchen, wie einst der Urozean die Protozoen. Wie die Planeten um die Sonne kreisen, so sind die Organe mit dem Herz durch den Blutkreislauf verbunden. Der in Gewässern gelöste Kalk ist über die äußeren Schalen nach innen gewandert und schließlich im Mikrokosmos zum Knochengerüst geworden.

Bei den fortgeschrittenen Säugetieren wird das Verhalten immer mehr von den Impulsen des Nervensystems, von dem im Gehirn zentralisierten Bewusstsein bestimmt. Nirgends ist das Bewusstseinsorgan besser ausgebildet als bei den Primaten, den Affen und Menschenaffen, die vor rund 60 Millionen Jahren auftauchten. Es kommt zu einer sprunghaften Entwicklung des Großhirns. Immer mehr sind es innere Impulse, die das Leben bestimmen, im Gegensatz zu den durch Notochorde, Ganglien, Flimmerhärchen (Zilien) und Antennen vermittelten makrokosmischen Impulsen. Mit der Konzentration auf das Hirn als Substrat bereitet die Entelechie die nächste Metamorphose der Entwicklung vor, die Involution des Geistes (Chardin 1948).

Sehr spät in der Erdneuzeit, im Laufe der Eiszeiten, kommt der neue Einschlag zum Ausdruck. Nachdem sich in den Urzeiten des Erdaltertums die ätherischen Kräfte der *Prima materia* bemächtigten und dann im Erdmittelalter die Weltenseele sich vom Fisch bis zum Säugetier inkarnierte, nimmt sich der Weltengeist einer Gruppe von afrikanischen Menschenaffen an. Es ist, als schlüpfe er in sie hinein und veranlasse sie, das Terrain der sicheren Instinkte zu verlassen. Die Herstellung von primitiven Faustkeilen und Klingen in der Altsteinzeit ist ein Indiz für die allmähliche Inkarnation eines innewohnenden Geistes. In der Mitte des Pleistozäns beherrscht der *Homo erectus* das Feuer: ein äußeres Zeichen des innewohnenden Lichtes, das bis zur Zeit der kunstvollen Wandgemälde in den Höhlen der Pyrenäen immer heller leuchtet. In diesen Höhlengemälden sehen wir eine innere Landschaft aufleuchten; die herrliche Schöpfung lebt als innere Welt in diesen Frühmenschen. Der Menschengeist verlässt aber zur selben Zeit das *Atlantis* des Makrokosmos. Die makrokosmischen Götter zürnen, dass Prometheus den Menschen das Feuer und die Künste gegeben hat!

Jeder sich inkarnierende Mensch macht alle Stufen dieser langen Evolution noch einmal durch, vom Embryo im Meer des mütterlichen Schoßes, zum Säugling, Kind und Jugendlichen. Dann ist der Mensch physisch erwachsen. Die ätherischen Kräfte, die dies ermöglicht haben, ihn aufrichteten, ihn wachsen und sich bewegen ließen, sind nun freigesetzt, um bewusst dem Geist zu dienen. Dieser Geist drückt sich in Wort und Gesang aus. Es ist ein weiter Weg von den stillen Fischen im rauschenden Meer, von den Kröten und Heuschrecken, die mit Beinen und Schallblasen quakende und zirpende Laute von sich geben, zu den singenden Vögeln. Aber all das ist noch ein Ausdruck der Astralität. Erst im Menschen haben die Laute mehr als Signalbedeutung. Erst im Menschen werden sie zu Wort und Sprache, mit denen gesegnet und geflucht und Inhalte zum Ausdruck gebracht werden können, die es in der manifestierten Welt sonst gar nicht gibt. Wir Menschen können durch das Wort unser Verhältnis zur Welt, zum Makrokosmos, objektivieren; wir können Abstand nehmen, aber uns auch dabei verwirren. Wir können einer höheren Bestimmung dienen als nur essen, schlafen, zeugen und uns erhalten. Wir können zum größten Teil unsere weitere Entwicklung und die Zukunft der Erde von nun an selbst bestimmen. Das können wir trotz unserer Schwächen: Eine blinde und taube Helene Keller konnte, dank des ihr innewohnenden Geistes, Tausenden von Behinderten zum Vorbild und zur Trösterin werden; Beethoven konnte die Neunte Symphonie den Göttern abringen, obwohl er völlig taub war. Im Gegensatz dazu ist ein blindes, stummes oder krankes Tier ein armes Wesen, weil ihm das Licht noch nicht von innen leuchtet. Deshalb verlässt es den Leib, um in die Arme des Makrokosmos zurückzukehren, wo sein Geist übersinnlich lebt.

Die Evolution ist die Geschichte der Herausgestaltung des Mikrokosmos aus dem Makrokosmos. Unsere Tierbrüder haben uns bis zu einem Punkt begleitet, bleiben aber dem Himmelsvater und der Erdenmutter treu. Wenn sie zu Haustieren werden, wird der Mensch ihnen zu Vater und Mutter. Dieser Perspektiven müssen wir, die wir mit den Naturreichen arbeiten, uns bewusst sein, um ihnen gerecht zu werden.

PFLANZENEVOLUTION

Die Pflanzenwelt hat sich aus den unbestimmten Einzellern, den Bakterien und Algen des Urmeeres, heraus entwickelt. Sie brachte aus den undifferenzierten Sporen- und Gefäßpflanzen, die sich in den feuchten Nischen des Devons aus dem Wasser wagten, die Riesenfarne und Schachtelhalme der Steinkohlewälder des Karbons hervor, dann windbestäubte Nacktsamer, die das trockene Land im Zeitalter der Saurier allmählich kolonialisierten, und schließlich die blühenden Bedecktsamer und Gräser des Tertiärs. Gleich zu Anfang dieser Entwicklung ergriff die Sonne diese Lebewesen, brachte sie zum Ergrünen, gab ihnen die Möglichkeit, das Sonnenlicht direkt aufzunehmen. Das Sonnenlicht wirkte formend und gestaltend an ihren Leibern. Man sieht die Beziehung zwischen Sonnenlicht und Gestaltung klar, wenn man Kartoffeln im dunklen Keller betrachtet, deren Triebe gestaltlos wachsen, bis sie, vom Licht ergriffen, eine geordnete arttypische Form annehmen. Auch das formlose Wurzelgeflecht der Pilze in der dunklen Erde zeigt das. Überhaupt kann man das Wachstum und die Lebensrhythmen der Pflanzen nicht begreifen, wenn man sie nicht in Bezug zur Sonne sieht.

Rote Bete (Rande).

Die Pflanzen sind getreuer Ausdruck der auf sie einwirkenden ätherischen Kräfte: ewig wachsend, unaufhörlich ein Segment an das andere gliedernd, lautlos, symmetrisch und harmonisch. Geräusch und willkürliche Bewegung gehören schon zur astralen Welt. Die ursprünglichen Pflanzen wuchsen noch ziemlich gestaltlos im Wasser (Tang und Algen) oder klebten an schattigen, feuchten Orten, hoben sich aber immer mehr aus dem wässrigen, irdischen Element der Luft und dem Licht entgegen, wobei sie immer differenziertere Ausgestaltungen annahmen. Moose haben schon Leitgefäße und richten sich in die Senkrechte auf; Farne und Schachtelhalme sind bereits in Wurzel, Stängel und Blatt gegliedert; Nacktsamer und Gräser haben bereits Blüten, aber ihre Blätter sind einfach und parallelnervig, ein Zeichen dafür, dass sie die ätherischen Sonnenenergien direkt in den Kosmos zurückstrahlen. Die zweikeimblättrigen Bedecktsamer, die bunt blühenden Pflanzen, haben bogen-, fieder- oder netznervige Blätter, ein Zeichen dafür, dass die Ätherkräftelinien in sich kreisen und nicht direkt nach außen gestrahlt werden.

Trotz dieser Differenzierung der Teile kommt es nirgendwo zu einer richtigen Hohlorganbildung, wie es im Tierreich geschieht. Nie überschreitet die Pflanze die Flächen- oder Kugelform. Goethe hat das schon mit seiner Urpflanze erkannt: »Vorwärts und rückwärts ist die Pflanze immer nur Blatt« (Goethe, *Italienische Reise III*). Nie kommt es zur Einstülpung (Gastrulation), zur Becherkeimbildung. Wir erkennen daran, dass die Pflanze die Astralität nicht in sich aufnimmt, wie es das Tier tut. Sie bleibt stumm, festgewurzelt, dem Makrokosmos zugewandt. Das Seelische (die Astralität) berührt sie nur von außen an der Oberfläche, etwa wenn das Insekt die Blüte umschwirrt, der Wind durch das Laub fegt, ein Tier kotet oder der Engerling an der Wurzel nagt.

Manchmal lastet das Astralische schwer auf der Pflanze, wenn zum Beispiel eine Wespe (*Cynipiden*) in ein Eichenblatt sticht und dort ihre Eier hineinlegt, wodurch sich die rötlich verfärbten, runden, organähnlichen Markgallen bilden, in denen sich die Wespenlarven entwickeln. Ähnlich animalisch-astralisch wirken die von Gallmücken (*Cecidomyiden*) hervorgerufenen Beutelgallen an Buchen, Erlen und Weiden. Die Filzgallen (*Erieen* vom griech. *erion* = Wolle) werden von Gallmilben verursacht. Diese rötlichen, hohlen Geschwülste sind ebenso wie Haare, Wolle und Pelz ein Merkmal des Astralischen, wie es im Tier hervortritt. Hier ist es aber der Pflanze aufoktroyiert und gehört nur bedingt diesem Ätherwesen an. Die befallene Pflanze wehrt sich gegen diese Astralität, indem sie viel Gerbstoff erzeugt.[15]

In den Blumenkelchen, Hülsen, Schoten und Kapseln macht die Pflanze einen schönen, aber schwachen Versuch, echte Organe zu bilden, die dem Äußeren ein Inneres entgegensetzen. Sie nehmen dabei auch herrliche Färbung an. Diese Färbung, die an und für sich ein Zeichen der Astralität oder Beseelung ist, wirkt daher auch auf Seele und Gemüt des Menschen. Mit Blumen und Früchten (Liebesäpfel) verleiht der Mensch seinen seelischen Regungen Ausdruck. Kaum ist jedoch dieser Anfang gemacht, kommt das Pflanzenwesen schon an seine Grenze. Die Astralität zehrt nämlich von den ätherischen Kräften, wie die Flamme vom Kerzenwachs.[16] Die Blüte zerstäubt, verduftet, vertut sich in Aroma und Pollen und vergeudet sich in der Frucht. Die Blütenblätter haben nicht die vegetative Lebenskraft der Stängel, Wurzelstöcke oder grünen Blätter, sie verwelken, und das Pflanzenwesen zieht sich in den winzigen Samen zurück, um wieder in das Meer der ätherisch-vegetativen Kräfte einzutauchen und von Neuem zu beginnen. Nur Giftpflanzen und »Fleisch fressende« Pflanzen tragen das Siegel der Astralität und wirken dadurch etwas unheimlich, etwas animalisch.

GIFTPFLANZEN

Wir wollen die Beziehung der Pflanze zur Astralität etwas genauer betrachten. Rudolf Hauschka hebt hervor, dass die organische Chemie der Pflanzen hauptsächlich eine Chemie des Kohlenstoffs, Sauerstoffs und Wasserstoffs ist, die in Kohlehydraten, Zucker, Stärke, Zellulose und Lignin zum Ausdruck kommt. Im Gegensatz dazu ist die Biochemie der Tiergewebe und Tierprodukte eine Chemie, in der der Stickstoff neben dem C, O und H eine größere Rolle spielt. So wie Sauerstoff als Lebensträger und Kohlenstoff als Gerüstbildner der Pflanze wirkt, ist demnach der Stickstoff der stoffliche Träger des Astralischen, das sich in Bewegung, Empfindung, Gefühl und Trieb kundtut und in bunten Farben, starken Düften und verschiedenen Lauten und Tönen seine Signatur hat. Dass Tiere sich frei bewegen, fühlen, sich freuen und leiden und dem durch Geräusche Ausdruck verleihen können, verdanken sie dem *Stickstoff* (Hauschka 1965: 194). Schießpulver ist eine zusammengeballte Stickstoffverbindung, die sich mit gewaltigem Schall und massiver Bewegung entlädt. Stickstoffsalze wirken ebenfalls treibend auf Pflanzen und ziehen Astralwesen (Insekten) an, die als Schädlinge den Stickstoffüberschuss absaugen oder wegfressen.

Normalerweise wirkt der Stickstoff, der 79 Prozent der atmosphärischen Luft ausmacht, von außen auf die Pflanze ein. Wie wir schon gesehen haben, wird er von außen durch die Bodenlebewesen, Knollenbakterien und Tiermiste

15 Die Galläpfel mit ihrem hohen Gehalt (35 %) an Gerbsäuren eignen sich zur Herstellung von Tinte sowie von adstringierenden, entwässernden, wundheilenden Mitteln.

16 Im Herbst bemächtigt sich die makrokosmische Astralität der gesamten Vegetation – mit Ausnahme der Koniferen –, sodass sich ganze Landschaften bunt verfärben. Nach dem Laubfall zieht sich die Vegetation im Winter in ihre geistigen Urbilder zurück. Im Frühling kommt es erneut zu einer Ätherisierung.

an die Pflanzen herangetragen. Aber auch in der Pflanze gibt es Stickstoff. In jeder Zelle (Nukleinsäuren) wirkt er und wird von den Wurzeln als Nitrit oder Nitrat aufgenommen und zu Pflanzenproteinen in den Samen und Blüten verwandelt. Der Stickstoff geht jedoch auf schnellstem Weg durch die Pflanze hindurch und ist hauptsächlich in den schnell wachsenden Sprossen und Spitzen, wie im jungen Gras, zu suchen. Die Aminosäuren sind wasserlöslich, was ihren Transport beschleunigt. Diese Bewegung endet in den Blüten, deren Geruch und Farben durch Proteinabwandlungen entstehen, und in den abgekapselten, eiweißreichen Samen, die das Ende der vegetativen Phase der Pflanze darstellen und schon in den Bereich der Insekten hineinragen.

Was passiert nun, wenn eine Pflanzenart den ihr zur Verfügung stehenden Stickstoff nicht völlig in pflanzliches Eiweiß umwandelt, sondern dieser weiter im Säftestrom zirkuliert oder sich in bestimmten Geweben anreichert? Was passiert, wenn – wie es die Anthroposophen formulieren – das Pflanzenwesen auf Stickstoff gierig wird, wenn es das Tierstadium der Evolution »vorwegnehmen« will? Oft entwickelt das Gewächs tierähnliche Merkmale, oft wird es giftig, wobei es Abbauprodukte des Eiweißes wie Harnstoffe und Blausäure akkumliert. Da Pflanzen keine Ausscheidungsorgane wie Nieren, Blasen und Harnleiter haben, verlassen diese Gifte die Gewebe nie und werden gespeichert. *Alkaloide* machen den größten Teil der unvollständig abgebauten, angereicherten Proteine aus. Dass die Alkaloide etwas mit der Astralität, mit dem Seelischen zu tun haben, zeigt sich in ihrem Einfluss auf das Nervensystem, die Gefühle und seelischen Regungen in Mensch und Tier. Sie können Sinnestäuschungen, Visionen, Betäubung, Rausch, Schmerzlinderung oder Nervenlähmung hervorrufen.

Dem Psychonauten ist das Alkaloid Morphium vom Schlafmohn, Kokain vom Cocablatt, Meskalin von einem Kaktus, Ephedrin vom Meerträubel oder Nikotin vom Tabak wohlbekannt. In den Samen der großblühenden weißen und blauen Winden befinden sich dreizehn verschiedene Alkaloide nebst einem beträchtlichen Anteil Lysergsäurediäthylamid (LSD). Die aztekischen Priester im alten Mexiko nannten die Droge *Ololiuqui* und benutzten sie, um mit der Federschlange, dem Quetzalcoatl, in Verbindung zu kommen. In den Sechzigerjahren ließ die amerikanische Regierung die Samen dieser Windensorten, die im Handel zu kaufen waren, verbieten oder mit Brechmitteln beizen, denn es hatte sich herausgestellt, dass Hippies die Samen aufkauften, um sich damit intensive übersinnliche Erlebnisse zu verschaffen. Allzu oft konnte das Erlebnis jedoch nicht wiederholt werden, da eines der Alkaloide das hochgiftige, sich im Körper speichernde Strychnin ist.

Die bürgerliche Gesellschaft hat Nikotin (Tabak), Koffein (Kaffee) und Theobromin (Schwarztee) als akzeptierte Drogen institutionalisiert. Im Mittelalter wurden Hexensalben aus den alkaloidreichen Pflanzen Bilsenkraut, Tollkirsche und anderen Nachtschattengewächsen gebraut (Müller-Ebeling et al. 1998: 165). Sieben Kräuter benutzte man, vermischte sie mit Schmalz und schmierte es sich an die Schläfen, Genitalien oder in die Achselhöhlen, um dann in der niederen, astralen Welt umherzuschwirren. Der Stechapfel, den Carlos Castanedas Zauberer Don Juan benutzt, kam erst nach der Entdeckung der Neuen Welt zu den Hexenkräutern. Zuweilen wurden Bauern vom Antoniusfeuer ergriffen, tanzten herum, redeten und sahen wirres Zeug, weil sie aus Versehen das alkaloid- und LSD-haltige Mutterkorn (*Claviceps purpurea*), das auf der Roggenähre wächst, mit in das Brot gebacken hatten.[17] Der heilige Antonius, der Bezwinger aller Dämonen, wurde um Schutz angefleht. Coniin ist das Alkaloid, das dem Sokrates auf Verordnung des Staates den Tod brachte. Es ist im Saft des Schierlings enthalten, eines Doldenblütlers mit violett-purpur gefleckten Stängeln und einer nach Mäuseharn riechenden Ausdünstung.

Die Giftpflanzen haben fast alle eine starke tierische Signatur, die uns erkennen lässt, dass hier Vorsicht am Platze ist. Sie haben entweder ungewöhnlich grell scharlachrote oder tief purpurschwarze Beeren (Tollkirsche, Aronstab, Zaunrübe, Seidelbast usw.), oder sie haben einen stinkenden, unangenehmen Geruch (Schierling, Hundspetersilie, Stechapfel). Da sie keine inneren Organhüllen bilden können, ziehen sie sich am liebsten vor den photochemischen Sonnenkräften in den Schoß der Erde zurück, wie viele Pilze, die nur zum Fruchten oberirdisch erscheinen. Die Herbstzeitlose (*Colchicum autumnale*), die Alraunwurzel (*Mandragora officinarum*) und der Death Camus (*Zigadenus venenosus*) halten sich fast das ganze Jahr hindurch versteckt.

An zwei Beispielen wollen wir zeigen, welche extremen Wirkungen diese astralisierten Pflanzen beim Menschen hervorrufen. Der Fliegenpilz (*Amanita muscaria*) hat weniger mit dem Insekt zu tun als mit dem Fliegen in der astralen Welt. Die Schamanen der ganzen zirkumpolaren Region in der Alten und Neuen Welt benutzten ihn dafür. So kostbar ist das Alkaloid Muskarin, dass man in Sibirien den Urin des vom Fliegenpilz berauschten Schamanen trinkt, um das darin gelöste Gift nochmals weiter zu verwerten. Die furchtlosen Krieger der nordischen Stämme, die Berserker, machten ihre initiatorischen Erfahrungen mit dem weißbetupften, rothütigen Pilz. Sie weihten ihn dem Schamanengott Odin. Berserker heißt »Bärenhäuter« und bezeichnet den Mann, der seine wilde »Bärennatur«, seine animalische Astralität – auch mit Hilfe des Psychedelikums – kennen gelernt hat und weiß, wie man damit umgehen kann. Die Alraune (altdt. *alb runen* = Elfengeflüster), auch Mandragora oder Galgenmännlein genannt,

17 Pilze wie das Mutterkorn oder der Fliegenpilz sind eigentlich keine Pflanzen, sondern bilden ein eigenes Naturreich. Pilze sind stark astralisiert; sie schmarotzen ätherische Kraft von anderen Lebewesen.

ist mit ihrer inkorporierten Astralität so weit fortgeschritten, dass die menschenähnlichen Wurzeln angeblich schreien, wenn man sie aus der Erde zieht. Die Wurzel wurde im Mittelalter dort, wo man Diebe gehenkt hatte, ausgegraben, da man glaubte, sie entspringe dem im Todeskrampf vergossenen Samen des Gehenkten. Da derjenige, der sie ausgräbt, stirbt, band man die Wurzel mit einem Faden an den Schwanz eines Hundes, den man dann rief. Paracelsus gibt den Rat, dass man dabei vorsichtshalber einen magischen Kreis ziehen, sich salben und nach Westen schauen soll. Die so gewonnene Wurzel wird gebadet, gekleidet und in ein schmuckes Kästchen gelegt. Sie erfüllt die niederen astralen Wünsche und Begierden nach sinnlicher Liebe, Macht und Reichtum.

Insekten fangende und Fleisch fressende Pflanzen stellen eine weitere Gruppe dar, die ein eigenartiges Verhältnis zum Stickstoff entwickelt hat und die Signatur der Astralität aufzeigt. Der Sonnentau (*Drosera rotundiflora*) lockt Insekten mit Leimtropfen, die wie Tau aussehen. Die Fangarme sind so feinfühlig, dass sie ein Insekt von einem Krümel Gelatine unterscheiden können. Sie bewegen sich bis acht Millimeter pro Minute, um dann den daran festklebenden »Gast« zu verdauen. Viel schneller hingegen ist die Venus-Fliegenfalle (*Diocea muscipula*), die ihre Klappen in 0,01 bis 0,02 Sekunden zuschlagen kann. Die kalifornische Schlauchpflanze (*Darlingtonia*) hat ein völlig tierartiges Aussehen: Ein krebsroter, kobraähnlicher Kopf mit fischschwanzähnlichen Lappen stülpt sich über den Verdauungssäfte enthaltenden Schlund, in den das Insekt, vom Duft des falschen Nektars angezogen, hineinfällt. Durch solche Fang- und Lockmechanismen befriedigen diese Insektivoren ihre Stickstoffsucht.

Auch die oft giftigen Schmetterlingsblütler verraten eine besondere Beziehung zum Stickstoff. Schon die Blüten erinnern entfernt an einen sitzenden Tagfalter. Die Pflanze formt immer neue Blüten, während unten am Stängel die Hülsenfrüchte schon reifen. Im Gegensatz zu »normalen« Pflanzen – wie dem Gänseblümchen – ist keine klare Trennung zwischen dem Vegetativ- und dem Blütenstadium vorhanden. Die Astralität »rutscht« tief den Stängel hinab, sogar bis in die Wurzeln, wo die Knöllchenbakterien Stickstoff binden. Einige Schmetterlingsblütler, wie Lupine, Goldregen und Besenginster, sind sogar alkaloidhaltig. Wegen ihrer Wirkung im seelischen Bereich hat Pythagoras seinen Schülern abgeraten, Leguminosen (Bohnen, Erbsen) zu essen, da diese Nahrung die Seele an die irdischen Leidenschaften binde und nicht zu den höheren Formen des Bewusstseins führe. Auch die Erle hat, ähnlich den Schmetterlingsblütlern, Knollenbakterien an den Wurzeln, die Stickstoff sammeln. Erlen haben eine starke astralische Ausstrahlung – Hellsichtige nehmen unter ihnen Geister und Kobolde wahr, und Hexen tanzen gerne im Erlenbruch.

Wenn Stickstoff der Träger des Astralischen ist, welche Wirkung hat dann die starke Stickstoffdüngung in unseren Nahrungspflanzen? Diese Frage werden wir noch beantworten.

PFLANZEN ALS EKSTATIKER

Obschon man sagen kann, dass sich die Pflanzenwelt hochdifferenziert entwickelt, muss man doch eingestehen, dass dies fast ausschließlich innerhalb des Makrokosmos geschehen ist. Nirgends findet man ein auf sich selbst zurückführendes Innenleben, innere Organe, Sinne oder Gefühle, die auf eine Reflexion, auf einen – und sei es noch so trüben oder schwachen – Bewusstseinsmittelpunkt schließen lassen. Pflanzen sind nach außen gerichtet. Sie sind Ekstatiker (griech. *ek-stasis* = aus sich heraustreten), wie Max Scheler sie nennt: »Ich spreche bei der Pflanze daher von »ekstatischem« Gefühlsdrang, um dieses totale Fehlen einer dem tierischen Leben eigenen Rückmeldung von Organzuständen an ein Zentrum, dieses völlige Fehlen einer Rückwendung des Lebens in sich selbst, einer noch so primitiven re-flexio eines noch so schwach ›bewussten‹ Innenzustandes zu bezeichnen« (Scheler 1935: 21).

Dieses von Max Scheler nicht gefundene Bewusstseinszentrum liegt außerhalb der Pflanze: Es befindet sich im Makrokosmos. Sonne, Mond und Planeten sind die Organe der Pflanzen, nicht innere Organe wie Herz, Niere, Gehirn, Leber oder Milz. Wir können diesen nach außen gestülpten Zustand der Pflanzen vielleicht besser verstehen, wenn wir einen schlafenden Menschen betrachten. Er liegt da auf seinem Bett als lebendiges physisches Wesen, sein Geist und seine Seele aber sind nicht »da«, sondern weilen »außerhalb«, im Makrokosmos. Erst wenn er aufwacht, kommt der Mensch wieder im Leib zu sich.

Unmittelbar tritt die Astralität in der stickstoffhaltigen Luft, im Gewitterregen und in der Tierwelt an den Pflanzenleib heran. In der grandiosen Entwicklung seit dem Archäozoikum wird die Pflanzenwelt Schritt für Schritt von ihren tierischen Doppelgängern begleitet: Bakterien und Protozoen; die Algen der Urmeere und die wirbellosen Tiere; die Lurche (Amphibien) und die Riesenschachtelhalme, Bärlappgewächse und Farne des Karbon; die Ginkgos und Koniferen und die mächtigen Echsen (Reptilien) des Erdmittelalters; schließlich die Blütenpflanzen und die Säugetiere, Vögel und Schmetterlinge der Erdneuzeit. Diese innige Beziehung zwischen Pflanze und Tier ist überall aufzuspüren – es ist die Beziehung des inkarnierten Weltenäthers zur inkarnierten Weltenseele. Es gibt keine Landschaft ohne tierische Komponenten. Die reichen Prärieböden wären ohne die Büffelherden nicht entstanden; der mitteleuropäische Wald braucht Hirsche und Wildsäue, um gesund zu bleiben. Daher wäre eine tierlose Landwirtschaft, wie sie sich manche vorstellen, eine Absurdität.

Auch im Garten, vorausgesetzt man geht nicht mit Giften drauflos, erlebt man die innige Verbindung spezifischer Pflanzen zu einzelnen Tiergattungen, besonders Insektenarten. Die grün-schwarz-weiße Raupe des Schwalbenschwanzes findet man nur auf den Doldengewächsen, den Kohlweißling auf dem Kohl, den Wolfsmilchschwärmer auf den Wolfsmilchgewächsen; der Admiral und das

Scheinalant (Telekie) mit Admiralschmetterling.

Sonnenhutblüte mit Biene.

Tagpfauenauge sind mit der Brennnessel verbunden, der Koloradokäfer mit den Nachtschattengewächsen. Doldenblütler, die unangenehm nach fauligen Stoffen riechen, werden von Fliegen bestäubt, Taubnesseln und Rotklee können nur von Hummeln bestäubt werden. Die Beziehungen der Pflanzen zum Tier sind oft lebenswichtige Symbiosen: Nur die Yuccamotte kann die Yuccaagave bestäuben, und nur die Feigenwespe die Feigen. Nachtfalter bestäuben die farblosen, duftenden Blüten, die sich nur nachts öffnen. Duftlose, grellbunte Blumen werden vom Kolibri besucht, und es gibt sogar dunkle Blüten mit einem mausähnlichen Duft, die von Fledermäusen bestäubt werden (Jensen 1972). Obwohl die Insekten von den Pflanzen fressen, enthalten ihre Ausscheidungen verschiedene Wuchsstoffe, Enzyme und Fermente, die regulierend und auch stimulierend auf die Pflanze zurückwirken wie ein nach außen verlegtes Hormonsystem. Das Gleiche trifft auch für die Wirkungen des Mistes der höheren Tiere zu.

In den Tieren und im Menschen befinden sich die Verdauungsorgane im Innern des Organismus. Die Nahrung wird durch die Zähne zerkleinert und zermahlen, eingespeichelt und von Enzymen und Säuren im Verdauungstrakt bearbeitet; zuletzt werden die Nahrungskräfte von den haarähnlichen Zotten des Dünndarms aufgesogen. Wo findet ein ähnlicher Prozess in der Pflanze statt? Um die Antwort zu finden, muss man wiederum außerhalb der Pflanze suchen: Die organische Substanz wird von Insekten zerkaut und zerkleinert, dann von Kleinlebewesen weiterverarbeitet, bis sie schließlich als Humussubstanz von den zottenähnlichen Wurzelhärchen der Pflanzenwurzeln aufgesogen werden kann. Der Humusboden bildet den Speisebrei der Pflanzen. Die Wurzelhärchen sind das makrokosmische Gegenbild der Darmzotten. Die meisten Probleme der Kulturpflanzen haben mit der Bodengesundheit zu tun, nicht mit den Pflanzen selbst. Daher ist es wohl angebracht, die Arzneien, die man zur Regulierung der Magen- und Darmtätigkeit bei Tier und Menschen anwendet, auch in geeigneter Dosierung und Zubereitung dem Boden zu geben. Es eignen sich dazu Kamillentee, Knoblauchsaft, Baldrianwein, die Präparate von Löwenzahn, Eiche und Schafgarbe sowie die Jauchen von Kapuzinerkresse, Brennnessel, Beinwell und Hirtentäschel. Die Natur macht es uns vor: Im Herbst, wenn Regen und Tau durch das abgeworfene Laub in den Boden rieseln, macht der Wald seinen eigenen »Heiltee«. Die winterliche Mulchdecke im Garten wirkt ähnlich. Für biologische Gärtner gibt es da noch vieles zu erforschen. Auch die Zwischenpflanzung von Arzneikräutern hat durch die Wurzelausscheidungen ihre Wirkung auf den »Speisebrei« des Pflanzenreiches.

Wo finden wir bei den Pflanzen das rhythmische System des Herzschlags, der Blutzirkulation und der Lungen? Auch hier müssen wir in den Makrokosmos schauen. Die täglichen Assimilationsrhythmen, die den Säftekreislauf in der Pflanze bestimmen, und der jährliche Sonnenzyklus, der das Wetter, die Niederschläge und damit den größeren Kreislauf der Verdunstung und Flüssigkeitszirkulation durch die Pflanze und Atmosphäre bestimmt, sind Herzschlag, Kreislauf und Atemzug der Pflanzenwelt. Die Sonne ist das Herz der Pflanze und zugleich ihre Wärmequelle. Diese Beziehung wurde von den Azteken und anderen Indianerstämmen kultisch dargestellt, indem die Priester in den Sonnentempeln Menschen opferten und die noch zuckenden Herzen und das Blut der Sonnengottheit darreichten, damit diese sich ihrerseits in das Pflanzenwachstum ergieße und für reichliche Ernten sorge. Die Chlorophyllkörperchen im grünen »Blut« der Pflanze haben ihr genaues Spiegelbild in den roten Blutkörperchen (Hämoglobin) des Menschenblutes. Dies geht bis in die chemische Formel hinein; nur befindet sich in der Mitte des heterozyklischen Porphin-Gerüsts ein Eisenatom im Hämoglobin, während im Chlorophyllmolekül ein Magnesiumatom an dieser Stelle zu finden ist. Es kann sich jedoch kein Chlorophyll formen, ohne dass Eisen als Katalysator zugegen ist, genauso wie zur Blutbildung Magnesium vorhanden sein muss. Auch die Farben Rot und Grün, mit denen wir es hier zu tun haben, sind einander Spiegelbilder, denn starrt man lange genug in das Rot hinein, so erzeugt die Netzhaut die Gegenfarbe Grün und umgekehrt. Auch zwischen der Atmung der Tiere und der Photosynthese der Pflanze zeigen sich Parallelen. Die Pflanze assimiliert Kohlenstoff und gibt Sauerstoff von sich, das Tier atmet Sauerstoff ein und gibt Kohlenstoff ab.

Wo finden wir das kalkhaltige Knochengerüst der Pflanze? Wir finden es nach außen gelagert in den Dolomitenfelsen, Kalkgesteinen und Mergelschichten. Wo ist die Stimme, das Lied oder der Schrei der Pflanze? Wir finden sie im Rauschen des Windes, im Donner, im Gesang der Vögel und im Gezirpe und Summen der Insekten. Wer hat nicht schon dem Lied einer blühenden Linde gelauscht? Die Bestäubung und Befruchtung der Pflanze verrät noch so wenig innige Leidenschaft, dass schon Goethe sich nicht mit dem Gedanken der Sexualität der Blumen zufrieden geben konnte. Man findet den Zeugungsakt der Vegetation eher im Einströmen der kosmischen Bildekräfte in den Schoß der Erde im Winter, aus dem sich dann die grünende Welt neu gebiert.[18]

ARBOR INVERSUS

Die Pflanze ist ein makrokosmisches Bild des Menschseins. Wo der Mensch sich als Mittelpunkt des Universums empfindet, empfindet die Pflanze die Peripherie des Universums als ihr Wesen. Unser Ich strahlt aus der Mitte unseres Seins; das Ich der Pflanze dagegen strahlt vom äußeren Universum auf sie ein.

Dieses entgegengesetzte Verhältnis zwischen Mensch und Pflanze fasste Platon in das Bild des Menschen als umgekehrter Baum, dessen Wurzeln in den Himmel und dessen Blätterkrone in die Erde wachsen. Auch Aristoteles erkannte, dass Pflanzen mit dem »Kopf« im Boden verankert sind und ihre

Glieder und Fortpflanzungsorgane in die Luft strecken – eine Formulierung, die schon sein Schüler Theophrast nicht mehr verstand und ablehnte. Im Otz Chiim, dem Lebensbaum der Hebräer, und in den blutbetupften Zauberbäumen, die von den australischen Ureinwohnern umgekehrt eingepflanzt werden, kommt dieser Gedanke ebenfalls zum Ausdruck; auch in der *Bhagavadgita* (15. Gesang) liest man:

»Die Rishis wissen um den Baum Asvattha
Im Himmel wurzelnd, Stamm nach unten wachsend.
Jedes Blatt bringt die Vedas hervor.
Wer dieses weiß, weiß alles.«

Man kann diese Imagination in der folgenden Weise erklären: Der Mensch hat sein Verhältnis zum Kosmos umgekehrt. Er hat sich von dem absoluten Eingebundensein in die makrokosmischen Gesetzmäßigkeiten emanzipiert. Im Vergleich zur Pflanze hat er damit für sich einen großzügigen Freiraum zum Handeln erworben, auch wenn dieser oft gefährliche Irrwege in sich birgt. Ihm mangelt das Geborgensein in der unmittelbaren kosmischen Weisheit.[19] Das Tier steht in dieser Entwicklung zwischen dem Menschen und der Pflanze. Das lässt sich schon an der relativen Ausrichtung im Raum ablesen: Die Pflanze wächst von Knoten zu Knoten in die Höhe; der Mensch wächst eigentlich als Kind vom Kopf aus in die Länge nach unten; das Tier bleibt in der Waagrechten.

Die Pflanze ist an den Makrokosmos gebunden: Die Wurzeln – der saugende, aufnehmende Salzpol – sind in der Erde verankert; Blatt und Stängel – der ausgleichende Merkur – sind an Luft und Licht gebunden; Blüte und Frucht – der verstrahlende, verstäubende, zentrifugale Sulphurpol – sind in kosmische Wärmeprozesse eingebunden. Im Menschen ist der Salzprozess im Kopf, im Nerven- und Sinnessystem konzentriert; der Merkurprozess befindet sich in der Mitte, in Lunge und Herz; der Sulphurprozess offenbart sich in den Gerüchen, Ausscheidungen und Ausflüssen der Sexual- und Verdauungsvorgänge. Von dieser Erkenntnis ausgehend, verwendet die anthroposophische Medizin Wurzeln für den Kopf (z. B. Meerrettich für Migräne), Blattgrün für Herz, Lunge und Blutkreislauf (z. B. Brennnessel, Spinat für Blutarmut) und Blüten für die Verdauung (z. B. Kamille für den Magen).

Aus der Darstellung dieser Zusammenhänge erkennen wir, dass die Pflanze kein individualisiertes Einzelwesen ist wie der Mensch oder wie ein höheres Tier, sondern ein höchst komplizierter Aspekt des größeren, makrokos-

18 Aristoteles erkannte das: »Den Winter hindurch häufen die Pflanzen den Bildungsstoff auf und sind gleichsam schwanger, und so bringen sie im Frühjahr ihre Triebe hervor.«

19 In diesem Zusammenhang ist das Schiller-Zitat zu verstehen: »Suchst du das Höchste, das Größte? Die Pflanze kann es dich lehren. Was sie willenlos ist, sei du wollend! Das ist's.«

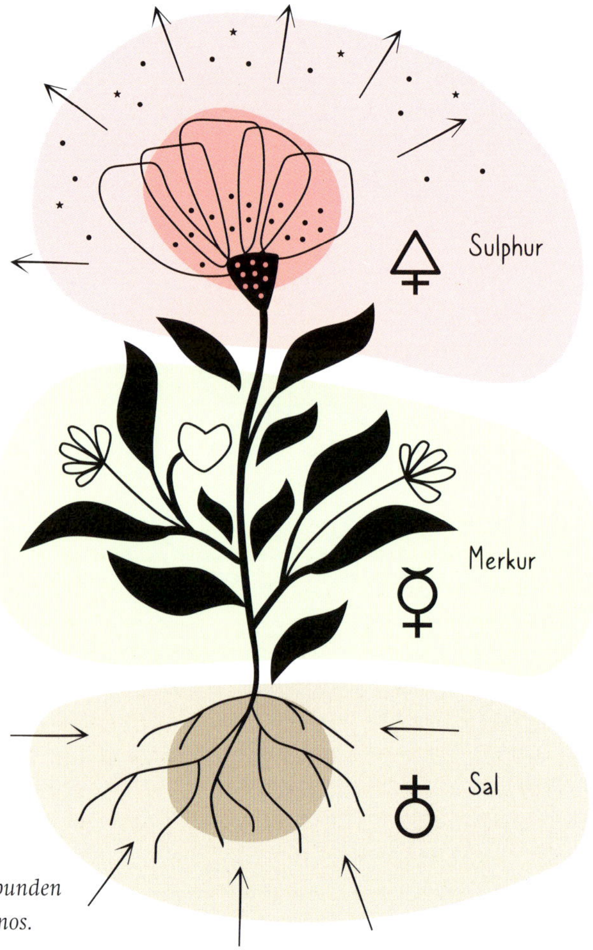

Die Pflanze eingebunden in den Makrokosmos.

mischen Geschehens. Die Pflanzenwelt ist das Lichtsinnesorgan des Erdorganismus (Grohmann 1962). Die hauchdünne Schicht des grünen Protoplasmas, die die Pflanzendecke der Erde ausmacht, kann mit der lichtempfindlichen Netzhaut der Tieraugen verglichen werden. Diese Chlorophyllschicht ist das Auge der Erde, das in den Kosmos hinausschaut. Die empfangene kosmische Lichtenergie wird von den Pflanzen zu Zucker verwandelt und allen Lebewesen bis hin zu den lichtscheuen Pilzen und Kleinorganismen der Erde weitervermittelt.

Die Pflanzenwelt ist auch als das »rhythmische System« (Steiner) des Erdorganismus zu verstehen, denn die Erde atmet die Pflanzenwelt in ihrer vielfältigen Ausgestaltung im Frühling aus dem Boden aus; im Herbst wird sie wieder in die Erde eingeatmet, in Samen und Wurzel zurückgezogen. Dieser Vorgang wurde von den Griechen in der schönen Sage der *Persephone* zum Bild gestaltet.

Persephone, die Pflanzenseele, Tochter des Himmelsgottes Zeus und der Erdenmutter Demeter, wird vom dunklen Herrscher der Unterwelt, Pluto, gefangen, in die Unterwelt entführt und gezwungen, sich mit dem schwarzen Gebieter zu vermählen. Sie wird zwar von Hermes (Merkur), dem göttlichen Schamanen, befreit, weil sie aber vom samenreichen Granatapfel gegessen hatte, muss sie jeden Winter wieder in die Unterwelt zurückkehren, wo die Toten wohnen. Die Mythe deutet an, dass die Pflanzenseele durch den Samen an die Erde gebunden ist. Bei den nordischen Völkern hieß die Pflanzenseele *Nana*. Sie ist die geliebte Ehegattin des Sonnengottes Baldur, die im Herbst dem tödlich verwundeten Gatten in die Totenwelt der Hel folgt (Meyer 1976: 103).

Nana oder Persephone, die zwischen der Lichtwelt und der dunklen Unterwelt pendeln, die als Pflanze ihre Wurzeln zum Nadir in die Tiefen strecken und ihre Blüten und Blätter zum Zenit emporheben, deuten auf die »merkuriale« Funktion der Vegetation im Erdorganismus hin, die zwischen dem beseelten Tierreich und dem physisch-mineralischen Bereich vermittelt. Diese Vermittlungsfähigkeit zwischen dem Astralischen und dem Physischen, zwischen dem Leib und den seelischen Impulsen, macht die Pflanze auch zur geeigneten Quelle der Arznei. Gegen jedes Übel ist ein Kraut gewachsen!

Wir können zusammenfassen: Der Mensch ist ein Mikrokosmos, der die physische Substanz der Mineralwelt, die ätherische Kraft der Pflanzenwelt, die tierischen Triebe und Leidenschaften und das Licht des Geistes in sich zusammenfasst. Die Pflanze hingegen, die nur als physischer und ätherischer Leib auf Erden manifestiert ist und von außen ihre Seele und ihren Geist auf sich wirken lässt, ist im Wesentlichen ein makrokosmisches Geschöpf. In der anthroposophischen Kosmogonie wird sich die Pflanze erst in der nächsten Inkarnation des Erdorganismus, im »Jupiterstadium«, als tierähnliches, beseeltes Wesen manifestieren; erst in einer noch späteren Inkarnation der Erde, im »Venusstadium«, erleben sich die Pflanzen als »Menschen«, als Mikrokosmen. Die esoterische Aufgabe des Gärtners ist es, wie es Arthur Hermes versteht, die Keime der »Venusmenschen« zu hüten.

Eine neue Generation Kartoffeln.

DER IRDISCHE FAKTOR: DER BODEN

Das Schicksal, das wir unserem Boden bereiten,
ist unser Schicksal.
W. von Haller

Bis vor Kurzem sah die materialistische Wissenschaft im Erdboden nur einen Stoff, der den Pflanzen eine Stütze gibt und ihnen Mineralien für den Stoffwechsel liefert. Die Versuche mit bodenlosen Wasserkulturen (Hydroponik), wo man Pflanzen in reiner Nährlösung wachsen lässt, scheinen das zu bestätigen. Dass man das flüssige Medium dauernd erneuern und mit Sauerstoff durchspülen muss und die Pflanzen dazu neigen, die Nährstoffe in einseitiger Weise zu absorbieren, zu hypertrophieren und wenig keimfähiges Saatgut zu erzeugen, deutet darauf hin, dass es mit dem Erdboden doch mehr auf sich hat.

Zu einer Zeit, ehe man die Erde mit den Begriffen der chemischen Analyse und der mechanischen Gesetze anging, war der Boden buchstäblich heilig. Es ist die Mutter Erde, aus der alle Lebewesen geboren werden und in deren Schoß sie wieder zurückkehren. Diese Erdenmutter, ewig jungfräulich, ewig empfänglich und immer fruchtbar, wurde in vielen Formen und unter vielen Namen verehrt, als Prithivi der Inder, als Gaia bei den Griechen, Terra Mater bei den Römern, Dana bei den Kelten, Nerthus bei den Germanen und Siva bei den Slawen. Wir können es dem seit Urzeiten mit seiner Scholle verbundenen russischen Bauern nachempfinden, wenn er in einer Hymne der Altgläubigen (Starowerzen) von den drei Müttern singt (Fletcher 1968: 3):

»Unsere erste Mutter ist die Heilige Mutter Gottes,
Unsere zweite Mutter ist die feuchte Mutter Erde,
Unsere dritte Mutter, die uns in Schmerzen gebärt.«

Die Hymne erzählt weiter, dass der Erdenmutter die Last des boshaften Menschengeschlechts zu schwer wird, dass sie ihren Schoß öffnen und sie alle verschlingen möchte, worauf Christus ihr antwortet:

»O Mutter, feuchte Mutter Erde,
Von allen Kreaturen leidest Du am allermeisten.
Die Sünden der Menschheit haben Dich geschändet.
Habe doch ein wenig Geduld, bis ich komme!
Dann wirst Du, o Erde, frohlocken und springen,
Du wirst leuchten wie der weiße Schnee.
Ich werde Dich in den allerschönsten Garten verwandeln,
Wo die Paradiesblumen Dir blühen werden!
Ihr, meine auserwählten Seelen, freuet Euch.«

Bei ackerbauenden Völkern wird die Erde oft als Gemahlin des Himmels, des Vatergottes dargestellt, deren fruchtbringende Vereinigung in heiligen Zeremonien wie bei der Hierogamie auf dem mesopotamischen Zikkurat, den Sexualriten des Tantrismus, in der Tempelprostitution – wobei die heiligen Mägde die Göttin darstellen – oder in orgiastischen Riten zelebriert wird und ein menschliches Miterleben dieser unergründlichen Vorgänge darstellt. Bei den Alchemisten gilt die Erde als Ausdruck der amorphen *Prima materia*, als Chaos, das für die Eindrücke des makrokosmischen und mikrokosmischen Geistes empfänglich ist. Als Frucht dieser Zeugung entstehen die Geschöpfe, entsteht das Korn und der Saft der Rebe, die der Leib und das Blut des Herrn sind. In der Erde ruhen die Samen und die Leiber der Toten; die Ahnen sprechen aus ihr. Das Beackern der Scholle, die Agrikultur, wird sakraler Kultus, das Öffnen ihres Schoßes, heiliger Koitus.

Die Verbindung mit der Erde zu verlieren, bedeutet Unheil. Der auswandernde Bauer nimmt ein Brösel Heimaterde mit, damit das heilige Band bestehen bleibt.

DIE PHÄNOMENOLOGIE DES BODENS

Der erste Schritt, um den Erdboden kennen zu lernen, ist, ihn genau anzusehen, zu beriechen und mit den Fingern zu zerkrümeln; erst dann gehen einem die tieferen metaphysischen Zusammenhänge auf. Wir wollen goetheanistisch vorgehen und nicht die Erscheinungen mit unseren Fantasien oder Theorien überrumpeln. Wie sieht die Scholle aus? Ist sie hell oder dunkel? Fühlt sie sich speckig, körnig oder krümelig an? Riecht sie frisch, erdig wie ein eben gepflügtes Feld oder riecht sie sauer oder moderig? Wie viele Regenwürmer sind da, und wie gedeihen die Wildkräuter darauf?

Nun müsste man mit dem Spaten einen Schacht ausheben, um zu sehen, wie das Bodenprofil, die Bodenwand aussieht, und zu erkennen, wie tief die durchwurzelte, belebte Humusschicht ist, was für Grundgestein da ist und wie die *Bodenhorizonte* dazwischen aussehen.

Gleich unter der lockeren Bodenstreu findet man den dunkleren, durchwurzelten und stark belebten Teil des Bodens, den *A-Horizont,* die Lebenszone (Edaphon). Dann folgt im *B-Horizont* die heller gefärbte Verwitterungsschicht, die mit ausgespülten Mineralien, Silikaten, Ton und Eisen angereichert ist. Im *C-Horizont* stößt man schon auf den unbelebten Untergrund. Dieses Grundgestein trägt in Zusammenwirkung mit anderen Faktoren wie Klima, Temperatur, Regen und Hangneigung viel dazu bei, was für Eigenschaften der Boden haben wird. Sandstein und Granit geben in der Regel leichte, sandige Böden, die sich schnell erwärmen und schnell abkühlen, das Wasser schlecht halten und die alkalischen, wasserlöslichen Mineralien (Ca, K, Na, Mg) leicht auswaschen, während sich Silizium, Eisen und Aluminium anreichern, die den Boden leicht sauer werden lassen. Solche Böden leiten Licht-, Luft- und Wärmeäther gut in die Tiefe, was man an einer guten Möhren-, Rüben- und Spargelentwicklung ablesen kann. Auch Reben und duftende Kräuter machen sich auf solchen Böden gut, da sie ja auf die zwei oberen Ätherarten besonders angewiesen sind.

Mergel- und Kalkböden sind auch locker und leicht zu bearbeiten. Wie im Jura zu beobachten, ist bei ihnen Wasser ein Problem, aber die Fruchtbarkeit kann gut sein. Da sie alkalisch sind, gedeihen hier die Leguminosen gut. Extreme Humusböden wie Moose und Moorböden sind dagegen sauer, wasserreich und kalt. Tonige Böden sind schwer, nass und kalt, aber reich an Nährstoffen.

Wenn man das *Bodenkreuz* (siehe Illustration auf der nächsten Seite) genauer betrachtet, ahnt man schon eine Beziehung zu den vier Elementen. Auch hier hat der Gärtner als Quintessenz die Mitte zu finden und durch die richtige Mischung den idealen Gartenboden herzustellen. Die Kunst des Gärtners kann schweren, kalten Tonboden durch Kalkgaben lockern und aufschließen und mit hitzigem Pferdemist mürber machen. Sandboden kann durch Beimischung von Tonstaub und Humus (Torf, Kompost) solider gemacht werden. Der trockene Kreideboden kann mit Humus und Wasser belebt werden.

Der Gärtner bemüht sich, einen lockeren, »daunigen«, porösen Boden herzustellen, der eine gute *Bodenstruktur* (Bodengefüge, Gare) aufweist. Die Bodenstruktur ist etwas anderes als die *Körnung* (Textur), die sich auf die Größe der einzelnen Mineralkörner, die sich vom Ton über Schluff, Sand und Kies bis zu den Steinen erstreckt, bezieht. Struktur hat vielmehr mit der Zusammenballung, dem Zusammenhaften der Bodenbestandteile zu tun. Ein Boden hat

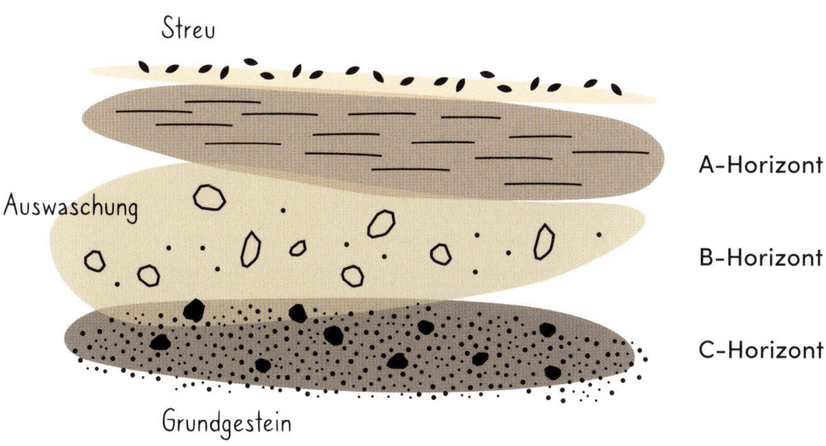

Bodenprofil.

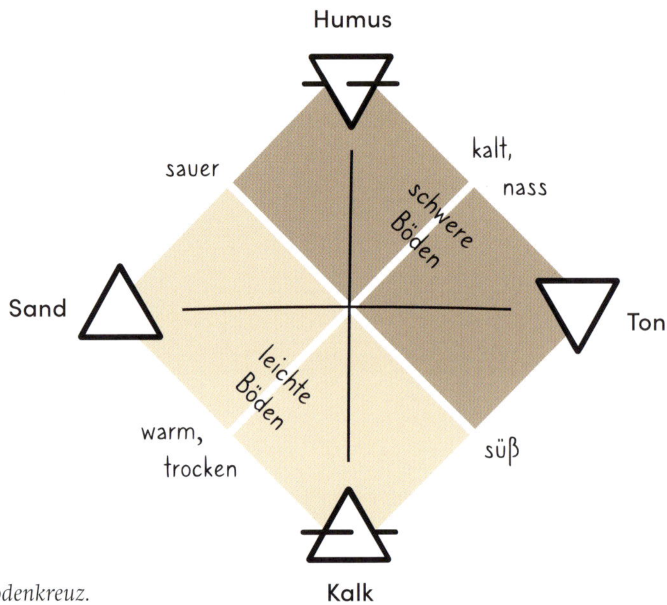

Das Bodenkreuz.

eine gute Struktur, wenn man eine Hand voll Erde zu einem Ball formen kann, der durch ein leichtes Anklopfen mit dem Finger wieder auseinander krümelt. Sand und Tonerde haben keine gute Struktur: Sand lässt sich nicht zusammenkneten; Ton krümelt nicht auseinander. Die lockere, krümelige Struktur wird durch die klebrigen Ausscheidungen der Mikroorganismen, der Bakterien, Bodentierchen und Pilzfäden verursacht. Wenn sich diese organischen Kolloide (griech. *kolla* = Leim) mit den anorganischen Ton-Silikat-Kolloiden verbinden, dann *hat man die erwünschte Materia ultima des Bodens, den* Ton-Humus-Komplex. Eine bessere, lockerere, ätherdurchtränktere Erde kann man sich nicht vorstellen. Wie wir noch sehen werden, kann eine solche Ton-Humus-Erde achtmal so viel Wasser halten wie gleich viel Sand, die Auswaschung der wichtigsten Nährstoffe (Ca, Mg, K, NH_3 usw.) unterbinden und durch ihr *Puffervermögen* eine einseitige Verschiebung in den sauren oder alkalischen Bereich verhindern. Das Gegenteil einer solchen Gare ist der tote, mineralisierte Boden, der durch Kunstdüngergaben versalzen und durch schwere Landmaschinen verdichtet wurde.

BODENREAKTION UND ANZEIGERPFLANZEN

Die Bodenreaktion, ob der Boden *basisch* (alkalisch), *sauer* (azidisch) oder *neutral* ist, wird von der Bodenkunde nach der Zahl der vorhandenen freien Wasserstoffionen in der Bodenlösung, dem so genannten *pH-Wert,* gemessen. Die Skala verläuft vom azidischen Pol (1) bis zum alkalischen Pol (14), wobei 7 neutral ist.

1	3,5	7	10,5	14
sauer		neutral		basisch

Die sauersten Böden liegen um pH 4. Das entspricht dem Säuregrad von Tomatensaft, Bier oder Grassilage und ist nur bei Sand- und Moorböden des regenreichen Nordens zu finden, wo die Alkalien (Kalk und Pottasche) ausgewaschen werden. Die extrem basischen Böden in trockenen Wüstengebieten, wo die Verdunstung die Salze und den Kalk an die Oberfläche bringt, haben bis zu pH 8, was Meerwasser oder Eiweiß entspricht. Die Gartenpflanzen fühlen sich erst im neutralen Bereich zwischen pH 6,5 und pH 7 wohl, obwohl die Schmetterlingsblütler (Leguminosen) es etwas über pH 7 lieben und die Beeren (Erdbeeren, Himbeeren, Preiselbeeren, Heidelbeeren usw.) sauren Boden bevorzugen.

In diesen Verhältnissen sahen die Alchemisten die Dialektik des *Sal* (Alkahest, Laugen, Ätzkalk) mit dem Sulphur (Schwefel, Vitriolöl, Säuren), die sehr stark aufeinander reagieren. In der Mitte liegt der Mercurius als Ausgleich.

Ein richtiger Gärtner braucht keinen Bodentest, um zu sehen, ob ein Boden süß oder sauer ist, denn die *Bodenanzeigerpflanzen* (Leitpflanzen) geben dem kundigen Auge zuverlässig Auskunft. Säureanzeiger oder kalkmeidende Pflanzen sind Sauerampfer, Ackerschachtelhalm, Knöteriche, Hahnenfuß, Hohlzahn, Ehrenpreis, Hederich, Ackerspörgel, Drahtschmiele, Wollgras, Sandstiefmütterchen und Borstgras. Kalk liebende Unkräuter, also Säure meidende Pflanzen, sind Rittersporn, Kleine Wolfsmilch, Nadelkerbel, Ackerhellerkraut, Ragwurz, Huflattich, Saudistel, Storchschnabel, Steinklee, Klette und etliche andere. Man kann natürlich nicht von einem alkalischen Boden reden, wenn nur diese oder jene Kalk liebende Pflanze dort zu finden ist. Erst das Vorkommen mehrerer Anzeiger lässt sichere Schlüsse zu.

Die meisten Kunstdünger lassen den Boden versauern und haben zur Folge, dass man mit Kalkgaben versuchen muss, das labile Säure-Basen-Verhältnis wieder auszugleichen, was bedeutet, dass man sich dauernd um den pH-Wert zu kümmern hat. Der biologische Gärtner hingegen braucht auf den pH-Wert kaum Acht zu geben, denn der belebte Humus mit seinen Mikroorga-

Knollenziest – ein Edelgemüse.

Erdäpfel – Geschenk der Mama Pacha.

nismen schützt sich selbst gegen überschüssige Säuren oder Basen, indem er Wasserstoffionen freigibt, wenn die Reaktion zu azid wird, und Kalziumionen, wenn die Reaktion in das Basische geht. Falls der Gärtner eine besondere Kultur hat, die etwas süßeren Boden braucht, wie Schmetterlingsblütler etwa, dann kann er ein wenig gelöschten Kalk oder gemahlenen Kalkstein dazugeben. Um einen sauren Boden für eine Beerenkultur zu erhalten, kann er den Boden mit Tannennadel- oder Eichenblättermulch bedecken oder im Kleingarten dazu Kaffeesatz verwenden.

WIE ENTSTEHT DER BODEN?

Der fruchtbare Mutterboden ist das Ergebnis der Einwirkung der kosmischen Kräfte, die durch das Klima, die Temperatur und den Regen das harte Gestein zertrümmern, durchfrosten und durchspülen. Zu diesen Vorgängen, die man in der Bodenkunde die *mechanischen* nennt, kommen noch die vielen *chemischen* Vorgänge wie Oxidation, Reduktion, Hydration und Säurebildung dazu. Aber damit hat man noch längst keinen lebendigen Mutterboden. Es sind die Lebewesen selbst, die den Boden zu dem ihnen angemessenen Substrat aufbauen.

Wir sehen dieses Eingreifen des Lebens in die anorganische Welt sehr deutlich, wenn wir den Boden bildenden Vorgang in einem alten Steinbruch auf einem blanken Fels beobachten. Es dauert nicht lange, dann erscheinen auf dem glatten, entblößten Gestein die ersten lederigen Flechten. Wie ist es unter solchen harten Bedingungen, Frost, Sonne und Wind ausgesetzt, möglich, dass sich bald ein bunter Flechtenteppich ausbreitet? Wenn man die Flechte unter die Lupe nimmt, stellt sich heraus, dass sie eigentlich aus zwei Lebewesen besteht: aus einer Alge und einem Pilz, die sich in enger *Symbiose* (griech. *sym* = zusammen mit, *bios* = leben) befinden und sich wie ein einziges Lebewesen verhalten. Die Alge, in deren Blattgrün die Photosynthese stattfindet, erzeugt die notwendige Menge Zucker und Stärke für sich und ihren Partner. Der Pilz seinerseits schützt die Alge durch seine zähe Haut, saugt Wasser aus der Atmosphäre, nagt mittels organischer Säuren an dem Gestein und löst dadurch die zum Stoffwechsel nötigen Mineralstoffe. Unter der Flechte zerkrümelt der Stein langsam. Mineralteilchen und abgestorbene Teile der Flechte bilden eine dünne Staub- und Krümelschicht, in der die Sporen der Moose Fuß fassen können. Mooskissen überziehen diese Stellen, nehmen Wasser auf wie ein Schwamm und zersetzen den Stein weiter mit Kohlensäuren und anderen Ausscheidungen. Ältere Generationen der Moose bilden das Substrat für weitere Generationen und schaffen somit die Bedingungen, unter denen die Sporen der Farne keimen können. Schließlich können sogar die weiterentwickelten Nacktsamer und Blütenpflanzen ihr starkes Wurzelwerk entfalten und damit das Gestein spalten und sprengen. Kleine Tiere finden nun auch eine Nische, in der sie sich entwickeln können. Obwohl sie an den Pflanzen fressen, tragen sie durch ihre Ausscheidungen und ihre winzigen Kadaver zum Gedeihen der Vegetation bei. Wir sehen hier im kleinen Maßstab eine Wiederholung der ganzen Pflanzenevolution und erkennen daran, wie sich die Pflanzenwelt den Boden als Lebensgrundlage selbst aufbaut.

Ein wichtiger Faktor, den wir hier herausheben möchten, ist die Fähigkeit der niederen Pflanzen, besonders der Flechten und Wurzelpilze (*Mycorrhizae*), selektierend Mineralionen und -moleküle aus dem Kristallgitter des Gesteins zu lösen und den höheren Pflanzen für deren Stoffwechsel zugänglich zu machen. Dieses Vermögen, auf das Sir Albert Howard aufmerksam machte, wird *Chelation* (griech. *chela* = Greifzange) genannt. Die Wurzelpilze bilden mit mehr als 80 % der höheren Pflanzenwelt eine Symbiose, die jener des Pilzes mit der Alge in der Flechte ähnlich ist. Die großen Tannenbestände könnten auf den Magerböden nicht ohne Gemeinschaft mit den Wurzelpilzen bestehen, die ihnen Nährstoffe, Auxine und andere Enzyme vermitteln. Solche Gemeinschaften bestehen auch mit vielen Gartengewächsen, und sie werden unterbunden durch die osmotischen Verschiebungen durch eine Mineralsalzdüngung. Die Lebensgemeinschaft der Leguminosen mit den Knöllchenbakterien (*Rhyzobien*) ist eine ähnliche Erscheinung, in der eine höhere Pflanze die Produkte der Photosynthese gegen eingefangenen Stickstoff austauscht. Auch hier wirkt mineralische Stickstoffdüngung störend auf die Zusammenarbeit.

Wir bekommen ein Gespür dafür, wie sich die Pflanzen eine Lebensgrundlage schaffen und wie die ätherischen Kräfte in das physische Substrat aktiv eingreifen. Jede Pflanze ist in irgendeiner Weise ein Spezialist, der der Lebensgesamtheit dient. So wie die Leguminosen Stickstoff in die Erde »einatmen«, so sammeln zum Beispiel Gänseblümchen Kalk auf kalkarmen Böden; Schachtelhalm akkumuliert Kiesel auch in Böden, die wenig Kieselsäure haben; Melde sammelt Kochsalz, Vogelmiere (*Stellaria media*) sammelt Zink, Sojabohnen reichern Nickel an, Stechapfel weist einen hohen Prozentsatz Phosphorsäure auf und so weiter (Pfeiffer 1977, Kap. X). Ob diese Stoffe langsam aus Luft, Wasser und Boden extrahiert werden oder ob in der Pflanzenzelle eine geheime Alchemie geschieht, soll dahingestellt sein. Wenn sie sterben oder vom Gärtner in den Boden gehackt werden, kommen die Bestandteile dieser Pflanzen dem Boden zugute. In ihren Lebensvorgängen durchwirken die Pflanzen den Boden mit licht- und wärmeätherischen Kräften, indem sie Sonnenenergie und Kohlenstoff festigen und in der Wurzelmasse dem Boden einverleiben. Die Wurzeln selektieren manche Nährstoffe und lassen andere außer Acht. Sie können Salze sogar entgegen dem Druck des osmotischen Gefälles selektionieren. Laufend verändern die Wurzelmassen den Boden, indem sie wachsen und absterben, aufnehmen und ausscheiden. Ein Meister des Gartenbaus achtet daher auf die

Bodeneinwirkungen der Fruchtfolgen, auf die Nachbarschaftswirkungen bei den Kulturpflanzen sowie bei den Unkräutern.

DER LEBENDIGE BODEN

Nicht nur die unzähligen Kilometer Wurzelgeflecht bauen den Boden auf, sondern auch die Tiere, die auf dem Boden fressen und ausscheiden, gehören mit zu diesen Vorgängen. Vor allem sind es aber die in astronomischer Zahl vorhandenen Mikroorganismen und Kleinlebewesen, die dem Boden eine lebendige Dynamik geben. In einem einzigen Teelöffel guter Gartenerde befinden sich Milliarden von Klein- und Kleinstlebewesen, die alle Lebensfunktionen wie Stoffwechsel, Respiration, Vermehrung, Ausscheidung und andere Leistungen vollbringen. Diese Lebensaktivitäten befinden sich in Einklang mit den täglichen, monatlichen und jährlichen Rhythmen der Sonne, des Mondes und der Planeten. Man hat es mit einer solchen Komplexität zu tun, dass der Wissenschaftler auch mit der Hilfe des Computers niemals die unzähligen gleichzeitig erfolgenden Reaktionen erfassen kann. Hier reichen die Begriffe der physischen Welt nicht mehr aus, hier walten schon die Gesetze des Ätherischen. Um dies zu verstehen, braucht man Bilder. Es ist wie im Märchen von Dornröschen, wo innerhalb der Zeitspanne, in der der Koch dem Küchenlehrling eine Ohrfeige gibt, Vorgänge stattfinden, die nach irdischem Zeitmaß hundert Jahre dauern.

Aber trotz der Kompliziertheit wissen wir, dass die Mikroorganismen Nährstoffe zirkulieren lassen, das Säure-Basen-Verhältnis puffern, dem Boden ein gutes Gefüge (Struktur) geben, Spurenelemente aus dem Gestein lösen, dass einige Arten tote, organische Gewebe abbauen und andere aus den Abbauprodukten wieder Stoffe aufbauen, die den Pflanzen zu neuem Leben dienen können. Manche erzeugen Sulfate, die einzige Form des Schwefels, den die Pflanzen aufnehmen können; andere neutralisieren schädliche Schwermetallspuren, Eisen und Aluminium, und noch andere können ohne den enormen Energieaufwand des Haber-Bosch-Prozesses N_2 direkt aus der Luft fixieren.

Die niederen Bodenorganismen werden etwas willkürlich in Bodenfauna und Bodenflora eingeteilt. Bei Pilzen und Metazoen (Würmern, Springschwänzen, Milben usw.) ist ein Unterschied schon eindeutiger. In den obersten 15 Zentimetern eines durchschnittlich fruchtbaren Ackerbodens machen diese Kleinlebewesen eine Lebendmasse von 25 000 kg/ha aus (Palissa 1964: 30):

Mikroflora	20 219 kg/ha Biomasse
Mikrofauna	379 kg/ha Biomasse
Metazoen	4184 kg/ha Biomasse

Das entspricht dem Gewicht einer Herde von über 25 Kühen. Diese »fünfundzwanzig Kühe unter dem Boden« sind ebenso wichtig für die Bodenfruchtbarkeit wie die ein bis zwei Kühe, die ein Hektar Land sonst ernähren kann. Der Gärtner hat die Verantwortung, sie mit richtiger Behandlung (Mulchen, Fruchtfolge usw.) gut zu pflegen und gut zu füttern (Kompost), wie der Bauer sein Milchvieh.

Bodenbakterien

Bakterien sind die im Boden am meisten vertretenen Organismen. In einem Gramm guter Gartenhumuserde findet man fast eine Milliarde davon. Eine Bakterienzelle kann an einem Tag 17 Millionen Töchter erzeugen und kann theoretisch innerhalb einer Woche so viele Nachkommen haben, dass ihre Biomasse dem Gewicht der Erde gleichen würde. Man unterscheidet zwischen *aeroben* Bakterien, die frei verfügbaren Sauerstoff brauchen und an Verrottungsprozessen teilnehmen, und *anaeroben* Bakterien (Fäulnisbakterien), die unter Luftabschluss die Vergärung und Fermentierung bewirken. Zudem gibt es *autotrophe* Bakterien, die ihre Energie aus der Oxidation von Ammonium, Schwefel, Eisen und anderen anorganischen Mineralien erhalten im Gegensatz zu den *heterotrophen* Bakterien, die organische Substanzen wie Zucker, Stärke, Lignin, Chitin oder Zellulose verdauen. Bei den Bakterien befinden wir uns am unteren Ende des großen Lebenskreislaufs, denn hier wird den abbauenden Prozessen kurz vor der völligen Vermineralisierung, der Entropie, Einhalt geboten, und die aufbauenden Prozesse, die Reintegration in die Lebensvorgänge, beginnen. Die ammonifizierenden Bakterien, die die Eiweiße zu Aminosäuren und schließlich zu Ammoniak reduziert haben, werden von den Nitrosomonasbakterien und den Nitrobakterien abgelöst, die ihrerseits das Ammoniak zu Nitriten (NO_2) beziehungsweise Nitraten (NO_3) verwandeln, welches die Pflanzen dann gern für ihre Proteinsynthese aufnehmen. Hier befinden wir uns an der magischen Stelle, wo Todesprozesse in Lebensprozesse umgewandelt werden.

Bodenbakterien bevorzugen neutralen bis basischen Boden (pH 6 bis pH 8) und brauchen organische Substanzen als »Futter«. Sie arbeiten am besten bei mildem Wetter (Temperatur um 30 °C) auf weder durchnässten noch zu trockenen Böden. Schwere Landmaschinen und Kunstdüngersalze beeinträchtigen ihre Wirksamkeit.

Strahlenpilze (Actinomyceten)

Die Strahlenpilze, die ihre Anwesenheit durch den typischen, guten Erdgeruch eines frisch umgestochenen Beetes oder eines gepflügten Feldes kundtun, sind fast so zahlreich vertreten wie die Bakterien. Diese Organismen humifizieren komplexe organische Moleküle wie Zellulose, Chitin (Insektenpanzer) und Phospholipide (Wachse und Fette) und produzieren antibiotische Substanzen.

Die Strahlenpilze brauchen milde, basische Böden und verschwinden unter pH 5. Dies ist auch der Grund, warum man Kartoffeln nicht kalkt, denn der Kartoffelschorf wird von einer Art der Actinomyceten verursacht.

Pilze und Algen

Die verschiedenartigen Pilzorganismen (Schimmel, Moder, Hefe usw.) spielen auch eine wichtige Rolle in Boden und Kompost, in der Zersetzung toter organischer Stoffe. Sie fangen das von den Bakterien freigesetzte flüchtige Ammoniak auf, bauen es in ihre Körper ein und verringern dadurch Stickstoffverluste. Ähnlich wie die Actinomyceten stellen sie Antibiotika her, zum Beispiel Penicillin oder Streptomycin, womit sie den Erdboden säubern und reinigen.

Algen, die mit ihrem Blattgrün Sonnenenergie assimilieren können, kommen in unserer Klimalage weniger in Betracht als zum Beispiel in den Reisfeldern Asiens, wo sie stark zur Fruchtbarkeit des Bodens beitragen.

Wurzeln

In der Wurzelzone (Rhizosphäre) findet man den größten Teil der Bodenorganismen. Die Wurzelhärchen selbst sind ein höchst aktiver Faktor in den Lebensvorgängen des Bodens. Sie wachsen tastend, Spurenelemente und Wassermoleküle wahrnehmend und Nährstoffe selektierend, durch den Boden; sie scheiden andere Stoffe aus und werden, wenn sie sterben, selbst wieder zur Nahrung der Kleinorganismen. Sie stecken voller Lebenskraft. Es wurde festgestellt, dass die Wurzelhaare einer einzigen Roggen- oder Haferpflanze, wenn man die mikroskopischen Härchen aneinanderreihen würde, pro Tag über vier Kilometer wachsen. Manchmal kommt es zu Verwachsungen mit den Wurzeln benachbarter Artgenossen, gelegentlich sogar mit den Wurzeln anderer Arten. Dabei werden, mittels Ektohormonen, Pheromonen und sogar geringster Photonenstrahlung, Botschaften durch das ganze Ökosystem weitergereicht. Die symbiotischen Wurzelpilze (*Mycorrhizae*) haben Teil an dem Kommunikationsnetz. Sie verlängern das Wurzelgeflecht der höheren Pflanze bis zu tausendmal und vermitteln ihr Wasser, Ionen von Mineralien, Phosphate, Wachstumshormone (Auxine) und Chelate. Dafür lassen sich die Mykorrhizen von den Pflanzen mit Zuckerwasser entschädigen. 80 bis 90 % der höheren Pflanzen leben in solchen Symbiosen. Aber auch Pflanzengattungen, die sich nicht mit Wurzelpilzen vermählen, wie die Kreuzblütler, Nelkengewächse oder Gänsefußgewächse, leben symbiotisch mit den Bakterienmassen, die sich im Wurzelschleim niederlassen.

In natürlichen Wäldern und Wiesen erstrecken sich die dicht vernetzten Mykorrhizenteppiche über Hunderte von Quadratmetern. Das ergeben Messungen mit radioaktiven Isotopen. Der ständige Austausch von chemischen und energetischen Botschaften in diesem System hat eine regulierende Funktion im gesamten Ökosystem. Der Ethnobotaniker Terence McKenna vergleicht die Komplexität des Waldbodens mit dem menschlichen Hirn. Das Wurzelpilzgeflecht verkörpert sozusagen das makrokosmische Nervensystem der Vegetation.[20]

Bodentierchen

Die Bodenfauna ist nicht so zahlreich vertreten wie die Bodenflora, hat aber eine bedeutende Aufgabe zu erfüllen. Die vielen einzelligen Urtierchen, Ur-Insekten, Springschwänze, Fadenwürmer, Milben, Gliederfüßler und Schnecken zerkleinern und zermahlen grobe Stängel, Blätter, Kadaver und Abfälle und geben sie den Bakterien weiter; sie durchmischen und lüften den Boden so gut, dass man im Idealfall das Gartenbeet gar nicht mehr umzugraben braucht. Durch Ausscheidung von Hormonen und Enzymen sind sie ein nicht zu unterschätzender Bestandteil der komplexen Bodenchemie, und durch ihre Körperchen werden sie selbst zu Dünger, wenn sie sterben.

Eine Nematodenart (Wurzelgallenährchen) verursacht Missbildungen und Wachstumshemmungen bei Wurzelgemüsen. Anstatt den Boden zu sterilisieren oder mit Giften zu schädigen, kann man dem Problem durch Fruchtfolge, Kompostgaben und durch die Pflanzennachbarschaftswirkung der Studenten- oder Samtblume (*Tagetes*), die man hier und da zwischen die Wurzelgemüse pflanzt, zuvorkommen.

Regenwürmer (Lumbriciden)

Im viktorianisch-wilhelminischen Zeitalter glaubte man, dass Regenwürmer schädlich seien, und entfernte sie sorgfältig aus den Gartenbeeten. Es ist wahrscheinlich Charles Darwins größtes Verdienst, dass er sich gegen sein Lebensende des Regenwurms annahm und klar darstellte, wie hilfreich diese Tierchen sind, wie sie den Boden durchmischen, belüften und guten Humus erzeugen. Heute weiß man, dass der Regenwurmkot elf Mal so viel Kalium, sieben Mal so viel Phosphor, fünf Mal so viel Stickstoff, zweieinhalb Mal so viel Magnesium und doppelt so viel Kalk wie der umgebende Erdboden enthält. Diese Nährstoffe sind in Riesenmolekülen (polymerisierte Makromoleküle) zu stabilen Ton-Humus-Kolloiden verkettet. Aus solchen Ton-Humus-Komplexen lassen sich die Nährstoffe auch bei starkem Regen nicht leicht auswaschen, sind aber trotzdem den Pflanzen einfach zugänglich. Im normalen Boden befinden sich rund drei Millionen Regenwürmer pro Hektar; sie machen das Gewicht von fünf bis sechs Kühen aus und erzeugen rund zwanzig Tonnen feinste, nährstoffreiche, stabile Regenwurmerde (Palissa 1964: 102). In einem biologischen Garten liegen diese Zahlen noch höher. Wie viele Säcke Kunstdünger müsste der Gärtner schleppen, um diese Leistung zu erreichen? Es lässt sich eine geheime Alchemie, eine Transmutation der Elemente vermuten. Der französische Wissenschaftler Louis C. Kervran ist aufgrund seiner Experimente überzeugt, dass unter Umständen im Bereich der lebendigen Materie ständig Transmutationen der Elemente stattfinden. Regenwürmer scheiden ständig kalkhaltigen Schleim aus, sodass sich dort, wo sie sich befinden, der pH-Wert des Bodens erhöht (Kervran 1972: 75).

Einige Regenwurmarten, wie der große dunkle, bläuliche *Lumbricus terrestris,* senken ihre Gänge bis zu 2,5 Meter in die Erde. Aus den Tiefen holen sie Tonmineralien, von der Bodenbedeckung (*Detritus*) nehmen sie abgestorbene Pflanzenreste, und in der Gegenwart von geringen Mengen Kalk wird dies dann zum bestmöglichen Humus verdaut und an der Erdoberfläche ausgeschieden. Regenwurmkot begünstigt die Bodenorganismen, besonders die Humus bildenden Strahlenpilze. Anders als viele andere wirbellose Tiere, die den Kalk in harte Schalen und in Exoskelette umwandeln, sondern die Regenwürmer einen kalkhaltigen Schleim ab, der mithilft, die Bodenreaktion in jenem neutralen Bereich zu halten, den die Pflanzen für ihr Wachstum bevorzugen. Die Regenwurmgänge, die dem Boden Luft verschaffen, erlauben den zarten Kulturpflanzen, tiefer in den Erdboden zu dringen und ihren Wurzelbereich auszudehnen.

Der Gärtner und Landwirt hat seine Helfer unter der Erde genauso zu pflegen wie seine Hühner und Kühe. In sterilen, mineralischen Böden verhungern die Würmer. Auch wenn man noch so viele Exemplare von einer Wurmfarm[21] bestellt, sie werden sich nicht festsetzen können, wenn nicht genügend organische Substanz wie Bodenbedeckung (Mulch), Kompost, verrottete Miste, eingehackte Unkräuter oder untergepflügte Gründüngung als Nahrung vorhanden ist. Wo Böden etwas zu sauer sind, hilft eine Gabe gemahlener Kalkstein, Kalkmergel oder Löschkalk. Gebrannter Kalk (Ätzkalk) ebenso wie Kunstdüngersalze verbrennen die Haut dieses hilfreichen Tiers. Wo wenig Ton vorhanden ist, kann man trockenen Ton zermahlen und auf den Boden oder in den Kompost stäuben. Ein Baldriantee (*Valeriana officinalis*) oder das biodynamische Baldrianpräparat, über die Beete oder Komposte gesprüht, regt die Würmer ebenso an wie eine Streu (Bodenbedeckung) aus Holunderblättern, Geißblatt, Schneeball, Erle, Ulme, Linde, Vogelbeere, Pappel, Weide, Sanddorn, Haselnuss oder Weißdorn. Der Anbau von Lupinen als Gründüngung und die Gegenwart von Löwenzahn begünstigen Regenwürmer besonders.

20 In diesem Zusammenhang ist die Behauptung Aristoteles' oder Rudolf Steiners, dass die Pflanzen ihren Kopf im Erdboden haben, gar nicht so abwegig. Die Wurzelsphäre, der Salzpol der Pflanzen, ist dem Kopf bzw. dem Hirn des Menschen vergleichbar mit seinen wahrnehmenden, Nahrung und Sinneseindrücke aufnehmenden Funktionen. Charles Darwin (1886) sah die Wurzelspitzen als eine Art reaktionsfähiges »Hirn« der Pflanzen. Der Sulphurpol der Pflanze, der Blütenbereich, ist dagegen, wie der Unterleib des Menschen, der abgebende, ausscheidende, sich fortpflanzende Pol. Weiteres dazu in meinem Buch »Pflanzendevas«, AT Verlag 2020.

21 »Wurmfarmen«, in denen Regenwürmer gezüchtet und versandt werden, gibt es vor allem in den USA.

Grabforke – des Gärtners wichtigstes Werkzeug.

WIE BEHANDELT MAN DEN BODEN RICHTIG?

Es kann nicht genug betont werden, wie wichtig es ist, den Boden in einem Zustand zu erhalten, der die Bodenlebewesen gedeihen lässt. Diese Lebewesen werden durch Mistkomposte, Fruchtwechsel, Mischbeetkulturen (Pflanzengemeinschaften) und Bodenbedeckung gefördert. Andererseits behindert man sie durch übermäßiges Pflügen, durch Monokulturen, das Abflammen von Beeten und die Anwendung von Insektiziden, Herbiziden und Fungiziden. Chemische Düngersalze, besonders Chlorid-, Schwefel- und Natronrückstände, verschieben die osmotischen Verhältnisse zuungunsten der Mikroorganismen. Wird die Zahl der Organismen auf diese Art verringert, dann schwindet der Humus, zerfällt die Gare (Krümelstruktur), die Bodenluft nimmt ab, der Boden versauert, wird kompakt und kann Wasser nicht gut halten, sondern verschlämmt oder wird weggeschwemmt. Wie viele Millionen Hektar gutes Ackerland sind im 20. Jahrhundert auf diese Weise verloren gegangen!

Die Agrarwissenschaft begegnet dem Problem der Bodenversäuerung mit tüchtigem Kalken, was jedoch zur Folge hat, dass sich durch den Kalk das Ammoniak verflüchtigt, die Spurenelemente (Fe, Mn, B, Zn, Cu usw.) gebunden werden und den Pflanzen unzugänglich bleiben. Darüber können sich nur die Kunstdüngerfabrikanten freuen, denn der Bauer und Gärtner ist gezwungen, mehr Dünger und Spurenelemente hinzuzukaufen. Da der Boden immer fester und härter wird, hat man größere Pflugmaschinen entwickelt und sogar dem Boden Vermikulit und Plastikstoffe zur Auflockerung beigemischt. Die schweren Maschinen sind teuer und tragen schließlich noch mehr zur Verdichtung der Krume bei. Es entsteht ein Teufelskreis.

Der Gärtner kann diesen Teufelskreis sprengen, indem er Dauerbeete anlegt. Am besten sind die *Tiefkulturbeete,* die in China schon seit etlichen Jahrhunderten bekannt sind. Das Herstellen eines Tiefkulturbeetes nennt man auch *Rigolen* oder Holländern. Die Beete werden zuerst auf 1,20 Meter Breite gemessen, zwischen den Beeten legt man 30 bis 40 Zentimeter breite Wege an. Diese Breite ermöglicht die optimale Flächennutzung, denn man kann leicht von den Seiten in die Beete hineinreichen und mit Harke, Hacke oder Gießkanne überall hinkommen. Bei schmäleren Beeten würde man zu viel Fläche an die Wege verlieren. Bei breiteren Beeten müsste man mit den Füßen auf den Beeten herumtrampeln, und es wäre schwierig, sie zu bearbeiten. Für Kleingärten eignen sich auch Trittsteine. Nachdem das Beet ausgemessen ist, streut man großzügig gut verrotteten Kompost darauf und lockert oder gräbt alsdann mit dem Spaten oder der Grabforke.

Ein tief gelockerter Boden liegt nicht wieder flach, sondern hat eine Wölbung. Man kann von einer *Hügelkultur* sprechen. Durch die Wölbung wurde die Bodenfläche etwas ausgedehnt, und man gewinnt wieder die Fläche zurück, die man an die Wege verloren hat. Chadwick zitiert Steiner als Bestätigung seiner Beobachtung, dass diese Hügelbeete viel lebendiger, ätherisch durchtränkter sind als flache Beete. Er vergleicht die Hügel mit Baumstämmen, auf denen die Knospen wie Samen sitzen und die Blätter und Blüten wie kleine Pflänzchen auf aufgestülpten, verlebendigten Erdhaufen wachsen. Die tief gelockerten Hügelbeete ahmen dieses Baumstammprinzip nach.

Niemand würde leugnen, dass das Rigolen anstrengend ist. Aber es braucht nur einmal gemacht zu werden. Mit Kompostgaben, die flach in die Hügelbeete eingearbeitet werden, mit Bodenbedeckung und günstigen Fruchtfolgen wird die Welt der Kleinlebewesen dermaßen unterstützt, dass der Boden weich und luftig bleibt. Selbstverständlich darf auf den lockeren Beeten nicht herumgetrampelt werden. Im Frühling braucht man dann nur den Mulch wegzurechen und findet den Boden schon so locker, dass man direkt säen und pflanzen kann. Gründüngung einzugraben, ist etwas komplizierter, aber im Prinzip ähnlich, wie wenn man Kompost flach einbringt.

In solchen tief gegrabenen Dauerbeeten können die Kulturpflanzen schnell und ungehemmt in die Tiefe wachsen, dort genügend Sauerstoff für die Wurzelatmung sowie Wasser und Nährstoffe vorfinden. In einem lockeren, biologischen Boden verdunstet oder versickert das Wasser nicht, weil es genügend Porenvolumen hat, während die Kohlensäure leicht nach oben entweichen kann, wo sie von den Blättern assimiliert werden kann.

Bei steinigen oder tonigen Böden kann das Herstellen der Tiefkulturbeete schwieriger sein. Bei neuem Gartenland, wie zum Beispiel bei alter Weide oder Brachland, kann man Schweine und Hühner zuerst das eingezäunte Areal durchwühlen lassen. Gartenbauvölker wie die Chimbu auf Neuguinea lassen ihre großen Gärten vor der Brache noch einmal von diesen Tieren durchpflügen (Brookfield 1963). Auch der bekannte Bio-Bauer Sepp Holzer lässt seine Schweine den Gartenboden pflügen. Der Boden wird gelockert, und Schädlinge wie Engerlinge und Drahtwürmer werden vernichtet.

BODENBEDECKUNG (MULCH)

Im Winter sollte der Boden durch eine Mulchschicht – Laub, altes Stroh oder Heu – oder durch Gründüngersaat bedeckt und geschützt sein. Jeder lebende Organismus hat eine Haut, warum nicht auch das Gartenbeet? Wenn man in die Natur schaut, so mulcht sich jeder Wald und jede Naturwiese über den Winter ein. Entgegen den Behauptungen einiger Theoretiker der biologisch-dynamischen Methode, wie Maria Thun, strahlen die kosmischen, formgebenden Kräfte in der kristallinen Winterzeit auch durch eine Mulchdecke hindurch. Die Erde braucht nicht extra durch Pflügen »chaotisiert« zu werden. Im Frühjahr findet der Gärtner unter der Mulchdecke, sofern sie noch vorhanden ist, eine hauchdünne, schwarze Humusschicht: das Ergebnis der Arbeit der Kleinlebewesen, die auch im Winter aktiv sind, wenn sie genügend geschützt sind.

Ausnahmsweise kann man besonders kalte und feuchte Böden über den Winter gepflügt oder umgegraben liegen lassen. Im Frühling wärmt und trocknet die Sonne die Schollen umso schneller.

GRÜNDÜNGUNG

Im Spätsommer oder Frühherbst kann man in den abgeernteten Beeten ein Gründüngergemisch aussäen, das zur lebenden Winterbodenbedeckung wächst. Bienenfreund (Büschelblume, *Phacelia tanacetifolia*) oder Senf eignen sich als Gründüngeraussaat. Im Winter gefrieren sie und verwandeln sich in eine Mulchschicht. Ebenfalls ausgezeichnet ist die Mischung einer Getreideart (Roggen oder Hafer) mit einem Schmetterlingsblütler (Gelbe Lupine, Erbsen, Wicken, Inkarnatklee, Perserklee oder Serradelle). Die Samen der Leguminosen sollten mit Knollenbakteriensporen (Rhyzobien) geimpft werden, um die Zahl der Stickstoff sammelnden Bakterienknollen an ihren Wurzeln zu erhöhen. Die Sporen für dieses Saatbad kann man in einem Gärtnereifachgeschäft zu geringen Kosten beziehen. Diese Saat durchwurzelt und lockert die Beete, verleiht dem Boden organische Masse, die dann, wenn sie abfrieren oder eingegraben sind, den Kleinlebewesen und Regenwürmern als Nahrung dienen. Die Wurzelmasse wächst, solange die Tage nicht kalt sind. Auf diese Weise wird dem Boden Sonnenenergie einverleibt, die sonst nicht genutzt würde. Im Frühling kann die Gründüngung eingegraben werden, und sechs Wochen später sind die Reste genügend verdaut, sodass man Setzlinge pflanzen kann. Man kann sie auch abmähen und kompostieren, eventuell die gröberen Wurzeln herausharken und ebenfalls kompostieren.

BODENWASSER UND BODENLUFT

Ein auf diese Weise ökologisch behandelter Boden besteht zu 45 % aus Mineralstoffen (Sand, Lehm usw.), zu 5 % aus organischer Substanz (Humus), zu 25 % aus Wasser und zu 25 % aus Luft. Wie alle lebenden Wesen brauchen die Wurzeln und Bodentiere Sauerstoff zum Atmen. In verkrusteten, vermineralisierten Böden sind wenig Lufträume, und diese sind mit Kohlensäure derart gesättigt, dass die Pflanzen im Wachstum stocken. Wir werden sehen, dass gerade dann die Schädlinge zum Problem werden, wenn die Pflanzen nicht zügig durchwachsen können und dadurch der ätherische Fluss des Wachstums ins Stocken gerät.

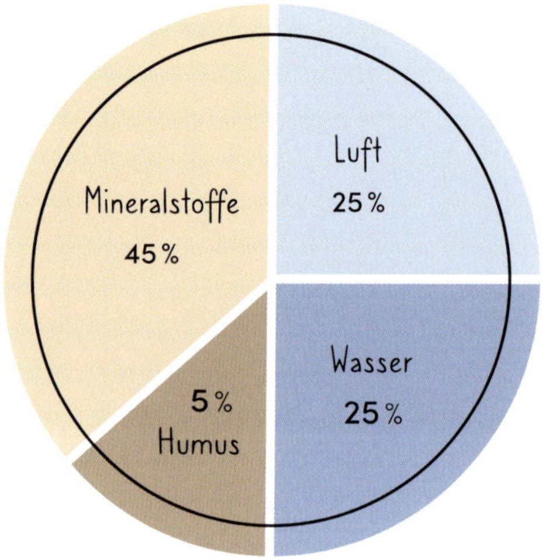

Zusammensetzung eines ökologisch behandelten Bodens.

Ein guter Humusboden trocknet nicht leicht aus, da die Ton-Humus-Kolloide das Wasser wie ein Schwamm entgegen der Schwerkraft festhalten (Haftwasser). Bei Mineralböden fließt das Wasser als Sickerwasser weg und nimmt möglicherweise noch die gelösten Basen mit. In Dürreperioden kann man ohne Weiteres die grünen Felder mit organischem Boden von den verwelkten, kümmerlichen Feldern der Kunstdüngerbenutzer unterscheiden.

In diesem Abschnitt haben wir versucht, den Boden, der ein wichtiges Organ des Erdorganismus ist, von der naturwissenschaftlichen Seite her zu beleuchten. Wir haben gesehen, dass das mineralische Substrat eine Art *Prima materia* darstellt, die von den ätherischen Kräften der Pflanzenwelt zu ihren Zwecken geformt und gebildet wird und weiter durch die Bodenlebewesen, die Käfer und Regenwürmer sowie die Miste der höheren Tiere astralisiert wird. Wir werden sehen, wie die makrokosmischen Rhythmen der Sternenwelt ordnend und regulierend eingreifen. Man erlebt so ganz konkret, wie der Weltenäther, die Weltenseele und der Weltengeist makrokosmisch in der Natur wirken. Der Gärtnermeister individualisiert und lenkt diese Vorgänge im Mikrokosmos Garten.

NÄHRSTOFFE UND DÜNGERSUBSTANZEN

Dünger ist kein Heiliger, tut aber doch Wunder.
Alter Gärtnerspruch

Dem Jonglieren mit den Nährstoffmineralien wird heutzutage so viel Wichtigkeit beigemessen, dass man darüber fast vergessen könnte, dass es auch andere Aspekte des Gartenbaus gibt. Die Wurzeln dieser Faszination liegen in dem im 19. Jahrhundert aufkommenden materialistischen Dogma. Damals entstand die Mineralstofftheorie des Justus von Liebig und stellte die Erkenntnisse A. Thaers über die Bedeutsamkeit des Humus und des Leguminosenzwischenanbaus in den Schatten.

Liebig veraschte Kulturpflanzen und wog dann ganz genau die in der Asche enthaltenen chemischen Elemente ab. Dann errechnete der scharfsinnige Chemiker, wie viel von den betreffenden Elementen dem Boden Jahr für Jahr entzogen werden, wenn die Ernte abgetragen wird. Er kam zu dem logischen Schluss, dass nach einer gewissen Zeit die Böden verarmen müssen und dass dann die landwirtschaftlichen Erträge fallen würden und die Menschenmassen verhungern müssten. Wenn man diese in der Asche enthaltenen Pflanzenbausteine, den Stickstoff, die Pottasche und das Kalium, in irgendeiner Weise dem Boden wieder zufügen könnte, dann wäre das Problem gelöst. Bald darauf wurden Kunstdüngerfabriken gebaut, besonders in England, dem fortschrittlichsten Land der Welt, und man versuchte, die Bauern und Gärtner als Kunden zu gewinnen.

Liebigs Gleichung hat für den heutigen Agronomen noch immer Gültigkeit. Von einer wissenssoziologischen Perspektive aus gesehen kommt einem jedoch der Verdacht, dass eine Gesellschaft, die unter dem Bann des zweiten Hauptsatzes der Thermodynamik (Entropiesatz) steht und die auf nicht erneuerungsfähige fossile Energie wie Kohle und Öl baut, ihre Ängste auch in den Bereich der Landwirtschaft hineinprojiziert. Eigentlich sollte jedoch die Landwirtschaft ein Bereich der Urproduktion sein: Sie beruht auf unbegrenzter Sonnenenergie!

Im Anschluss an die These der mineralstofflichen Ernährung der Pflanze formulierte Liebig das *Gesetz des Minimums:* Von den essenziellen Nährstoffen bedingt derjenige das Ausmaß der Entwicklung, der vergleichsweise in der geringsten Menge verfügbar ist. Der Ernteertrag ist davon abhängig, dass alle

Hauptnährstoffe in genügendem Maße im Boden vertreten sind. Ist ein Nährstoff in zu knapper Menge vorhanden, nützt es nichts, dass die anderen Stoffe reichlich vorhanden sind. Ein bekanntes Bild dafür ist das des Fasses, dessen Dauben die Nährstoffe darstellen. Sind einige Dauben gebrochen, dann kann das Fass nur so viel Wasser halten beziehungsweise nur den Ertrag liefern, wie die kürzeste Daube hoch ist (Liebig 1840).

Julius Sachs und W. Knop verfeinerten die Liebigsche Analyse, indem sie die Pflanzen in Wasserkulturen zogen, welchen die Nährstoffe in exakt gemessener Dosierung beigegeben wurden und in denen die charakteristischen Symptome der Mangelerscheinungen festgestellt werden konnten. Es zeigte sich, dass die Elemente am untersten Ende des Periodensystems (C, O, H, N, P, S, K, Ca, Mg) für das Gedeihen der Pflanzen lebenswichtig sind. Man war überzeugt, dass die übrigen Elemente die Pflanzen gar nichts angingen. Aber im Laufe der Zeit stellte sich in diesen Untersuchungen, die bis in die heutige Zeit fortgeführt werden, heraus, dass Spuren weiterer Elemente von den Pflanzen gebraucht werden. Wegen unzureichender Reinheit der Nährlösungen war früheren Forschern deren Vorkommen entgangen. Diese *Spurenelemente* (Fe, Mn, Cu, Zn, B, Mo, Na usw.) müssen in den winzigsten Mengen vorhanden sein. Die Zahl der anerkannten Spurenelemente wird mit der Zeit immer größer. Vor Kurzem wurde zum Beispiel entdeckt, dass Tomaten Spuren von Silizium brauchen.

Die Pseudokabbalistik der Agrarchemie.

1	2	3	4	5	6	7	8	9	10	11	12	13		
	/		/			/	/	/					1	Natronsalpeter
/		/	/	/	/	X	/	X	/	/	/	/	2	Kalksalpeter
	/					X	X		X	/		/	3	Ammonsulfatsalpeter
/	/					X	X	/	X	/	/	/	4	Kalkammonsalpeter
	/					X	X		X	/			5	Kaliammonsalpeter
	/					/	X		X	/			6	Ammoniumsulfat
/	X	X	X	X	/			X				/	7	Harnstoff
/	/	X	X	X	X			X				/	8	Kalkstickstoff
/	X		/			X	X		X	X			9	Superphosphat
	/	X	X	X	X			X					10	Thomasphosphat
	/	/	/	/	/			X					11	Alkaliphosphat
	/		/										12	Mg-Phosphat, Kaliumsulfat
	/	/	/			/	/						13	Kainit, Kalidüngesalz

[ ] = mischbar   [/] = halb mischbar   [X] = nicht mischbar

Zurzeit steht fest, dass sechzig der neunzig natürlich vorkommenden Elemente in den Pflanzen zu finden sind, man weiß aber nicht, ob sie alle unentbehrlich sind. Die Sachlage wird dadurch kompliziert, dass jede Pflanzenart ihre eigenen Ansprüche hat. Die Forschung geht weiter; es sollte nicht verwundern, wenn sich herausstellt, dass alle Elemente unentbehrlich sind (Salisbury 1969: 192).[22]

Die reduktionistisch materialistische Einstellung erweist sich als immer brüchiger. Sogar Liebig, der »Vater der chemischen Landwirtschaft«, hatte eingesehen, dass sein Fassbeispiel nur im Labor und bei toten, mineralischen Böden zutrifft. Er warnte in seinen »Chemischen Briefen« (1859) sogar vor einer einseitigen Anwendung der Theorie, denn andere Faktoren wie Humus, Lichtintensität, Temperatur, Wasser, Pflanzenart und so weiter spielten eine wichtige Rolle. Das Gesetz des Minimums gilt nur ganz allgemein, denn wenn alle anderen Faktoren stimmen, kann der Mangel eines Nährstoffs besser überbrückt werden. Teilweise kann Kali durch Natrium, Kalk durch Strontium, Molybdän durch Vanadin, Chlor durch Brom usw. ersetzt werden. Wenn genügend Stickstoff da ist, werden auch Phosphate und Sulfate besser aufgenommen. Mit anderen Worten: Wir haben es mit anpassungsfähigen Ätherwesen, nicht mit mechanischen Systemen zu tun.

Die heutige Landwirtschaft ist zu einer Differenzialrechnung mit verwickelten Düngermischformeln, Bodentests, Tabellen für Nährstofferfordernisse der einzelnen Arten, Tabellen für Applikationstermine, Mischtabellen für die vielen verträglichen und unverträglichen Düngersalze und anderen Schikanen geworden. Mit den Insektiziden, Herbiziden und Fungiziden, deren Anwendung sich als notwendig erweist, wenn man einmal mit Kunstdünger anfängt, ist es ein ähnliches Lavieren. Der einfache Gärtner ist meistens von dieser scheinwissenschaftliche Numerologie beeindruckt. So beteuerte ein alter Nachbar stolz, dass er seit Jahren 16-16-16 (NPK) in seinem Garten gebrauche.

Diese Pseudokabbalistik ist nicht nur kompliziert, sondern hat auch unangenehme Folgen. So lassen die meisten NPK-Salze die Böden versauern. Wenn man mit Kalken nachhelfen will, läuft man Gefahr, Spurenelemente wie Eisen, Mangan, Bor, Kupfer oder Zink, die die Pflanzen zur Enzymbildung brauchen, zu binden und den Salmiakgeist (Ammoniak) zu vertreiben. Überdüngung mit leichtlöslichem Stickstoff treibt die Blattbildung voran, lässt aber

22 Dieses reduktionistische Unterscheiden zwischen wesentlichen und unwesentlichen Elementen hat seine Entsprechung in der darwinistischen Biologie, die zwischen notwendigen und rudimentären Organen im Menschenleib unterschied. Als Überbleibsel früherer evolutionärer Entwicklungsstadien zählte man 187 Körperteile – Fußzehen, Mandeln, Weisheitszähne, Milz, Blinddarm, Thymus usw. Noch in den Fünfzigerjahren war freitags in den Krankenhäusern der USA »Mandeltag«, an dem den Kindern die Mandeln vorbeugend entfernt wurden. Verheerender äußerte sich derselbe Geist in der Völkerkunde, wo man die primitivsten Völker als entwicklungsunfähige Überbleibsel der hominiden Evolution betrachtete.

Wurzeln, Frucht und Samen sich kümmerlich entwickeln. Man hat dann herrlich grünes Kartoffelkraut, aber kleine Murmeln als Knollen. Zudem läuft man Gefahr, das Bodenwasser zu verseuchen. Der überschüssige Stickstoff wird von den Pflanzen schlecht verwertet und bleibt als Nitritrückstand in den Blättern, die dann für den Menschen als Nahrung schädlich sind; man denke an Nitritvergiftung bei Säuglingen durch Spinatgenuss.

Ammoniumsulfat bildet im Boden Schwefelsäure, die Regenwürmer, Mikroorganismen und keimende Samen schädigt. Auch synthetischer Harnstoff tut das. Kalk- und Natronsalpeter klumpen zusammen. Superphosphat bindet Eisen zu festem Eisenphosphat und fixiert Kalk und Aluminium auf ähnliche Weise. Kalidüngesalz versalzt den Boden und macht ihn hart. Düngermischen ist ein weiteres Problem: Superphosphate lassen sich nicht mit Nitraten und Chloriden mischen; Kalksalpeter und Harnstoff vertragen sich nicht usw. usf. (»Kleine Enzyklopädie« 1978: 61).

Es ist bei dieser Sachlage kein Wunder, dass man ein Hochschuldiplom braucht, um Gärtner zu werden. Für den Labortechniker mag das alles interessant sein, für den biologischen Gärtner aber ist es unwesentlich, eine Vergeudung kostbarer Zeit. Die Bodenbakterien im Humus, die Regenwürmer, Komposte und Unkräuter sind hier zur Stelle als die von der Weisheit des Makrokosmos geleiteten Chemiker.

Wenn man schon Chemikalien anwendet, dann sollte man es so tun, wie die Natur selbst es tun würde. Natürlich braucht man auch kein fanatischer Feind von Kunstdüngersalzen zu sein. Schon Sir Albert Howard hat von »suitable artificials« (angemessenem Kunstdünger) gesprochen. Man muss nur genau wissen, was man tut. Langsam verrottendes Sägemehl kann mit Harnstoff, der den nötigen Stickstoff für die zellulosezersetzenden Mikroorganismen hergibt, angeregt werden. In Guatemala haben Entwicklungshelfer die armen, ausgezehrten Böden der Hochlandindianer mit einer Kombination aus Leguminosensaat, Kali und Thomasmehl fruchtbarer gemacht.

Wie man es auch anpackt, die Hauptsache ist, dass man den Boden verlebendigt und dass sich dies in der Gesundheit der Pflanzen und Tiere zeigt. Ebenso wie man unter Umständen Kunstdünger sachlich gezielt einsetzen kann, kann man auch nicht unbesonnen ohne Weiteres jeden biologischen Dünger nehmen. Mist oder Gülle von Mastbetrieben, wo die Tiere unglücklich, krank und mit Antibiotika behandelt sind, oder Hühnermist von einer tierunwürdigen Batteriehaltung, der obendrein noch mit Pestiziden bestäubt wurde, eignet sich wenig zur Kompostierung, da durch die Antibiotika und Pestizide die Bakterien gar keine günstigen Verrottungsprozesse einleiten können. Auch bei Klärschlamm und Müllkomposten aus großen Städten ist Vorsicht geboten, da oft eine Anhäufung schädlicher Substanzen, zum Beispiel von Schwermetallen (Co, Cu, Zn, Mg, Cd, Pb, Hg, As, Mo usw.), vorliegt.

Wenn man den Garten oder den Hof als einen Mikrokosmos betrachtet, als »Individualität«, dann erkennt man, wie absurd das Herbeischleppen von Düngemitteln überhaupt ist. Nach Steiners Ansicht sollten die biologischen Dünger, Miste und Komposte innerhalb der Stoffkreisläufe der landwirtschaftlichen Individualität entstehen und nur die Sonnenenergie, der Regen und die durch biologische Aktivität aufgeschlüsselten Elemente des Gesteins von außen in die Kreisläufe hereinkommen. Wenn man Dünger einführen muss, ist dies ein Zeichen dafür, dass der Betriebsorganismus nicht gesund ist. Und schließlich kommt es beim Düngen darauf an, auf die besonderen, eigentümlichen Ansprüche des individuellen Gartenökotops aufmerksam zu werden, auf das spezifische Klima, den Boden und die Jahreszeiten. Man kann nicht nach einer abstrakten Düngetabelle vorgehen.

DIE STOFFLICHE ZUSAMMENSETZUNG DER PFLANZEN

Der holländische Chemiker Van Helmont (1577–1644) stellte einen inzwischen klassisch gewordenen Versuch über die Pflanzenernährung an. In einem mit 200 Pfund Erde gefüllten Bottich pflanzte er einen Weidenschößling und gab diesem nur Wasser. Nach fünf Jahren war der Schößling zu einem 169 Pfund schweren Bäumchen geworden. Als Van Helmont die Erde im Bottich wog, war er erstaunt festzustellen, dass diese immer noch praktisch 200 Pfund wog; sie hatte nur 62 Gramm Gewichtsverlust erlitten. Die Frage, die sich dem Chemiker stellte, war: Woher kommt die Pflanzenmasse, wenn nicht vom Boden?

Man staunt heutzutage immer noch, wenn man bedenkt, dass sich bis zu 98 Prozent der Pflanzensubstanz aus Luft (CO_2) und Wasser (H_2O) bilden und nur eine verschwindend kleine Menge vom Boden selbst kommt (N, P, K, Ca, usw.). Die Pflanze spiegelt nicht einfach die Zusammensetzung der Bodenmineralien wider, die in der Reihenfolge Sauerstoff, Silizium, Aluminium usw. am

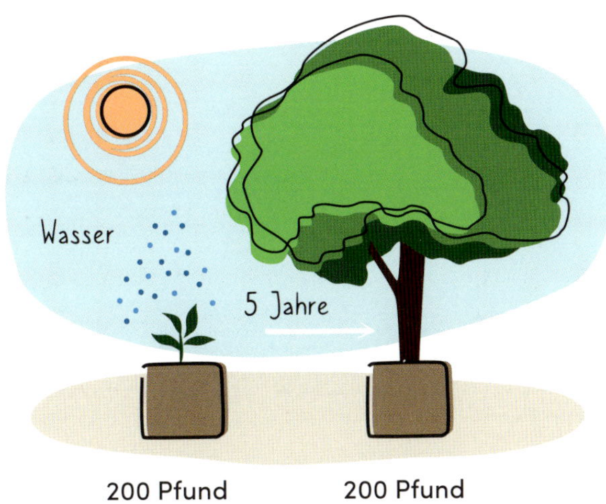

Van Helmonts Experiment.

häufigsten vertreten sind. In der lebendigen Pflanze kommen an erster Stelle Kohlenstoff, Sauerstoff und Wasserstoff vor. In viel geringeren Mengen folgen Stickstoff, Kalium, Kalk, Magnesium, Phosphor, Kiesel und noch bis zu sechzig andere. Die ätherischen Bildekräfte, die den Pflanzen zugrunde liegen, selektieren die Baumaterialien, um sich die artgemäßen Gestalten aufzubauen.

DIE HAUPTELEMENTE UND IHRE FUNKTION IM PFLANZENWACHSTUM

Man kann die mineralischen Bausteine des Pflanzenwachstums als Anker betrachten, durch welche die übersinnlichen Kräfte und Wesenheiten hier auf unserer Erde ihre weisheitsvollen Werke ausführen können. Aus einem Haufen von Bausteinen und Holzlatten wird noch lange kein Haus. Es braucht die Arbeiter, die Maurer und Schreiner, die die Elemente zusammenfügen. In der Natur sind dies die Elementarwesen. Aber die Arbeiter müssen auch nach einem Plan, den die Architekten und Techniker aufstellen, arbeiten können. Diese Architekten sind die astralen Wesenheiten, die Planetengötter. Schließlich braucht es einen Auftraggeber, der das Ganze haben will und auch finanziert, und das sind die höheren Geistwesen, die Archetypen. Auch wenn wir uns bis jetzt nur mit den Bausteinen befasst haben, wollen wir nicht vergessen, dass hinter ihnen übersinnliche Kräfte und Wesenheiten eine entscheidende Rolle spielen.

Aber auch die Bausteine sind nicht nur tote Stoffe. Sie haben ebenso übersinnliche Dimensionen. Man kann sie als Schriftzeichen oder als die äußere Schale hoher Wesenheiten, die das Universum durchwirken, auffassen. Rudolf Steiner hat unser begrenztes naturwissenschaftliches Verständnis der Elemente mit dem Betrachten eines Fotos einer Person verglichen (Steiner 1975: 3. Vortrag). Eine Fotografie kann man studieren und sie sagt auch viel aus, aber wie viel mehr würde man erfahren, wenn man die lebende Person sehen oder gar mit ihr reden könnte!

Kohlenstoff (C)

Kohlenstoff wird von Steiner als der »schwarze Kerl« vorgestellt, der überall, wo er in der organischen Natur auftaucht, gestalt- und formgebend wirkt. Die Pflanze trennt den Kohlenstoff durch die Sonnenkraft vom Sauerstoff des Kohlendioxidmoleküls und baut den schwarzen Kerl, der gerne Ketten (C-C-C-C-C- ...) bildet, in ihre Gestalt ein. Aus solchen Kohlenstoffketten besteht das Gerüst bzw. das »Skelett« der Pflanze. An die Ketten dieses vierwertigen Elements hängen sich dann – wie »Fleisch und Muskeln« – die anderen Elemente, vorzüglich Sauerstoff und Wasserstoff. Wenn die Pflanze stirbt, verflüchtigen sich die anderen Elemente zum größten Teil, aber das Kohlenstoffskelett bleibt zurück.

In der mineralischen Welt sieht man die formgebende Kraft des Kohlenstoffs in der Gestalt des Diamanten. Tiere und Menschen würden in ihrer Leiblichkeit unbeweglich werden wie die Pflanzen, wenn sie den Kohlenstoff nicht ständig wieder mit der Atmung ausstoßen würden. Ihre feste Gestalt verdanken sie dem Kalziumphosphatskelett anstatt dem Kohlenstoffgerüst. Steiner macht jedoch darauf aufmerksam, dass der Kohlenstoff dem Menschen die Möglichkeit gibt, Gedanken in Bilder, mentale Formen und Begriffe zu fassen. Es sei auch ein Aspekt der Atemübung in der orientalischen Esoterik, den Kohlenstoff besonders lange im Körper zu behalten, wodurch der Yogi die Geistesbilder erfassen kann. Schließlich identifizierte Steiner auch den alchemistischen Stein der Weisen als das Wesen des Kohlenstoffs.

Der Gärtner kann die Kohlenstoffassimilation der Pflanzen unterstützen, indem er schützende Hecken pflanzt, die den Durchzug der Winde verlangsamen. So wird das vom Boden heraufsteigende Kohlendioxid, das die Pilze und Kleinlebewesen absondern, nicht sofort weggeweht, sondern kann durch die Spaltöffnungen, die sich auf der Unterseite der Blätter befinden, wieder aufgesogen werden. Weiter kann er die Kohlenstoffassimilation seiner Gemüse unterstützen, indem er den Boden mulcht oder mit der Zieh- oder Pendelhacke die obere Kruste lockert, sodass die Bodenoberfläche nicht verkrustet. Wenn sich Kohlenstoff (Kohlensäure) zu stark im Boden anreichert, versäuert er und das Wachstum erstarrt.

Sauerstoff (O_2)

Das Wesen des Sauerstoffs ist es, Lebensträger zu sein. Das geben auch die Technokraten zu, wenn ihre instrumentenbeladenen Roboter den Mond und die anderen Planeten nach Sauerstoff absuchen. In der Atmosphäre ist der Sauerstoff neutral, aber wenn er in den Organismus oder in den Boden kommt, bewirkt er Lebensaktivität und Stoffwechsel. Er umwindet und umschlingt den Kohlenstoff, ohne den der Sauerstoff seine Lebensaktivität nicht entfalten könnte.

Der Gärtner macht sich die Sauerstoffkraft zunutze, indem er Tiefkulturbeete und Hügelbeete anlegt, die viel Luft in ihrer lockeren Erde enthalten. Auch der Kompost sollte so locker aufgeschichtet werden, dass die aeroben Rottebakterien begünstigt werden.

Stickstoff (N_2)

Stickstoff ist der Träger des Empfindungsvermögens, der Sensitivität und der Bewegung. Der Stickstoff ist ein Ausdruck der Weltenseele, die zwischen den ätherischen Kräften und den Archetypen vermittelt. Als Element ist es der Anker der Astralität auf der Erde, der Seelenfunktion in Mensch und Tier. Bei der Pflanze, deren Kohlenhydrat-, Zellulose- und Ligningewebe relativ arm an Stickstoff ist, wirkt die Astralität durch Luft, Insekten und Tiermiste von außen ein.

Ähnlich wie der Sauerstoff ist der Stickstoff in der Atmosphäre inaktiv, sozusagen »tot«, wird aber im Boden und innerhalb der Organismen reaktiv. Durch den Stickstoff kann der Boden »fühlen« und »spüren«, was in der Atmosphäre, in der Biosphäre und im weiteren Kosmos vor sich geht. Indem er den guten Duft der frischen Erde beim Hacken oder beim Pflügen einatmet, empfindet der meditative Gärtner oder der Bauer, was der Stickstoff ihm zu sagen hat; er weiß dann intuitiv, also unter der Schwelle des bewussten Denkens, was für seinen Acker, für die landwirtschaftliche Individualität das Beste ist. Der Mikrokosmos Garten spricht so seine Wünsche aus.

In der praktischen Arbeit versorgt man die Pflanzen am besten mit Stickstoff, der dem lebendigen, organischen Bereich entnommen ist, nicht mit abgetöteten Stickstoffmineralsalzen. In Frage kommen kompostierte Miste von allen Haustieren, Federn, Hornmehl, Fischemulsion und der Stickstoff der Knöllchenbakterien der Leguminosen, die man in die Fruchtfolge einbaut. Ohne den riesigen Aufwand an Energie – es bedarf 6000 Kalorien und 500 kg Druck, um 1 kg Stickstoff im Haber-Bosch-Verfahren herzustellen – und ohne hohe Temperaturen können diese Wurzelbakterien bis zu 200 kg Stickstoff pro Hektar erzeugen (Wortmann 1977 : 181).

Manchmal braust auch der Freund des ackerbauenden Menschen, Donar (Thor), auf seinem von Gewitterböcken gezogenen Wagen übers Land und segnet im Blitzgewitter den Boden mit einem stickstoffhaltigen Regenguss.

Stickstoffmangel zeigt sich in dünnen, zähen Stängeln und gelben Blättern, die bald abfallen. Die schmächtigen Pflänzchen auf Hungerwiesen, die sehr früh blühen und Samen bilden, sind charakteristisch für das Fehlen von Stickstoff. Ein Zuviel an Stickstoff lässt die Pflanzen geil und tiefgrün ins Blatt wachsen und zieht Blattläuse und andere Schädlinge nach sich, die den Überschuss von den Pflanzen absaugen wollen.

Phosphor (P)

Als reines Element leuchtet Phosphor im Dunklen, und es bedarf wenig, um ihn in hellen Flammen auflodern zu lassen. Phosphor (griech. *phos phoros* = Lichtträger) hat die Aufgabe, himmlisches Licht in die Erdenschwere hineinzutragen. Diese Aufgabe kann man nachempfinden, wenn man weiß, was für eine Rolle er in der Blüten- und Fruchtentwicklung und im Zuckerstoffwechsel spielt. Wenn es im Garten an Phosphor mangelt, zeigt sich dies in purpurrötlichen Stängeln und Blattvenen (Anthrozyanbildung), im gehemmtem Wachstum und der Verzögerung von Blüte und Reife der Pflanzen. Beim Mais werden die Körner in den Kolben unregelmäßig und bei Tomaten die Unterseite der Blätter purpurn. Wenn diese Mangelerscheinungen auftreten, dann helfen besonders vergorene Hühner- und andere Geflügelmiste. Lupine und Wicke als Gründüngerpflanzen sammeln Phosphor. Ausgekochte Knochen, die verbrannt und dann zu Staub zermalmt werden, geben diesen Stoff her. Gemahlenes Phosphatgestein und Thomasschlacke sind weitere Quellen.

Eine Geschichte mit dem Titel »Who ate Roger Williams?« (Steele 1868), die vor vielen Jahren in der Tageszeitung von Hartford (Connecticut) erschien, gibt uns ein klares Beispiel vom Phosphorkreislauf in der Natur. Es wird erzählt, wie die Stadtväter nach der Grabstätte von Roger Williams, dem Gründer der Kolonie von Rhode Island (1636), suchten, um ihm an der Stelle ein Denkmal zu errichten. Man fand das Grab, grub aber nur noch ein paar verrostete Nägel, Hacken, einen Zopf und eine Spur verkohltes Holz aus. Neben dem Grab wuchs ein alter Apfelbaum, der eine seiner Hauptwurzeln durch den Sarg gestoßen hatte. Die Wurzel machte eine Drehung, wo einst der Schädel des Koloniegründers war, wuchs das Rückgrat entlang, teilte sich unterhalb des Beckens in zwei Gabeln und wuchs bis zu den Fersen, wo sie dort, wo einst die Zehen waren, eine rechtwinkelige Biegung nach oben machten. Eine Wurzel machte sogar einen kleinen Knick, wo das Knie war. Die äußere Gestalt des edlen Pioniers war zu Holz verwandelt worden; der Phosphorgehalt seiner Gebeine hat sicherlich Jahr für Jahr zu einer guten Apfelernte geführt. Deshalb ist die Überschrift des Zeitungsartikels: »Wer hat Roger Williams gegessen?« gar nicht so unpassend.

Silizium (Si)

Silizium ist kein reaktionsfreudiges Element. Eben deshalb wird es von Steiner als erhabener Edelmann bezeichnet, und deshalb wird ihm auch nicht viel Bedeutung in der gemeinen Agrarwissenschaft beigemessen. Als Quarz, aus dem 48 % der Erdrinde besteht, ist Silizium inaktiv, aber in Pflanzen, besonders in Getreiden und Gräsern, ist die Kieselsäure (H_4SiO) biologisch aktiv. Getreide, das gut mit Kiesel versorgt ist, legt sich im Sturm nicht so leicht um und bietet Pilzsporen und den Kauwerkzeugen der Insekten größeren Widerstand. Kunstdüngeranwendung vermindert den Siliziumgehalt. Im Aschegehalt des Getreides ist seit den ersten Messungen vor neunzig Jahren eine Abnahme des Siliziums um 30 % zu verzeichnen. Zur gleichen Zeit hat man festgestellt, dass die Backqualität und Haltbarkeit des Mehls sich verschlechtert hat und dass norddeutsche Strohdächer, die früher ungefähr dreißig Jahre hielten, jetzt nur noch höchstens fünfzehn Jahre intakt sind, ehe sie der Erneuerung bedürfen (Remer 1968: 38).

Die Biodynamiker sagen, dass Kiesel die Licht- und Wärmekräfte und die Einflüsse der obersonnigen Planeten (Mars, Jupiter und Saturn) vermittelt und verstärkt und dadurch Qualität, Aroma und Geschmack fördert. Man kann auch beobachten, dass Brombeeren, die an staubigen Wegen wachsen, süßer schmecken als andere. Um die qualitäts- und reifefördernde Wirkung des Kiesels nutzbar zu machen, stellt man in der biodynamischen Landwirtschaft das *Hornkieselpräparat* her, das wir später besprechen werden. Einige wissenschaftliche Untersuchungen deuten an, dass mit dem Quarzpräparat behandelte Pflanzen die Licht- und Wärmewirkungen verstärkt zum Ausdruck bringen, wogegen mit Stickstoff überdüngte Pflanzen unter denselben Umständen die Charakteristiken einer an feuchten, schattigen Orten wachsenden Pflanze zeigen (Klett 1973: 178).

Eine zweiprozentige Wasserglaslösung oder der Tee des kieselhaltigen Schachtelhalms (*Equisetum arvense*) wirken auch gegen Blattläuse und Mehltau, die als Zeichen einer durch Kälte, Feuchtigkeit oder Stickstoffüberdüngung verursachten Unausgeglichenheit im Wachstum auftreten. Es gibt noch alte Gärtner, die den Karotten (Möhren) Quarzsand mit in die Saatrillen streuen. Sie vermitteln diesen Doldenblütlern dadurch die licht- und wärmeätherischen Kräfte, die eine süße, würzige Pfahlwurzel entstehen lassen. Wie ein alter Gärtnerspruch besagt: »Sand ist Mist, wenn er an der rechten Stelle ist.«

Kalzium (Ca)

Kalk bildet einen dialektischen Gegenpol zum Kiesel. Kiesel hat etwas Trockenes, Strahlendes an sich – es kommen einem die lichtdurchlässigen sechskantigen Bergkristalle in den Sinn. Auch die sechseckigen Facetten der Insektenaugen, die hexagonalen Zellen der Waben der licht- und wärmeliebenden Bienen und die Honigkristalle tragen die Signatur dieses Stoffes. Die Verwandtschaft mit dem Licht zeigt sich darin, dass die Augen, die Haare und die schimmernden Federkleider der Vögel Kiesel ansammeln und dass Silikon zur Herstellung von Photozellen, Mikrochips und Transistoren benutzt wird. Das Strahlende kommt in den Formen der Kieselalgen, der Strahlentierchen (*Radiolaria*), dem Schachtelhalm und den Spelzen der Getreide zum Ausdruck.

Während man Kiesel an der Peripherie der Organismen findet, in Sinnesorganen, Haut und Haarkleid, ist der Kalk im Organismus in den Knochen vorhanden, und auch im Stoffwechsel ist er äußerst aktiv. Diese Reaktionsfreudigkeit kann man als »saugend«, zum Feuchten tendierend bezeichnen im Gegensatz zum trockenen Strahlen des Kiesels. Die Lochschalentierchen (*Forminifera*), deren winzige Kalkschalen sich in Urzeiten zu unseren Kalkgebirgen formten, sind rund oder schneckenförmig gebaut und lassen das strahlige der Radiolarien vermissen. Die kalkigen Sedimentgesteine haben sich im Wasser geformt, im Gegensatz zu den im Feuer auskristallisierten Quarz-Urgesteinen. Auch der Feuerstein lässt noch, obwohl er sich in den Meeren aus Kieselgallerten formte, seine feurige Signatur erkennen, wenn man mit Eisen Funken aus ihm schlägt.

Während Kiesel mit den obersonnigen Planeten, mit der unwägbaren Qualität des Lichtes und der Wärme zu tun hat, vermittelt Kalk die Wirkungen der untersonnigen Planeten (Mond, Merkur und Venus), hat mit der wägbaren Quantität zu tun und ist höchst reaktiv im biologischen Ablauf und

Stoffwechsel. Kalk lockert schwere Tonböden, flockt sie aus und verbessert die Anbaumöglichkeiten. Kalk neutralisiert überschüssige Säure im Boden oder im Organismus. In den Zellen gleicht er die von Kali und Natrium verursachte Zähflüssigkeit aus. In den Komposten unterstützt Kalk die zelluloseverdauenden Organismen und im Acker die stickstoffbindenden Knöllchenbakterien der Schmetterlingsblütler.

Natürlich muss man mit diesem »Hitzkopf« umzugehen wissen, damit es nicht zur Verkalkung kommt, denn er schlägt die Spurenelemente in Fesseln und vertreibt den Salmiakgeist. Kalk macht reiche Väter und arme Söhne, mahnt die Bauernregel. Am besten eignen sich die langsam reagierenden Kalksteinmehle, Algenmehl und Kalkmergel, wenn man kalken will. Es ist auch immer besser, den Kalk über dem Kompost auf den Boden zu bringen, anstatt ihn direkt aufzustäuben. *Dolomitmehl* ist eines der besten Kalksteinmehle, denn es enthält Magnesium (Mg). Jede Pflanze braucht *Magnesium,* da dieses Element ein wichtiger Baustein des Blattgrüns und Aktivator zahlreicher enzymatischer Prozesse ist. Besonders sandigen und torfigen Böden mangelt es oft an Magnesium.

Gips (Kalziumsulfat) ist auch eine Kalkquelle, die aber wegen ihres Schwefelgehalts zu einer Versäuerung des Kompostes oder Bodens führt und die Pilze gegenüber den zelluloseverdauenden Rottebakterien fördert. In trockenen, alkalischen Böden, wie man sie in den regenarmen mediterranen Klimazonen wie in Kalifornien oder Spanien findet, ist diese versäuernde Tendenz des Gipses erwünscht. Die Schwefelsäure, die sich aus dem dissoziierenden Kalksulfat ergibt, neutralisiert zum Teil die überschüssigen Basen dieser Verdunstungsböden. An und für sich braucht man sich um Schwefel, der zum Vitaminaufbau und zur Synthese einiger Aminosäuren unerlässlich ist, nicht zu sorgen, denn im Regen der Industrieländer wird genug *Schwefel* in den Boden gewaschen. Auch der Schwefel hat mit dem Wärmeelement zu tun; man denke an die Senföle in den Kreuzblütlern und die Lauchöle in Zwiebeln und Knoblauch, die es diesen Pflanzen ermöglichen, die kalte Witterung zu überstehen.

Kalium (K)

Kalium, auch Pottasche genannt, ist ein naher Verwandter des Kalks und wird von den Pflanzen genutzt, um Stängel und Wurzeln aufzubauen. Wenn Pottasche fehlt, sehen die Pflanzen schlaff aus, und an den Blättern bilden sich tote Randstreifen (Nekrosen). Bei Kalimangel sind die Früchte weich und werden ungleichmäßig reif, Karottenblätter kräuseln sich, Rote Beten (Randen) formen sich zu Zapfen, Wurzelgemüse wird nematodenanfällig und die Maiskolben verkümmern. Mit Steinmehl (Granitstaub), Holzasche von Harthölzern (Eiche, Buche, Esche usw.), kompostiertem Schweinemist, Seetang, Farnkraut, insbesondere dem Adlerfarn (*Pteridium aquilinum*), mit Wicke und Luzerne als Mulch oder im Kompost gleicht man den Mangel wieder aus.

Spurenelemente

Der biologische Gärtner braucht sich nicht um die Spurenelemente zu kümmern. Die Luft – auch wegen der industriellen Abgase –, der Regen und das Bodenwasser tragen diese in kleinsten Mengen benötigten Stoffe mit sich. Nur in den seltensten Fällen ist dem Boden mit einer Spurenelementdüngung geholfen, wie zum Beispiel in Australien, wo Tausende Hektar Land durch eine geringfügige Molybdängabe fruchtbar gemacht wurden. Meistens jedoch vergiftet man den Boden dadurch und reichert diese raren Elemente ungünstig an. Das herbstliche Falllaub der Bäume enthält oft Spurenelemente und andere Mineralien, die die mächtigen Baumwurzeln aus den Tiefen heraufpumpen. Ein solcher Blätterkompost, dem vielleicht noch Fischemulsion, Fischmehl, Seetang oder Holzasche beigemischt sind, sollte das Problem der Spurenelemente ein für allemal lösen.

BODENUNTERSUCHUNGEN

Bodenproben sind unzuverlässig, denn die Analysen schwanken stark mit der Jahreszeit und der biologischen Aktivität der Pflanzen, da die Stoffe im ständigen Wechsel gebunden und gelöst werden (Pfeiffer 1977: 54). Man sollte nicht gutes Geld für solche Spielereien ausgeben. Die Hauptsache ist, dass der Boden lebendig ist, dass die Kleinlebewesen Chelate herstellen können, dass Tiermiste, Leguminosengründüngung und vielleicht auch Gesteinsmehl in den Boden gebracht werden. Jeder Garten ist ein kleines Ökosystem mit internen Kreisläufen und rhythmischen Schwankungen, für die ein Bodentest ein viel zu grobes Maß darstellt.

Wenn man schon Untersuchungen anstellen will, kann man mit der Gartenkresse (*Lepidium sativum*) Wachstumsvergleiche anstellen. Man füllt Gartenhumus, Sand, Kompost, Torf oder was man eben untersuchen will, separat in Töpfe, besät diese mit jeweils zehn Kressesamen von der gleichen Mutterpflanze und hält alle Faktoren wie Licht, Temperatur, Wasser usw. konstant. Dann vergleicht man die Wachstumsgesten der Kresse in ihren verschiedenen Medien. Es kommt auf die »anschauende Urteilskraft« des Beobachters an, welche Kriterien er zum Vergleich anwenden wird. Er kann die Keimfreudigkeit, die Länge zwischen den Knoten, die Blattformen und -deformationen, die Maße der Blätter und Wurzeln, die Färbung und noch vieles mehr berücksichtigen. Durch diese Analyse bekommt er ein gutes Bild der Wachstumskräfte, die im jeweiligen Medium enthalten sind.

KOSMISCHE EINFLÜSSE

In der lebendigen Natur geschieht nichts,
das nicht in einer Verbindung mit dem Ganzen steht.
Johann Wolfgang von Goethe

Als Großvater noch zur Schule ging, lernte er, dass außer dem Gravitationsfeld nichts vom Weltall aus einen Einfluss auf die Erde ausüben kann. Wie sollte auch irgendetwas durch einen Leerraum, ein absolutes Vakuum, hindurchgehen können? Heutzutage, nachdem Einstein die Idee des gekrümmten Raumes formuliert und man mit Radioteleskopie, Spektralanalysen und sogar mit künstlichen Satelliten das Weltall erforscht hat, weiß man mehr über Gammastrahlen, Photonen, kosmischen Staub und andere Strahlungen, die mühelos den Raum durchqueren. Aber immer noch gilt ein materialistisches Weltbild. Man sieht die Erde entweder als ein Raumschiff, das ziellos durch das endlose All rast und dessen Life-Support-System sich in einem Krisenzustand befindet (Buckminster Fuller), oder man rechnet sich die mathematische Wahrscheinlichkeit aus, dass irgendwo anders im Weltall in irgendeiner der zahllosen Galaxien protoplasmisches Leben entstanden sein könnte. Bis jetzt konnte man noch keine höheren Lebensformen entdecken, ja nicht einmal das primitivste extraterrestrische Leben.[23] Sporen und Pollenstaub, der in der Stratosphäre schwebt, stammen ausschließlich von der Erde selbst. In allen Fällen hat man das Verständnis dafür verloren, dass die Erde ein geistiger Mittelpunkt sein kann, dass Götter auf- und niedersteigen und ihre Werke verrichten, dass hier Avatare, Herabkünfte der göttlichen Persönlichkeit, wandeln oder dass sich der Schöpfergott sogar selbst als Mikrokosmos auf der Erde inkarniert hat.

Für die Naturvölker bestand da überhaupt keine Frage, denn Besucher von den Sternen erschienen ihnen in der Traumzeit, in Trance, und tanzten mit ihnen ihre Tänze. Hat denn noch niemand die Lemuren, die Vollmondstrahlen, heruntersteigen sehen? Ist nicht der Morgenstern Quetzalcoatl auf den Straßen Mexikos als Mensch gewandelt? Besuchen die Schamanen nicht die Häuser der Himmelsgötter?

23 Ein Stein, der angeblich vom Mars auf die Erde gefallen war, enthielt ein mikroskopisches bakterienartiges Gebilde. Trotz Sensationsberichten bezweifeln seriöse Experten, dass es sich dabei um Spuren extraterrestrischen Lebens handelt.

Jedes ackerbauende Volk hat den Einfluss des himmlischen Firmaments auf Wetter, Jahreszeiten, Pflanzenwachstum sowie Tier- und Menschenverhalten feststellen können. In den alten Hochkulturen entband man deshalb auch die Begabtesten von den Aufgaben der Arbeit, des Krieges oder von Familienpflichten, damit sie ungehindert von bestimmten Warten oder Bergen aus die Sterne und Planeten beobachten konnten, damit sie ihre Bitten zu den Göttern emportragen und Kalender aufstellen konnten, die den Bauern sagten, wann die Äcker zu bestellen, die Jungbullen zu kastrieren oder die Kräuter zu sammeln sind. Wenn Sirius vor Sonnenaufgang über dem Horizont stand, wurde dieser der Isis gehörende Stern mit einem Volksfest begrüßt. Im alten Ägypten wusste man, dass nun bald die Sommerflut, die den fruchtbaren Nilschlamm bringt, einsetzen würde. Noch heute halten sich Wanderfeldbauern, wie die Tukanos Brasiliens, an solche kosmischen Fingerzeige. Sie wissen: Wenn das Siebengestirn (Plejaden) kurz nach Sonnenuntergang untergeht, dann müssen die Cassavawurzeln gesteckt werden, denn die Regenzeit ist nicht mehr fern.

Die Völkerkundler fassen die Mythen und Rituale, die den vielen Sonnen-, Mond- und Himmelsgöttern gewidmet sind, nicht mehr einfach als prälogische Wissenschaft oder als sozio-psychologische Projektion auf die gleichgültige Natur auf, sondern als funktionelle Anpassung an ganz bestimmte Umweltfaktoren. Auch Gruppentänze wie die alten Bauerntänze oder Sonnenerneuerungstänze der Indianer sind das Mitschwingen und Nachempfinden der Rhythmen der Himmelskörper und ihrer Signaturen auf der Erde. Im Gegensatz dazu sind unsere individualisierten Formen des Disco-Dancing, Rock und Techno Ausdruck eines von Maschinen und Elektronik besessenen Bewusstseins.

Okkultisten und Astrologen, die gern den alltäglichen Realitäten entfliehen, um in weihrauchgeschwängerten Salons den Planetengöttern und astrologischen Einflüssen nachzugehen, kennen sich gewöhnlich am nächtlichen Sternenhimmel nicht aus. Von Dänikens Astronautengötter, die in supertechnologischen Raumschiffen unseren Planeten aufsuchen, wie die Schiffe der Handelsgesellschaften einst die Gewürzinseln, erweisen sich tatsächlich als in das All projizierte gesellschaftliche Wünsche und Ängste (Moser 1998); bestenfalls zeigen sich in dieser Aufmachung die verdrängten Elementarwesen dem modernen Menschen (Golowin 1980). Wenn der Gärtner nach dem Mond sät und pflanzt, ist das etwas völlig anderes. Das Gärtnern im Einklang mit dem Kosmos ist durch lange Erfahrung und konkrete Daten gesichert.

GEOZENTRISCHE ASTRONOMIE

An dieser Stelle müssen wir den Unterschied zwischen *Astrologie* und *Astronomie* klar herausstellen. Wenn die Astrologen ihre Horoskope erstellen, dann tun sie es nach dem Stand der Himmelskörper, wie er vor zweitausend Jahren war, als die Sonne noch ihren Frühlingspunkt im Widder hatte. Die Astrologen blicken kaum in den Nachthimmel, sondern eher in alte, vergilbte Tabellen. Aber wir wollen es ihnen nicht nachtragen, denn zu der Zeit vor zweitausend Jahren wurde – so die Überzeugung christlicher Mystiker – die Verinnerlichung des Firmaments im Mikrokosmos mit der Inkarnation der *Imago dei* vollkommen. Seither geht der Mikroskosmos (Mensch) nicht mehr synchron mit dem Makrokosmos (Natur). Der wahre Astrologe, der kein Scharlatan ist, stellt die inneren Konstellationen im Mikrokosmos fest. Wir als Gärtner haben es aber mit Pflanzen, Tieren und Böden zu tun, die noch ganz im Makrokosmos stehen und vom äußeren Firmament ihre Impulse erhalten. Wir brauchen die Astronomie, die den tatsächlichen Stand der Himmelskörper ermittelt. Nur brauchen wir eine *geozentrische* Himmelskunde, die die Erde als Mittelpunkt hat, und nicht die *heliozentrische*, wie sie in der akademischen Wissenschaft gepflegt wird. Die heliozentrische Auffassung kann errechnet und in Gedanken nachvollzogen werden, aber die geozentrische steht in Einklang mit den Sinnen. Unsere Pflanzen mit ihren lichtempfindlichen grünen Blättern erleben die Sonnenstrahlen und Planeteneinwirkungen von der Erde, nicht von der Sonne aus.

Geozentrisch stehen wir fest auf dem Boden. Der Garten wird zum Mittelpunkt des Universums. Wenn wir dann in den Himmel schauen, nehmen wir den gewaltigen Tages- und Nachtrhythmus wahr, bei dem die Sonne im Osten aufgeht und im Westen versinkt. Wir nehmen an dem großen Jahreskreislauf teil, der von der Tagundnachtgleiche im Frühling zur Sommersonnenwende im Hochsommer zur herbstlichen Tagundnachtgleiche und dann zur Wintersonnenwende führt, ehe er von Neuem beginnt. Die Jahreszeiten, die das pflanzliche Sprießen, Wachsen, Blühen und Fruchten sowie Vogelzug, Wildwanderung und Brunftzeiten bestimmen, wurden in allen indigenen Kulturen durch Ritual und Zeremonie gefeiert und geheiligt.

Am Nachthimmel sieht man Sterne und Planeten. Im Einklang mit der griechischen, geozentrischen Tradition behandeln wir die Sonne (☉) und den Mond (☾) als zu den sieben Planeten gehörig. Uranus, Neptun und Pluto sind den Sinnen nicht unmittelbar zugänglich. Sie stehen außerhalb von Midgard, und ihre Entdeckung markiert den Abstieg der Menschheit in die untersinnliche Dimension, in die Welt der Elektronik, der Kernkraft, der inneren Chirurgie, Psychoanalyse, Genmanipulierung und die virtuellen Welten des Cyberspace. Die Planeten (griech. *planos* = herumschweifend), auch *Wandelsterne* genannt, bewegen sich entlang der Sonnenbahn, der *Ekliptik*. Sie bewegen sich entgegen dem Uhrzeigersinn (direkt), können sich aber gelegentlich auch im Uhrzeigersinn (*rückläufig*) bewegen. Diese Bewegungen vollziehen sich mit den *Fixsternen* im Hintergrund. Der Fixsterngürtel, an dem die Wandelsterne vorbeiziehen, ist in zwölf Regionen eingeteilt, jede 30 Bogengrade umfassend. Dieser Gürtel ist der *Tierkreis* (Zodiakus), der zwölf kürzere oder längere *Tierkreisbilder* enthält. Das Himmelszelt als Ganzes dreht sich täglich von Osten nach Westen in Uhrzeigerrichtung völlig um seine Achse, den Nordstern (Polaris), sodass man vom täglichen Aufgang und Untergang der Sterne sprechen kann.

Das Zifferblatt der Uhr mit seinen zwölf Ziffern gibt eine gute Versinnbildlichung dieser Vorgänge. Die Uhr ist ursprünglich auch dem Tierkreissystem entlehnt worden. Die Ziffern stellen die zwölf Tierkreiszeichen dar; der große und der kleine Zeiger widerspiegeln das Umlaufverhältnis von Sonne und Mond. Das große kosmische Uhrwerk enthält außer Sonne und Mond noch Merkur (☿) und Venus (♀), die sich immer in der Nähe der Sonne aufhalten

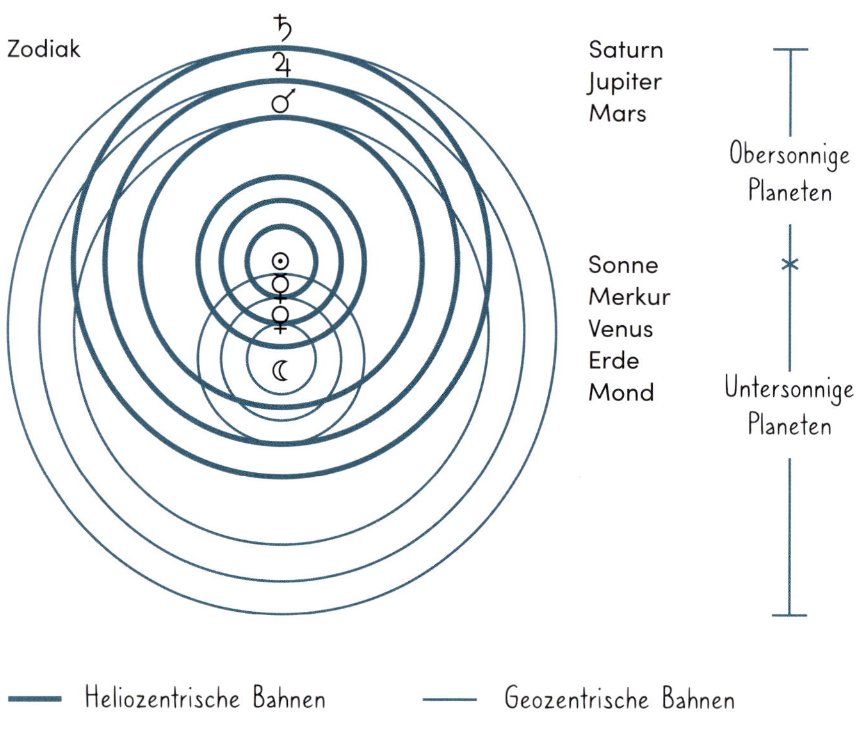

Synthese einer heliozentrischen und einer geozentrischen Anschauungsweise.

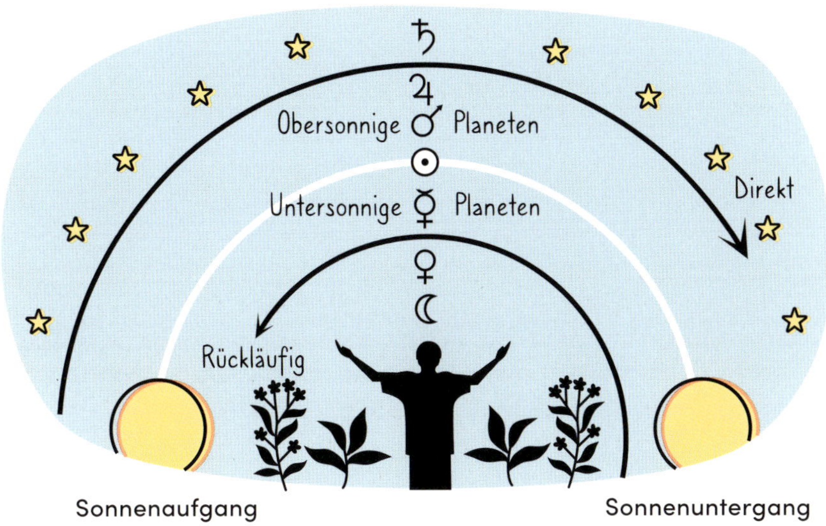

Der geozentrische Standpunkt.

und daher als Morgen- oder Abendstern auftreten. Mit dem Mond zusammen machen sie die *untersonnigen Planeten* aus. Die weiteren »Zeiger« sind die *obersonnigen Planeten* Mars (♂), Jupiter (♃) und Saturn (♄).

Ein jeder dieser »Zeiger« bewegt sich mit verschiedener Geschwindigkeit. Merkur, Venus, Mars, Jupiter und Saturn laufen zuweilen auch rückwärts. Die Sonne durchläuft den Tierkreis in 365 Tagen und kommt dann wieder am Frühlingspunkt in den Fischen an. Der Mond ist viel geschwinder: er macht die ganze Wanderung in 27,32 Tagen. Merkur hat eine siderische Umlaufzeit von 88 Tagen, Venus von 225 Tagen, Mars von fast zwei Jahren, Jupiter von zwölf Jahren[24] und der greise Sensenmann Saturn braucht fast dreißig Jahre für einen Umlauf.

Aber das sind bei Weitem noch nicht alle Bewegungen, die man am Himmelsgewölbe beobachten kann. Der Mond hat noch andere Bewegungsrhythmen als den *siderischen* Umlauf von 27,32166 Tagen (27 Tage, 7 Stunden, 4 Minuten) durch alle Tierkreiszeichen hindurch. Am augenfälligsten sind die *Mondphasen* (*synodischer Mond*), also die Zeit, die es braucht, um von einem Vollmond über abnehmenden Mond, Neumond und zunehmenden Mond wieder zum nächsten Vollmond zu gelangen. Dieser Kreis schließt sich in 29,531 Tagen. Wenn man die Mondsichel sieht und wissen will, ob man einen abnehmenden oder zunehmenden Mond vor sich hat, kann man sich die natürliche Krümmung der Hand vor Augen halten: Wenn die Sichel wie die linke Hand

24 Der zwölfjährige Zyklus des ostasiatischen Kalenders ist ein Jupiterrhythmus.

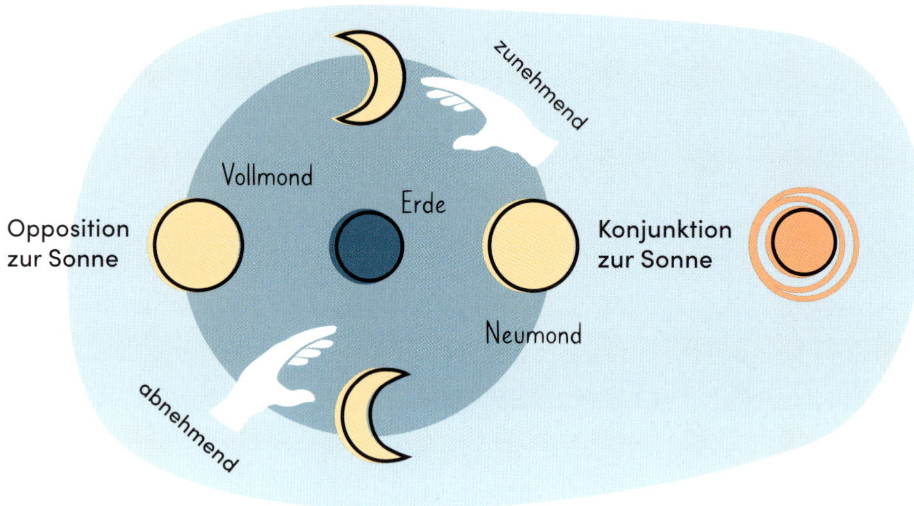

Die Mondphasen.

gebogen ist, hat man einen abnehmenden Mond, wenn sie wie die rechte Hand gekrümmt ist, hat man einen zunehmenden Mond vor sich.

Ein weiterer Mondrhythmus ist die Rückkehr der Höchst- und Tiefststellung des Mondes am nördlichen und südlichen Wendepunkt. Dieser Rhythmus, der so genannte tropische Mond, verläuft in 27,32158 Tagen und teilt sich in den aufsteigenden und den absteigenden Mond. Der Mond ist absteigend, wenn er vom höchsten Tierkreiszeichen, den Zwillingen, hinunter zu dem niedrigsten Zeichen, dem Schützen, steigt; vom Schützen bis zu den Zwillingen ist er aufsteigend. Die Sonne und die anderen Planeten haben auch ihre aufsteigende und absteigende Bewegung. Von der Sommersonnenwende bis zur Wintersonnenwende ist die Sonne absteigend, und dann bis zur Sommerwende in den Zwillingen ist sie aufsteigend.

Erdferne (Apogäum) und Erdnähe (Perigäum) stellen einen weiteren Mondrhythmus dar. Dieser anomalistische Mond ist durch die elliptische Bahn, die einen Unterschied von 40 000 Kilometern in der Entfernung zur Erde ausmacht, verursacht und wiederholt sich alle 27,555 Tage. Schließlich gibt es noch den drakonitischen Mond, die Wiederkehr zum gleichen Mondknoten in 27,212 Tagen. Die Mondknoten werden durch ein Pendeln oberhalb und unterhalb der Sonnenbahn (Ekliptik) erzeugt. Wenn der Mond die Ekliptik nach oben hin überschreitet, spricht man vom Drachenkopf (☊), wenn er die Bahn nach unten überschreitet, vom Drachenschwanz (☋).

Diese Mondbewegungen sind gar nicht so einfach. Die einzelnen Rhythmen ähneln einander, sind aber nicht synchron. Es dauert achtzehn Jahre und siebeneinhalb Monate, bis der synodische und der siderische Mond, also dieselbe Mondphase mit demselben Mondzeichen, wieder übereinstimmen.[25] Die anderen Planeten haben dazu auch ihre divergierenden Rhythmen. Der Kalender der Maya basierte auf den Phasen der Venus, welche die Indianer mit bloßem Auge von den Pyramiden Yucatans ausmachen konnten.

Wenn man nun alle Rhythmen und zyklischen Bewegungen im Zusammenhang betrachtet, dann errät man, dass die Umstände nie genau die gleichen sind, dass, obwohl die Bahnen, Kreisläufe und Rhythmen geordnete und wiederkehrende Phänomene darstellen, der Himmel sich immer anders darstellt. Ein Vergleich mit dem Mechanismus der Uhr, so verlockend er auch scheint, ist letzten Endes nicht gerechtfertigt. Wir haben es bei der Uhr mit einem endlichen, begrenzten System zu tun, das sich immer wiederholt. Beim beobachtbaren Himmel haben wir es mit einem unbegrenzten, unendlichen »System« zu tun, bei dem man nie wieder genau zum Anfangspunkt einer Bewegung zurückkommt; eine Tatsache, die sich darin bestätigt, dass es unmöglich ist, einen völlig exakten Kalender zu machen. Wir haben es eben mit einem sich entfaltenden Organismus zu tun, mit dem lebendigen Makrokosmos anstatt mit einem Mechanismus. Durch diese Tatsache entzieht sich der Sachverhalt der experimentellen Wissenschaft. Der Wissenschaftler kann in diesem Fall nie die »gleichen« Bedingungen wiederherstellen, kann nie den Mond und die Planeten an die genau gleiche Stelle zurückschieben, um ein bestimmtes Experiment zu wiederholen. Auch kann er nicht die wesentlichen von den unwesentlichen Faktoren trennen. Es ist daher kein Wunder, dass die heutige Wissenschaft, bis auf einzelne Ausnahmen, die Idee der kosmischen Einflüsse ablehnt. Wie viel leichter ist es, den gesamten Kosmos als »unwesentlichen Faktor« abzustempeln und von innewohnenden, genetisch programmierten Uhren in Pflanzen und Tieren zu reden. Diese endogenen Uhren, meint man, haben sich auf biochemischer Grundlage als Anpassungsmechanismen an die Umwelt entwickelt und scheinen nur zufällig mit den kosmischen Rhythmen übereinzustimmen. Die Bauern und Gärtner, die nach den kosmischen Rhythmen zu bestimmten Zeiten pflanzen und säen, sind jedoch anderer Überzeugung.

25 Auch im menschlichen Schicksal ist das Alter von 18 Jahren und siebeneinhalb Monaten von Bedeutung, da sich dann der Mond in der gleichen Phase und dem gleichen Zeichen wie bei der Geburt befindet.

RAUM- UND ZEITERSCHEINUNGEN KOSMISCHER VORGÄNGE

Alles Leben ist durch Rhythmus und Pulsschlag gekennzeichnet. Mit dem Tod hört dieser Rhythmus auf. Die Lebensrhythmen der Pflanzen und Tiere sind entweder synchron (gleichlaufend) oder Abwandlungen der Bewegungen der Himmelskörper. In der räumlichen und zeitlichen Gestaltung der Flora und Fauna kann man die in die Materie eingeprägten kosmischen Impulse ebenso ablesen, wie der Menschenkenner in einer Physiognomie lesen kann. Alle Rhythmen der belebten Welt – kurze Schwingungen, Tagesrhythmen, Monatsperiodizitäten, mehrjährige Zyklen – haben ihre kosmische Entsprechung, bei den primitiven, niederen Pflanzen direkt, bei den höher entwickelten Organismen, die einen verinnerlichten Rhythmus aufweisen, indirekt.

Die kosmischen Impulse können unmittelbar nach dem Prinzip von Ursache und Wirkung ihren Einfluss auf die Organismen nehmen. Man kann sich leicht vorstellen, dass das breite Spektrum der elektromagnetischen Wellen, die unsere Erde andauernd erreichen, in die Lebensfunktionen der Organismen eingreifen kann. Diese Energien bestehen aus extrem kurzen Wellen wie Gamma- und Röntgenstrahlen, aus den sichtbaren mittleren Wellenbereichen und gehen in die Langwellen, von Infrarot bis zu den Radiowellen, über. Es ist zum Beispiel nicht auszuschließen, dass die Sensilla der Insektenantennen die elektromagnetischen Wellen, die vom All hereinströmen, aufnehmen können (Callahan 1971: 30). Zu diesen direkten kosmischen Einflüssen zählt auch der Mondeinfluss auf Ebbe und Flut und der Einfluss des Lichtes auf das Blattgrün und auf unsere Netzhaut.

Der Zusammenklang kosmischer und organischer Rhythmen kann aber andererseits auch eine Gleichzeitigkeit der Erscheinungen (Synchronizität) bedeuten, wobei beide Ausdruck tiefer liegender archetypischer Faktoren sind, die gar nicht in den Bereich der Kausalität fallen. Es kann sich um nicht kausale Erscheinungszusammenhänge handeln, auf die man im magisch-primitiven Denken immer viel Aufmerksamkeit verwandte.

Am 28. Mai 1975 konnte ich in Oregon mit einem Gärtnerfreund eine totale Mondfinsternis im Skorpion beobachten. Nach den alten Bauernregeln sind weder die Mondfinsternis noch das Tierkreiszeichen Skorpion besonders freundlicher Natur. Wir beobachteten, wie der Mond blutrot und dann schwarz wurde, merkten aber dabei gar nicht, dass die Temperatur so stark fiel, dass sämtliche Tomaten und Bohnen erfroren. Natürlich besteht kein Kausalzusammenhang zwischen dem Frost und der Mondeklipse, denn etwas weiter unterhalb im Tal war kein Frost, aber doch stehen diese Phänomene irgendwie in Zusammenhang und bestätigen die Bauernregel.

DER TAGESRHYTHMUS

Die einfachsten und bekanntesten Rhythmen sind die »zirkadianischen« Tagesrhythmen, die mit der Sonne und der Revolution des Himmelsgewölbes zusammenhängen und in alle Lebensbereiche eingreifen. In der Pflanzenwelt wird dieser Rhythmus durch das Öffnen und Schließen der Blüten, der Tages- und Nachtstellung der Blätter, durch die Assimilationshöhepunkte am frühen Nachmittag und die Stärkeakkumulationshöhepunkte nach Mitternacht bestätigt (Wachsmuth 1945: 243). Diese Rhythmen sind so genau, dass man, wie es im 18. und 19. Jahrhundert Mode war, eine *Blumenuhr* anpflanzen kann, auf der man am Öffnen und Schließen der Blütenkelche die genaue Tagesstunde ablesen kann.[26] Der große Biologe Linné hatte sich als Erster so eine Blumenuhr in Uppsala angepflanzt (Troll 1959: 766). Es gibt auch eine »Duftuhr« der Blüten: Manche duften am Morgen, manche zu Mittag, manche am Nachmittag und andere, die Nachtfalter anlocken, während der Nacht.

Um ein durchgehend untersuchtes Beispiel der Tagesrhythmik zu geben, sei der Stoffwechsel-Atmungs-Rhythmus der Kartoffel erwähnt. In einer zehnjährigen Studie konnte Frank A. Brown (Northwestern University) zeigen, dass die Kartoffel drei metabolische Höhepunkte erreicht: bei Sonnenaufgang, am Mittagspunkt und bei Sonnenuntergang. Im Januar ist der Mittagsstoffwechsel am meisten ausgeprägt, in der Jahresmitte gibt es keine besonderen Ausprägungen, und im Herbst ist der Stoffwechsel am Morgen am stärksten. Außerdem konnte Brown zeigen, dass die Knollen genau »wissen«, welche Jahres- und Tageszeit es ist und wo Sonne und Mond stehen (Brown 1970: 32).

Es öffnen sich um 7 Uhr:
Einköpfiges Habichtskraut (*Hieracium pilosella*)
Mauerhabichtskraut (*Hieracium murorum*)
Gänsedistel (*Sonchus arvensis*)
Doldige Spurre (*Holosteum umbellatum*)
Gauchheil (*Anagallis arvensis*)

Es öffnen sich um 8 Uhr:
Steinnelke (*Dianthus* sp.)
Pfingstnelke (*Dianthus caesius*)
Herbst-Löwenzahn (*Leontodon autumnalis*)

26 Man kann die Tageszeit auch am Vogelgesang ablesen. Jede Art hat ihre bevorzugte Tageszeit, in der sie ihre Lieder schmettert. Das Federvolk ist noch stark in die makrokosmischen Rhythmen eingebunden. Die Indianer trugen Vogelfedern, denn das half ihnen, sich mit den Gottheiten des Makrokosmos zu verbinden.

Blumenuhr nach Linné

Es öffnen sich um 9 Uhr:
Ringelblume (*Calendula officinalis*)
Öhrchen-Habichtskraut (*Hieracium auricula*)
Felsennelke (*Tunica prolifera*)

Es öffnen sich um 10 Uhr:
Gelbe Taglilie (*Hemerocallis flava*)
Eiskraut (*Mesembrianthemum cristallinum*)
Schuppenmiere (*Spergularia*)

Es öffnet sich um 11 Uhr:
Tigerblume oder Pfauenlilie (*Tigridia pavonia*)

Es schließt sich um 11 Uhr:
Der abgebissene Pippau (*Crepis praemorsa*)

Es schließen sich um 12 Uhr:
Doldige Spurre (*Holosteum umbellatum*)
Gänsedistel (*Sonchus arvensis*)
Wegwarte (*Cichorium intybus*)

Es schließen sich um 13 Uhr:
Lungenkraut (*Pulmonaria officinalis*)
Pippau (*Crepis aurea*)

Es schließen sich um 14 Uhr:
Ringelblume (*Calendula officinalis*)
Sandkraut (*Arenaria serpyllifolia*)

Es schließen sich um 15 Uhr:
Mauerhabichtskraut (*Hieracium murorum*)
Ästige Graslilie (*Anthericum ramosum*)

Es schließen sich um 16 Uhr:
Öhrchen-Habichtskraut (*Hieracium auricula*)
Gauchheil (*Anagallis arvensis*)

Es schließt sich um 17 Uhr:
Zaunrübe (*Bryonia dioica*)

Es öffnet sich um 17 Uhr:
Rosa Wunderblume (*Mirabilis jalapa*)

Es schließen sich um 18 Uhr:
Seerose (*Nymphaea alba*)
Sauerklee (*Oxalis acetosella*)

Es öffnet sich um 18 Uhr:
Nachtkerze (*Oenothera biennis*)

Es schließt sich um 19 Uhr:
Gartenmohn (*Papaver somniferum*)

Der Zauber des Rotkohlblattes.

MONDRHYTHMEN

Die Mondrhythmen wirken hauptsächlich über das Wasser und können in allen Lebewesen nachgewiesen werden. Da die meisten Lebewesen zum größten Teil aus Wasser bestehen und alle Organismen durch ein gallertiges Entwicklungsstadium gehen, erweisen sich die Mondkräfte beim Gärtnern als besonders wichtig in der Samenkeimung und beim Kompostieren. Man hat Instrumente entwickelt, die Ebbe und Flut in einer Teetasse feststellen können, und Labortechniker sagen, dass es schwieriger ist, bei Vollmond Wasser zu sterilisieren als sonst. Schon Plinius gab den römischen Bauern den Rat, ihre Früchte, die sie auf den Markt bringen, vor Vollmond zu pflücken, denn dann wiegen sie schwerer, die Früchte für den eigenen Vorrat aber bei Neumond zu ernten, denn dann halten sie länger. Weiter schreibt er, Bäume sollen bei Neumond geschnitten und Tiere bei Neumond kastriert werden, denn dann bluten sie weniger. Diese Beobachtung findet in der modernen Chirurgie wieder Bestätigung.

Bei den niederen Tieren sind die Mondrhythmen besonders in der Fortpflanzung klar abzulesen. Die Genauigkeit dieses Zeitverhaltens kann echtes Staunen auslösen. So lassen sich die Stinte (Grunion) im September mit der letzten Flutwelle der Hochflut an die Strände Kaliforniens treiben, um ihre Eier und Samen in den nassen Sand abzulegen, ehe der Sog der ersten Welle der Ebbe sie wieder in das Meer spült. Genau vierzehn Tage später, bei der nächsten Hochflut, schlüpfen die Larven aus den Eiern und werden von der höchsten Welle ins Meer mitgenommen. Es handelt sich dabei zeitlich um Sekunden. Ähnlich dramatisch verläuft die Fortpflanzung der Palolowürmer im Südpazifik, wenn genau zum Zeitpunkt, an dem der Mond sein letztes Viertel im November erreicht, die Weibchen und Männchen an der Meeresoberfläche auftauchen und die Befruchtung stattfindet.

Solche Mondrhythmen sind auch beim Menschen bestätigt, wie jeder Pfleger in psychiatrischen Anstalten, jeder Zuhälter, Kneipenbesitzer und Großstadtpolizist weiß. Auch hängt die menschliche Fruchtbarkeit mit dem Mond zusammen; Eugen Jonas stellte fest, dass 98 Prozent der Befruchtungen stattfinden, wenn sich der Mond in derselben Phase befindet wie zur Zeit der Geburt der Mutter (Ostrander 1973).

PLANETARISCHE RHYTHMEN

Die Planeten geben starke Radiowellen ab und hinterlassen in ihren Bahnen einen Schweif elektromagnetischer Störungen. Schon deswegen kann man einen Einfluss auf die Erde nicht anzweifeln. Sir J. Herschel hatte bereits den elfjährigen Rhythmus der Sonnenflecken entdeckt. Sonnenflecken entstehen, wenn die Sonne mit mehreren Planeten in Konjunktion oder Opposition steht und sich dadurch eine Schwerkraftachse bildet, die die Sonnenkorona einseitig anzieht, wie etwa der Mond das Wasser auf der Erde anzieht. Wenn das geschieht, zeigt es sich auf der Erde in guten Weinjahren im Bordeaux, in einer Zunahme der Eisberge um Island, Trockenheit in Indien, mehr Erdbeben und Veränderung der Blütezeit einiger Blumenarten. Dieser elfjährige Rhythmus ist nicht eindeutig, da er mit anderen Rhythmen, einem fünfunddreißig- und einem fünfundachtzigjährigen, verflochten ist und von weiteren kosmischen Periodizitäten überspielt wird (Huntington 1962: 459). Planetarische Konstellationen äußern sich als Störungen in den sehr empfindlichen Forschungsverfahren wie der Kupferchloridkristallisation Pfeiffers oder in den Wassertropfenproben von Schwenk.

Buchen geben unregelmäßig alle 6 bis 8 Jahre einen guten Bucheckernertrag. Diese Bucheckernjahre scheinen nicht vom Wetter oder der Klimazone abzuhängen, denn in einem guten Jahr sind die Ernten überall gut. Im Elsass machten die Steuerbehörden seit 1799 Aufzeichnungen der Ernteerträge. In guten Jahren werden die Schweine durch die Eckernmast besonders fett, die Bauern verdienen mehr als sonst und müssen entsprechend zur Ader gelassen werden. Der Astronom Joachim Schulz studierte die Aufzeichnungen (1948, 1951) und konnte die Mastjahre mit der Trigonenbildung von Jupiter, Mars und Saturn in Verbindung bringen. Auf dieser Basis sagte er die guten Erntejahre bis 1985 voraus. Seine Angaben wurden 1971 von G. Wolber und S. Vetter überprüft und die Voraussagen bestätigt (Wolber/Vetter 1973). Eugen und Lili Kolisko konnten zeigen, dass die Kristallisation von Metallsalzen ebenfalls von Planetenaspekten beeinflusst wird (Kolisko 1939: 74). Der schottische Mathematiker Lawrence Edwards konnte in den Winterknospen der Laubbäume ein pulsierendes Aufundabschwellen feststellen, das mit den Planetenkonstellationen übereinstimmt. Eichenknospen schwellen bei jeder Mond-Mars-Konjunktion und -Opposition leicht an und wieder ab; Buchenknospen reagieren auf die entsprechenden Mond-Saturn-Konstellationen (Hagneder 1998: 57).

IRDISCHE GESTALTEN UND IHRE KOSMISCHEN PARAMETER

Der Rhythmus des Lebens schlägt sich vorübergehend auch in den Formen und Gestalten der physischen Welt nieder. Die formativen Kräfte, die sich in der anorganischen Welt etwa in den Eisblumen am Fenster, in Schneeflocken, in Kraftlinien abkühlender Flüssigkeiten oder in den Edelsteinkristallen bemerkbar machen, gestalten nicht nur von innen heraus, sondern können auch als Vektoren aus den Planetenregionen angesehen werden. Mit Hilfe der projektiven Geometrie kann man sich zum Beispiel ein Bild davon machen, wie eine

Kugelform durch alle möglichen Tangenten gestaltet werden kann, anstatt als Endprodukt einer unendlichen Zahl von Radien zu erscheinen. Mathematische Versuche, die typischen Pflanzenformen auf der Grundlage von tangentialen Bildekräftelinien zu deuten, hat unter anderen Georg Adams unternommen. Er lässt den »leeren« Weltraum als einen mit unzähligen ätherischen tangenten Flächen gefüllten Raum (*etheric counterspace*) erscheinen (Adams 1952). Hier kommt man, nebenbei bemerkt, wieder zu den unsichtbaren Fäden, die jede Blume mit den Sternen verbindet, wovon Arthur Hermes sprach. Wenn wir uns vergegenwärtigen, dass die Pflanzen völlig dem Makrokosmos zugewandte Wesen sind, wird der Gedanke eines »ätherischen Gegenraums« plausibel. In den Tieren und den Menschen sind die inneren Formkräfte, die mit den äußeren Kräften im dialektischen Zusammenspiel stehen, schon stärker.

Die Formkräfte ergreifen das Erdelement und bringen kristallinische Gebilde zum Vorschein. Im Wasser- und Luftelement entstehen die Wirbelformen, wie man sie in Wolkengebilden, Wasserstrudeln, dem Gehäuse der Schnecken und Mollusken, dem Haarwirbel im Schopf, Windhosen, dem Trichter der Ackerwinde, den Blätterspiralen, die sich um die Stängel winden, und im Muster der Samenanordnung in den Korbblütlern erkennen kann. Wasser- und Luftformen zeigen sich auch in den konzentrischen Ringen der Muscheln, in Jahresringen an Bäumen und den Wasserringen in einem Teich, in den man einen Stein geworfen hat. Ebenso ist die Spiegelung, die Bipolarität, wie man sie im Samen und in der Tierwelt vom Wurm bis zum Menschen findet, ein Ausdruck dieser Kräfte. Strahlende Licht- und Wärmekräfte finden sich in der radialen Symmetrie der Urtierchen und, wie wir schon vernommen haben, in der Gestalt der Schachtelhalme, Kiefern und Gräser. Da Pflanzen bis zu 98 Prozent aus Wasser, Licht und Luft bestehen, offenbaren sie daher wenig irdische, kristalline Strukturen.

Alle Pflanzen, von den primitiven radialsymmetrischen Moosen und Schachtelhalmen bis zu den hoch entwickelten Obstbäumen, besitzen ihre arttypische Gestalt oder – wie man heute sagt – ihr eigenes »morphogenetisches Feld«. Der Baum, dessen Hauptspross abgeknickt wird, wächst alsbald wieder zu seiner charakteristischen Form heran. Im Labor hat man aus einzelnen Zellen ganze Karotten herangezogen, es wurden immer typische Karotten, egal ob die Zelle einem Blatt oder der Wurzel entnommen war. Heute ist viel die Rede von einem Bauplan der Lebewesen, der sich in der RNS-DNS des Kernplasmas jeder Zelle befindet. Wir gehen aber von dem Standpunkt aus, dass diese Nukleinsäuren (RNS-DNS) lediglich die physischen Anker für die übersinnlich vorhandenen ätherischen Bildekräfte oder morphischen Felder sind, die in den kosmischen Regionen ihren Ursprung haben. Erst wenn diese geometrieschaffenden, rhythmischen Impulse nicht mehr empfangen werden können, droht der Verlust von Symmetrie und Harmonie der Gestalt; es entstehen Verhärtungen, Tumore, Krebse und Gewebeschäden im Organismus. Bei einer Pflanze bedeutet das, dass sie für Pilz- und Schädlingsbefall anfälliger wird, dass sich das Gewebe von selbst abbaut. Für den Gärtner ist es daher wichtig zu wissen, wie man diese formbildenden Sternkräfte zugunsten der artgemäßen Entwicklung der Pflanze unterstützen kann.

Durch den Samen tritt die Pflanze in Erscheinung. In der ständig wachsenden, sich wandelnden Entfaltung kommen die Planetenkräfte, sich innerhalb der Zeit- und Raumdimension nacheinander ablösend, in der Pflanze zum Vorschein, bis diese letztendlich versamt. Die kosmisch-planetarischen Energien projizieren die Pflanze in die materielle Erscheinung. Sie strahlen durch den Brennpunkt des Samens, ähnlich wie eine Landschaft oder ein anderes Objekt durch den Schlitzverschluss einer Kamera hindurchleuchtet und dann als Abbild auf einen Film projiziert wird. Diese Analogie ist gar nicht so willkürlich, wie es zunächst den Anschein hat, denn haben wir nicht gesehen, dass die grüne Pflanzenwelt eine Art Auge des Erdenorganismus ist, das die Kräfte des Kosmos wahrnimmt und in ihren Formen und Gestalten festhält?

PLANETENSIGNATUREN IN DER PFLANZENWELT

Phyllotaxis ist die botanische Bezeichnung für die Anordnung der Blätter oder Knospen entlang der Sprossachse. Die Blätter können wie bei den Pfefferminzen kreuzständig angebracht sein, man muss den Stängel um 180° umrunden, um das nächste Blatt anzutreffen. Die Blätter können auch wechselständig an den Knoten stehen wie bei den Kreuzblütlern, bei denen man in einer Schraubenlinie dem Spross nach oben folgen muss, um jeweils nach einer 180°-Drehung auf das nächste Blatt zu treffen. Wenn man einmal den ganzen Spross umrundet (360°), findet man zwei Blätter. Bei anderen Arten können die Blätter auch so angebracht sein, dass man in der Schraubenlinie an drei Blättern vorbeikommt, bis man wieder auf derselben senkrechten Linie ist wie beim Ausgangsblatt. Bei den Rosengewächsen hingegen muss man zweimal den Stängel umrunden und an fünf Blättern vorbeikommen, ehe man wieder direkt über dem Ausgangspunkt ist. Bei weiteren Arten muss man dreimal den Spiralgang machen, kommt an acht Blättern vorbei, ehe man wieder über dem ursprünglichen Blatt ist. Am besten untersucht man es selbst bei den verschiedenen Pflanzen.

Es ergeben sich also eine Reihe von Brüchen, eine Serie von Möglichkeiten, wie die Blätter gestellt sein können: $\frac{1}{2}$, $\frac{1}{3}$, $\frac{2}{5}$, $\frac{3}{8}$, $\frac{5}{13}$, $\frac{8}{21}$, $\frac{13}{34}$ usw. (180°, 120°, 138° 28', 137° 9', 137° 39' usw.). Die Stellungen der Blütenblätter und Samenanlagen folgen denselben Möglichkeiten. Diese Brüche sind nicht willkürlich aus der Luft gegriffen, sondern stellen eine mathematische Progression dar, die der Renaissance-Mathematiker Leonardo da Pisa, besser bekannt als Fibonacci, als Erster formuliert hat. Die so genannte *Fibonacci-Sequenz* nähert sich dem *Goldenen Schnitt*, der übrigens auch in den logarithmischen Spiralen der Schneckengehäuse, den Rosetten der winterharten Pflanzen, in den Biegungen der Widderhörner und Elefantenstoßzähne gefunden wird. Die Entdeckung der Fibonacci-Sequenz in den Quirlen und Spiralen der Pflanzenwelt bestätigt den Ausspruch Platons, dass Gott ewig geometrisiert. Der Astronom Joachim Schulz zeigt, dass dieselbe Sequenz auch im Muster der Umlaufbahnen der Planeten, wenn man sie vom geozentrischen Standpunkt aus betrachtet, zum Ausdruck kommt (Schulz 1949: 95).

Die Sonnenkräfte ziehen die Pflanzen nach oben (Heliotropismus) und geben ihnen ihre Aufrichtekraft. Ebenso wie sich die Planeten in rhythmischen Wellenlinien oberhalb und unterhalb der Ekliptik bewegen und in Konjunktionen und Oppositionen zur Sonne treten, schrauben sich die Knospen und Blätter um den vertikalen Spross der Pflanze. Schulz konnte zeigen, dass die mathematischen Verhältnisse der Bewegungen der Planeten zur Sonnenbahn und der Blätter zum Stängel einander gleichen. Er verband den Zweierrhythmus der kreuzständigen Blätter mit dem Mondrhythmus. Vom geozentrischen Standpunkt aus beobachtet, stellen sich bei der Bewegung des Merkur drei rückläufige Schleifen und sechs Konjunktionen mit der Sonne ein und ergeben so ein Spiegelbild der Blatt- und Blütenstellungen der einkeimblättrigen Pflanzen – wie Tulpen oder Riedgräser – mit ihrer Dreier- oder Sechsersymmetrie.

Die Venus beschreibt innerhalb von acht Jahren fünf retrogressive Schleifen unterhalb der Ekliptik und teilt dadurch ihre Bahn in fünf Teile. Ein getreues Abbild dieser Bewegungsform ist in den Rosengewächsen zu sehen, wenn man zum Beispiel einen Apfel quer durch das Kerngehäuse schneidet.

Die spiraligen Bewegungen des Mars nähern sich dem Verhältnis $3/8$, das man auch in den Blattstellungen der Kreuzblütler wiederfindet. Die meisten zweikeimblättrigen Pflanzen haben entweder die Venussignatur ($2/5$) oder die Marssignatur ($3/8$). Ein Jupiterverhältnis ($5/13$) findet man in vielen Korbblütlern und Rachenblütlern, ein Saturnverhältnis ($8/21$) annähernd in der Schuppenanordnung der Zapfen einiger Koniferen. Noch höhere Brüche werden nur in primitiven und fossilen Leber- und Laubmoosen angetroffen, sind aber sonst höchst selten (Martin 1980: 38; Bell 1994: 220).

Man kann diese Verhältnisse auch mit den Geschwindigkeiten der siderischen Umlaufzeiten der Planeten in Verbindung bringen (siehe Tabelle). Es ergeben sich da interessante Übereinstimmungen. Die einjährigen Pflanzen, meistens Einkeimblättrige, spiegeln in ihrem raschen Entstehen und Vergehen die sich schnell bewegenden untersonnigen Planeten. Die Zweikeimblättrigen gehören Venus, der Sonne und den obersonnigen Planeten, die zweijährigen dem Mars, die ausdauernden Kräuter und Harthölzer dem Jupiter und die alt werdenden Tannen dem Saturn.

Reihenfolge der Marspflanzen: 3/8-Blattstellung und Marsbahn (vom geozentrischen Standpunkt).

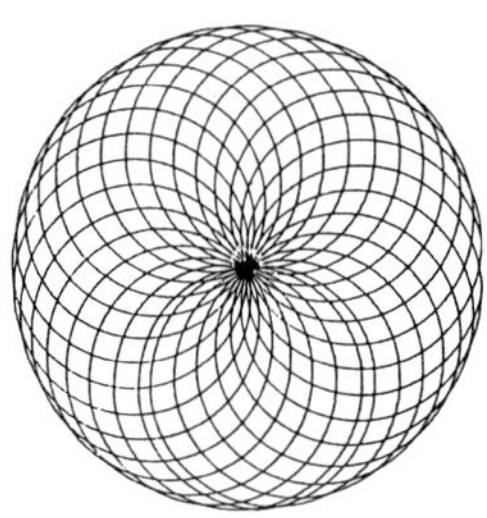

Saturnbahn – hat ihr Abbild im Muster der Tannenzapfen.

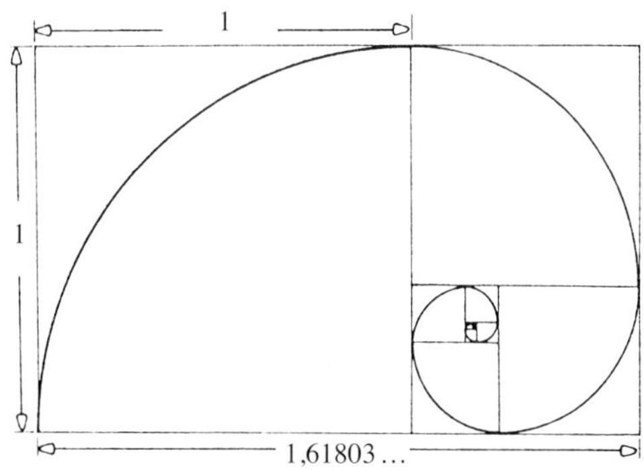

Die Verwandschaft des »Goldenen Schnitts« mit der logarithmischen Spirale.

Planetarische Korrespondenzen

Planet	☾	☿	♀	☉	♂	♃	♄
Siderische Umlaufzeit	28 Tage	88 Tage	225 Tage	1 Jahr	2 Jahre	12 Jahre	30 Jahre
Entwicklungszeiten der Pflanzen	← Einjährige Pflanzen (Einkeimblättrige) →				Zweijährige/Mehrjährige Pflanzen (Zweikeimblättrige)		
Fibonacci-Sequenz	1/2	1/3	2/5	–	3/8	5/13	8/21
Pflanzenfamilien	Gräser, Lilien, Schmetterlingsblütler	Riedgräser, Sauergräser	Rosengewächse		Kreuzblütler	Korbblütler, Rachenblütler	Nadelhölzer

Der Gang der Pflanzen durch die Planeten von der Keimung bis zum Samen.

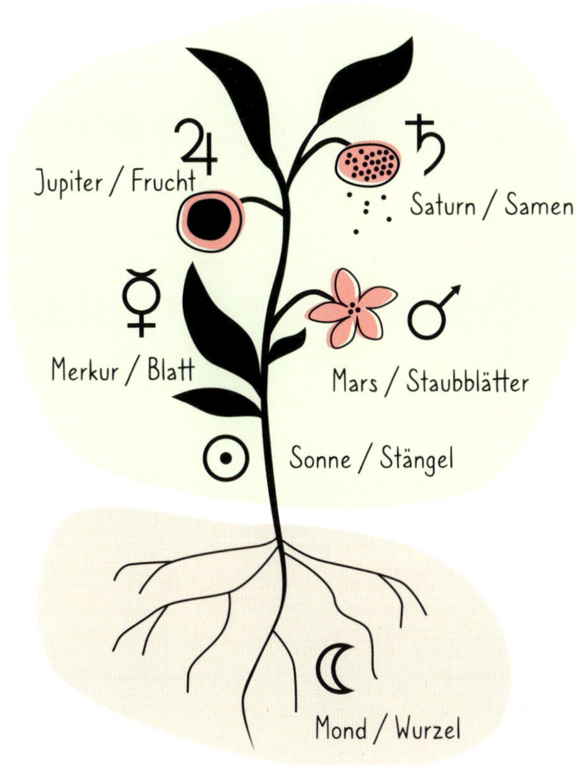

In der einzelnen Pflanze zeigen sich ebenfalls die Planetensignaturen. Nach Kranich hat das Wurzelwachstum mit dem Mond und das Aufrichten des Stängels in die Senkrechte mit der Sonne zu tun (Kranich 1986). Um diesen vertikalen Spross bewegen sich die Meristeme (Knospen, Teilungsgewebe) in Schraubenlinie analog zu den Planeten um die Ekliptik. Merkur und Venus halten sich nahe an die Sonne wie die grünen Blätter und Blütenblätter an den Stängel. Der Mars steht in Analogie zu den Pollen erzeugenden Staubblättern. Jupiter bringt das Fruchten, und Saturn an der Grenze der Erscheinungswelt ist mit der Samenbildung betraut. Der Werdegang der Pflanze in der manifestierten Welt folgt, angefangen mit der Keimung und Wurzelbildung im Mondbereich, der ganzen siebenstufigen Planetenleiter, bis zum Saturn hinauf, wo die Pflanzenerscheinung wieder die Zeit- und Raumdimension verlässt. Es ist ein ähnlicher Werdegang wie der des Menschen, der als Embryo aus der wässrigen Mondsphäre auftaucht, als quicklebendiger Merkur die Kindheit durchwächst, sich in der Blüte der Jugend als Venus verliebt, als Sonne die Lebensmitte erreicht, als kämpferischer Mars dem Leben seinen Stempel aufdrängt, als Jupiter die Lebensreife und Lebensernte genießt, um dann als greiser Saturn die Erdenwelt wieder zu verlassen.

Auch die Farben sind schon seit alten Zeiten mit den Planeten in Beziehung gebracht worden. Die primären Farben, das feurige Rot, das sanfte Gelb und das umhüllende Blau, gehören den obersonnigen Planeten, sodass Arthur Hermes erklären kann: Wenn man Kirschen und rote Äpfel isst, isst man den Mars, wenn man gelbe Birnen isst, isst man den Jupiter, und in Brombeeren verspeist man den Saturn. Die sekundären Farben gehören den untersonnigen Planeten, das Grüne der Venus, das blass Violette dem Mond und das vielfarbigpastell Schimmernde dem Merkur. Der Sonne ist das Weiß zugeordnet, das alle Farben in sich birgt. Wir sprechen hier nur davon, wie die Farben im Pflanzenreich erscheinen; im Mineralreich kommen sie anders zum Ausdruck: Silber = Mond, Kupfer = Venus, Gold = Sonne, Grau = Saturn usw.

PRAKTISCHE BEOBACHTUNGEN

Nachdem wir versucht haben, die Beziehungen der belebten Welt zu den Planeten und Sternen anzudeuten, drängt sich uns die Frage auf, was der Gärtner damit anfangen kann. Dieses Kräftespiel ist doch einfach da, man kann es nicht willkürlich ein- und ausschalten. Natürlich nicht, aber wir können unsere Gewächse zu angemessenen Zeiten aussäen, sie durch Pflegemaßnahmen und Präparate empfänglicher und durch andere Maßnahmen wieder unempfänglicher für diese Einwirkungen machen.

Um die Gärtnerarbeiten, insbesondere das Pflanzen und Säen, sachgemäß ausführen zu können, muss der Gärtner lernen, die Himmelsbewegungen der Planeten, der Sonne und des Mondes und die Tierkreiszeichen richtig zu erkennen und zu deuten. Ein guter astronomischer Kalender, der vom geozentrischen Standpunkt aus die Mond-, Sonnen- und Planetenstellungen und ihre Aspekte angibt, ist die Grundlage.[27] Gleichzeitig muss der Gärtner sich daran gewöhnen, jeden Abend die Himmelserscheinungen selbst zu beobachten und mit den Kalenderangaben in Beziehung zu bringen. Eine drehbare Sternkarte hilft beim Bestimmen und Lokalisieren der Fixsterne. Ein guter Gärtner geht sowieso nachts noch einmal in den Garten, um zu sehen, ob alles in Ordnung ist, um dem Igel eine Schale Milch zu bringen, den Heinzelmännchen ein Lichtlein unter die Hoflinde zu stellen oder die Frühbeete mit Matten abzudecken. Das ist eine gute Gelegenheit, sich gleichzeitig in der Sternkunde zu üben.

Die Angaben über die Sonnenposition, die Zeichen, Phasen, Knoten, Erdnähe und Erdferne und die tropischen Bewegungen des Mondes sollten im Gartentagebuch Tag für Tag festgehalten werden. Im Laufe der Jahre wird man unvergleichbar gute Korrelationen zwischen den kosmischen Erscheinungen und den Erscheinungen in den Naturreichen ausmachen können. Der erste und der letzte Frost, das Auftauchen einzelner Käfer oder der Singvögel und das

Wetter sollten neben den Arbeiten, die verrichtet worden sind, eingetragen werden. Würde jeder Gärtner gewissenhaft solche Aufzeichnungen machen, entstünde eine wirklich praxisbezogene Wissenschaft. Die so gesammelten Daten würden für das betreffende Gebiet genau stimmen.

Ein alter, erfahrener Gärtner braucht den Kalender und die Sternkarte nicht mehr, denn er wird es im Gefühl haben, er wird in den Knochen spüren und ein kurzer Blick zum Himmelzelt wird ihm sagen, wann der richtige Zeitpunkt einer Arbeitsmaßnahme ist.

DER SONNENZYKLUS IN DER PRAXIS

Man folgt dem großen Sonnenbogen, wenn man im Frühling pflanzt und im Herbst erntet. Das sollte offensichtlich sein – dennoch hatte ich Studenten aus Los Angeles, die allen Ernstes versuchten, einen Garten samt Tomaten und Wassermelonen im November anzulegen.

Der letzte Frühlingstag, an dem es nochmals Frost geben kann, ist von Ort zu Ort verschieden. Die alten Gärtner haben oft ein Gespür dafür, wann dieser Tag sein könnte. Pflanzen wie Kohlsorten, Kresse, Möhren (Karotten) und Rote Beten (Randen), die die Kälte gut vertragen, kann man vor diesem Datum aussäen, wenn der Boden nicht zu nass ist. Mit den wärmeliebenden Tomaten, Gurken, Mais, Bohnen und so weiter wartet man bis nach diesem Zeitpunkt, sonst kommt man eines Morgens in den Garten und findet sie schwarz und leblos niedergestreckt.

Für einen Gärtner, der seinen eigenen Samen züchten möchte, ist es wichtig zu beachten, dass zweijährige Gemüse wie die Kohlsorten, die Rübengewächse und die Doldenblütler eine Kälteperiode durchmachen müssen, damit sie im nächsten Jahr blühen. Ohne den Kälteschock bleiben sie im vegetativen Wachstum, wie es in den Tropen bei diesen Gemüsen der Fall ist.

Photoperiodizität nennt man die Fähigkeit der Pflanzen, auf die Länge des Tageslichtes zu reagieren. *Langtagpflanzen* fangen an zu blühen, wenn das Tageslicht länger als zwölf Stunden währt. Viele unserer Gemüse wie Salat, Spinat, Erbsen, Radieschen und im zweiten Jahr die Kohlpflanzen, Roten Beten (Randen), Karotten, Pastinaken, Sellerie und andere gehören dazu. Auch die Blumen, die bis in den Hochsommer hinein blühen, sind Langtagpflanzen. Nun wissen wir, warum Radieschen, Spinat und die Lattiche gegen Sommer in die Blüte schießen.

27 Hervorragend für diesen Zweck eignet sich der »Sternenkalender«, herausgegeben vom Philosophisch-Anthroposophischen Verlag am Goetheanum in Dornach (Schweiz). Er erscheint jährlich mit Angaben, die von Ostern bis Ostern reichen.

Blühende Begleitkräuter im Gemüsebeet.

Kurztagpflanzen, von denen viele ursprünglich aus südlicheren Gegenden stammen, fangen mit Blühen an, wenn die Tage wieder kürzer als zwölf Stunden werden. Zu ihnen gehören Tabak, Mais, Hanf und viele Herbstblumen wie Schmuckkörbchen (Cosmea), Dahlien und Chrysanthemen. Viele Insekten werden in ihren Metamorphosen ebenfalls von der Tageslänge beeinflusst. Tagneutrale Pflanzen sind beispielsweise Tomate, Sonnenblume und viele Unkräuter.

MONDZYKLEN IN DER PRAXIS

Der Mond ist der Hauptschlüssel zur Arbeit mit dem großen »Himmelsgetriebe«. Durch das Beachten der Mondrhythmen kann man Kräfte ein- und ausschalten, wie man sie gerade im Garten braucht. Da alle Organismen hauptsächlich aus Wasser bestehen, sollte man sich nicht wundern, dass der Mond einen direkten Einfluss hat. Die wichtigste Eigenschaft des Mondes in Bezug auf das Pflanzenwachstum sind die *Mondphasen*, die vier Mondviertel des synodischen Mondes, die zwischen Vollmond und unsichtbarem Neumond hin- und herpendeln. Welcher Gärtner hat nicht schon gestaunt, wie schnell die Gemüse und Unkräuter bei Vollmond wachsen, besonders wenn es in der Zeit kurz vorher geregnet hat. Ein aufmerksamer Koch, der im Winter Alfalfa-, Kresse-, Weizen-, Soja- oder Senfkeimlinge als Salatbeigaben keimen lässt, wird gemerkt haben, dass sich die zarten Keimlinge zur Vollmondzeit viel schneller entwickeln. Von den Ackerbauvölkern wird dieser Mondrhythmus am ehesten beachtet. Dementsprechend nehmen die Hindus an, dass die Ahnengeister (*Pitris*) genau wie wir tagsüber arbeiten und nachts ruhen, nur ist bei ihnen der Tag die Vollmondzeit, wo sie an den Pflanzen arbeiten, und die Nacht ist für sie die Neumondzeit.

Die alte Bauernregel sagt: »Was nach unten wächst, säe im abnehmenden Mond; was nach oben wächst, säe im zunehmenden Mond.« Mit anderen Worten: Man sät und pflanzt im zweiten Viertel das Blattgemüse, im dritten Viertel das Wurzelgemüse, im vierten Viertel kann man Unkraut jäten oder Hecken schneiden, denn dann ist die Regenerationskraft am schwächsten, und im ersten Viertel, in dem das Wachstum schwach, aber ausgeglichen ist, können sonstige Pflegearbeiten vorgenommen werden. Neben dem Licht des Mondes spielt auch dessen Anziehungskraft eine Rolle, die man an der alle zwei Wochen wiederkehrenden Hochflut im Meer erleben kann. Während zunehmendes Licht das Wachstum der oberirdischen Teile anregt, regt das Nachlassen der lunaren Anziehungskraft die Wurzelentwicklung an. Ein für das Wurzelwachstum günstiger Schwerkraftvektor entsteht jedes Mal, wenn der Mond mit der Sonne in Opposition (Vollmond) oder in Kunjunktion (Neumond) steht. Daraus ergibt sich folgender monatlicher Rhythmus (Jeavons 1974):

L. Kolisko hat in Experimenten über fünfzehn Jahre hinweg mit verschiedenen Pflanzen (Getreide, Karotten, Tomaten usw.) und unter strenger Kontrolle der Nebenfaktoren zeigen können, dass die Keimkraft der Pflanzen zwei Tage vor Vollmond am günstigsten ist und bei Neumond am ungünstigsten. Einige Pflanzen bilden jedoch die Ausnahme der Regel: Leguminosen und Kartoffeln kann man getrost bei Neumond setzen (Kolisko 1939). Arthur Hermes empfiehlt, das Regenwasser, das während der Vollmondperiode fällt, zu sammeln. Da es voll lunarer Wirksamkeit ist, kann man es zum Gießen der Jungpflanzen im Saatbeet verwenden.

Die Mondphasen sind natürlich nicht der einzige Faktor, der Beachtung verdient. Die *Mondzeichen* (siderischer Mond), die die Stelle des Mondes im Tierkreis angeben, sind für das Gärtnern ebenfalls wichtig. Die Qualitäten der verschiedenen Tierkreisregionen lassen sich deutlich erkennen, wenn man vergleicht, wie anders die Sonne im Vergleich zu den Sommerzeichen von den Winterzeichen her wirkt. Auch der Mond, der diese zwölf »Häuser der Götter« in achtundzwanzig Tagen durchläuft, erhält durch ihren Einfluss jeweils eine andere Qualität. Aus der traditionellen Korrespondenzenlehre, wie man sie in der Renaissance formulierte, ergeben sich folgende Qualitäten:

Tierkreiszeichen	*Körperteil des Meganthropos*	*Zeugungskraft*	*Element*	*Geschlecht*
Widder	Kopf	unfruchtbar	Feuer	männlich
Stier	Nacken	fruchtbar	Erde	weiblich
Zwillinge	Arme	unfruchtbar	Luft	männlich
Krebs	obere Brust	fruchtbar	Wasser	weiblich
Löwe	mittlere Brust	unfruchtbar	Feuer	männlich
Jungfrau	Bauch	fruchtbar	Erde	weiblich
Waage	Hüften	halb fruchtbar	Luft	männlich
Skorpion	Geschlecht	fruchtbar	Wasser	weiblich
Schütze	Schenkel	unfruchtbar	Feuer	männlich
Steinbock	Knie	halb fruchtbar	Erde	weiblich
Wassermann	Waden	unfruchtbar	Luft	männlich
Fische	Füße	fruchtbar	Wasser	weiblich

Die oben angegebenen Verhältnisse treffen wir in vielen Bauernregeln wieder an. Die männlichen Zeichen ebenso wie die Feuerzeichen sind im Allgemeinen nicht fruchtbar. Sie eignen sich zur Unkraut- und Schädlingsbekämpfung. Die weiblichen Wasser- und Erdzeichen erweisen sich als für das Pflanzen und Säen am besten geeignet.

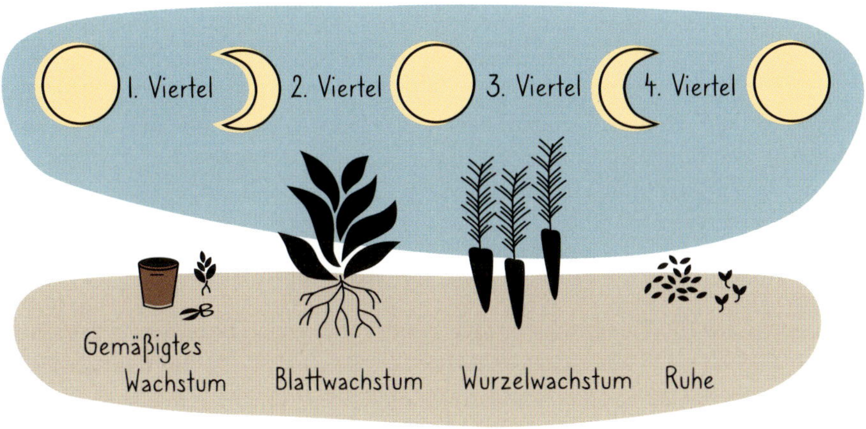

Licht und Schwerkraftwirkung des Mondes.

Das bildhafte Analogiedenken vieler Bauernregeln spricht sogar den Namen der Tierkreiszeichen eine Wirkung zu. So sollen Weiden zum Korbflechten im Schützen geschnitten werden, weil die Sprosse dann wieder gut aufschießen. Faserpflanzen sollen in den haarigen Zeichen wie Löwe oder Widder angebaut werden. Im Steinbock gesteckte Zwiebeln werden angeblich fest wie Stein, während sie im Wassermann wässrig und faulig werden. Man kann also nicht ohne Weiteres diese Regeln übernehmen.

Seit einigen Jahrzehnten erfahren die Forschungen Maria Thuns über die Wirkung des siderischen Mondes immer größere Beachtung in einem sich ständig erweiternden Kreis von biologisch-dynamisch arbeitenden Gärtnern und Landwirten. Die in ihrem strengen und selbstsicheren Auftreten an eine Äbtissin erinnernde Maria Thun sät seit 1953 tagtäglich unter besonderer Beachtung der Tierkreiszeichen Radieschen und andere Samen in kleine Parzellen. Nach mehreren Jahren, erzählt sie, zeigte sich trotz unterschiedlichem Wetter, verschiedener Düngung und Fruchtfolgen und anderen Mondaspekten eine klare Typologie (Thun/Heinze 1973). Es zeigte sich, dass in Erdzeichen gesäte Radieschen die besten Wurzeln haben, dass in Wasserzeichen gesäte weniger Wurzelmasse, aber dafür mehr Blattsubstanz ausbilden und dass sie, in den Luft- und Feuerzeichen gesät, eher ins Schießen und Blühen kommen. Diese Tendenzen wurden dadurch verstärkt, dass sie sämtliche Pflegearbeiten unternahm, als der Mond in dem entsprechenden Zeichen weilte. Auch bezog sie das Saatgut immer von Pflanzen, die im selben Zeichen gesät wurden, also Samen, die im Feuerzeichen gesät werden, von Pflanzen, die im Feuerzeichen gesät worden waren. Eine Dissertation über diese Forschung an der Universität Gießen scheint diese Aussagen zu bestätigen (Abele 1973).

Der Mond wandert in achtundzwanzig Tagen durch vier Trigone: das *Erdtrigon* (Stier, Steinbock und Jungfrau), das die Wurzeln anregt, das *Wassertrigon* (Skorpion, Krebs und Fische), das die Blattbildung anregt, das *Lufttrigon* (Zwillinge, Wassermann und Waage), das die Blütenbildung anregt, und das *Feuertrigon* (Löwe, Widder und Schütze), das der Fruchtbildung zugute kommt. In einem Kalender, der jährlich erscheint, macht Maria Thun bis auf die Stunde genaue Angaben über Mondstellung und Arbeitsmaßnahmen.[28] Sie berichtet, dass diese Wirkungen sich erst richtig deutlich auf biologisch behandelten Böden zeigen, denn chemisch behandelte seien so »abgestumpft«, dass sie kaum reagieren. Auch sollen die Wirkungen der biodynamischen Hornmist- und Kieselpräparate bei Beachtung der Mondstellung besser zum Ausdruck kommen.

Diese Angaben über Saattermine und Pflegemaßnahmen sind sicher beachtenswert, aber sie sollten nicht zu einer Zwangsjacke werden, zu der sie bei vielen Biogärtnern geworden sind. Auf einem Hof im Emmental konnte ich zum Beispiel erleben, wie man sich – dem Wetter, den Mondphasen und anderen Umständen zum Trotz – krampfhaft an den Kalender hielt. Eine Arbeit wurde abrupt abgebrochen und eine andere begonnen in genau dem Moment, in dem die Zeichen wechselten. Wenn man mit den Zeichen arbeitet, sollte man jedoch wissen, dass sie allmählich ineinander übergehen und sich nicht in einem derart mechanischen Takt äußern. Man sollte auch bedenken, dass zur gleichen Zeit viele andere kosmische und lunare Rhythmen mit im Spiel sind, nicht nur die Stellung des Mondes im Tierkreis. Es wäre eventuell angebracht, vor jedem Hauptarbeitsgang ein Horoskop zu erstellen, das alle Planetenstellungen und Mondrhythmen erfasst.

Der Nachvollzug und die Überprüfung der Angaben dieser charismatischen Dame sind oft gescheitert, auch im Garten von Aigues Vertes. Noch eine andere Seite ist in diesem Zusammenhang zu beachten: Die sichtbaren Pflanzen sind die auf Erden inkarnierten physisch-ätherischen Leiber transinnlicher geistig-seelischer Wesenheiten; diese *Devas* oder Pflanzenengel können auf die Gedanken der Menschen entsprechend reagieren, sie können den Wünschen entgegenkommen. Die Experimente von Backster, Vogel und anderen zeigen das eindeutig. Es kommt eben auch auf die innere Konstellation, auf das Firmament des Mikrokosmos, des Gärtners an.

Die tropische Lunation, der *aufsteigende* ◡ und *absteigende* Mond ◠, die nicht mit der zunehmenden und abnehmenden Mondphase verwechselt werden darf, findet bei Maria Thun auch Beachtung. Bei den alemannischen Bauern, wo er »*Obsigent*« und »*Nidsigent*« genannt wird, spielte der tropische Mond immer eine wesentliche Rolle. In einer Berner Regel heißt es (Hauser 1973: 345): »Pflanzen, bei denen man den in der Erde steckenden Teil verwendet, soll man in der Zeit des *nidsig* gehenden Mondes säen oder pflanzen, diejenigen, bei denen man die anderen Teile verwendet, beim *obsig* gehenden Mond. Nidsig gehend ist der Mond, wenn beide Spitzen der Sichel nach unten, obsig gehend, wenn sie nach oben sehen.«

Beim absteigenden Mond meinen die Bauern, dass der Saftanstieg geringer ist, daher soll man diese Zeit zum Umpflanzen, Holzschlagen oder Heckenschneiden wählen. Wenn der Mond wieder in die höheren Zeichen steigt, können Obstbäume gepfropft und Gemüse gepflanzt werden.

Die Tage der *Erdferne* und *Erdnähe* sowie die *Knotentage*, an denen der Mond die Sonnenbahn überquert, sind von alters her als ungünstige Tage bezeichnet worden, an denen man keine größeren Arbeiten vornimmt oder Aussaaten macht. Eine Ausnahme sind die Kartoffeln, die sich gut entwickeln, wenn sie bei Erdferne gepflanzt werden. Nach Maria Thun hat das an Knotentagen angebaute Saatgut wenig Keimkraft. Auch auf die anderen Planeteneinflüsse ist zu achten, besonders wenn einer der beiden »bösen« Planeten, der finstere Saturn oder der kriegsschwangere Mars, mit dem Mond in Konjunktion steht.

Ein Hinweis Steiners, dass man Unkräutern und Schädlingen die Inkarnationsfreudigkeit nehmen kann, wenn man sie bei besonderen Mondstellungen durch den Feuerprozess zieht, sie verascht und auf das Ackerland streut, wird von einigen Biodynamikern befolgt (Steiner 1975: 155). Maria Thun gibt in ihrem Kalender (1979) an, dass man den Ackerknöterich im Wassermann, Vogelwicke in den Fischen, Ackertaubnessel und Hederich im Widder, Klettenlaub im Stier, Gräser in den Zwillingen, Vogelmiere und Hahnenfuß im Krebs usw. zu Asche verbrennen soll. Die Unkrautasche wird verrieben, dann mit Wasser homoöpathisch auf die achte Dezimalpotenz (D8) gebracht und über die Äcker versprüht. Nach einigen Jahren sollen diese Unkräuter dann weitgehend verschwunden sein (Thun 1979: 21).

Zusammenfassend ist festzuhalten, dass das Arbeiten mit den kosmischen Rhythmen nur einer unter vielen Aspekten des erfolgreichen Gartenbaus ist. Diese Rhythmen können nur wirksam eingreifen, wenn der Boden mit Kompost, vernünftiger Bewässerung, Fruchtfolge und Mischkultur gut gepflegt ist. Da die vielen Rhythmen einander überschneiden, kann man unter Umständen Jahrzehnte warten, bis alle idealen kosmischen Bedingungen gleichzeitig vorhanden sind. Anstatt darauf zu warten, muss man eben nach gutem Menschenverstand handeln und die wichtigsten Aspekte zuerst berücksichtigen. Am ehesten sollte man sich an die Mondphasen halten, dann an die Mondzeichen und, wenn es geht, schließlich noch den tropischen Mond beachten.

28 Maria Thun: Aussaattage, Biedenkopf/Lahn: Verlag Aussaattage.

WIND UND WETTER: DIE ATMOSPHÄRISCHEN FAKTOREN

Sonnenschein und Regen.
Bringt dem Gärtner Segen.

Klima und Wetter vermitteln zwischen der großen Polarität von Erde und Kosmos. Die für den Garten so wichtigen ausgleichenden und verbindenden »merkurialen« Faktoren sind die folgenden:

- *Feuchtigkeit*: Luftfeuchtigkeit, Regen, Hagel, Schnee, Tau- und Nebelbildung und wie lange der Schnee den Boden bedeckt hält.
- *Winde*: Windstärke, Richtung, jahreszeitliche Veränderungen (z.B. Bise, Föhn, Schirocco usw.) und kleine lokale Winde wie der Abend- oder der Talwind.
- *Luftdruck*: der Wechsel im Wetterglas.
- *Lichtklima*: relatives Verhältnis der bewölkten Tage gegenüber klaren Tagen. Winkel der Sonneneinstrahlung, Tageslängen, Schattenfall von Bäumen, Häusern, Hügeln oder Mauern.
- *Temperatur*: Durchschnittstemperaturen, Tages- und Nachtextreme, jahreszeitliche Temperaturkurven, Frost und Kaltwetterperioden.

Jeder dieser Faktoren spielt eine entscheidende Rolle dabei, wie gut ein Garten gedeiht, denn sie bestimmen mit, wann es günstig ist zu säen, zu pflanzen, zu pflegen oder zu ernten, wann die Gefahr des Mehltau-, Pilz- oder Schädlingsbefalls vorhanden ist und was schließlich die Qualität und Quantität der Ernte betrifft. Nicht nur im Gefühl sollte der Gärtner dies haben, sondern er sollte sorgfältig Tag für Tag die Angaben in seinem Gartentagebuch festhalten.

Um genauere Angaben zu erhalten, kann man mit einfachen Messinstrumenten eine *Gartenwetterwarte* einrichten. Dazu gehört ein *Thermometer*, mit dem man früh, mittags und abends in der Sonne und im Schatten Messungen macht, eine *Wetterfahne* auf dem Dach, die die Windrichtung angibt, ein *Hygrometer*, das die Luftfeuchtigkeit anzeigt, ein einfaches *Anemometer* – eine Art Windmühle mit Umlaufzähler –, das die Windgeschwindigkeit angibt, ein *Wetterglas* (Barometer), um den Hoch- und Tiefdruck der Luft zu messen, und ein *kalibriertes Glas* zum Messen der Niederschlagsmengen. Diese Instrumente sind alle leicht selber zu machen oder billig zu kaufen. Das Hygrometer ist manchem vielleicht noch als Wetterhäuschen bekannt, aus dem bei schönem Wetter Hänsel und Gretel hervortreten und bei schlechtem Wetter die Hexe erscheint. Ein hängendes Haar mit einem Zeiger daran oder ein Stück Seil, das sich je nach Luftfeuchtigkeit fester oder lockerer windet, stellen geeignete einfache Hygrometer dar. Der Wetterfrosch im Glas kann das auch, aber sicher ist er glücklicher, wenn man ihn im Teich lässt.

Die so gemessenen Angaben kommen zusammen mit astronomischen Feststellungen über Sonnen- und Mondpositionen, den Ort am Horizont, wo die Sonne auf- und untergeht, sowie den Winkel der Sonneneinstrahlung und des Schattenfalls über die Beete in das Gartentagebuch, neben den üblichen Eintragungen über Kompostierung, Arbeitsgänge, Düngung und Fruchtfolgen. Nach einigen Jahren wird solch ein Tagebuch zur zuverlässigen Grundlage einer Wetter- und Erntevorhersage für die betreffende Gegend.

WETTERVORHERSAGE

Den Rundfunk- und Fernsehwetterbericht kann man sich ersparen. Anstatt vor dem elektronischen Orakel zu sitzen, kann man durch direkte Beobachtung der Natur zu den notwendigen Schlüssen kommen, die für die örtliche Lage stimmen. Dabei sind die Aussagen der alten Leute und auch die regionalen Bauernregeln eine große Hilfe. Durchziehende Wetterfronten kündigen sich entweder in alten Wunden an oder daran, dass das Vieh besonders unruhig ist. Pflanzen und die niederen Tiere wie die Insekten, die ganz in die makrokosmischen Launen eingespannt sind, können das Wetter anzeigen, wenn man sie genau beobachtet. Wenn das Wetter gut bleibt, tanzen die Mücken, die Schwalben fliegen hoch, die Hängespinnen machen lange Fäden, die Ameisen haben ihre Gänge offen, und die Spinnen bilden feine Netze. Wenn das Wetter umschlägt, dann fliegen die Schwalben tief, die Bienen, Mücken und »Gewittertierchen« werden stechlustiger, die Ameisen knistern aufgeregt, eilen zum Bau zurück und schließen ihre Gänge, die Fichtenwälder nehmen ein düsteres Aussehen an, die Jauchegruben beginnen zu stinken, der Rauch will nicht zum Schornstein hinaus, die Schnecken kriechen ungeniert tagsüber auf den Blättern herum und die Rehe treten gerne aus dem Wald.

Auch die rein atmosphärischen Erscheinungen lassen brauchbare Schlüsse zu. Einige Quellwolken (*Kumulus*) am blauen Himmel bedeuten, dass das Wetter schön bleibt. Schäfchenwolken (*Zirrokumulus*) dagegen sind Vorboten von Regenwetter: »Wenn die Engel Brot backen, regnet es am nächsten Tag.« Abendrot verheißt meistens schönes Wetter am nächsten Tag; Morgenrot hingegen ist ein Zeichen, dass es regnen wird. Es heißt: »Morgenregen wie Weiberweh hält nicht lange an«; Regen am Nachmittag hält jedoch oft lange an. Morgentau bedeutet einen schönen Tag, denn »Tau hält den Himmel blau«. Wenn die Sonne oder der Mond einen Hof haben, bedeutet das oft feuchtes Wetter in den folgenden Tagen. Wie alles, was nicht im physikalischen Labor geschieht, sind diese Regeln nicht hundertprozentig sicher. Wer an verschiedenen Orten gegärtnert hat, weiß, dass jeder Ort seine Wettereigentümlichkeiten hat. Das trifft besonders auf Winde und Fröste zu.

Auch weitreichende Vorhersagen lassen sich durch Naturbeobachtungen machen. Im Jura kann man anhand der Schneemenge, die im Winter auf den Gipfeln liegt, vorhersagen, ob die Quellen im Sommer genügend Wasser haben werden oder ob man mit dem Wasser haushalten muss. Andererseits bedeutet viel Schnee auf den Höhen, dass die Nachtfröste bis weit in den Frühling hinein reichen werden. Wenn die Bienen eine große Brut aufziehen, kann man auf ein gutes Jahr schließen; in einem Sonnenfleckenjahr, das durch unbeständiges Wetter gekennzeichnet ist, haben die Bienen eine geringe Brut. Wenn die Ameisen im Sommer ihre Haufen stark ausbauen und höher machen und wenn die Zwiebeln dicke Schalen bilden, kann man einen strengen Winter erwarten. Wenn die braunen Markierungen der haarigen Bärenspinnerraupen (*Arctiidae*) stärker hervortreten als die schwarzen, wird der Winter mild, wenn die schwarzen Streifen breit sind, wird der Winter lang. Eine alte Bauernregel sagt einen nassen oder trockenen Sommer voraus:

»Grünt die Eiche vor der Esche,
Bringt der Sommer große Wäsche.
Grünt die Esche vor der Eiche,
Bringt der Sommer eine Bleiche.«

GARTENARBEITSKALENDER

Einen Gartenkalender mit feststehenden Terminen kann es nicht geben, denn jedes Gebiet hat seine Eigentümlichkeiten. In den Höhenlagen kommt der Frühling später, in der Nähe eines Sees bleibt die Temperatur ausgeglichener und so weiter. Anstatt sich an einen abstrakten Kalender zu binden, befrage man wieder die Natur nach ihren Zeichen. Der Frühling erscheint immer in ganz bestimmten Schritten. Vom Kosmos bedingt, beginnt Mitte Februar der Saftfluss in den Bäumen; bis dahin muss man mit dem Schnitt der Beerensträucher und Obstbäume fertig sein. Langsam merkt man, wie die Tage länger werden, wie Haselnuss, Schneeglöckchen und Himmelschlüsselchen zu blühen und Moose zu grünen beginnen. Nun kann man auch die ersten Aussaaten in das Mistbeet machen. Wenn die Beete trocken genug sind, kann man die Bodenbedeckung wegkratzen und die der Kälte trotzenden Pferdebohnen, Pastinaken, Karotten, Zwiebeln, Schalerbsen und Schwarzwurzeln säen und Topinambur stecken. Bald blühen auch die Weiden, die Brennnesseln ergrünen, und dann folgen nacheinander Scharbockskraut, Wiesenschaumkraut, Löwenzahn und schließlich Wiesenkerbel. Wenn der Schwarzdorn blüht, kann man unter

Folie oder Glas Lauch, Salat, und die verschiedenen Kohlarten im Saatbeet aussäen und die Obstbäume pfropfen. Da der Boden noch kalt ist, besteht trotz der wärmeren Tage noch Frostgefahr. Erst wenn der Kuckuck ruft, die Schwalben gekommen sind, das Wiesel sich wieder braun gefärbt hat, die kleinen Spinnen aus ihren Hüllen ausgebrochen sind und die Esche blüht, braucht man keinen Frost mehr zu befürchten und darf die wärmeliebenden Tomaten, Gurken, Mais, Paprika, Eierpflanzen und Bohnen aussetzen. Oft ist das, nachdem die Eisheiligen (12. bis 14. Mai) oder die »kalte Sophie« (15. Mai) den letzten Kälteschub gebracht haben. Solche Zeichen begleiten das gesamte Gartenjahr.

Wenn im Sommer das Johanniskraut abgeblüht ist, ist dies ein Zeichen, dass die Folgesaat von Buschbohnen, Salat, Karotten, Grünkohl oder Wirsingkohl gesät werden muss. Ebenso begleitet die Herbstflora Schritt für Schritt die Gartenarbeiten im Herbst, bis dann die Wandervögel, die Gänse aus dem hohen Norden, in ihrem Überflug die ersten Kältewellen ankündigen. Da es sich um einen lebendigen Kreislauf handelt, ist es schwer, allgemeine Aussagen zu machen; man muss sich im Laufe der Jahre in diese Natursprache einleben.

MAGISCHE WETTERBEEINFLUSSUNG

Günstiges Wetter ist eine dermaßen lebenswichtige Angelegenheit, dass alle Landwirtschaft betreibenden Völker versuchten, die Launen der makrokosmischen Wesen, die das Wetter bestimmen, zu beeinflussen. Bei den nordischen Völkern bat man den rothaarigen Bauernfreund Thor (Donar), die Eis- und Frostriesen mit seinem Hammer aus dem Lande zu jagen; wenn es zu trocken wurde, betrieben nackte Mädchen Regenzauber mit dem Bilsenkraut (Storl 2000: 74); man wusste, dass die gute Frau Holle die Wintersaat mit Schnee sanft und schützend zudeckte und den Acker fruchtbar machte, wenn sie ihre Federbetten ausschüttelte oder ihre Gänse rupfte. Bei den Griechen war es Zeus, der Donner, Blitz und Regenwolken brachte. Iris folgte ihm oft mit dem Regenbogen, während auf dem Meer Nereus im Sturm seine Launen fahren ließ. Die vier Winde, *Zephir*, der milde, nasse Westwind, *Boreas*, der kalte Nordwind, *Notos*, der heiße, trockene Südwind, und *Apelides*, der kalte, trockene Ostwind, konnten vom Zauberer und Theurgen aufgerufen werden. Es besteht eine Entsprechung zwischen den Winden im Mikrokosmos und jenen im Makrokosmos. Da nach dem Grundsatz der homöopathischen Magie (Sympathiezauber) Gleiches auf Gleiches wirkt, konnten die Zauberer durch Pusten und Schnaufen die Winde herbeirufen.

Die altheidnischen Zauberer und Hexen besaßen Techniken, um mit den Elementarwesen und Wolkengeistern zu kommunizieren. Zum Wohl der Gemeinde konnten sie mit Ritual, Opfer oder Gebeten das Wetter bewegen. In

Der erste Frost.

Gartengnom im Ackerwindenkleid.

Märchen und Sagen erinnert man sich noch heute an die Hagelannen, Schauerbrüterinnen oder Wolkenschieberinnen, die wie die Hexen in Shakespeares »Macbeth« in ihren brodelnden Töpfen das Wetter brauten.

Ethnografische Forschungen belegen die Universalität dieser Praktiken. In Dürrezeiten zieht sich der Medizinmann schwarz wie die Regenwolken an, trommelt und tanzt, den Platzregen nachahmend.[29] Anderswo singt und tanzt die Gemeinschaft, splitternackt oder in grüne Blätter gekleidet, den Regen herbei, man spritzt Wasser oder Blut auf die Erde. Bei den Azteken wurden kleine Kinder dem Regengott Tlaloc geopfert, damit sein Regen, wie die Tränen der Kinder, den staubigen Boden befeuchten möge. In Oregon konnte ich moderne Amerikaner beobachten, die während einer lang anhaltenden Dürreperiode (1977) vollen Ernstes einen Regentanz nach indianischem Muster aufführten, als der zunehmende Mond in das Wasserzeichen Fische wanderte. Entgegen der offiziellen Wetterprognose regnete es tatsächlich am nächsten Tag. Auch die Christen versuchten mit dem Wetterläuten der Kirchglocken, mit Wetterkerzen und dem Singen bestimmter Lieder das Wetter zu besänftigen. Christus, der den Sturm auf dem See von Genezareth ebenso wie die Angst seiner Jünger zu beruhigen wusste, wird in Liedern als der Herr Elemente angefleht.

Um den Regen zu unterbrechen, nimmt man das entgegengesetzte Element zur Hilfe. Man wirft brennende Fackeln in die Luft, zündet ein Feuer an oder singt wie der Elementarmusiker Thomas Eberle Lieder an Surya, den Sonnengott. Mehrfach wurde ich Zeuge, wie sein Gesang und Getrommel die Wolken öffneten, den Sonnenschein hindurchließ, während es rundherum munter weiterregnete.

Für viele Zeitgenossen ist dies wenn nicht reiner Aberglaube so doch zumindest interessante Folklore, ein Zeichen des prälogischen, vorwissenschaftlichen Denkens, der Versuch, die Ungewissheit und Angst durch eine an und für sich unsinnige Handlung zu beheben. Die naturwissenschaftliche Schlussfolgerung ist, dass man es mit einem rein physikalischen Vorgang zu tun hat, der sich nicht auf diese Weise beeinflussen lässt. Wenn man jedoch andererseits zugeben kann, dass Denken und Wollen genauso ein reales Sein haben wie die Materie, obwohl nicht so physisch konkret, dann kann man sich auch vorstellen, dass zwischen dem seelischen Zustand, den Hoffnungen und Wünschen der Menschen, und dem äußeren Naturgeschehen ein Zusammenhang bestehen könnte. Wahrscheinlich wusste man zu der Zeit, bevor

29 Als der Cheyenne-Medizinmann Elk Shoulder anlässlich eines Besuchs in Oklahoma gebeten wurde, eine Regenzeremonie durchzuführen, regnete es in Strömen, sodass es zu Überflutungen kam.

der abstrakte Intellekt im Menschen die Herrschaft übernahm, wie man geistig-seelische Energien zielgerecht leitet und wie Gebete, Lieder und Tänze die Naturenergien, Wolkengeister oder Elementarwesen in Bewegung setzen können. Nach Arthur Hermes gibt es Beziehungen zwischen den Stürmen der Leidenschaft, die sich im Volk zuspitzen, und den Stürmen in der Natur. Wahrscheinlich vibrieren die heißen und kalten Temperamente und die Launen der menschlichen Kollektive bis in die ätherischen Bereiche hinein. Waren nicht die kalten Sommer nach den beiden Weltkriegen eine Spiegelung des Völkerhasses? Gotthelf beschreibt, wie Hagel »zufällig« das Feld des kaltherzigen, geizigen Bauern vernichtet (Gotthelf 1978). Bei wem schlägt der Blitz ein? Warum ist das Wetter in den letzten Jahrzehnten, wie uns die Alten bestätigen, so unbeständig geworden?

DAS KLEINKLIMA: LICHT UND WÄRME

Auch wenn wir das Wissen um die Rituale, die die große Wetterlage beeinflussen, verloren haben, kann jeder Gärtner doch vieles tun, um das Kleinklima, das Mikroklima, durch eine Reihe von Maßnahmen günstig zu gestalten.

Ein sonniger Gartenplatz ist am besten, denn durch Licht und Wärme werden die Photosynthese und das Fruchten und Reifen gefördert. Gemüse, die an schattigen Orten wachsen, haben weniger Zucker, Stärke und Geschmack, halten sich nicht lange und sind gegen Schädlinge anfälliger. Man muss also wissen, wo die Sonne im Jahres- und Tageslauf ihren Schatten über den Acker wirft und wo die Schatten der Gebäude, Bäume und Hügel hinfallen. Die wärmeliebenden Pflanzen gehören in den sonnigsten Teil des Gartens. Wenn man seinen Garten an einem Hang anlegt, muss man wissen, dass die Sonneneinstrahlung bei einem Winkel von 90° viel intensiver ist als bei einem von 45°. Der Südwesthang ist am trockensten und am heißesten; der Osthang ist kühler, weil der Morgentau erst wegtrocknen muss, ehe eine Erwärmung stattfindet; die Nordostseite (Schattenseite) ist immer am feuchtesten und am kühlsten.

Im Frühling bleibt der Hanggarten etwas wärmer als der Talgarten, denn die kühle Luft bewegt sich nachts hangabwärts, daher sind die Fröste auch im Tal verheerender. Ein dunkler Humusboden nimmt schneller Wärme auf und hält sie länger als ein reflektierender, heller Boden. Bei Spalierbäumen jedoch nutzt man eine helle Hauswand, die das Licht und die Wärme zurückstrahlt, um besonders süße Früchte zu ernten. Beim Wein, wo es auf diese Rückstrahlung ankommt, lässt man die Reben nicht hoch wachsen, sondern befestigt sie nahe beim Boden, wo die ausgestrahlte Wärme der Traubenzuckerbildung zugute kommt.

NACHTFRÖSTE

Im Vorfrühling, wenn die Tagestemperaturen schon angenehm warm sind, aber der Boden noch kalt, strahlt die Erde die geringe, tagsüber aufgenommene Wärme rasch ab. Besonders wenn der Nachthimmel klar und wolkenfrei ist, kondensiert sich die Luft bei der Abkühlung als Raureif auf den jungen, zarten Blättchen. Von den höheren Lagen fließt langsam und zäh die Kaltluft und staut sich in den Senken. Der Gärtner hat darauf zu achten, dass sich diese Luft nicht in seinem Garten festsetzt. Schon weniger als ein Meter macht einen Unterschied aus. Er kann entweder mit einer Hecke oder einem Wall die Kaltluft oberhalb des Gartens abfangen oder ihr durch das Öffnen einiger Schneisen unterhalb des Gartens den Weiterfluss erlauben.

Da feuchte Luft die Wärme zurückhält und sie vier- bis fünfmal weniger leicht wieder abgibt als trockene Luft, ist ein Wald, See oder Teich in der Nähe des Gartens ein wirksamer Schutz gegen Wärmeverlust. Feuchtere Böden, obwohl es länger dauert, bis sie aufwärmen, halten die Bodenwärme länger als trockene Böden, daher sollte man nicht zu zeitig im Frühling schon hacken und kultivieren oder das Beet mit trockenem Mulch abdecken. Man warte lieber, bis die Frostgefahr geringer ist.

Frostgefahr besteht besonders, nachdem eine Kaltfront vorbeigezogen, der Himmel klar, die Luft windstill und trocken und der Boden kalt ist. Dann kann man förmlich den Frost daherfließen sehen, hier und da aufsetzend, wie die Fußstapfen des Eisriesen aus der Sage. Wenn der Himmel hingegen mit Wolken bedeckt ist, verstrahlt die Wärme nicht so leicht. Eine künstliche Wolkendecke richtet man mit einer Plastikfolie über dem Beet ein. In größeren Obstplantagen erreicht man Ähnliches mit einem Rauchfeuer.

Kurz vor Sonnenaufgang, in den kältesten Stunden trampelt Jack Frost, wie man den Frostriesen in England nennt, durch den Garten. Man kann ihn überlisten, indem man die Beregnungsanlage während dieser Zeit anstellt. Solange frisches Wasser über die Blätter rieselt, fällt deren Temperatur nie unter den Gefrierpunkt. Im Spätherbst findet sich Jack Frost dann wieder ein. Dann kann man mit Plastiktunneln und dem Besprühen der Pflanzen mit einem Baldrianpräparat die Saison um einige Wochen verlängern.

WINDE UND LÜFTE

Der Gärtner sollte die Winde, ihre Richtung und Stärke genau kennen. Er sollte wissen, welcher Wind Wärme, Regen oder Kälte bringt.

Jeder Wind, der über die Beete fegt, kühlt und trocknet den Boden aus und bläst die Kohlensäure weg, die die Pflanzen zur Photosynthese brauchen.

Kohlendioxid (CO_2), das etwas schwerer ist als die gewöhnliche Luft, wird von den Bodenorganismen ausgeatmet und durch die Spaltöffnungen an der Unterseite der Blätter wieder eingeatmet. Ein Garten, der durch Hecken, Büsche oder mit Reisig geflochtene Zäune geschützt ist, ergibt im Durchschnitt zehn Prozent höhere Ernteerträge, und die Pflanzen sind ungefähr eine Woche weiter in ihrer Entwicklung als in ungeschützten Lagen (Schwarze 1980: 18). Eine zwei Meter hohe Hecke hält den Wind noch auf hundert Meter Abstand vom Boden ab und hält die Bodentemperatur im Frühling zwei Grad höher als an einem ungeschützten Ort (Pfeiffer 1977: 145).

In Hecken sammeln sich nicht Schädlinge, wie mitunter behauptet wird, sondern sie gewähren nützlichen Tieren wie Laufkäfern, Kröten, Blindschleichen, Spitzmäusen, Igeln, Vögeln und Wieseln, die die Feldmäuse vertilgen, Unterschlupf. Eine Hecke kann außerdem Nüsse, Beeren und Wildfrüchte liefern, Bienenstöcke schützen; Tomaten- und Bohnenstangen können herausgeschnitten werden, Reisig für das Feuer und Laubheu für das Vieh können gewonnen werden. Wenn man die Hecke beschneidet, wird sie im folgenden Jahr dichter. Ehe eine Hecke herangezogen ist, kann man sich mit dem Anpflanzen eines Schutzstreifens aus Mais, Topinambur, Erbsen oder Hanf in den Randbeeten behelfen. Leider ist ein solcher Schutzstreifen im Frühling noch nicht hoch genug, wenn man ihn am dringendsten braucht. Hecken sind winddurchlässig, aber sie verlangsamen die Windgeschwindigkeit. Mauern und undurchlässige Barrieren verursachen Wirbel und Turbulenzen, die in den Beeten verheerend wirken können.

WASSER

Der Gärtner muss die Witterungsverhältnisse und die Eigenschaften seines Bodens genau kennen, um mit dem Wasserhaushalt vernünftig umgehen zu können. In einem mediterranen Klima, wo es im Sommer kaum regnet, hat man andere Regeln zu befolgen als im Gebirge oder im Norden, wo es fast jede Woche regnet. Ein wasserdurchlässiger Moräne- oder Sandboden ist anders zu behandeln als ein guter Humusboden, der das Wasser wie ein Schwamm hält. Auf moorigen und marschigen Böden kann man Entwässerungsgräben ziehen oder Drainagerohre legen, einen wassersammelnden Teich anlegen, in dem auch Fische, Frösche und Enten gedeihen, oder Hügelkulturen machen, die die Pflanzen auf ein etwas höheres Niveau heben.

Folgende Bewässerungsregeln sind im Allgemeinen gültig, obwohl sie in den trockeneren Klimaverhältnissen Genfs und Oregons ausgearbeitet wurden. Die Wassernutzung kann durch diese Maßnahmen optimal gestaltet werden:

- *Tiefbeetkultur* lockert den Boden bis zu einen halben Meter tief und erlaubt den Jungpflanzen, ihre Wurzeln schnell in die feuchten Tiefen zu senken. Der gelockerte Boden unterbricht die Kapillarbewegung des Wassers nach oben. Die Krümel unterbinden den Kontakt der Wassermoleküle miteinander und verhindern so eine übermäßige Verdunstung.
- Die *Ton-Humus-Komplexe des Kompostes* halten das Wasser wie ein Schwamm, der sechsmal sein Eigengewicht und 800 bis 900 Prozent mehr Wasser halten kann als Sand. Die elektrostatische Anziehungskraft des Humuspolymers hält eine viermolekulare Wasserschicht, die vor Verdunstungssog und Schwerkraftsog gefeit ist, aber von den Wurzeln durstiger Pflanzen aufgenommen werden kann. Pflanzen in mageren Böden verbrauchen größere Mengen Wasser, da sie mehr Flüssigkeit verdunsten müssen, um die gleiche Menge gelöster Substanzen für ihren Stoffwechsel zu bekommen. In einer Trockenzeit kann man ohne Weiteres erkennen, wo mit Humus gewirtschaftet wird. Kompostböden haben Wasser und Nährstoffe auf Vorrat.
- *Bodenbedeckung* verhindert Verdunstung. Es ist, als ob sich eine Wolkendecke auf den Boden gelegt hätte. Gewöhnliches Laub und Unkrautmulch senken die Verdunstung auf 50 Prozent, während bei hellem Stroh, das auch die Wärme zurückstrahlt, 70 Prozent weniger Wasser an die Luft abgegeben wird.
- *Hecken und Windschutzstreifen* verringern den Wasserverlust.
- Auch das *sachgemäße Gießen* muss gelernt sein. Viele Leute »verwöhnen« ihre Pflanzen, indem sie jeden Tag ein bisschen sprengen oder gießen. Am nächsten Nachmittag sehen die Zöglinge schon wieder welk aus und warten auf ihre Brause. Solche Pflanzen sind verwöhnt! Da nie durchgehend und gründlich gegossen wird, wurzeln die Pflanzen nur oberflächlich. Sobald die Oberfläche trocken ist, sehen sie wieder welk und matt aus. Es ist besser, einmal alle zwei oder drei Wochen gründlich zu wässern und dann sofort, um Verdunstung und Verkrustung zu verhindern, den Boden mit Mulch zu bedecken oder die Oberfläche zu hacken, als sie täglich ein bisschen anzufeuchten.

Die Pflanzen sollen nie zur heißen Mittags- oder Nachmittagszeit gesprengt werden. Sie erleiden sonst einen Schock der zu Wachstumshemmungen führt. Wir werden sehen, dass es immer zu Schädlings- und Pilzbefall kommt, wenn eine Pflanze erschreckt wird und das ihr gemäße Wachstum ins Stocken gerät. Um sich vor übermäßiger Transpiration zu schützen, lassen einige Pflanzen am Nachmittag die Blätter hängen. Das ist noch lange kein Zeichen, dass sie Durst haben. Man muss in den Boden hineingreifen, um sich zu vergewissern, ob noch Feuchtigkeit vorhanden ist. Bis in die untere Wurzelzone hinein soll sich der Boden so feucht anfühlen wie ein ausgewrungener Schwamm. Am frühen Morgen, wenn die Pflanzen noch taufrisch sind, am kühlen Abend oder wenn es gerade regnet und sie auf einen Wasserguss eingestellt sind, kann man bewässern.

Pflanzen, die es kühler lieben und denen die Luftfeuchtigkeit zusagt, wie Kohlsorten, Kartoffeln und Wurzelgemüse, gedeihen gut mit einer Beregnungsanlage, die das Wasser regenartig von oben herab auf die Pflanzen fallen lässt. Die dadurch erhöhte Luftfeuchtigkeit im Kleinklima kommt den Gewächsen im Allgemeinen zugute. Wärmeliebende Pflanzen wie Bohnen, Tomaten, Aubergine, Paprika oder Okra vertragen keine nasse Haut; bei ihnen ist es besser, Bodenbewässerungsanlagen wie perforierte Schläuche anzuwenden.

Wasser ist nicht gleich Wasser. Es gibt Qualitätsunterschiede, die bei den Pflanzen unterschiedliche Wirkungen hervorrufen. Am allerbesten ist das »weiche«, lebendige Regenwasser, besonders um die Vollmondperiode. Man kann nicht genug davon in Fässern und Trögen sammeln. In der Reihenfolge der Brauchbarkeit folgt das Teich- oder Tümpelwasser, wenn es nicht zu viel Gerbstoffe vom Blattlaub enthält, Flusswasser und Grabenwasser. Das harte, mineralische Brunnenwasser ist schon weniger günstig, besonders wenn es viel Eisen enthält und den Boden damit verkrusten kann. Am wenigsten geeignet ist chloriertes Stadtwasser. Obst, Beeren, Tomaten, Bohnen und Kartoffeln sind *chlorempfindliche* Pflanzen.

Qualitätsskala des Wassers für den Garten:

Regenwasser	Teichwasser	Flusswasser	Brunnenwasser	Stadtwasser
weich				hart
lebendig				tot

MULCH UND BODENBEDECKUNG

Bodenbedeckung oder Mulch ist überall in der Natur zu finden und sollte auch im Gartenökotop zur Regulierung des Kleinklimas eine nützliche Rolle spielen. *Mulch* ist ein aus dem Englischen eingedeutschtes Wort, das mit *Müll, Mulm* (faules Holz) und Torf*mull* sprachlich verwandt ist und im Gärtnerlatein so viel wie »organische, feuchte, angerottete Bodenbedeckung« bedeutet.

Die einfachste Bodenbedeckung ist die lose, lockere Krume, die durch das Hacken entsteht. Sie lässt den Boden atmen, ermöglicht den Sauerstoff-Kohlensäure-Austausch und unterbricht die Kapillarbewegung der Wassermoleküle zur Bodenoberfläche. Nur dank dieses *Trockenmulchens* durch fleißiges Hacken können die Puebloindianer in den Wüsten Arizonas leben. Wenn es irgendwo einen Wolkenbruch gegeben hat, macht die ganze Sippe, Jung und Alt, Mann, Weib und Kind, einen Wettlauf zu den Gärten, die hier und da, weit verstreut in Talsenken unterhalb der Mesas liegen. Da es sich bei diesem Volk um keine Wettbewerbsgesellschaft handelt, kommen alle schnell, aber gleichzeitig an,

Lauch (Porree) im Spätherbst.

und man beginnt sofort zu hacken, um das lebensspendende Wasser im Boden zu behalten. Nach jedem Regen muss neu gehackt werden.

Weniger Arbeit als das Hacken macht die Bodenbedeckung, die auch andere biologische Vorteile hat. *Gehäckseltes Stroh* hält den Boden kühl und eignet sich für Kohl, Karotten und Kartoffeln, die einen kühlen Wurzelbereich vorziehen. Wenn der Boden zu warm wird, bilden die Kartoffeln weniger Knollen, und die Karotten werden kurz und gedrungen. Ein Bodenschutz aus *altem Heu* ernährt die Kleinlebewesen und Regenwürmer zusätzlich. Einziges Problem könnten die keimfähigen Samen sein, die das Heu enthält. *Papiermulch* ist unangenehm, da er leicht vom Wind erfasst wird, außerdem ist es fraglich, welche Wirkung die Druckerschwärze des Zeitungspapiers auf den Nährstoffkreislauf hat. *Frisch gemähtes Gras* muss erst etwas angewelkt sein, ehe man es als Bodenbedeckung benutzt, denn es kann luftundurchlässig zusammenbacken. *Schwarze Plastikfolien* werden von Gärtnern viel als Bodenbedeckung für Kulturen von Erdbeeren, Tomaten, Auberginen (Eierpflanzen) und Pfeffern verwendet, denn sie geben den Pflanzen im Frühjahr einen Vorsprung, aber sie versäuern auch den Boden, da sie die Bodenatmung unterbinden; während sie allmählich verwittern, und auch beim Verbrennen geben diese Folien giftige Polyvinylchloridgase von sich. *Tannennadelmulch* enthält keimhemmende Harze und Säuren und eignet sich nur bei Erdbeeren oder Azaleen, die einen niedrigen pH-Wert verlangen. Frisches *Sägemehl* raubt dem Boden seinen Stickstoff und sollte erst im angerotteten Zustand als Mulch genommen werden. *Gehäckselte Laubblätter* eignen sich besser, aber wegen ihres Gerbstoffgehalts sind sie weniger gut als Heu, Stroh, Unkraut oder Gras. Hier gilt die Regel: »Holz und Laub macht Acker taub.«

Wenn einmal eine 3 bis 10 Zentimeter dicke Decke den Boden bedeckt, kann man sich etlicher Vorzüge erfreuen. Unkraut ist kaum ein Problem mehr; das wenige, das durch die Mulchdecke sprießt, lässt sich mit den Fingern herausziehen. Der Boden trocknet nicht aus. Die Kleinlebewesen können bis zur unmittelbaren Oberfläche den Boden lockern und haben immer organische Stoffe als Nahrung zur Verfügung. Nach Regen verkrustet die Oberfläche nicht, und beim Gießen spritzt der Dreck nicht auf die zarten Salatblätter oder Erdbeeren.

Diesen Vorteilen stehen als Probleme gegenüber, dass man dann möglicherweise zu wenig Masse für den Kompost hat und dass sich die Schnecken unter der Mulchdecke verkriechen können. Die Sorge um die Begünstigung der Schnecken ist jedoch weniger gerechtfertigt, denn durch den Verzicht auf die tägliche Bewässerung wird auch eine der günstigen Bedingungen für diese Feuchtlufttiere verringert. Die Schnecken sind besonders auf den nackten Böden der Hackkulturen ein Problem, wo sie weder Unkraut noch Mulch finden. Da machen sie sich über die Kulturen her und können im Frühjahr ein Beet kahlrasieren. Da Schnecken gewelkte Pflanzen den grünen bevorzugen, sollte man keine Angst vor dem Mulchen haben.

KOMPOST UND JAUCHE

Gut gedüngt ist halb gewachsen.
Gärtnerspruch

Kompostierung (lat. *compositum* = Zusammengesetztes, Gemischtes) ist die Kunst und Wissenschaft, pflanzliche und tierische Abfälle zusammenzumischen und durch eine Verrottung zu führen, um eine gut riechende, dunkle Düngererde zu erzeugen, in der die Pflanzen ihr geeignetes Medium zum Gedeihen finden.

Im natürlichen Kreislauf der Pflanzenwelt, im *Lebensrad*, wie Sir Albert Howard es nennt, steht die Kompostierung am untersten Pol. Das Rad beginnt sich im Frühling zu drehen, wenn die Samen und Knospen von Sonnenwärme und Feuchtigkeit geweckt werden. Ein übermütiges Wachstum bemächtigt sich der Vegetation bis zur Sommermitte, dann verlangsamt sich der Aufbau der grünen Biomasse, während unmerklich der neue Einschlag zur Blütenbildung, zum Fruchten und zur Samenreife zu überwiegen beginnt. Allmählich verfärben sich die älteren Blätter gelblich oder rötlich, werden von Insekten angeknabbert und fallen schließlich zu Boden. Der großartige *Aufbau* im Frühling wird im Herbst ganz deutlich vom *Abbau* abgelöst. Im Spätherbst ist der Boden von braunen Stängeln und Blättern bedeckt. Kleinlebewesen, Würmer, Bakterien und Pilze zersetzen diese und lassen eine dünne Schicht mulchiger, schwarzer Humuserde entstehen. In den über die Jahre angesammelten Humus fallen die Samen, ruhen sich in den Kristallnächten des Winters darin aus und wachsen, neues Leben schöpfend, im Frühling, wenn ein neuer Aufbauzyklus beginnt, aus diesem Humus wieder empor.

Ein großartiges Bild der Einheit von Pflanzen und Boden tritt uns in diesem Lebensrad vor Augen. Im ewigen Wechselspiel entsteht die grüne Vegetation, zerfällt dann einerseits in Samen, andererseits in Humus, um im Lenz wieder zu einer Einheit zusammenzuwachsen. Tierstoffe, -ausscheidungen, -schalen und -kadaver sind in diesen Kreislauf mit einbezogen, denn es gibt keine Biozönose ohne entsprechende Fauna. Der Kompost befindet sich an der Nahtstelle des Aufbau-Abbau-Prozesses. Dieser ewige Lebenskreislauf wurde schon in vorgeschichtlichen Zeiten als *Ouroboros*, ein grüner Drache, der sich selbst in den Schwanz beißt, dargestellt.

In der biologischen Landwirtschaft ist die Humusherstellung im Kompost der goldene Schlüssel zum Erfolg. In der Natur findet der Kompostierungsprozess unaufhörlich statt. Blätter, tote Stängel, Kot, Kadaver, Baumstrünke und alle organischen Substanzen, deren Ätherkräfte am Verebben sind, werden von

Lebenskreislauf der Pflanzen.

Abbauorganismen ergriffen, verfaulen, verrotten, gären und verwesen, bis sie zu Erde geworden sind. Es gibt Gärtner, wie die Anhänger der biologisch-organischen Methode nach Müller und Rusch, die es ganz der Natur nachmachen wollen, die biologische Abfälle wie Streu direkt auf den Boden bringen wollen. Aber im Gemüsegarten, wo man eine schnelle Pflanzenfolge hat und hohe Erträge entnimmt, ist man besser beraten, die Humusbereitung auf den Kompostplatz zu verlagern. Auf den Boden direkt ausgebrachte Miste oder Pflanzenreste sind dem Nährstoffverlust und der Auswaschung ausgesetzt und können hier Geilwüchsigkeit, dort Wachstumshemmungen hervorrufen. Der Dauerhumus vom Komposthaufen wirkt hingegen ausgleichend. Eine schützende Bodenbedeckung kann man ja immer noch geben.

Kompostierung ist eine uralte Kunst. Sie wurde von Philosophen wie dem Römer Plinius, dem Araber Ibn al Awan und dem deutschen Naturphilosophen Albertus Magnus beschrieben und von unzähligen Alchemisten eifrig betrieben. Für sie war die Kompostzubereitung ein Schlüssel zum Geheimnis der Stoffverwandlung, der Transmutation, des Todes und der Auferstehung im elementischen Bereich. Mit der Kompostierung eilt man der gemächlichen Mutter Erde zur Hilfe, beschleunigt die Naturvorgänge etwas und führt sie in eine erwünschte Richtung, ohne dabei die Naturgesetze zu verletzen. Es erfreut die alte Mutter Erde sogar: »Operis processio multum naturae placet«, sagten die Alchemisten. Der Kompost selbst galt als ein *Homunculus*, ein künstlich, *ex uterus* erzeugter »Grobmensch« oder Lebenskloß, der in seine chaotisierte Masse die Impulse des makrokosmischen wie auch des mikrokosmischen Firmaments aufnimmt, der sich erhitzt, von ätherischen Lebenskräften durchstrahlt und von Sternenkräften beseelt wird und schließlich in den Erdboden geopfert wird. Ausgebracht, »tingiert« der Kompost den Ackerboden und »informiert« ihn mit den Sternenkräften, sodass sich die Pflanzen artgemäß nach ihrem Urbild (Archetypus) entfalten können.

Die Bauern, die sich weniger solchen Spekulationen hingaben, hatten schon immer ihren Misthaufen, auf dem Stallmist, Abfälle und Kadaver verrotteten. Das waren oft stinkende Haufen mit viel zu viel Nährstoffverlusten. Im Gegensatz dazu hatte man in China schon früh sorgfältige Kompostierungsverfahren entwickelt, die es ermöglichten, eine zehnköpfige Familie von ein bis drei Hektar Land zu ernähren. Fäkalien, Unkräuter, Schlamm und durch Schweine weiterverwertete Abfälle wurden mit geringstem Nährstoffverlust in besonderen Komposthäusern, die Teil des bäuerlichen Gebäudekomplexes waren, veredelt (King 1933: 212). Auch in der Schweiz fand man zuweilen überdachte Miststöcke (Hauser 1973: 64). Durch Einführung der Kunstdüngung, das Verschwinden der Pferde und Ochsen, das Aufkommen der Kraftmaschinen und die Teilspezialisierung der Landwirtschaft in viehlose Betriebe einerseits und Mastbetriebe andererseits ist die Kompostierung ins Hintertreffen geraten. Erst jetzt, da man der ökologischen Schäden und der Verteuerung der energiekonsumierenden chemischen Dünger gewahr wird, blickt man wieder auf diese alte Kunst. In der Zwischenzeit hat die biologische Bewegung die Kompostierungskunst wissenschaftlich untermauert, hat Kräuterzusätze entwickelt, die lenkend in die Verrottung eingreifen, und dazu weitere Einsichten über Zutaten und Abläufe erarbeitet.

ZUSAMMENSETZUNG DES KOMPOSTS

Das Kompostieren ist gar nicht viel anders als Kuchenbacken. Zuerst muss man die richtigen Zutaten in den richtigen Mengen haben. Jede Art von biologischer Substanz kann kompostiert werden. Der gewöhnliche Gartenkompost enthält Küchenabfälle, Unkräuter, Holzasche, Miste der Haustiere, auch Katzen- und Hundedreck, Blätter, grobes Papier, Eierschalen, Rasensoden und vieles mehr. Man kann aber auch spezielle Komposte – Mistkomposte, Leguminosenkomposte, Schnellkomposte usw. – für besondere Düngeransprüche herstellen, genau wie man verschiedenartige Kuchen backen kann. Es ist besser, die Kompostzutaten gut zusammenzumischen, als sie Schicht für Schicht aufzutragen, damit in allen Teilen des Haufens die Prozesse gleichmäßig verlaufen und nicht eine Mistlage fault, während eine Blätterlage schimmelt. Die Zutaten sollten so fein zermalmt und klein gehäckselt werden, wie es nur geht. Eine Häckselmaschine ist besonders bei Kohlstrünken, Sonnenblumenstielen und holzigem Gestrüpp eine große Hilfe. Trockene Substanzen sollten vor der Kompostierung in einem Becken eingeweicht werden.

Bei der Zusammensetzung des Kompostes hat man vor allem auf das Verhältnis der kohlenstoffhaltigen Pflanzenreste gegenüber den stickstoffhaltigen Tiersubstanzen, auf das so genannte *C-N-Verhältnis*, zu achten. Beim Sägemehl, das 500 Teile Kohlenstoff gegenüber einem Teil Stickstoff aufweist, spricht man von einem weiten C-N-Verhältnis. Bei Mistsickersaft (C-N 3 : 1) oder Belebtschlamm (C-N 6 : 1) hingegen spricht man von einem engen C-N-Verhältnis. Das ideale Mischungsverhältnis am Anfang der Kompostierung sollte zwischen C-N 30 : 1 und C-N 20 : 1 liegen. Nachdem der Kompostierungsprozess in Gang gekommen ist, geht ein Teil der Substanz als Kohlensäure und Wasserdampf verloren und bringt den fertigen Kompost auf C-N 15 : 1 bis C-N 20 : 1.

Wenn man Sägemehl, Papier, Torf, Stroh, Herbstlaub und andere Ausgangsstoffe mit weitem C-N-Verhältnis hat, muss man diese durch das Beimischen von stickstoffreichen Materialien auf das ideale Verhältnis von C-N 20 : 1 bis C-N 30 : 1 bringen. Das kann dadurch erreicht werden, dass man Miste, Jauche, Guano, Blut, Hornmehl, Federn, Schweineborsten, Urin, Klärschlamm oder sogar Haare, die man beim Friseur auffegt, darunter mischt. Frische Sägespäne können ausnahmsweise mit Kunstdünger wie Kalkstickstoff oder Harnstoff vorverdaut werden, damit die Bakterien überhaupt eine Stickstoffquelle haben, um den Verrottungsvorgang einzuleiten. Nach dieser Vorverdauung können die nicht mehr ganz rohen Sägespäne im Kompost weiterverrottet werden.

KOHLENSTOFF-STICKSTOFF-VERHÄLTNIS VERSCHIEDENER SUBSTANZEN

Sägemehl	500:1
Papier	200:1
Stroh	40–80:1
Maishalme	60:1
Alter Mulch	55:1
Baumlaub	50–60:1
Farnkraut	40:1
Altes Heu	30:1
Kartoffelkraut	25:1
Küchenabfälle	20:1
Frisch gemähtes Gras	15:1
Hülsenfruchtstroh	15:1
Tierkot	15:1
Hühnermist	8:1
Fäkalien	7:1
Blutmehl	5:1
Mistsickersaft	3:1
Hornspäne	1:1

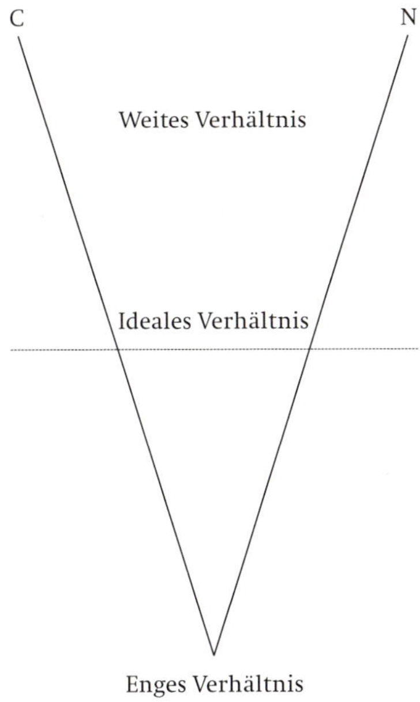

Wenn das C-N-Verhältnis der Ausgangsstoffe unterhalb der idealen Relation liegt, kommt es zu Stickstoffverlusten; man riecht das sich verflüchtigende Ammoniak; der Haufen wird faulig und speckig, lockt Fliegen an und entwickelt Maden. Wenn die Zusammensetzung andererseits über dem idealen Verhältnis im weiten C-N-Bereich liegt, verlangsamt sich die Zersetzung erheblich. Wenn dann noch Feuchte und Kälte hinzukommen, erhält man einen sauren, nährstoffarmen, torfähnlichen Stoff, wie man ihn in Mooren vorfindet.

Neben den kohlenstoff- und stickstoffhaltigen Substanzen mischt der Kompostmeister noch andere Zutaten bei. Eine Beigabe von 5 bis 10 Prozent *Erde* fördert die Humifizierung, die Würmer und die Strahlenpilze. Getrockneter *Ton*, zu feinem Pulver gemahlen, kann beim Aufsetzen sachte in die Lagen gestreut werden. Zwei, drei Hand voll pro Kubikmeter genügen. Die Kompostwürmer, die die Ton-Humus-Komplexe aufbauen, sind dafür dankbar. Man kann beobachten, wie gerne sich die jungen Würmchen um einen kleinen Tonhappen sammeln. *Kohlensaurer Kalk*, Korallenkalk, Algenkalk, Muschelmehl, Eierschalen oder Dolomitensteinmehl werden in ebenso geringen Mengen zwischen die Lagen gestreut, wie man Puderzucker auf den Kuchen stäubt. Scharf ätzender Brandkalk sollte vermieden oder vorher mit Wasser gelöscht werden, da er chemisch zu reaktiv ist, den Stickstoff (NH_3) austreibt und die Kleinlebewesen schädigen kann. Eine basische Reaktion hindert die Entwicklung der Pilzgeflechte, die das durch den Bakterienabbau frei werdende Ammoniakgas abfangen und in ihre Gewebe einbauen. Andererseits bewirkt die richtig abgewogene Menge langsam reagierenden Kalks einen besseren Umsatz der Stoffe, begünstigt die Zellulose verdauenden Bakterienstämme und bindet die Säuren. Das wiederum begünstigt die Salpeter schaffenden Bakterienstämme.

Ebenso wie Kalk- und Tonpulver kann man Holzasche in den Kompost streuen. Auch dieser Stoff, der Kali, Mineralsalze und Spurenelemente vermittelt, ist fein zu verstäuben, denn wenn große Klumpen feucht werden, bildet sich Kalilauge (KOH). Asche vom Steinkohlenfeuer enthält zu viel Schwefel; Asche von Kunststoff oder buntem Glanzpapier enthält suspekte Verbrennungsrückstände. Es ist immer besser, Steinmehle – Granitmehl, Basaltmehl, Grünsand, Phosphatgestein, Thomasschlacke – und die schon erwähnten Substanzen durch den Kompost gehen zu lassen, wo sie von den aktiven Kleinlebewesen zu biologisch assimilierbaren Chelatkomplexen verarbeitet werden, als sie direkt auf den Boden zu bringen.

Auf die verschiedenen *Kompoststarter* aus Bakteriensporen, Stickstoffkonzentraten und mysteriösen Zutaten kann man getrost verzichten. Bessere Resultate erreicht man oft mit einer Schaufel voll altem *Stammkompost*. Man löst ihn in Regenwasser auf und begießt den Haufen damit, um ihn zu impfen. Ähnlich stimulierend wirken der so genannte *russische Tee* (ein in Wasser aufgelöster Kuhfladen), der »Kompoststarter des Vorsitzenden Mao« (eine Vier-zu-eins-Mischung von Wasser und *Urin*), *Brennnesseljauche* oder Brennnesseltee und *Beinwelljauche* (*Symphytum officinale*). Die biodynamischen Kräuterpräparate gehören einer anderen Kategorie als die Kompoststarter an und werden an anderer Stelle behandelt. Ein Kompoststarter ist nicht absolut notwendig. Aber genauso wie man beim Brotbacken Sauerteig oder Hefe zusetzt, um eine gute, rasche Gärung zu bekommen, anstatt sich auf wilde Hefesporen aus der Luft zu verlassen und dann wohlmöglich ein hartes, bitteres, ungenießbares Brot zu erhalten, tut man besser daran, einen Kompoststarter zu benutzen (Pfeiffer 1977: 94).

WO, WANN UND WIE MAN DEN KOMPOSTHAUFEN ANLEGT

Für den Komposthaufen soll ein geschützter, leicht zugänglicher Platz vorgesehen werden. In wärmerem, trockenerem Klima, aber auch in regenreichen Gegenden kann dieser Platz auch mit leicht entfernbaren Platten überdacht sein. Holunder, Birke, Haselnuss und Erlengebüsch sind ideale Schattenpflanzen, deren Blätter und Wurzelausscheidungen den Verrottungsprozess günstig unterstützen. Andererseits muss man aufpassen, dass die Wurzeln dieser Gewächse nicht den Kompost durchwuchern und aussaugen.

Die Kompostmiete sollte direkt auf dem Boden, nicht auf Holz und schon gar nicht auf einer Zementplatte aufgebaut werden, denn die Bakterien vom vorhergehenden Haufen sollen den neuen impfen können, und die regenwurmähnlichen Kompostwürmer wollen sich in der Zwischenzeit in den Boden verkriechen. Für ihre Tätigkeit im Kompost müssen sich diese Würmer Lehm und Mineralien aus dem Untergrund holen können, um ihre Verdauung auszugleichen. Auch sollte der Kompost nicht in einer Kuhle im Boden sitzen, denn dann würde es aus Mangel an Sauerstoff zu Fäulnis und anaerobem Abbau kommen. Die Nitrat erzeugenden Bakterien brauchen Sauerstoff. Aus diesem Grund muss man den Kompost locker aufsetzen. Er muss feucht gehalten werden, darf aber nicht von Wasser triefen. Es sollte überhaupt kein Wasser absickern.

Nicht nur der Schönheit wegen, sondern für die innere Kräftedynamik und um die »kritische Masse« für die biochemischen Reaktionen zu erhalten, muss der Kompost die richtige Form haben. Er kann bis zu 2 Meter breit sein und jede beliebige Länge haben, nach oben hin sollte er auf 1,20 Meter kegelartig abgerundet sein. Wenn er kleinere Proportionen hat, erhitzt er sich nicht genügend und zersetzt sich schlecht. Wenn er größer ist, bleiben die inneren Schichten roh und haben nicht genügend Luft, während die äußeren Schichten sich viel schneller zersetzen.

Beim Kompost handelt es sich um einen undifferenzierten, primitiven Lebensklоß, dem Brotteig ähnlich. Wie jedes Lebensgefüge braucht der Kompost eine Schutzhaut gegen die anorganische Umwelt, gegen Kälte, Niederschläge, direkte Sonnenbestrahlung und Austrocknung, aber auch um zu verhindern, dass die Zwischenprodukte des Stoffwechsels, wie Ammoniak und Methan, sich nach außen hin verlieren. Ein Kompost, der stinkt, ist gleich einem übelriechenden Menschen oder Tier ungesund; er verliert ätherische Kraft. Ein *Mantel* aus Blattlaub, Stroh, verrottetem Sägemehl oder einer anderen stickstoffarmen Substanz, die das flüchtige Gas auffängt, ist notwendig. Mit einer schwarzen Plastikfolie kann der Kompost weiter geschützt werden. Die Schwärze absorbiert die Lichtstrahlen (Sonnenenergie!) und verwandelt sie in Wärme, die dem Kompost zugute kommt, schützt gegen Austrocknung in Dürrezeiten und gegen Auswaschung bei Regenwetter. Ein dynamischer Kreislauf entwickelt sich in diesem primitiven Leib: tagsüber steigt die Feuchtigkeit nach oben; wenn es abends abkühlt, kondensiert sie, wird zu schweren Tropfen und sickert wieder nach unten durch den Haufen.

In kleineren Hausgärten oder Schrebergärten kann man mit einem Kompostsilo, Drahtbehälter oder einer Komposttonne auskommen. Hier werden das frische Material, die Küchenabfälle, welke Blumen, Katzenstreu oder Kaffeesatz oben eingeworfen, und unten sollte man ab und zu eine Schaufel Humus herausnehmen können.

SPEZIALKOMPOSTE UND MISTE

Spezialkomposte aus besonderen Ausgangsstoffen und für bestimmte Düngewirkungen kennzeichnen die Kunst des Kompostmeisters. Achim Schwarze beschreibt im »Grünen Zweig« besondere Fäkalien-, Unkraut-, Laub-, Holz-, Torf-, Rinden- und Teichschlammkomposte (Schwarze 1980). Ein Kompost zur Düngung von Hülsenfrüchten, der die Wurzelknöllchenbakterien in eine virulente Entwicklung bringt, wurde von N. Remer entwickelt. Dazu werden Kleegrassoden mit Kuhmist und etwas gelöschtem Kalk ein Jahr lang kompostiert (Remer 1968: 20). Tomaten sind eine der wenigen Pflanzen, die auf einem Kompost aus ihren eigenen Abfällen gut gedeihen.

Durch kompostierte Tiermiste kann man eine gezielte Düngerwirkung erreichen. Im Allgemeinen kann man die ökologische Regel aufstellen, wonach der Pflanzenteil, den eine Tierart als Nahrung bevorzugt, auch vom Kot dieser Tierart am besten gefördert wird:

Die *Schweine* leben mit Vorliebe von Knollen und Wurzeln, die sie mit ihren Rüsseln aus dem Boden wühlen. Es wundert daher nicht, dass ihr kalireicher Mist, wenn er gut kompostiert ist, insbesondere den Wurzelfrüchten – Sellerie, Lauch und Kartoffeln – zugute kommt.

Das *Pferd* als Steppentier gedeiht bei trockener, stängeliger Nahrung – Hafer, Heu, Häcksel – am besten und liefert daher auch einen guten Mist, der Stängelbildung und Blattwachstum unterstützt und einen schweren, lehmigen Boden lockerer und leichter macht. Pferdemist, der viel Ammoniak enthält, kann sich in der Verrottung auf lange Zeit erhitzen, eine Eigenschaft, die die Alchemisten schätzten, um darin ihre Präparate »zu kochen«, und die diesen Mist auch für Frühbeete zur Aufzucht von Setzlingen geeignet macht. Man braucht kein Gewächshaus, denn ein Frühbeet mit einer Pferdemistpackung kann im kleineren Betrieb völlig genügen, um die Jungpflanzen aufzuziehen. *Stallhasenmist* ist wie der Pferdemist ein leichter, trockener, ammoniakhaltiger Mist, der in Kleingärten oft eine große Rolle spielt und die Blatt- und Stängelentwicklung unterstützt.

Schafe und *Ziegen*, die gerne aromatische Kräuter, Gestrüpp und Laubzweige anknabbern, geben einen Mist, der sich besonders dazu eignet, die Qualität und das Aroma von Früchten, Ölpflanzen und Kräutern zu verbessern. Vor dem Aufkommen der Herbizide und der chemischen Düngung ließ man in den großen Pfefferminzfeldern in Oregon Schafe weiden. Sie säuberten die Felder von Unkraut, und ihr Dung erhöhte zugleich die Menge der ätherischen Öle und trug zur Gesundheit der Minze bei.[30] Hier traf das Sprichwort zu: »Schafe haben goldene Klauen.« In einem mediterranen Ökotop wie der Provence oder in Griechenland, wo die würzigsten Kräuter herkommen und Ölbäume wachsen, bilden diese Horntiere einen wichtigen Teil der Agrarbiozönose. Alle ölhal-

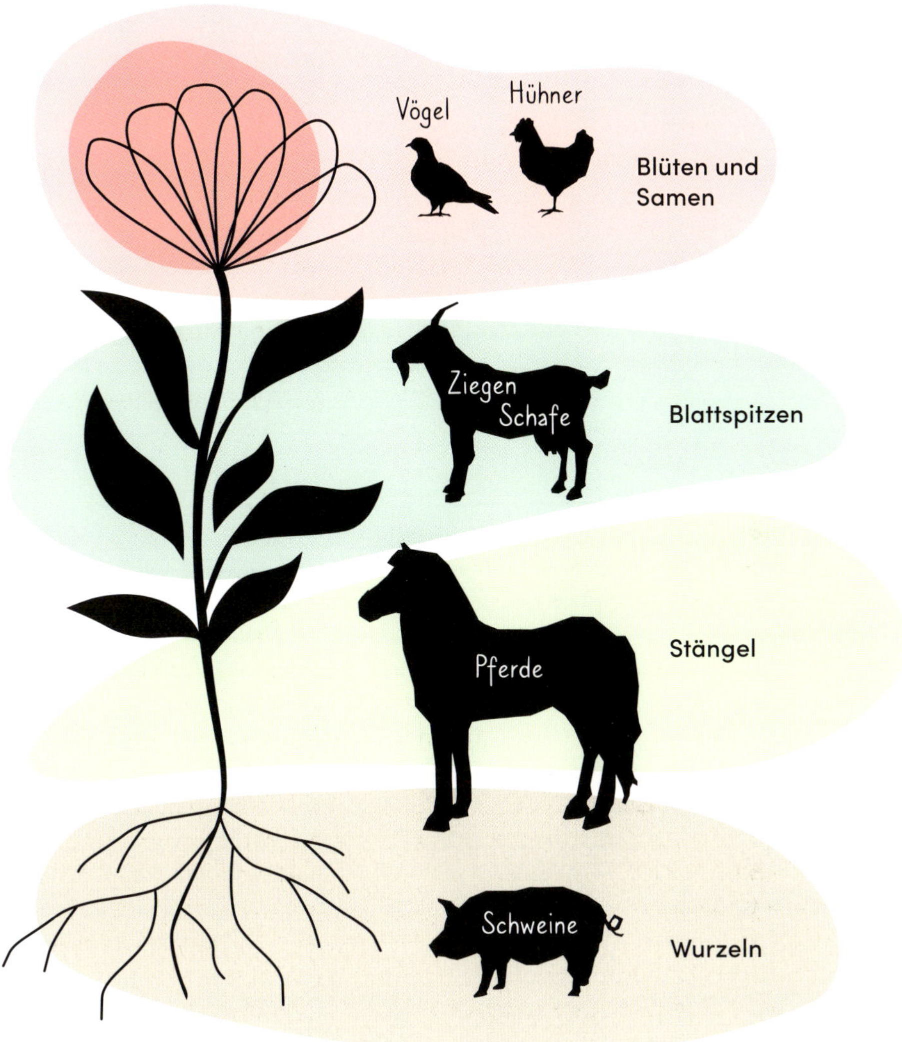

Der Zusammenhang zwischen bevorzugtem Pflanzenteil und optimaler Düngewirkung.

30 Nachdem die Schafherden durch Agrarchemie ersetzt wurden, gingen die Pfefferminzstauden allmählich ein, sodass der plantagenmäßige Anbau der Lippenblütler in Oregon aufgegeben werden musste.

tigen Pflanzen, wie Senf, Hanf, Flachs und Mohn, und Pflanzen, die wie die Heilkräuter reich an ätherischen Ölen und Harzen sind, werden durch die Komposte dieser Tiermiste verbessert.

Vögel im Allgemeinen und insbesondere *Hühner* finden ihre Nahrung an der äußeren Peripherie der Pflanze; sie picken die Samen oben von der Pflanze oder kratzen Samen, Würmer und Kerbtiere aus dem Boden. Ihre Miste sind reich an Phosphor und enthalten Wuchsstoffe (Auxine) wie Indol, das die Pflanze zur Blüten- und Fruchtbildung anregt. Vogelmiste, die man meistens zu Jauchen vergärt, aber auch mit genügend kohlenstoffhaltiger Streu verkompostieren kann, nimmt man also für alle Blüten-, Frucht- und Samenpflanzen. Ein vorzüglicher Spargel lässt sich durch kompostierten *Taubenmist* erzeugen.

DIE HEILIGE KUH

Es gibt keinen besseren, ausgeglicheneren Dünger als den Mist des Rindviehs. Die schwarzen Humusböden der nordamerikanischen Prärie, die heutzutage Jahr für Jahr gewaltige Weizenernten hervorbringen und zum Brotkorb der Welt geworden sind, wurden über die Jahrtausende durch die Miste der gewaltigen Büffelherden in Verbindung mit den Steppengräsern geformt. Gäbe es in Indien keine heiligen Kühe, wäre das Land noch schlimmer dran, als es im Augenblick ist. Die vielen Kühe sind für die Menschenmassen keine Konkurrenten in Bezug auf Land und Nahrung, wie einige technokratisch orientierte Entwicklungsexperten meinen. Im Gegenteil, sie leben als Symbionten mit den Menschen, fressen ungenießbare, dürre Unkräuter, Abfälle und Raufutter und geben dafür Milch, Zugkraft und Mist. Es ist die Aufgabe der indischen Bauernmädchen, die Kuhfladen zu sammeln. Von den 700 Millionen Tonnen Rindermist, der so anfällt, wird die Hälfte als Dünger genutzt; die andere Hälfte wird als getrocknete Fladen zum Kochen verheizt. Dies bedeutet eine Wärmekraft von ungefähr 27 Millionen Tonnen Kerosin, 35 Millionen Tonnen Kohle oder 68 Millionen Tonnen Brennholz – das schont die Wälder und spart Öl (Harris 1974: 19). In nordischen und alpinen Ländern macht die Kuh überhaupt die Landwirtschaft erst möglich, denn dort, wo viel Regen und niedrige Temperaturen herrschen, werden die Böden sauer, torfig, nährstoffarm und für den Ackerbau kaum geeignet. Die Kuh, in deren warmem Organismus diejenigen Mikroorganismen leben, die sonst im Boden Zellulose, Lignin, Eiweiß und Kohlenhydrate verdauen und vergären, bringt Fruchtbarkeit, die sonst in diesen Gegenden nicht möglich wäre. Hier kann nur das Verdauungssystem eines Wiederkäuers fertigbringen, was in gemäßigten Zonen sonst im Erdboden oder im Pflanzenkompost stattfindet.

Wenn man sich ein Bild vom komplizierten, 200 Liter fassenden und fünfzig Meter langen Verdauungstrakt des Rindes macht, kann man erahnen, was für gewaltige Stoffumwandlungen dort stattfinden, die zur Stütze der Bodenfruchtbarkeit werden. Um Raufutter zu verdauen, dauert es bis zu 12 Tage. Wie ein zweites Herz mutet einen der vierteilige Magen an. Große Futtermengen werden in den Pansen geschluckt, wo sie von einem breiten Spektrum von Kleinlebewesen zur Vergärung gebracht werden. Bakterienflora und Protozoen sondern Enzyme (Cellulase) ab, welche die Zellulose zu Glukose abbauen und Aminosäuren, Vitamin B_{12} und Fettsäuren synthetisieren. Kein anderes Säugetier kann das. Vom Pansen gelangt das Futter in den Netzmagen, aus dem das Raufutter in kleinen Bällen wieder ins Maul gelangt, wo es von den Backenzähnen wie zwischen Mühlsteinen zu einem dünnen Brei zerkaut und wiederum hinuntergeschluckt wird. Im Blättermagen wird der Speisebrei abgepresst, die Flüssigkeit geht in den Pansen zurück, und der feste Teil gelangt nun in den Labmagen. Dies ist der eigentliche Magen, wie wir ihn haben, in dem die Verdauungssäuren ihr Werk tun. Der ganze lange Verdauungstrakt ist von einem komplizierten Nervennetz begleitet, das die Abläufe überwacht. Kein anderes Tier kann Raufutter und Rohfasern – Stroh, Heu, Laub, Reisig – so gut verwerten.

Der Verdauungsapparat ist das Spezialorgan der Kuh, wie das Gehirn das besondere Organ des Menschen ist. Dieser Vergleich ist nicht einfach aus der Luft gegriffen; beide sind Wahrnehmungsorgane. Der Mensch richtet seine Sinne nach außen; die Kuh richtet sie nach innen. Beim Verdauen kommt es zur Aufschlüsselung und Wahrnehmung jener Informationen und Energien, die die Pflanzen vom Kosmos und der Erde aufgenommen haben. Wenn man eine Kuh beobachtet, wie sie wiederkäuend, still in sich gekehrt, mit ihrem nach außen hin stumpfen Blick daliegt, dann sieht man ein Wesen, das sich in »tiefer Meditation« befindet. Kein Wunder, dass sie in Indien als besonders heiliges Tier gilt. Auch kein Wunder, wenn der Kuhmist eine besonders heilende, verlebendigende Wirkung auf den Boden hat. Und wie die Gärtnerin Frieda Welten hervorhebt: »Vollwertige Nahrung wächst nur auf lebendigem Boden.«

Es ist eines der größten Schandmale unserer Zeit, dass man die Kuh in Massenhaltung züchtet und sie mit Kraftfutter zu unnatürlichen Leistungen zwingt. Getreide[31], Fischmehl[32] und stickstoffreiches Alfalfaheu vergewaltigen

31 In den USA, die weltweit den grössten Rindfleischkonsum pro Kopf aufweisen, wird rund 70 % des Getreides an Rinder verfüttert (Launer 1996: 58).

32 Die Küsten Perus, Indiens und anderer armer Länder werden stark überfischt. Nur so können die bitterarmen Fischer ihren Lebensunterhalt verdienen. Futtermittelhersteller aus den Industrieländern kaufen getrocknete Sardinen und kleine Fische auf und verarbeiten sie zu Kraftfutterzusätzen, obwohl die Bevölkerung vor Ort an Proteinmangel und Unterernährung leidet.

die Naturanlagen[33], unterbinden das Wiederkäuen, machen die Tiere krank und liefern nicht den gesunden Mist, den wir für unsere Böden brauchen. Eine Massentierhaltung mit 25 000 Kühen produziert 650 Tonnen Kot täglich. Der edle Kuhmist wird auf einmal zu einem Problem der Umweltverschmutzung!

Ein Gartenbetrieb sollte womöglich seine eigene Kuh oder einige Kühe haben. Das wäre schon aus dem Grund günstig, weil sich der Kuhorganismus auf die spezifischen Bedürfnisse des Bodens, von dem sein Futter stammt, einstellt. Der Kuhdünger ist dann für diesen Boden enzymatisch zugeschnitten, er bildet eine funktionelle Einheit mit ihm. Die Ausscheidung ist eine Botschaft, eine Rückmeldung an Mutter Erde und die Pflanzen, die auf der Weide wachsen. Daher ist es am besten, das Futter selbst zu produzieren. Eine Kuh erzeugt ungefähr zehn Tonnen Mist pro Jahr, genug, um einen Hektar Gartenland zu düngen. In der nordischen Legende des makrokosmischen Urmenschen Ymir ist es die kosmische Kuh Audhumla, die ihm Speise und Trank spendet. Im Kompost des Gartens sollte es auch die Kuh sein, die dem Kompost und dem Acker Nahrung spendet.

KRÄUTERJAUCHEN UND FLÜSSIGER DÜNGER

Jauchen, im Verhältnis 1 : 10 mit Regenwasser verdünnt, kommen den starkzehrenden Gemüsen während ihrer Wachstumsperiode zugute. Sie können auch den Kompost anregen, wenn man ihn damit anfeuchtet. Die *Jauche aus dem Stall*, eine Mischung von Urin und Mistbestandteilen, muss gut vergoren sein, ehe man sie ausbringt. Zu frische Jauche »verbrennt« die Pflanzen und die Regenwürmer, stinkt, verliert Nährstoffe und verursacht schließlich Geilwüchsigkeit und Schädlingsanfälligkeit. Um dem vorzubeugen, präpariert man die Jauche mit biodynamischen Kräuterzusätzen, effektiven Mikroorganismen (EM) und gibt große Mengen Brennnesselkraut dazu. Gesteinsmehl gibt den anaeroben Bakterien die nötigen Mineralien, die sie brauchen, um den Ammoniak zu binden; eine schwimmende Decke Strohhäcksel, Sägespäne oder Torfmull kann aufsteigende Dünste auffangen. Man kann die Jauche ab und zu rühren, um etwas Sauerstoff hineinzubekommen. Zu viel Rühren jedoch wirkt ähnlich wie eine Kläranlage; es oxidiert zahlreiche Bestandteile und verflüchtigt den kostbaren Ammoniak.

Kräuterjauchen sind äußerst wertvolle Hilfsmittel für den Gärtner. Man stopft ein Holzfass mit Blättern voll, übergießt sie mit Regenwasser und lässt sie gären. Die eisenhaltige *Brennnesseljauche* unterstützt die Bildung des Blattgrüns und der Humifizierungsvorgänge im Boden oder Kompost und ist wirksam gegen Blattläuse. Eine *Jauche aus Kohlblättern* düngt und reguliert den Schwefelhaushalt in Pflanze und Boden. Eine *Beinwelljauche* ist reich an Mineralien

(Ca, K, P, Ma) und eignet sich als Kopfdüngung, besonders bei Tomaten. Eine *Holunderblätterjauche* soll gegen Wühlmäuse – direkt in den Gang gegossen – und gegen die Möhrenfliege wirksam sein (Hollerbach 1998: 240). Auch Jauchen und Brühen aus Löwenzahn, Wermut, Hirtentäschel und Schachtelhalm sind bekannt. Der Gärtner sollte seine eigenen Versuche damit anstellen.

Kuhfladen können in Wasser gerührt und verjaucht werden, um damit das Wurzelwachstum bei Jungpflanzen anzuregen. Geflügeljauche, aus Tauben- oder Hühnermist hergestellt, regt die Blütenbildung, Obst, Beeren und Früchte sowie Gemüse wie Zuckermais, Tomaten und Auberginen (Eierpflanzen) an. Alle Jauchen entwickeln üble Gerüche, da es sich um einen Abbau unter Sauerstoffabschluss handelt. Dieser Gestank sollte etwas abgeklungen sein, wenn die Gärung vorüber und die Jauche ausgereift ist. Im Sommer entwickeln sich die fetten, trägen weißen Rattenschwanzlarven in den offenen Jauchebehältern. Die Anwesenheit dieser Schlamm fressenden Larven, die nicht mit den viel kleineren Mückenlarven zu verwechseln sind, bedeutet, dass die Jauche reif ist, um zum Gießen verwendet zu werden. Der Rattenschwanz ist die Larve der Schwebefliege oder Mistbiene (*Eristalis tenax*). Man sieht diese »Bienen« oft in der Luft stillstehend über den Dolden der Schirmblütler schwirren. Da die Schwebefliege zur Bestäubung der Doldengewächse und Korbblütler beiträgt, ist es schon aus diesem Grund ein Vorteil für den Gärtner, Jauchen herzustellen.

DER KOMPOSTIERUNGSVORGANG

Wenn der Bäcker alle Zutaten auf einen Haufen legt, hat er noch längst keinen Kuchen; es kommt auf den Backprozess an. Man kann mit denselben Zutaten ganz verschiedenartige Resultate erzielen. Dies zeigt sich deutlich, wenn man die Verdauungsprozesse verschiedener Tierarten vergleicht. Man kann einer Kuh, einem Pferd, einer Ziege oder einem Schwein die gleichen Rüben vorsetzen: ihre Miste sind dennoch charakteristisch voneinander verschieden. Obwohl man dasselbe Ausgangsmaterial hat, wird es durch die unterschiedlich

33 Das leistungssteigernde, eiweißreiche Kraftfutter erzeugt beim Abbau ungesunde Metaboliten, die das Rind schnell ausscheiden will. Der natürlicherweise langsame Verdauungsprozess wird drastisch beschleunigt, bis hin zum Durchfall (Remer 1968: 70). Gipfel der Perversion ist natürlich die Verfütterung von Mastfutter, das mit Aromastoffen kaschierte, eiweißreiche Schlachtabfälle enthält. Schon 1917, als man kriegsbedingt derartige Futtermittel in Erwägung zog, prophezeite Rudolf Steiner, dass dadurch die Rinder wahnsinnig werden würden. Keine Lichtbotschaften aus dem Kosmos, sondern Botschaften des Todes und der Verwesung entschlüsseln die Rinder dann im Verdauungsprozess. BSE ist die Folge. Auch wenn Wissenschaftler Prionen als Ursache des bovinen Hirnschwamms ausmachen, ist menschliche Gier und Lieblosigkeit die Ursache. Alles was der Mensch seinen Mitgeschöpfen antut, wird auf ihn zurückkommen.

gestalteten Verdauungsorgane, die unterschiedliche Zeitdauer – 12 Tage bei der Kuh, bis zu 16 Tage beim Schaf, 4 Tage beim Pferd – und durch die verschiedenartigen Sekrete, Darmflora und Hormone zu einem jeweils anderen Endprodukt. Die Kuh wird einen schweren, kalten, nassen Fladen erzeugen, das Pferd einen trockenen, nach Ammoniak riechenden Pferdeapfel, die Ziege kleine feste Kugeln, und das Schwein produziert seinen typisch nassen, sauren Kot.

So ist es auch beim Kompost, der ja ein nach außen in den Makrokosmos verlegter Verdauungsvorgang ist. Man kann mit den besten Stoffen anfangen, aber wie der Kompost aufgesetzt und gepflegt wird, entscheidet darüber, ob man einen reifen, gesättigten Humus, reich an Fulvo- und Huminsäuren, oder ob man einen aziden, stickstoffarmen Rohhumus oder Torf erhält. Im Extremfall kann es zu einer völligen Vermineralisierung kommen, wobei der Abbauprozess gar nicht in den Aufbau überschlägt, sondern alle Kohlenstoffverbindungen zu Kohlensäure und Wasserdampf und alle Eiweißverbindungen zu N oder flüchtigem NH_3 abgebaut werden.

DIE VIER ELEMENTE IM KOMPOST

Für einen günstigen, ausgeglichenen Ablauf des Kompostierungsvorganges müssen die vier Elemente Erde, Wasser, Luft und Feuer sich im harmonischen Gleichgewicht befinden:

Das *Erdelement* ist durch einen Zuschlag von ungefähr zehn Prozent tonhaltiger Erde oder durch Steinmehle vertreten. Zu viel Erde verlangsamt die Umsetzung und macht die Masse zu schwer.

Das *Wasserelement* als Feuchtigkeit ist von äußerster Wichtigkeit für die Stoffwechselabläufe der Kompostbakterien. Die Masse soll immer den Feuchtigkeitsgrad eines ausgewrungenen Schwammes haben, der die Hand benetzt, wenn man ihn drückt, aber es sollen sich keine Tropfen bilden.

Der Kompost soll leicht aufgesetzt sein, damit genügend *Luft* für die sauerstoffhungrigen Rottebakterien vorhanden ist. Es kann hilfreich sein, den Kompost beim Aufsetzen durch einen stehenden Miststreuer zu stoßen. Man kann auch mit einer Eisenstange Löcher in den Kompost stoßen oder diesen notfalls umsetzen.

Das *Feuerelement* kommt in der Erhitzung des Kompostes zur Geltung. Wie heiß er werden soll, ist Gegenstand zahlreicher Auseinandersetzungen unter Gärtnern, aber wenn er tatsächlich Flammen schlägt, ist er entschieden zu heiß. Bei Temperaturen zwischen 60 °C und 70 °C werden Krankheitskeime und Unkrautsamen abgetötet, zu hohe Temperaturen aber führen zu Substanzverlusten.

Wenn die imponderablen Elemente (Luft und Feuer) überwiegen, der Haufen zu leicht gepackt oder bei der Erhitzung zu viel Feuchtigkeit verloren

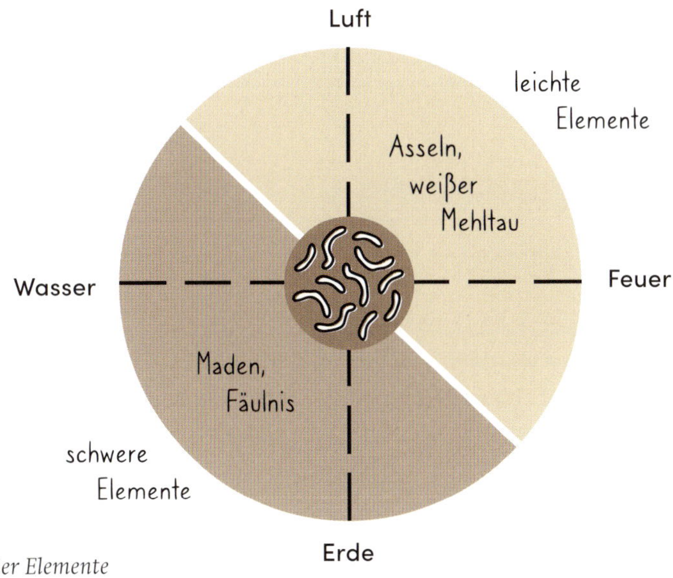

Die vier Elemente im Kompost.

hat, erscheinen charakteristische Symptome: Er riecht moderig, hat einen weißen, puderigen Schimmel und wird in den oberen Schichten von vielen *Rollasseln* (*Armadillidium vulgare*) belebt. Um einen solchen Moderhaufen wieder ins Gleichgewicht zu bringen, mischt man etwas mehr Erde bei und feuchtet ihn mit Wasser oder Jauche an.

Wenn der Kompostierungsvorgang sich in die Richtung der ponderablen Elemente verlagert hat, wenn der Kompost schwer, kalt und nass ist, fallen einem folgende typische Symptome auf: Der Kompost wird schwarz, schmierig und stinkt. Der Gestank stammt von den Abbauprodukten der anaeroben Bakterien, die die Fähigkeit haben, sich von Harnstoffen und Schwefelverbindungen zu ernähren. Daneben gibt es Milchsäurebakterien, die einen Teil des Kompostes in sauerkraut- und silageähnliche Substanzen umbauen. Der Geruch ist übel, sauer und ranzig (Buttersäure), faulig (Methan- oder Sumpfgas), scharf (Ammoniak), oder es stinkt nach faulen Eiern (Schwefelwasserstoff). Als charakteristisches Tier sind *Fliegen* und weiße Fliegenmaden vorhanden, besonders dann, wenn das C-N-Verhältnis eng ist. Bei einem solchen Haufen hilft nur das Umsetzen und Beimischen von Strohhäcksel, Torf und anderen trockenen, leichten Stoffen.

Ein ausgeglichener Kompost hingegen hat einen guten Geruch wie Walderde. Er ist locker und satt braun und wird vom rötlichen *Mistwurm* (*Eisenia foetida*), einer Regenwurmgattung, belebt. Die biologisch-dynamischen Kräuterpräparate (siehe *Präparate, Tinkturen und Elixiere*) unterstützen die ausgeglichene, harmonische Entwicklung des Kompostierungsprozesses.

DIE BIOGRAFIE EINES KOMPOSTS

Wir haben dem Kompost eine Haut aus Stroh, Erde oder Laub gegeben, damit er seine Lebensessenzen nicht verströmt, und haben ihn in einer bestimmten Form und einer bestimmten Mischung aufgesetzt. Nun kann der Kompost zu leben anfangen. Er durchläuft drei deutlich unterscheidbare Lebensstufen, atmet und führt einen regen Stoffwechsel.

Die erste Lebensstufe, die Kindheit des Kompostes, ist das *Bakterien-Pilz-Stadium*. Der erste Teil dieses Stadiums gehört im großen Lebensrad noch dem Abbauprozess an. Bakterien zersetzen die Eiweiße zu Aminosäuren und schließlich zu Ammoniak, bauen Kohlenhydrate zu einfachen Zuckern, organischen Säuren und CO_2 ab und zerlegen andere Komplexmoleküle. Würde der Abbau nicht in einen Aufbau umschlagen, würde alles schließlich bis auf die einfachsten Elemente – Wasser und Kohlensäure – reduziert werden. Die Pilzmyzelien schließen sich jedoch gleich an die Bakterien an, fassen die gelösten Stoffe in ihre Myzelgewebe und fangen wieder an, das Ammoniak zu einfachen Aminosäuren aufzubauen. Die thermophilen Bakterien sind in diesem hitzigen Stadium äußerst aktiv. Der Gärtner hat darauf zu achten, dass diese Bakterien genügend Feuchtigkeit für ihren Stoffwechsel haben. Wenn man einen Kompost in diesem Stadium halbiert, sieht man, wie sich die Bakterien in den Haufen hineinfressen und wie die Pilzfäden gleich darauf folgen.

Die zweite Lebensstufe, die Jugend des Kompostes, ist das *Regenwurmstadium*. Die thermophilen Bakterien haben inzwischen Dauersporen gebildet, und die Pilze haben die organischen Stoffe so weit vorverdaut, dass nun die Regenwürmer (Mistwürmer) und Strahlenpilze sie weiterverarbeiten können. Wenn das erste Stadium ungünstig verlaufen ist, entweder zu nass oder zu trocken war, sollte der Gärtner zu diesem Zeitpunkt den Haufen umsetzen, was eine kurze zweite Erhitzung hervorrufen kann. Beim Umsetzen kann man ein bis eineinhalb Kilogramm kohlensauren Kalk, Algenmehl, Dolomitmehl oder eine andere gelöschte Kalkart (nie Ätzkalk!) dazugeben, um die Salpeter schaffenden und Zellulose zersetzenden Bakterien, Aktinomyzeten und die Regenwürmer zu unterstützen sowie die organischen Säuren zu binden. Wenn man in diesem Stadium kalkt, ist auch weniger die Gefahr eines Stickstoffverlustes vorhanden. Wie wir schon gesehen haben, nehmen die Regenwürmer die durch Pilze vorverdauten Pflanzenreste auf, und mit Hilfe von Kalk und Ton bauen sie die Ton-Humus-Komplexe auf.

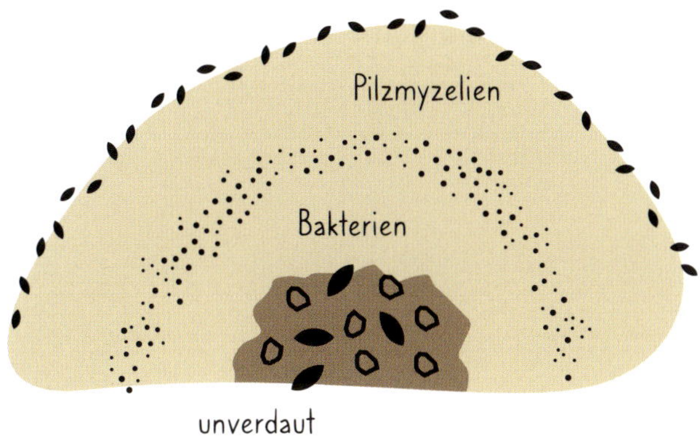

Profil eines Komposts im Stadium 1.

Das dritte Stadium, die Reife des Kompostes, ist das *Nitratbakterien-* oder *Salpeterstadium*. Dieses ist erreicht, wenn die Regenwürmer sich wieder aus dem Komposthaufen zurückziehen und die Miete zu lockerem, duftendem, reifem *Dauerhumus* geworden ist. Der Dauerhumus ist durch Ton-Humus-Komplexe charakterisiert, die wie ein Magnet die Kationen (Ca, NH_3, Mg, K, Na usw.) anziehen und festhalten. Aber auch die Anionen (Phosphate, Nitrate und Sulfate) sind durch diese Makromoleküle sicher vor Auswaschung und Zerfall. Metallisch glänzende Laufkäfer (*Carabidae*), die Schnecken und Insektenlarven jagen, Aas fressende Kurzflügler (*Staphylinidae*), Tausendfüßler, Spinnen und anderes Kleingetier siedelt sich nun im fertigen Kompost an. Für keimende Samen, Jungpflanzen und für das Wurzelgemüse ist es besonders wichtig, eine reife Humuserde mit Stickstoffverbindungen in Form von Salpeter und Nitraten zu haben. Hierfür nimmt man die fertige Erde aus dem dritten Stadium. Für die Kopfdüngung der Starkzehrer – Tomaten, Kohl, Mais, Abelmosch, Gurken und alle Kürbisarten – kann man den Kompost schon im zweiten Stadium verwenden.

Wie schnell ein Kompost diese drei Lebensstufen durchmacht, hängt von seiner Zusammensetzung und von äußeren Umständen wie Wetter, Luftfeuchtigkeit und Temperatur ab. Ein Schnellkompost nach dem Verfahren der »Miss Bruce Quick Return Method« oder der »University of California Method« kann unter idealen Bedingungen in zwei bis drei Wochen fertig sein (Rodale 1975: 90). Man häckselt und zerfetzt die Ausgangsstoffe feinstmöglich, um den Bakterien die größtmögliche Fläche zu schaffen. Man hält das C-N-Verhältnis im engen Bereich, indem man die Materialien mit Blutmehl, Sickersaft, Jauche oder Fischmehl anreichert, und benutzt Ätzkalk, um die Reaktionen zu beschleunigen. Die Feuchtigkeit muss genau stimmen, und der Haufen muss öfter umgesetzt werden, um den Sauerstoff hineinzubekommen.

Alles Organische verdaut der Kompost.

Eigentlich macht der Schnellkompost schon beim zweiten Stadium Halt. Ein Dauerhumus mit Ton-Humus-Bestandteilen, der über Jahre hinweg nachhaltig düngt, wird dabei nicht geschaffen. Solcher Schnellkompost ist sehr symptomatisch für unsere chaotische, schnelllebige Zeit, wo alles sofort zur Hand sein muss. Ein normaler Kompost hingegen braucht bis zu einem Jahr, bis das dritte Stadium erreicht ist. Wer die Geduld hat zu warten, hat dann auch einen Dauerhumus, der den Gemüsepflanzen nicht nur kurzfristig Nährstoffe liefert, sondern dem Boden die gewünschte Lebendigkeit und Aufgeschlossenheit für kosmische Einwirkungen verleiht, der Wasser für die Pflanzen bereithält, die Säurereaktionen puffert, den Boden besser erwärmt, zu besserer Samenkeimung führt und den Vitamin-, Zucker-, Eiweiß-, Gluten- und Karotingehalt der Nahrungspflanzen erhöht. Dauerhumus gibt den fruchtbarkeitsfördernden Bodentierchen eine Heimat und verleiht den Pflanzen gleichmäßigeres Wachstum und Schädlingsresistenz.

In einem Zeitalter, in dem sechzig Prozent der Humusreserven der Erde innerhalb von einem Jahrhundert verloren gegangen sind, kann man nicht genug auf die zentrale Rolle der Humuspflege und Kompostierung aufmerksam machen. Mit der Energieverknappung wird der Kunstdünger irgendwann notwendigerweise teurer werden. Daher ist es zeitgemäß, sich mit der Kunst und Wissenschaft der Kompostierung zu befassen.

MENSCHLICHE FÄKALIEN

Menschliche Exkremente werden in der Landwirtschaft Asiens, Mittelamerikas und Afrikas als Dünger genutzt. In China wird jedes Häuflein gesammelt und in gesonderten Gruben vergoren oder in trockenen Klimazonen ausgetrocknet, pulverisiert und dann in den Erd- und Pflanzenkompost gestäubt. In vielen Städten Ostasiens werden Fäkalien an Händler verkauft, die sie dann den Bauern weiterverkaufen. Bauern stellen kleine Klos an den Straßenrändern auf in der Hoffnung, dass ein Reisender sie mit seinem Stuhl beglückt (King 1933: 19). Meistens werden die Fäkalien anaerob vergoren und dann bei Regenwetter in Eimern auf die Felder getragen.

Auch im Abendland hat man menschliche Ausscheidungen in großen Faulschlammbehältern oder Güllegruben gesammelt und den vergorenen Inhalt im nassen Herbst oder im Winter mit dem Güllewagen auf den Acker gefahren. Die amerikanischen Siedler haben oft, wenn ein Abort gefüllt war, das Loch mit Erde gefüllt und einen Obstbaum hineingepflanzt, dem die mineralienreichen Abortprodukte zugutekamen. Mit dem Entstehen der Industriegroßstädte wurde das Ausbringen der Abwässer ein immer größeres Problem. Als dann L. Pasteur und Robert Koch die Anwesenheit mikrobieller Krankheitserreger – Typhus, Cholora, Salmonellen, Ruhr usw. – im Stuhl nachwiesen, ging man allgemein auf das sanitäre Wasserspülklosett über. Seither werden im abendländischen Kulturkreis Milliarden von Tonnen nährstoffreicher Materie geklärt oder in die Flüsse und Meere gespült, während man in der Landwirtschaft immer mehr zu den »sauberen« Kunstdüngern greift. Nach F. H. King werden pro Million Einwohner jährlich 5 794 300 Pfund Stickstoff, 775 600 Pfund Phosphor und 1 825 000 Pfund Kali neben anderen Mineralien wie Kalk oder Magnesium in die Meere gespült (King 1933: 257).

Ein Bauer oder Gärtner braucht nicht auf diese Nährstoffquellen zu verzichten und auch nicht die Gefahr von Krankheitskeimen und Wurminfizierung zu fürchten, wenn er sorgfältig, die ökologischen Kreisläufe und die besonderen Regeln beachtend, verfährt. Obwohl die »offiziellen« biologisch-dynamischen Bauern und Gärtner die Verwendung von Abortprodukten ablehnen, sollten diese doch mit in den geschlossenen Kreislauf des Betriebsorganismus einbezogen werden. Kurz nach dem Ersten Weltkrieg riet Rudolf Steiner vom Gebrauch der Fäkalien in der Düngung ab. Um die Ernährung zu sichern, hatte man die Felder um Großstädte wie Berlin mit Abwässern berieselt. Es stank fürchterlich, brachte hygienische Probleme mit sich und beeinträchtigte natürlich den Geschmack der Gemüse. Kaum ein Tier verträgt Pflanzen, die auf dem eigenen Mist gewachsen sind. Kühe fressen gerne die Geilwuchsstellen beim Pferdemist und Pferde die saftigen Grasbüschel um die alten Kuhfladen auf der Weide, aber das Gras beim eigenen Mist lassen sie stehen. Es müssen also ein oder mehrere andere Organismen zwischen die eigenen Abfälle und die zu genießende Pflanze zwischengeschaltet werden. Je differenzierter der Kreislauf, desto besser. In kleineren landwirtschaftlichen Betrieben geht es gerade noch, dass man den Abort in die Stalljauche ablässt, diese zusammen vergären lässt und sie dann als Gülle oder »Pschütte« zum Düngen der Weiden und Felder nimmt. Arthur Hermes benutzte zwei Sammelbecken. Während sich das eine langsam füllte, ließ er das volle unter Zusatz von Kräuterpräparaten, Brennnesselkraut und Schneeschmelzwasser vergären. Im Findhorngarten wurde sogar der Nachttopf direkt mit Stroh in den Kompost geschüttet, anscheinend ohne Folgeprobleme (Findhorn Community 1975: 15). John Todd (New Alchemy Institute) hat für den Biogarten einen längeren biologischen Kreislauf entwickelt, der über mehrere Becken läuft. Algen und Wasserpflanzen ernähren sich zuerst von den Abwässern, Wasserinsekten leben von den Algen, diese werden wiederum von Fischen gefressen, die Fische den Hühnern verfüttert, und mit Brathühnchen und Eiern schließt sich der Kreislauf wieder (Todd 1976: 272). Eine weitere Möglichkeit ist die Gewinnung von *Biogas* (Faulgas, Methan) durch Vergärung der Fäkalien unter Sauerstoffabschluss und Beimengung von Brandkalk. Die verschiedenen Kompostierungsklosetts lassen sich ebenfalls in die geschlossenen Kreisläufe eines Gartenorganismus einpassen (Golueke 1977: 106).

PFLANZENGEMEINSCHAFTEN, FRUCHTFOLGEN UND UNKRÄUTER

Für dich wird Unkraut zum Prophet,
Wenn du drauf achtest, wo es steht.
Gärtner Pötschke

Die Pflanzen und Tiere in einem natürlichen Ökosystem bilden ein dynamisches Netz von Wechselbeziehungen. Die darin enthaltenen Energie-, Stoff- und Informationskreisläufe befinden sich in einem rhythmisch schwankenden Gleichgewicht. Jede Veränderung wirkt sich in der ganzen Lebensgemeinschaft aus. Warum sollte das nicht auch auf das Mini-Ökosystem Gemüsegarten zutreffen? Der aufmerksame Gärtner ist jedes Jahr erneut Zeuge solcher Wechselbeziehungen. Das Wissen um die subtilen gegenseitigen Beeinflussungen der Gemüsearten und Kräuter aufeinander gehört mit zur sprichwörtlichen Gärtnerweisheit. Manch ein wissenschaftlicher Experte hat mit dieser »Weisheit« seine Schwierigkeiten. Es sind wie bei der Frage der kosmischen Einflüsse einfach zu viele unbestimmbare Faktoren im Spiel; es ist schwierig, experimentelle Modelle aufzustellen, die alle aufeinander wirkenden Bestandteile berücksichtigen. Trotzdem entwickelt sich zögernd eine Wissenschaft der *Allelopathie* – der biochemischen Wechselwirkungen höherer Pflanzen –, der *Pflanzensoziologie* und der *Synökologie*. Es sind jedoch hauptsächlich einfache Gärtner, denen wir das Wissen um die gegenseitigen Beeinflussungen der Kulturpflanzen – wenn man sie nacheinander oder nebeneinander anbaut – verdanken.

Wenn man versteht, dass Pflanzen nach außen gerichtete makrokosmische Wesenheiten sind und nicht abgekapselte, mikrokosmische Einzelwesen, dann kann man einsehen, dass jede Pflanzengattung für die ganze Lebensgemeinschaft eine spezifische Funktion erfüllt. Wir haben gesehen, dass die Schmetterlingsblütler die Stickstoffakkumulation zur Aufgabe haben. Der Gärtner nimmt sie daher ganz absichtlich mit in die Fruchtfolge oder zur Zwischenpflanzung. Andere Gewächse hingegen sind auf Kalkakkumulation spezialisiert: Gänseblümchen, Ginster, Buchweizen, Löwenzahn und Kamille sammeln auch auf kalkarmen Böden diesen Stoff und stellen ihn dann den anderen Pflanzen zur Verfügung. Bilsenkraut, Stechapfel und Baldrian speichern Phosphorsäure, die mitunter den Wurzeln anderer Pflanzen weitergereicht wird. Fingerhut sammelt Eisen, Kalzium, Silizium und Magnesium. Schafgarbe reichert Kalium, Kalzium und Silizium an. Zinnkraut (Schachtelhalm) besteht aus beträchtlichen Mengen Silizium. Huflattich, das bekannte Hustenkraut, speichert so viel Zink, dass auf die Haut aufgetragene, zerstampfte Blätter heilend wie eine Zinksalbe wirken. Die Liste kann beliebig verlängert werden. Genaue Messungen sind jedoch schwierig, da die Konzentrationen mit den Jahres- und Tageszeiten sowie mit der Bodenbeschaffenheit schwanken. Manche Pflanzen reichern Elemente im Jugendstadium an, andere, wenn sie älter werden. Hauschka findet Unterschiede je nach Mondphase (Hauschka 1965: 76). In stickstoffreichen Böden sammeln die Leguminosen keinen weiteren Stickstoff. Tabak enthält viel Kali auf *kaliarmen* Böden, auf kalireichen Böden dagegen wenig. Die ganze Angelegenheit wird noch viel komplizierter, wenn man die Möglichkeit einer Transmutation der Elemente innerhalb der Pflanzenzellen gelten lässt, wie es die Forschungen von Kervran, Hauschka, Spindler und Baranger zu beweisen scheinen.[34]

Nicht nur Elemente werden angereichert und weitergegeben, sondern auch molekulare Verbindungen wie Aminosäuren, Hormone, Enzyme, Auxine, Hemmstoffe und andere, von denen noch etliche unerforscht sind. Als Duftstoffe der Blüten, als ätherische Öle der Blätter, als Wurzelausschwitzungen, durch das Abfallen von alter Rinde und Laub, durch den von Wind oder Insekten vertragenen Blütenstaub sowie durch die Verdauungsprodukte der Tiere teilen sich die Pflanzen ihren Nachbarn mit. Die abgesonderten Stoffe kommen manchmal in so geringfügigen, homöopathischen Dosierungen vor, dass sie oft kaum nachweisbar sind. Vor ein paar Jahrzehnten noch hätte man diesen minimalen Spuren kaum eine Wirkung zugeschrieben, aber heute wissen wir, dass oft nur die Nähe einer dieser Substanzen bereits eine Wirkung erzielt. Wahrscheinlich spielt auch die Photonenabstrahlung in der pflanzlichen Kommunikation eine Rolle.

Was das endokrine Drüsensystem mit seinen die Lebensfunktionen regulierenden Aussonderungen innerhalb des tierischen Organismus ist, das ist dieser feinstoffliche wechselseitige Austausch innerhalb der Lebensgemeinschaften der Pflanzen. Beim Ersteren hat man es mit mikrokosmischen Regulatoren zu tun, beim Letzteren mit ähnlichen, wenn auch nicht so spezifischen makrokosmischen Steuerungsvorgängen.

Solche Verhältnisse bestimmen die Pflanzensoziologie. Man braucht sich nur die Pflanzenteppiche und bunten Mosaike der Felder, Wiesen und Wälder anzuschauen, um zu erkennen, dass sich bestimmte Pflanzen gerne zu anderen gesellen. Zu lange stand die Biologie unter dem Einfluss des sozialdarwinistischen Gedankens, dass jedes Lebewesen sich mit anderen im ständigen Kampf um Lebensraum befindet. Seit dem Aufkommen der Ökologie erkennt man, dass Lebewesen sich auch zur gegenseitigen Hilfe und Unterstützung entwickelt haben. Das Mantram der Darwinisten, »Survival of the fittest«, hat weniger mit Biologie zu tun als mit der Entwicklungstendenz der kapitalistischen Konkurrenzwirtschaft. Joseph Cocannouer konnte zeigen, dass sogar die so genannten Unkräuter, die sich in den Jahrtausenden der landwirtschaftlichen Praxis mitentwickelt haben, im Allgemeinen einen guten Einfluss auf das Lebensgefüge eines Ackers haben und nicht nur als Konkurrenten der Kulturpflanzen anzusehen sind (Cocannouer 1964).

Ein Gärtnermeister nutzt diese Wechselwirkungen ganz gezielt, indem er auf die Zusammenstellung und Aufeinanderfolge der Pflanzenarten im Beet achtet und dazu mit Kräutertees, -jauchen und -brühen nachhilft.

PRIMITIVE GÄRTEN

Vom ökologischen Standpunkt aus betrachtet, sind die Gärten und Felder der Eingeborenen gar keine primitive Angelegenheit. Die Pflanzenvölker in Asien, Afrika und Südamerika machen Gebrauch von Bodenbedeckung, Mischkulturen und Pflanzengemeinschaften. Schädlinge und Missernten sind selten ein Problem. Erst beim Übergang von der Bedarfswirtschaft zur globalisierten Geldwirtschaft findet man die Monokulturen der Plantagen mit ihren ökologischen Problemen. Gleichzeitig mit der Verarmung der natürlichen Umwelt in den Drittweltländern greift Hunger und zunehmende kulturelle Verarmung um sich. Relativ ungeschädigte Völker wie die Schamba in Tansania kennen Fruchtwechsel, Gründüngung, Mulch und das Zusammenpflanzen von aufeinander abgestimmten Sorten. Bekannt sind die Kugelbeete der nordamerikanischen Indianer, auf denen jeweils vier Maispflanzen, Kürbisse und Bohnen gepflanzt wurden, die sich dann mit Fuchsschwanz (*Amaranthus*), Melde und anderen »Unkräutern«, die als Suppenkräuter und Medizin verwendet wurden, zu einer kunterbunten Pflanzengemeinschaft entwickelten. Der Ethnologe Clifford Geertz beschreibt die Felder der traditionellen Wanderfeldbauern als eine Nachahmung des Urwalds: »Die Anbauflächen sind gar nicht das, was wir uns unter Feldern vorstellen, sie sind verkleinerte tropische Urwälder, die hauptsächlich aus Nahrungs- und Arzneipflanzen bestehen« (Geertz 1969: 14).

Ein anderer Völkerkundler schreibt von den angepflanzten Phytozönosen der Tsembaga auf Neuguinea, dass die Gärtner hier die Sonneneinstrahlung durch Mischkultur und Zwischenpflanzungen maximal nutzen, wobei jeder Millimeter der Gartenfläche photosynthetisch wirksam sein kann. Er berichtet, dass durch die dichte Pflanzendecke der Boden vor Austrocknung geschützt

34 Louis Kervran und Pierre Baranger (Laboratorium für organische Chemie, Ecole Polytechnique, Paris) führten Experimente durch, die andeuten, dass unter bestimmten enzymatischen und physiologischen Vorbedingungen pflanzliche Organismen innerhalb ihrer Gewebe elementare Transmutationen durchführen können (Kervran 1972; Spindler 1947, 1948; Baranger 1959).

und dass durch die Vielfalt der Arten, wobei selten gleiche Pflanzenarten nebeneinander wachsen, das Schädlingsproblem gelöst sei. Wie ein Dschungel mutet das an: »Eine dichte Matte der Jams und Süßkartoffeln bedeckt die Bodenoberfläche. Taroblätter sprießen darüber, und noch etwas höher stehen die Blätter von Hibiskus, Zuckerrohr und Pitpit (*Sacharum edule*). Die großen Bananenblätter überragen den Garten als dritte horizontale Ebene« (Rappaport 1971: 121).

Als letztes Beispiel wollen wir noch lesen, was ein Botaniker über einen typischen Indianergarten in Guatemala berichtet: »Der Garten, den ich untersuchte, war nicht besonders groß, ungefähr die Fläche eines Stadtgrundstücks in den Vereinigten Staaten. Er war von solch üppigem Pflanzenwuchs überwuchert, scheinbar so planlos angelegt, dass der typische Amerikaner oder Europäer, der an die puritanisch sauberen Gärten Europas gewöhnt ist, meinen müsste, es handle sich um einen verlassenen Garten. Wahrscheinlich hätte er es als Garten gar nicht erkannt. Doch als ich ihn sorgfältig untersuchte, fand ich keine Pflanze, die nicht irgendwie dem Besitzer nützlich wäre. Es gab keine ausgesprochenen Unkräuter, und der Ertrag im Verhältnis zum Arbeitsaufwand war sicherlich sehr hoch« (Anderson 1952: 137). Der Botaniker beschreibt dann weiter die vielen Arten der Nutzpflanzen in diesem Wirrwarr von Obstbäumen, Büschen, Blumen, Gemüsen und Bienenkörben. Obwohl der Garten an einem Hang lag, war Erosion kein Problem, denn das Wurzelgeflecht hielt den Humus fest. Zu Schädlingsexplosionen konnte es wegen der Vielfalt der vermischten Arten nicht kommen; der Ertrag pro Flächeneinheit war ebenso günstig wie im Verhältnis zum Arbeitsaufwand. »In diesem Garten hatte man es mit einem Gemüsegarten, Arzneikräutergarten, Komposthaufen und Bienenhof, alles in einem, zu tun« (Anderson 1952: 140). Die Nachbildung natürlicher Landschaften voller Heilkräuter, Gemüse und Früchte, mit genügend Platz für Tiere und Menschen ist auch das erklärte Ziel der heute populären Permakultur.

Alan Chadwick (1909–1980) versuchte mit seiner »biologisch-dynamischen/französischen Intensivmethode« in Kalifornien, die Idee der Mischkultur mit Pflanzengemeinschaften wieder in die allgemeine Gartenbaupraxis einzuführen. Seine tief gelockerten Hügelbeete werden nach dem gleichen Prinzip wie der Plenterwald genutzt. Gemüse werden einzeln geerntet; die Lücken schließen sich schnell wieder durch Blattwuchs, der immer den Boden schützend beschattet und die Schattengare erhält. Selektierte Unkräuter und prachtvolle Blumen wachsen zwischen den Gemüsepflanzen. Der Ertrag ist hoch, die Lebensgemeinschaft gesund; die Methode ist jedoch ziemlich arbeitsintensiv (Jeavons 1974). Im deutschen Sprachraum ist die Mischkultur von Gertrude Frank bekannt. Pfeiffer und Riese haben ebenfalls gute Ratschläge für gemischte Kulturen; sie empfehlen, *Tiefwurzler* mit *Flachwurzlern* abzuwechseln (Pfeiffer/Riese 1977: 53). Als Tiefwurzler gelten die Leguminosen, Getreide und Kartoffel, die ihre Wurzeln zwei bis drei Meter in den Untergrund senken.

EINIGE GUTE PFLANZENNACHBARSCHAFTEN IM GARTEN

Bohnen vertragen sich mit fast allen Gemüsen und besonders mit *Bohnenkraut.* Buschbohnen eignen sich besonders als Zwischenpflanzungen bei Erdbeeren, Frühkartoffeln, Kohl, Sellerie und Gurken. Nur Zwiebelgewächse mögen sie nicht.
Erdbeeren kommen besonders gut neben Lattich, Salat und Spargelbeeten; auch Chrysanthemen, Bohnen und Borretsch (Gurkenkraut) mögen sie.
Erbsen gedeihen mit Radieschen, Karotten, Gurken, Spinat, Salat und Speiserüben.
Gurken wachsen gerne neben Salat, Dill, Fenchel und Bohnen. An schrägen Zäunen aufgebunden, entwickeln sie sich gut zwischen Zuckermais.
Hanf gedeiht gut mit Brennnesseln und hat einen positiven Einfluss auf Kartoffeln, Rote Beten (Randen) und Kohlgewächse.
Kartoffeln gedeihen mit Bohnen, Puffbohnen, Erbsen oder Kohl als Zwischenpflanzung. Eine Umrandung mit Hanf, Fingerhut oder Meerrettich wirkt sich günstig aus.
Kohlsorten (Blumenkohl, Weißkohl, Wirsing, Rosenkohl, Spargelkohl usw.) vertragen sich mit Buschbohnen und Salat. Hanfzwischenpflanzungen vertreiben Kohlweißlinge. Kamille, Ringelblume und Dill haben sich als Randpflanzungen bewährt. Als Nachfrucht auf dem Frühkartoffelbeet entwickelt er sich ebenfalls günstig.
Kohlrabi verträgt sich mit Roten Beeten (Randen) und Zwiebeln.
Karotten (Möhren) gedeihen hervorragend mit Lauch und allen anderen Zwiebelgewächsen.
Kräuter sind mit ihren duftenden Essenzen gute Genossen für alle Gemüse. Brennnessel erhöht den Ölgehalt bei den Minzen, Knoblauch unterstützt die Rosengewächse, und Kapuzinerkresse zieht die Blattläuse von den anderen Pflanzen weg.
Lauch (Porree) ist der geeignete Partner des Sellerie. Beide können gleich gedüngt werden, da sie eine Vorliebe für kalireichen Schweinemistkompost und Holzasche haben. Lauch gedeiht gut in Reihenkulturen mit Wurzelpetersilie, Karotten oder Pastinaken und wird von diesen Doldenblütlern vor der Zwiebelmade geschützt.
Radieschen und *Rettiche* gedeihen zwischen Kapuzinerkresse, Kerbel, Erbsen und Schnittsalat.
Rippenmangold (Krautstiele, Mangold, Römischer Kohl) lässt sich leicht in einer Mischkultur mit Kohl und Endivien anbauen.
Rote Beten (Randen) vertragen sich mit Zwiebeln, Salat, Möhren.[35]

35 Das ist eine klassische Kombination, die man zum Beispiel immer wieder auf den Hügelbeeten der Gärtner im Hochland von Sri Lanka antrifft.

Salat profitiert von der Nachbarschaft mit Karotten, Radieschen, Erdbeeren, Gurken und Borretsch.
Sellerie floriert mit Lauch, Zwiebeln und Schalotten.
Spinat gedeiht mit Schnittsalat, Kohl, Radieschen und zwischen Erdbeeren und Erbsen.
Kürbisgewächse (Kürbis, Melonen, Zucchini usw.) gedeihen mit Fuchsschwanz (*Amaranthus*), Bohnen und Mais. Diese Hauptnahrungsmittel der nordamerikanischen Indianer wurden in Hügelbeeten zusammengepflanzt.
Speiserüben (Kohlrüben, Weiße Rüben, Steckrüben) wachsen gut mit Salat und Erbsen.
Tomaten, die trockene Blätter, aber feuchte Wurzeln bevorzugen, lassen sich eine lebende, Schatten spendende Bodenbedeckung aus Neuseeländer Spinat, Petersilie, Basilikum oder auch Zucchini gefallen. Die Nähe eines Spargelbeets, von Brennnessel und Fingerhut scheint ihnen zu behagen.
Zuckermais soll in geschlossenen Blöcken angepflanzt werden, damit die Windbestäubung erfolgreich ist, aber neben und zwischen diesen Blöcken kann man Bohnen, Gurken und Kürbis anbauen.
Zwiebeln wachsen gut mit Roten Beten (Randen), Salat, Bohnen und allen Schirmblütlern wie Karotte, Sellerie, Petersilie oder Pastinake. Auf Sandböden gedeihen sie gut mit Kamille (Pfeiffer 1977: 149).

Einige Pflanzennachbarn vertragen sich nicht und hindern einander im Wachstum. Knollenfenchel scheint sich kaum mit anderen Gewächsen zu vertragen außer mit Zwiebelgewächsen und Salaten. Man konnte zweifelsfrei feststellen, dass Hafer, Tomaten, Paprika (Peperoni) und Pfeffer ihre Nachbarn durch allelopathische Wurzelausscheidungen ungünstig beeinflussen. Daher ist es am besten, diese Egoisten in ihre eigenen Beete zu setzen (Kreeb 1974: 20). Möhren vertragen sich nicht mit Dill. Zwiebeln haben die Leguminosen (Erbsen, Bohnen) nicht besonders gerne. Kartoffeln entwickeln sich schlecht, wenn man Tomaten, Sellerie, Sonnenblumen oder Topinambur mit im selben Beet hat. Auch Gurken und Kartoffeln scheinen nicht besonders zusammenzupassen.

Oft bilden diejenigen Gemüse, die zusammen im Kochtopf gut schmecken, auch gute Pflanzengemeinschaften im Gartenbeet. Über diese Zusammenhänge kann man manchmal ins Staunen geraten. Zum Beispiel schmecken Bohnen gut mit Bohnenkraut, Rote Beten (Randen) mit Zwiebeln angemacht, Kohl mit Dill oder Kümmel, Karotten mit Lauch, Mais mit grünen Erbsen, Tomaten mit Petersilie oder Basilikum, Salat mit geraspelten Karotten oder mit Zwiebeln und Radieschen, Kartoffeln mit Kohl oder mit Meerrettich. Zuckermais wurde von den Algonkin zusammen mit Limabohnen als *Succotash* gegessen. Natürlich wird es Ausnahmen geben, aber doch scheint es eine Regel zu sein: Was sich im Gaumen verträgt, verträgt sich auch auf dem Acker.

MISCHBEETKULTUR UND ZWISCHENFRUCHTANBAU

Oft werden Gemüsesorten weniger wegen ihrer pflanzensoziologischen Verträglichkeit als zur bestmöglichen Anbauflächennutzung angebaut. Die so genannten *Hauptfrüchte* – Kohl, Buschbohnen, Kürbis, Kartoffeln, Karotten (Möhren), Sellerie, Pastinaken – nehmen sich in ihrer Entwicklung relativ viel Zeit. Derweil sie heranwachsen, kann man in den noch nicht überwachsenen Reihen dazwischen *Zwischenfrüchte* pflanzen. Solche Zwischenfrüchte, die eine kürzere Entwicklungszeit haben, sind zum Beispiel Schnittsalat, Spinat, Gartenkresse, Chinakohl, Radieschen, Senfblätter, Rauke und Kohlrabi. Sie sind dann entweder schon geerntet oder werden als Gründüngung in den Boden gehackt, wenn die Hauptfrüchte größer werden.

Platzsparende Kombinationen ergeben sich, wenn man hochwachsende Pflanzen wie Stangenbohnen mit niedrigwachsenden wie Kürbissen zusammenbringt. Man kann Gurken zwischen den Zuckermais setzen und den Neuseeländer Spinat um die aufgepflockten Tomaten kriechen lassen. Feuerbohnen kann man sich an Sonnenblumen und Maisstängeln emporschlingen lassen, wenn man sie entsprechend später aussät.

Vorfrüchte erntet man schon im Frühsommer, damit man in der zweiten Jahreshälfte die *Nachfrüchte* anbauen kann. Nach abgeernteten Frühkartoffeln, Erbsen, Zuckererbsen (Kefen), Puffbohnen, Spinat, Salaten und Frühkohlen kann man Karotten, Pastinaken, Wurzelpetersilie, Winterrettich, Zuckerhut, Rapunzel und andere Folgesaaten aussäen oder erneut mit Kohl-, Mangold- oder die abgeernteten Flächen mit Kopfsalatsetzlingen bepflanzen. Damit nicht alles auf einmal reift und man von der Ernte überwältigt wird, staffelt man die Aussaat, indem man alle paar Wochen von neuem Buschbohnen, Salat, Radieschen und anderes sät.

Halten wir uns einmal alle Kombinationsmöglichkeiten vor Augen, sieht man, dass richtiges Gärtnern mehr als eine Wissenschaft ist. Es ist eine Kunst. Schon im Winter muss man sein Gartentagebuch zur Hand nehmen und in aller Ruhe die Vielfalt der Möglichkeiten der Beetgestaltung vor dem inneren Auge vorbeiziehen lassen.

FRUCHTFOLGEN

Die Mischkultur versucht die Gesetze der natürlichen Pflanzenassoziationen nachzuahmen. Die Fruchtfolge dagegen versucht der natürlichen *Pflanzenfolge* (Sukzession) gerecht zu werden. Wenn durch einen Erdrutsch oder das Wüten einer Planierraupe oder eines Baggers die schützende Pflanzendecke zerstört ist, entsteht in der geregelten Abfolge verschiedener Arten die ursprüngliche

Pflanzendecke wieder neu. Über Nacht, so scheint es, springen die ersten Pionierpflanzen aus dem entblößten Boden. Zuerst sind es die ein- und zweijährigen Wildkräuter – Huflattich, Ampfer, Königskerzen, Hirtentäschel, wilde Möhren, Knöteriche, Kreuzkraut, Melde, das Berufskraut und viele andere –, die sich wie ein Pflaster über die geschundene Erde breiten und sie vor Auswaschung und Winderosion schützen. In den nächsten Jahren folgen Büsche, Ranken, Dornen und unzugängliches Gestrüpp. Sie verwehren uns den Zutritt, halten uns aber Himbeeren, Brombeeren, Schlehen und Hagebutten entgegen, als wollten sie sagen: »Hier ist eine Baustelle! Hier dürft ihr nicht durch! Aber seid uns nicht böse; da, nehmt die süßen Beeren!« Unter dem Schutz der Dornen entwickeln sich dann die ersten schnellwüchsigen Bäume, die Ulmen, Erlen, Weiden und einige Tannen, bis dann schließlich die ausgeglichene *Klimaxgesellschaft* wieder hergestellt ist.

Im Garten ist die Sukzession nicht so kompliziert und langwierig, aber sie hat auch ihre eigenen Regeln. Wenn diese Regeln nicht beachtet werden, wird der Boden »müde«: Kreuzblütler bekommen die Kohlhernie, Rüben und Kartoffeln leiden an Nematoden, Schädlinge nehmen zu. Starke Vermehrung und Hartnäckigkeit bestimmter Unkräuter ist ein untrügliches Zeichen dafür, dass sich die Bodenqualität auf einseitige Art und Weise verschoben hat. Die Erde ruft nach Unkräutern, um sich wieder ins Gleichgewicht zu bringen. Wenn die Melde lästig wird, dann hat man zum Beispiel zu lange Kartoffeln gepflanzt. Einseitige Monokulturen haben gezwungenermaßen ständig gegen Unkräuter zu kämpfen, die eigentlich die natürliche Sukzessionsfolge darstellen.[36] Um der Natur entgegenzukommen, versucht der Gärtner, die natürliche Pflanzensukzession mittels Fruchtfolgen nachzuahmen. Manchmal ist es sogar angebracht, ein *Brachjahr* einzuschalten, wie es in der mittelalterlichen Dreifelderwirtschaft und beim Wanderfeldbau der Brauch war, damit die Unkräuter ungehindert den Boden harmonisieren können. Diese Praxis hat sich besonders bei chemisch verseuchten Böden bewährt, die eine Schadstoffakkumulation aufwiesen. In einer gesunden Gartenbiozönose mit reifem Humus als Grundlage üben die Unkräuter auch keinen großen Sukzessionsdruck aus. Mit anderen Worten: sie sind kein Problem. Ein alter Garten ist selbst in einem gewissen Klimaxzustand.

In der Fruchtfolge unterscheidet man zwischen *starkzehrenden, leichtzehrenden* und *bodenschonenden Gemüsen*. Man pflanzt zuerst die Starkzehrer, nachdem man das Land gut mit Kompost – im zweiten oder dritten Verrottungsstadium – gedüngt hat. Die nächste Tracht auf dem Beet ist die der bodenschonenden Hülsenfrüchte, die den Acker frisch durchwurzeln und mit dem Stickstoff der Wurzelknöllchenbakterien anreichern. Zuletzt in der Reihenfolge sät man die Leichtzehrer, nachdem man das Beet leicht mit sehr reifem Kompost – drittes Stadium – gedüngt hat. Nach diesen drei Trachten kann man den Boden brach ruhen lassen oder ihn mit einer Gründüngermischung versehen. Man kann ihn aber auch mit Pflanzen, die ansonsten gar nicht in die Fruchtfolge kommen – etwa mit einer Bienenweide aus Büschelschön (*Phacelia tanacetifolia*), mit Buchweizen oder Flachs –, bebauen oder auch kräftig düngen und sofort wieder mit den Starkzehrern anfangen.

Zu den *Starkzehrern* zählen alle Kohlarten, Tomaten, Gurken, Sellerie, Kürbis, Mangold, Salate, Spinat, Lauch, Zuckermais, Aubergine (Eierpflanze), Abelmoschus und Paprika (Peperoni).

Zum *bodenschonenden Gemüse* gehören alle Schmetterlingsblütler: Bohnen, Erbsen, Zuckererbsen (Kefen), Puffbohnen, Feuerbohnen usw.

Schwachzehrer sind Karotten, Rote Beten (Randen), Radieschen, Rettiche, Schwarzwurzeln, Haferwurzeln, Pastinaken, Petersilienwurzeln, weiße Rüben, Steckrüben, Feldsalat (Rapunzel, Nüssli), Zwiebeln und die meisten Sommerblumen.

Ein biologisch-dynamisches Schema beschäftigt sich mit der Abfolge der vier Ätherarten Erde, Wasser, Luft, Feuer, wie sie in der Pflanzenwelt in Wurzel, Blatt/Stängel, Blüte und Frucht/Samen zum Ausdruck kommen. Damit die Ätherarten sich harmonisch ablösen, fängt man die Fruchtfolge mit gut gedüngtem *Blattgemüse* (Wasser) an, dann kommen *Blumensorten* (Luft) und *Frucht-/Samenpflanzen* (Feuer), darunter natürlich die Hülsenfrüchte; mit den *Wurzelgemüsen* (Erde) in der dritten Tracht schließt sich der Kreislauf. Man sieht, wenn man dies mit der vorher erläuterten Fruchtfolge vergleicht, dass eigentlich wenig Unterschiede zwischen den beiden Methoden besteht. Vielleicht kann man sich die Letztere leichter merken.

FAMILIENZUGEHÖRIGKEITEN DER GEMÜSEPFLANZEN

Um die Fruchtfolgen meisterhaft zu handhaben, muss der Gärtner die Familienzugehörigkeit der einzelnen Gemüse kennen. Es ist nicht gut, wenn man Mitglieder derselben Familie nacheinander in dasselbe Beet pflanzt. Da Familienmitglieder ähnliche Nährstoffansprüche haben, ist eine Art »Inzestverbot« im Gartenbeet angebracht. Unter Tausenden von Pflanzenfamilien, die es auf

36 Daran wird auch die Gentechnik nichts ändern können. Den Wissenschaftlern des Agrarkonzerns Monsanto schwebt vor, Kulturpflanzen so weit genetisch zu manipulieren, dass sie herbizidresistent werden. Die Äcker sollen dann mit einem Super-Herbizid (»Round-Up«) behandelt werden, das sämtliche Unkräuter vernichtet, sodass allein die erwünschte Kulturpflanze überlebt. Dadurch wird ein gewaltiger Selektionsdruck auf die Ackerwildkräuter ausgeübt. Irgendwann entwickeln sich Superunkräuter – ähnlich den superresistenten Bakterienstämmen im Krankenhaus –, die dann zum »Round-Up« sagen: »Du kannst mich mal!«

Herzgespann-Blüten.

Quecke – des Gärtners Alptraum.

der Welt gibt, gelten nur etwa ein Dutzend als richtige Nahrungspflanzen. Hat dieses Dutzend etwa Entsprechungen mit den zwölf Regionen des Tierkreises?

Einkeimblättrige

1. *Gräser* (*Gramineae*): Weizen, Gerste, Roggen, Hafer, Dinkel, Hirse, Reis und Mais sind die Hauptnahrungsmittel der großen Zivilisationen und werden fast überall als göttliche Inkarnationen gefeiert. Für den Gärtner kommt der Zuckermais (*Zea mais*) der alten Indianer in Betracht, auch Hafer und Roggen, die mit Wicken oder Erbsen als Gründüngung und Winterbodendecke ausgesät werden. Nach der Planetenlehre gehören die Getreide allgemein dem Jupiter und der Sonne an. Man ordnet die Gerste zum Mars zu, Hirse dem Merkur, Roggen dem Jupiter und Hafer der Venus. Der Reis, der im Wasser wächst und im Land der aufgehenden Sonne beheimatet ist, gehört zum Mond. Der Mais, der im fernen Westen, wo die Sonne »stirbt«, zuhause ist, hat den Saturn als Herrscher. Folgerichtig rechneten die Renaissance-Denker den Weizen zur Sonne, die ja den mittleren Planeten ausmacht, ebenso wie das mediterrane (lat. »mittelländische«) Gebiet, wo der Weizen beheimatet ist, für sie die Mitte der Welt ausmachte.

2. *Liliengewächse* (*Liliaceae*): Zwiebeln (*Allium cepa*), Knoblauch (*A. sativum*), Lauch oder Porree (*A. porrum*), Schnittlauch (*A. schoenoprasum*), Schalotte (*A. ascalonicum*), der nach Knoblauch riechende Bärenlauch (*A. ursinum*), die ägyptische Luftzwiebel (Rockenbollen, *A. cepa* var. *viviparum*), Bleichspargel und Grünspargel (*Asparagus officinalis*) gehören zu dieser Familie. Als keusch und gegen das Böse schützend werden die Liliengewächse in der Folklore dargestellt. Mit Knoblauch halten die Slawen Vampire fern, die Jungfrau wird von weißen Lilien umgeben gemalt, und nach römischer Sage entsprangen die Lilien den Milchtropfen aus Heras Brust. Außer Spargel und Lauch sind die Liliengewächse Leichtzehrer, die alle können kühles Wetter vertragen.

Zweikeimblättrige

1. *Kreuzblütler* (*Cruciferae*) sind leicht an den vier gelben oder weißen Blütenblättern, die ein Kreuz formen, zu erkennen. Sie sind Kaltwetterpflanzen, die Feuchtigkeit und starke Düngung mögen. Die Kohlsorten (*Brassica*) haben sich aus einem unscheinbaren Kraut (*Brassica maritima*) entwickelt, das in Meeresnähe wild wächst. Wie so viele andere Strandpflanzen haben sie fleischige Blätter mit einer wachsgeschützten Haut, können eine starke, »salzige« Düngung vertragen und sind wegen ihres schwefeligen Senföls gegen Kälte relativ unempfindlich. Es ist passend, dass die Völker der trüben, nasskalten Nordseeregion den Kohl (*Brassica oleracea*) besonders schätzen. Zu den *Brassica* gehören Blumenkohl, Spargelkohl (Broccoli), Grünkohl, Kabis, Wirsing, Rosenkohl, Rotkohl und Federkohl, ferner Kohlrabi (*B. deracea*), weiße Rüben oder Speiserüben (*B. rapa*),

deren Blätter man auch wie Spinat essen kann, und Steckrüben (*B. napobrassica*). Aus dem Orient kommt der bleiche, zarte, dem Senf verwandte Chinesenkohl Wong Boc (*B. pekinensis*) und der robustere Boc Choi oder Pak Choi (*B. chiniensis*), auch Pe-tsai genannt. Besonders scharf und daher dem Mars zugeordnet sind Meerrettich (*Armoracia rusticana*) und das Vitamin-C-reiche Löffelkraut (*Cochlearia officinalis*), mit dem man früher Skorbut heilte. Als Beigaben zum Salat kommen schmackhafte Radieschen (*Raphanus sativus*), Rettich (*Raphanus sativus sativa*), Gartenkresse (*Lepidium sativum*), Brunnenkresse (*Nasturtium officinale*) und die würzige Rauke (*Eruca sativa*), auch Rucola genannt, in Frage. Die Chinesen, die meisterhafte Gärtner sind, verwenden die noch grünen, pikant schmeckenden Samenschoten der verblühten Radieschen als Gemüse, was durchaus empfehlenswert ist! Die Blätter der Senfpflanze (*Sinapis alba*) werden wie Spinat gekocht oder frisch in den Salat gegeben. Die Samen (Senfkörner) eignen sich zum Gurkeneinlegen, im Winter als Keimlinge oder sie werden zu Mostrich gemahlen. Von der Wurzel bis zum Samen wird die Gattung *Brassica* genutzt; man kann über die plastische Formenvielfalt nur staunen!

Auch als Wildkräuter sind die Kreuzblütler unsere ständigen Begleiter im Garten. Kaum ein Acker ohne Hederich, Ackersenf, Barbarakresse, Schaumkraut, Hirtentäschel oder Ackerhellerkraut. Als Goldlack, Schleifenblume und Blaukissen hat diese Familie auch im Blumengarten ihren Platz.

2. Die *Schmetterlingsblütler* oder *Hülsenfrüchte (Papilionaceae, Leguminosae)* ziehen gierig die Astralität in sich hinein und können dadurch dem Boden Stickstoff und dem Menschen notwendige Aminosäuren vermitteln. Nur sollte man die pythagoreische Weisung ernst nehmen und nicht zu viel davon essen, um am Ende nicht wie der haarige Esau sein Erbrecht gegen eine Schale Linsensuppe einzutauschen. Es ist nicht von ungefähr, dass man von jemanden sagt, er sei »dumm wie Bohnenstroh«. Mit »dumb as beans« wird der Narr in England bezeichnet, und im Spanischen steckt der Verrückte voller »frijoles«.

Zu den Leguminosen zählt man die vielen verschiedenen Bohnenarten (*Phaseolus*), von denen einige besonders farbig sind oder ungewöhnliche Größen haben. Ursprünglich kamen sie alle einmal aus den Dschungeln Südamerikas. Dazu gehören die markigen Lima- und Sievabohnen (*P. lunatus*), die prächtig scharlachrot blühenden Feuerbohnen (*P. coccineus* und *P. multiflorus*) sowie verschiedene Busch- und Stangenbohnen. Schon die Römer kannten die kälteverträglichen Puff-, Pferde- oder Saubohnen (*Vicia faba*) und bauten sie ebenso wie die Reben überall an, wo ihre Legionen Fuß fassten. Die Sojabohne (*Glycine soya*) kommt aus China. Die Erbsensorten (*Pisum sativum*) – Markerbsen, Schalerbsen, Zuckererbsen (Kefen) – waren schon den neolithischen Pfahlbauern im Alpenvorland bekannt.

3. Die *Doldengewächse* oder *Schirmblütler* (*Umbelliferae*) segnen die Menschheit mit den wichtigsten Wurzelgemüsen und Gewürzkräutern. Wahrschein-

lich weil dieser Familie auch viele Arzneikräuter und Giftpflanzen angehören, wird sie dem Planeten Merkur zugerechnet. Bei den Doldengewächsen schießen die Licht- und Wärmekräfte förmlich durch die Pflanze hindurch, schmelzen die Blattsubstanz bis auf feine, federige Spitzen weg und finden ihren Ausklang in aromatischen orangefarbenen, gelben oder weißen Pfahlwurzeln. Als Typus sind sie das Gegenteil der fleischigen Kohlgewächse und bilden eine ausgleichende Pflanzengemeinschaft mit ihnen. Die vielen kleinen weißen Einzelblüten auf dem Schirm (lat. *umbella* = Schirm) sind ein Tummelplatz für Fliegen, Schwebefliegen und Käfer.

Zu den im Garten vorkommenden Umbelliferen gehören die Karotten und Möhren (*Daucus carota*), die Pastinake (*Pastinaca sativa*), auch Hammelrübe oder Zuckerwurzel genannt, Wurzelpetersilie (*Petroselinum crispum*), Knollensellerie (*Apium graveolens*), Blatt- und Bleichsellerie (*Apium rapaceum*) und Gemüsefenchel (*Foeniculum sativum* oder *dulce*). Ein in Vergessenheit geratenes Wurzelgemüse, das im Mittelalter besonders in Holland beliebt war, ist die *Suikerwortel* (*Sium sisarum*). In England, wo sie noch gelegentlich angebaut wird, ist sie als *Skirret* bekannt. Die fingerdicken Knollen sind im Geschmack der Pastinake ähnlich, worauf die häufige Verwechslung dieser beiden Zuckerwurzeln zurückzuführen ist. Als Gartenkräuter gelten Dill (*Anethum graveolens*), Kerbel (*Anthriscus cerefolium*), Petersilie (*Petroselinum sativum*), Liebstöckl oder Maggikraut (*Levisticum officinale*), Fenchel (*Foeniculum vulgare*) und Bibernelle (*Pimpinella major*). Als würzige Samenpflanzen finden ihren Platz im Kräuterbeet unter anderem Koriander (*Coriandrum sativum*), Anis (*Pimpinella anisum*) und Kümmel (*Carum carvi*). Zu den Doldenblütlern, die in den Heilkräutergarten gehören, zählt die Meisterwurz (*Peucedanum ostruthium*) und die Engelwurz (*Angelica archangelica*); beide wirken immunstimulierend und gelten als Allheilmittel.

Die Doldenblütler können auch gefährliche Giftpflanzen sein. Schon Sokrates musste an die Wirkung der Schierlings (*Coniium maculatum*) glauben, und Irokesen, die ihre Kräuter durch Geschmacksproben identifizieren, beklagen mehrere Todesfälle wegen der giftigen Wurzel dieser Pflanze. Mitunter tauchen Schierling und Hundspetersilie (*Aethuas cynapium*), die ebenfalls in die Giftküche gehört, als Unkräuter im Gartenbeet auf – schon deswegen sollte man sie kennen. Bekannte Wildkräuter dieser Familie sind die Wilde Möhre (*Daucus carota*) und etliche grobstängelige Schirmblütler, wie Wiesenkerbel und Bärenklau, die eine Güllewiese kennzeichnen. Der Giersch oder Geißfuß (*Aegopodium podagraria*), wegen seiner üppigen Vitalität den Gärtnern verhasst, ist eines der besten Salat- und Suppengemüse sowie ein Gichtheilmittel.

Im Allgemeinen sind die Wurzelgemüse dieser Familie nicht kälteempfindlich. Sie sind Leichtzehrer, die sich mit einer kleinen Gabe voll ausgereiften Komposts zufriedengeben und mit den Liliengewächsen und Kreuzblütlern gute Nachbarschaften bilden.

4. Die *Gänsefußgewächse* (*Chenopodiaceae*) wie Rote Bete oder Rande (*Beta vulgaris esculenta*), Rippenmangold oder Krautstiel (*Beta vulgaris cicla*), Blatt- oder Schnittmangold (*B. vulgaris*), Zuckerrübe (*B. vulgaris altissima*), Spinat (*Spinacia oleracea*) und Gartenmelde (*Artiplex hortensis*) stammen alle aus den salzigen Steppen und den alkalischen Wüsten Zentralasiens. Sie können leicht Zucker und Salze in ihren Geweben anreichern. Die Gartenmelde hat einen derart salzigen Geschmack, dass man das Gemüse gar nicht zu salzen braucht, während die Zuckerrübe bis zu zwanzig Prozent Zucker in ihrem Saft gelöst haben kann. Die Gänsefüßler sind daher der »salzigen« Düngung des Algenmehls oder der Holzasche (Kali) nicht abgeneigt. Ein alter Gärtner düngte seine Rote Bete sogar von Zeit zu Zeit mit einigen Körnern Kochsalz. Eine alte, fast vergessene Gemüseart ist der Gute König Heinrich (*Chenopodium bonus henricus*), der oft verwildert die Sennhütten in den Alpen umwuchert. Die Gänsefüßler sind kälteunempfindliche Leichtzehrer, die dem Planeten Jupiter zugeschrieben werden.

5. Die *Nachtschattengewächse* (*Solanaceae*) kommen zum größten Teil aus den milden Subtropen, vertragen keinen Frost und beanspruchen einen nährstoffreichen Humusboden. Die Tomate (*Solanum lycopersicum*), Chilipfeffer und Paprika (Peperoni) (*Capsicum annuum*), die süßen, gelben Hülsentomaten oder Blasenkirschen (*Physalis pruinosa*) und die Tomatillo (*Lycium pallidum*), aus der die Mexikaner ihre grüne Tacosauce machen, stammen alle aus Amerika. Die Tomate wurde in Europa zuerst nur als Zierpflanze gezogen. Man hielt sie, als Verwandte der Tollkirsche, für tödlich giftig. Man glaubte, die saftige, prall rote Frucht sei der »Paradiesapfel« gewesen, mit dem die Schlange Eva verführte. Mit dem Geschenk eines solchen Liebesapfels oder »Paradeisers«, wie er in Wien noch heißt, versuchte manch ein hoffnungsvoller Buhle seine Mamsell von seinen Absichten zu überzeugen. Irgendwann einmal muss wohl ein enttäuschter Liebhaber in die Frucht gebissen haben, um aus dem Leben zu scheiden, und entdeckte dabei, dass sie eigentlich recht gut schmeckt und besonders zu Pizza und Pasta passt. Die Aubergine oder Eierfrucht (*Solanum melongena*) kommt ursprünglich aus Indien. Die Kartoffel (*Solanum tuberosum*), auch Erdbirne oder Erdapfel genannt, das einzige der Nachtschattengemüse, das kühleres Wetter verträgt, stammt aus dem nebligen Hochland von Peru, dem Reich der Inkas. Im 16. Jahrhundert wurde sie nach Europa gebracht, um später das billige Hauptnahrungsmittel des Industrieproletariats zu werden. Die Anthroposophen sehen in der Kartoffel die Ernährungsgrundlage des Materialismus. Als in der Mitte des 19. Jahrhunderts ein Virus die Kartoffelmonokulturen zerstörte, wurden Millionen von europäischen Bauern gezwungen, auszuwandern und in Amerika eine neue Heimat zu suchen.

Die bunten, fleischigen Früchte, das geile Wachstum und die zum Teil vorhandenen starken Nervengifte der Nachtschattengewächse – auch die Beeren und Blätter der Kartoffel sind höchst giftig – verraten eine besondere Beziehung zur Astralität und eine ausgeprägte Mondsignatur. Tabak (*Nicotinia tabacum*) wurde ursprünglich von indianischen Medizinmännern zusammen mit anderen Psychedelika bei Vollmond geraucht oder geschnupft. Jede Beschwörung, Zauberhandlung, Friedensfeier oder Krankenheilung verlangte Tabakopfer oder -räucherung. Zu den Salben der alten Hexen gehörten Nachtschattengewächse wie Bilsenkraut (*Hyoscyamus niger*), Tollkirsche (*Atropa belladonna*) und später der aus Amerika oder Indien kommende Stechapfel (*Datura stramonium*), mit dem auch der Yaqui brujo Don Juan zauberte (Castaneda 1973). Ein weiteres Mitglied dieser berüchtigten Familie ist die halluzinogene, menschenförmige Alraunwurzel (*Mandragora officinarum*).

6. Die *Gurkengewächse* (*Cucurbitaceae*) lieben entsprechend ihrer subtropischen Heimat feuchte, warme Luft und reichen humosen Boden. Die Gurken (*Cucumis sativa*) kommen aus Südostasien, die Wassermelonen (*Citrullus vulgaris*) aus Afrika, die vielen Melonen (*Cucumis melo*) und Kürbisse (*Cucurbita*) kommen entweder aus Amerika oder Asien. Der unermüdlich fruchtbare Zucchino (*Cucurbita pepo giromontiina*) wurde von italienischen Meistergärtnern gezüchtet. Die großen, gelben Blüten der Cucurbiten können, paniert und gebraten, als Delikatessen verspeist werden.

7. Die *Korbblütler* (*Compositae*) beschenken den Garten mit zahlreichen Blumen, Gewürz- und Arzneikräutern, Gemüsen, aber auch lästigen Unkräutern. Ihr lateinischer Familienname bezieht sich auf die Tatsache, dass jede Blume aus vielen völlig ausgebildeten Einzelblüten besteht, die sich zu einer Blütengesellschaft zusammenfinden. Jede Blüte ist vollkommen, fügt sich aber in das große Ganze des Blütenkorbes harmonisch ein. Für die amerikanischen Spiritisten haben die Korbblütler den Symbolwert, den einst im Mittelalter die Lilie und die Rose für die Christen innehatte. Auf ihre Banner und Altartücher sind goldene Sonnenblumen gestickt, als Sinnbild einer harmonischen Menschengemeinschaft, die sich dem göttlichen Sonnengeist zuwendet (Storl 1974: 59).

Zu den Gemüsen dieser Familie gehören alle Salate (*Lactuca sativa*), die Sommerendivie (*L. sativa longifolia*), der Zuckerhut oder das Fleischkraut (*Cichorium intybus ›pan di zucchero‹*), die Winterendivie (*C. endivia*) und der Brüsseler Chicorée oder Witloof (*C. intybus*), dessen geröstete Wurzel dem Kaffee beigemischt werden kann. Ein Korbblütler ist auch die als Öl-, Samen- und Zierpflanze beliebte, aus Nordamerika stammende Sonnenblume (*Helianthus annuus*). Weniger bekannt, aber wichtig für den ganzheitlichen Garten sind die Knollen des Topinambur (*Helianthus tuberosus*), eine ursprünglich aus der amerikanischen Prärie stammende Sonnenblumenart, die mehr Nährstoffe enthält als die Kartoffel. Zu den Kompositen zählt auch die aus Nordafrika stammende Artischocke (*Cynara scolymus*) und die stattliche Kardy (*C. cardunulus*), deren gebleichten Herzblätter bei den römischen Saturnalien gegessen wurden und die noch heutzutage bei den Genfern die Weihnachtsgans ersetzt. Alle Distelarten haben eine den Leberstoffwechsel fördernde Wirkung. Zu den Wurzelgemüsen dieser Familie gehören die Haferwurzel (*Tragopogon porrifolius*, engl. *oyster plant*), ein kultivierter Wiesenbocksbart, dessen Geschmack an gekochte Austern erinnert, die Schwarzwurzel (*Scorzonera hispanica*), ein schwarzhäutiger Vetter der Haferwurzel, und die Gemüseklette (*Arctium lappa*), deren dicke, saftige Wurzel nach Artischocke schmeckt und die heute noch in Japan, wie früher in Europa, eines der beliebtesten Gemüse (*Takinogawa* oder *Gobo*) ist. Das Ausgraben der leicht zerbrechlichen, ein Meter langen Wurzel ist Schwerstarbeit, kommt jedoch dem Boden als Tiefenlockerung und -belüftung zugute. (Die Japaner machen es sich leichter, indem sie das Wurzelgemüse in Boxen mit aufklappbaren Seiten pflanzen.

In den Kräutergarten gehören auch Arnika (*Arnica montana*), Wermut (*Artemisia absinthium*), Beifuß (*Artemisia vulgaris*), Ringelblume (*Calendula*), Rainfarn (*Tanacetum*), Estragon (*Artemisia dracunculus*) und viele andere. Zu den Korbblütlern zählen auch die biodynamischen Kompostkräuter Löwenzahn, Kamille und Schafgarbe. Den Blumengarten zieren unter anderem Astern, Dahlien, Goldruten, Schmuckkörbchen, Samtblumen und Chrysanthemen.

8. Die *Lippenblütler* (*Labiatae* oder *Lamiaceae*) liefern uns neben den Korbblütlern und Doldengewächsen die besten Heilkräuter, Tees und Küchengewürze. Das einzige Gemüse in dieser Pflanzenfamilie ist der Knollenziest (*Stachys sieboldii*), der vor einem Jahrhundert aus Japan zu uns kam. Die kleinen Stachysknollen (etwa 5 Zentimeter) haben eine gewundene Form, ähnlich dem Gehäuse der Achatschnecken. Zu den Lippenblütlern gehören die an ätherischen Ölen reichen Minzearten, Salbei, Thymian, Melisse, Indianernessel, Bohnenkraut, Dost, Majoran, Basilikum, Origano und andere Freunde des Kochs und Pflanzenheilkundigen. Da diese mehrjährigen Pflanzen nicht in die Fruchtfolgen passen, pflanzt man sie in Randbeete. Die aromatischen Ausdünstungen der Lippenblütler wirken heilend und harmonisierend auf das Gartenbiotop.

9. *Rosengewächse* (*Rosaceae*) schenken uns keine Gemüsepflanzen, die man in die Fruchtfolgen einbaut. Ihnen verdanken wir aber fast das ganze Obst, das der Garten uns schenkt: Erdbeeren, Brombeeren, Himbeeren, Kirschen, Pflaumen, Zwetschgen, Äpfel, Birnen, Pfirsiche, Aprikosen und Quitten. Eberesche, insbesondere die Edeleberesche (*Sorbus aucuparia var. edulis*), Mispel (*Mespilus germanica*), Felsenmispel (*Amelanchier ovalis*), Elsbeere (*Sorbus torminalis*), Schlehe (*Prunus spinosa*) und die Kartoffel- und Heckenrosen (*Rosa rugosa; R. canina*) können in die Windschutzhecken eingebaut werden und liefern mit ihren Beeren gute Gelees und Konfitüren. Diese Wildfrüchte sind dermaßen vitaminreich – insbesondere an Vitamin C –, dass sie importierte, mit großem Energieaufwand verbundene Südfrüchte bestens ersetzen können (Stritzke 1981: 43).

Die Gartenrose ist die Zierde des Gartens. Mit ihrem lieblichen Geruch und ihren farbigen Blüten zieht sie gute Elementarwesen in den Garten. In kei-

Brombeerblätter, vom Herbst geküsst.

nem mittelalterlichen Garten, wo sie das Gegenbild der zarten, keuschen, von der Materie noch unbefleckten Lilie darstellte, fehlte sie. Die holzige, dornige Rose mit ihren blutroten Blüten war Sinnbild einer durch die Materie gegangenen und verwandelten Seele. Der Überwinder ist mit einer Dornenrose gekrönt; in den fünf Blütenblättern sah man die fünf Wunden des Heilands. In der Pflanzenökologie bilden Rosengewächse und Liliengewächse, besonders Knoblauch, gute Pflanzengemeinschaften.

Die Beerenbüsche – Johannisbeeren, Schwarze Johannisbeeren (Cassis), Stachelbeeren –, deren Früchte ebenfalls als Vitamin-C-reicher Ersatz für Südfrüchte für den Selbstversorger wichtig sind, gehören zu den *Steinbrechgewächsen* (*Saxifragaceae*), nicht zu den Rosengewächsen.[37]

SELTENE GEMÜSE

Der Mensch ist ein Gewohnheitstier, und Gärtner sind da keine Ausnahme. Sie pflanzen nur das, was im Samenhandel zu haben ist und was zur semantischen Kategorie »Gemüse« gehört. Dabei gibt es so viele Wildpflanzen, die nur darauf warten, als Gemüse anerkannt zu werden. Der Feldsalat (Nüsslisalat) zum Beispiel war vor rund hundertfünfzig Jahren noch ein »Unkraut« in den Äckern und Weinbergen.

Neben den oben beschriebenen Hauptfamilien der Gemüsepflanzen gibt es noch etliche Vertreter anderer Familien, die entweder früher einmal in alten Kloster- und Bauerngärten ihren Platz hatten, aber im Laufe der Jahre aus der Mode kamen oder aus fernen Ländern stammen. Dazu gehört das Bürzelkraut oder Portulak[38] (*Portulaca oleracea*), das häufig unerkannt als »Unkraut« in den Gartenbeeten wächst, einst aber als Gemüse oder Salat geschätzt wurde. Das Saatgut dieser fleischigen, Vitamin-C-reichen Pflanze erhält man in Frankreich unter dem Namen *Pourpier potager*. Als *Pourpier d'hiver* hingegen bezeichnen die Franzosen den Kubaspinat oder Pöstlein (*Claytonia perfoliata*; *Montia perfoliata*). Das zartgrüne Kräutlein stammt aus Kalifornien und wuchert dort im Frühling als Pionierpflanze auf frisch aufgewühlten Böden. Die Amerikaner nennen es »miner's lettuce«, da es viele der Goldgräber, die um 1848 halb verhungert die Erde nach Goldnuggets durchwühlten, am Leben gehalten hatte. Inzwischen wuchert das Pflänzchen als Unkraut in den Baumschulen Norddeutschlands und Hollands. Pöstlein eignet sich hervorragend für das Gartenbeet.

Zu den Malvengewächsen (*Malvaceae*) gehört die Wegmalve oder Käsepappel (*Malva neglecta*) und die Rosspappel (*Malva silvestris*), deren Sprosse im Mittelalter ein begehrtes Gemüse waren und deren Früchte – die runden »Käse« – gesammelt und wie Erbsen gekocht oder als Kapern eingesäuert wurden. Blätter junger Malven, in Hühnersuppe gekocht, sind auch heute noch im Nahen Osten eine Hauptspeise (*Melokhia*). Die nahe verwandte Stockrose ist in Bauerngärten immer noch eine beliebte Zier. Zur selben Familie gehört der Abelmosch (*Hibiscus esculentus*), auch Okra oder Gumbo genannt, dessen schleimige Schoten – »lady's fingers« – in den USA, Indien und Afrika zu den beliebtesten Gemüsen gehören. Okra lässt sich in wärmeren Gebieten, wo auch der Wein und die Edelkastanie gedeihen, problemlos anbauen.

Die Anfang des 17. Jahrhunderts aus Nordamerika eingeführte Nachtkerze (*Oenothera biennis*) wurde zuerst wegen ihrer spektakulären, gelb leuchtenden Blüten in die fürstlichen Gärten gepflanzt. Erst hundert Jahre später kamen deutsche Gärtner darauf, dass die rosahäutige Wurzel in ihrer Farbe und Textur wie gekochter Schinken aussieht und als Gemüse gekocht gut schmeckt. Sie züchteten daraus die »Schinkenwurzel« oder »Rapontika«. Das Saatgut des neuen Wurzelgemüses gelangte dann wieder als »German rampion« in die Neue Welt. Die jungen Blätter der Nachtkerze eignen sich zudem als Spinat oder roh im Salat. Die Samen, die einen hohen Prozentsatz Gamma-Linolensäure enthalten, haben sich inzwischen als medizinisches Wundermittel entpuppt.[39] Wie viele andere arbeitsintensivere Wurzelgemüse – Haferwurzel, Pastinake, Gemüseklette, Topinambur oder sogar die Knollen der Dahlie (*Dahlia variabilis*) – wurde die Schinkenwurzel immer mehr durch die Kartoffel als Massennahrungsmittel verdrängt.

Der *Fuchsschwanz* (*Amaranthus* spp.), für viele schlicht ein Unkraut, lässt sich im Frühling als kräftiges Blattgemüse zubereiten; im Herbst kann man die vielen mohnsamenähnlichen, schwarzen Samen leicht ausdreschen, fein mahlen und mit ins Brot backen. Bei den Azteken Mexikos galt Amarant, neben Mais, als Hauptnahrungsmittel und war mit einer Abgabepflicht belegt. An religiösen Festen wurden die Samen mit Blut und Honig gemischt und zu Kuchen – *Zoale* – geknetet, die Götzenfiguren darstellten. Die Zoale wurden feierlich durch die Straßen getragen, dann rituell zerbrochen und verzehrt. Den Spaniern kam das wie eine teuflische Verhöhnung des Abendmahls vor, worauf der

37 In die Gartenhecke gehören noch weitere Wildobstarten: der Vitamin-C-reiche Sanddorn, der Maulbeerbaum, die Mahonie, aus deren purpurnen, säuerlich schmeckenden Beeren ein wunderbares Gelee gekocht wird, und die Berberitze, deren saure rote Beeren in Persien gesammelt und zusammen mit Reis gekocht werden. Der Holunder (*Sambucus nigra*), dessen Beeren zu Mus gekocht immunstimulierend wirken und aus dessen Blüten ein antiviral wirkender Schwitztee gebrüht werden kann, sollte als Tor zur Naturgöttin Holle einen Ehrenplatz in jedem Garten haben (Storl 2020a: 212).

38 Gehört zur Familie der Portulakgewächse (Portulacaceae).

39 Nachtkerzenöl enthält eine Vorstufe des Gewebehormons Prostaglandin. Das Öl hilft bei prämenstrualem Syndrom, bei endogenen Ekzemen, Alkoholvergiftung, Sjögren-Syndrom, milder Hypertension, Sklerodermie und anderen schwer zu behandelnden Erkrankungen (Kindscher 1992: 162). Die schmackhaften, ölhaltigen Samen lassen sich leicht sammeln; man kann sie mit ins Frühstücksmüsli streuen oder ins Brot backen.

Anbau des Fuchsschwanzes verboten wurde.[40] Als Grüngemüse ebenso wie als Körnersaat ist der Amarant auch in Asien beliebt und wird als *Yin-choi* in China, als *Tampala* oder *Ramadana* (»Gottesgeschenk«) in Indien und als *Hiyu* in Japan auf den Wochenmärkten feilgeboten.

Um im Hochsommer frisches Blattgrün zu haben, sollte jeder Gärtner *Neuseeländer Spinat* (*Tetragonia tetragonioides*) in Gemeinschaft mit den Tomaten anpflanzen. Diese fettblättrige, kriechende Pflanze aus Polynesien nimmt sich über einen Monat Zeit, um zu keimen, wuchert aber dann bis spät in den Herbst hinein. Ein wenig bekanntes Blattgemüse aus Asien, das man überall anbauen kann, wo auch Tomaten gedeihen, ist der rankende *Malibar-Spinat* (*Basella alba*). Wie beim Neuseeländer Spinat, der Malve und dem Amarant handelt es sich um eine Pflanze, die nicht »schießt« und auch in den heißen Hundstagen zu ernten ist.

In Japan isst man Chrysanthemen. Die jungen Sprosse und Blätter der schönen Kronen-Wucherblume (*Chrysanthemum coronarium*), als *Shiyungiku* bekannt, sind die Hauptzutaten der bekannten japanischen Gerichte *Chop-sui* und *Sukiyaki*. Shiyungiku gedeiht leicht in unseren Breitengraden. Wenn man nicht alle jungen Triebe in der Küche verwerten kann, dann lässt man sie einfach in die Höhe schießen: Bald quellen die Beete über von gelb-weiß-orangefarbenen Blüten, die bis in den Spätherbst »wuchern«. Da wir uns gerade mit essbaren Blumen beschäftigen, sei auch die rotgelb blühende *Kapuzinerkresse*, die rankende (*Tropaeolum majus*) und die niedrige (*T. minus*), nicht vergessen. Das zarte kriechende Gewächs, das die Spanier aus Peru mitgebracht haben, gibt dem Salatteller einen pfiffigen Geschmack; die Samenkapseln können als »Kapern« eingesäuert werden.

Zur Dekoration von Sommersalaten – auch das Auge isst mit! – bieten sich neben Kapuzinerkresseblüten die himmelblauen Blüten des Borretsch oder Gurkenkrauts, die gelben Blüten der Nachtkerze, die schwefelgelben des Senfs, Gänseblümchenblüten sowie die rosa-weißen Blüten der hochgeschossenen Radieschen an. Bei den Chinesen ist die lachsfarbig blühende *Taglilie* (*Hemerocallis fulva*) auch als Gemüse bekannt. Junge Blätter, Blütenknospen und die schmalen Knollen finden wie andere Gemüse ihren Weg in den Wok.

Der Mohn (*Papaver somniferum*) ist nicht nur eine prächtige Blume: Mit den Samen bestreut man Brötchen oder bäckt Mohnkuchen; der Milchsaft (Latex) liefert eines der besten schmerzstillenden Mittel und ein Heilmittel für die Ruhr. Die zarten Blätter der jungen Mohnpflänzchen machen sich auch vorzüglich im Salat.

Im vollständigen Garten wachsen ferner noch die *Brennnessel* zur Herstellung von biodynamischen Präparaten, als »blutreinigendes« Mittel bei Gicht und Rheuma, als Hühnerheu und Suppengrün im Frühling. Als hervorragendes Frühjahrsgemüse eignen sich die jungen Triebe des Hopfens (Hopfenspargel), der zur Hanffamilie (*Cannabaceae*) gehört. Daneben sollten Sauerampfer, Rhabarber und Buchweizen aus der Knöterichfamilie (*Polygonaceae*), Baldrian und Feldsalat (Rapunzel, Nüsslisalat) aus der Baldrianfamilie (*Valerianaceae*) sowie Gurkenkraut (Borretsch) und Beinwell (Comfrey) aus der Raublattfamilie (*Boraginaceae*) als Gemüse oder als Düngerpflanze einen Platz im Garten haben.

Wegen der Freude, die sie dem Menschen bringen, der Abwechslung auf dem Speisezettel und der positiven ökologischen Auswirkung eines artenreichen Lebensraums sollten so viele verschiedene Sorten wie möglich angebaut werden. Jede Pflanze kann eine Heimstätte für Naturgeister sein. In jeder Art verkörpert sich eine hohe devachanische Weisheit, die uns nicht nur nährt und heilt, sondern auch Inspirationen zukommen lässt. Je größer die Vielfalt der Arten, umso mehr wird sich der Garten zu einem kleinen Paradies entfalten, der eine Heimstätte für seltene Schmetterlinge, Vögel, Lurche, Insekten und wilde Kräuter bietet. Unsere modernen, artenarmen, nach bloßer Nützlichkeit angelegten Gärten sind der kümmerliche Ausdruck eines materialistischen Zeitalters, in dem die Seele hungert und die Bilder der Imagination auf ein paar zweckbedingte Begriffe reduziert werden.

NUTZUNG VON SUMPFLAND UND TEICHEN

In Ostasien, wo der Reis als Grundnahrungsmittel dient, ist es nicht so ungewöhnlich, dass man den Gemüsebau bis in die Sümpfe und Teiche hineinverlegt. Etliche Süßwasserpflanzen lagern im Herbst Stärke in ihre Wurzeln und Knollen ein. Das wusste man früher in Notzeiten auch bei uns zu nutzen. Hier eröffnet sich die Möglichkeit, neue Gemüsearten zu entwickeln und dem Tümpel, der unser Kleinklima im Garten reguliert und den Lurchen einen Laichplatz bietet, weitere Aufgaben zuzuweisen.

Die weitgehend vergessene und bei uns fast ausgestorbene Wassernuss oder Wasserkastanie (*Trapa natans, T. bicornis*), die in stehenden oder langsam fließenden Gewässern gedeiht, war für die neolithischen Pfahlbauern im Alpenvorland ein Grundnahrungsmittel (Agena/Städtler 1988: 18). Sie können wie Edelkastanien roh gegessen, wie Kartoffeln geröstet oder gekocht oder zu Mehl verarbeitet werden. In Asien werden die eiweißhaltigen, schmackhaften »Nüsse« (chin. *ling*; hind. *Singhara*) auf den Märkten feilgeboten. Es gibt keinen Grund, sie bei uns nicht wieder als Gemüse zu genießen.

40 Zudem hatten sich die Kolonialherren in den ersten Jahrzehnten nach der Eroberung gewundert, woher die Indianer immer wieder die Kraft zur Rebellion nahmen. Sie entdeckten, dass die Ureinwohner den Samen des Fuchsschwanzes aßen, den sie auf kleinen versteckten Bergfeldern anbauten (Knieriemen 2000: 40).

Der breitblättrige Rohrkolben (*Typha latifolia*), dessen Wurzeln von den amerikanischen Pionieren ebenso wie von den Indianern als Notgemüse verzehrt wurden, ist eine weitere Pflanze für den Teichgarten. Die Wurzeln, die während der Ruhezeit vor dem erneuten Austrieb geerntet werden, enthalten 46 % Stärke und wurden mit Mehl gemischt verwendet. Der reichlich vorhandene gelbe mehlartige Blütenstaub der männlichen Kolben wurde ebenfalls ins Brot oder in den Kuchen gebacken. Die zuckerhaltigen Sprösslinge können im Frühling als Gemüse gekocht werden.

Eine nahrhafte, walnussgroße Knolle liefert das Pfeilkraut (*Sagittaria sagittifolia*). Dieses Froschlöffelgewächs wird in China als *tzu-ku*, in Indien als *chotokut* und in Japan als *konwai* für den Gemüsemarkt angebaut. Die nordamerikanischen Indianer, die die Knollen wie Kartoffeln im Lagerfeuer rösteten, überließen die Ernte den hamsternden Bisamratten, deren Vorratsspeicher sie dann plünderten. Der verwandte gemeine Froschlöffel (*Alisma plantago-aquatica*), der häufig in Teichen wächst und in Südeuropa gelegentlich in Reisfeldern zum Unkraut wird, ist im frischen Zustand scharf und giftig. Die stärkereiche Wurzel soll jedoch getrocknet bekömmlicher sein. Von den Kalmücken und anderen Sibiriern wird berichtet, dass sie die Wurzeln essen.

Die Wurzeln der schönen doldigen Schwanenblume oder Blumenbinse (*Butomus umbellatus*) werden in Russland »jakutisches Brot« genannt. Sie wurden gebacken und gebraten, Graupen und Pürees daraus hergestellt (Koschtschejew 1990: 113). Da die Schwanenblume unter Naturschutz steht, sollte man sie fleißig vermehren, ehe man sie in den Kochtopf bringt.

Der Schwaden oder das Mannagras (*Glyceria fluitans*), eine Süßgrasart, die wie Reis in stehenden oder langsam fließenden Gewässern wächst und essbare Körner hervorbringt, wurde einst in ganz Nordeuropa gegen Ende Juni, Anfang Juli gesammelt und zu Suppe, Brei und Pfannkuchen verarbeitet. Die Preußen, Schlesier und Polen kannten eine »Schwadengrütze«; in Osteuropa wurden Überlegungen angestellt, ob der Schwaden nicht als Kulturpflanze gezüchtet werden sollte. »Es ist ein gesundes Essen, so auch einem schwachen Magen bekommt und den Leib etwas gelinde anhält, ohne ihn zu verstopfen«, schreibt der preußisch-königliche Gelehrte S. Bock 1783 (Agena/Städtler 1988: 63). Experimentierfreudige Permakultur-Gärtner sollten sich dieser Wassergetreideart, die im kälteren Klima wächst, annehmen. Wahrscheinlich könnte auch der Wildreis (*Zizania aquatica*), den die Indianer der Großen Seen als Hauptnahrungsmittel sammeln und der heute als teure Delikatesse unter den Weißen eine Karriere macht, auch bei uns als »halbwildes Getreide« angebaut werden. Der Wildreis bildet mit den Pfeilkrautarten und dem Rohrkolben natürliche Pflanzengemeinschaften.

Das Aronstabgewächs Sumpfkalla oder Drachenwurz (*Calla palustris*) hat stärkehaltige, aber giftige Wurzelstöcke, die erst durch Trocknen und Kochen genießbar werden. Der Kalmus (*Acorus calamus*), auch Magenwurz oder deutscher Ingwer genannt, ist ebenfalls ein Aronstabgewächs, das Gräben, Teiche und flache Gewässer besiedelt. Sein aromatisch nach Mandarinen riechender Wurzelstock ist kein Gemüse, kann aber als Gewürz und als Heilmittel bei Magen- und Bauchspeicheldrüsenerkrankungen genutzt werden. Ein fingergroßes Wurzelstück, gekocht und mit ins Badewasser getan, wirkt tonisierend und aphrodisierend.

Der Sumpfziest (*Stachys palustris*), ein Verwandter des oben erwähnten Knollenziests, der Ufer und Gräben besiedelt, könnte sich eventuell auch zu einem Teichgemüse mausern. Die Internodien der Bodenausläufer schwellen im Herbst zu 5 bis 11 Millimeter dicken und bis zu 4 Zentimeter langen weißlichen, glatten Knollen an, in denen Reservestoffe gespeichert werden. Die Engländer haben sie früher als Wurzelgemüse gesammelt (Agena/Städtler 1988: 98).

Die unter Naturschutz stehenden Seerosengewächse galten den mittelalterlichen Ärzten als »Zerstörer der Liebe« (Anaphrodisiakum) und werden wahrscheinlich schon deswegen wenig Begeisterung hervorrufen, doch werden in Asien und Afrika die Samen, Blätter und Rhizome verschiedener *Nymphaea*-Arten als Nahrungsmittel verwendet. Die stärkehaltigen Wurzeln der Weißen Seerose (*Nymphaea alba*) und der Gelben Teichrose oder Mummel (*Nuphar lutea*) könnten sich als Sumpfgemüse eignen. Sie müssen aber zerkleinert und gründlich gewässert werden, um die Bitterstoffe auszuspülen. Die Blätter der Sumpfdotterblume (*Caltha palustris*) ergeben nur ein minderwertiges Notgemüse; die Knospen, in Weinessig gelegt, gelten als Kapernersatz. Da es sich hier um ein Hahnenfußgewächs handelt, sollte man vorsichtig sein und die Pflanze nicht roh essen.

Die zarten Jungtriebe des Gemeinen Schilfrohrs (*Phragmites australis*) kann man roh oder mariniert essen, aus ihnen Salate, Suppen und Pürees herstellen oder sie in Butter dünsten (Koschtschejew 1990: 116). Aus den im Herbst geernteten Wurzeln lässt sich »Mehl« machen.

Die kleinste Blütenpflanze der Erde, die Wasserlinse oder Entenflott (*Lemna minor*) kann mit einem kleinmaschigen Netz von der Wasseroberfläche des Teiches abgeerntet und als Salatbeigabe oder Zutat für Suppen verwendet werden.

In seichten, langsam fließenden Gewässern lassen sich die vitaminreiche Brunnenkresse (*Nasturtium officinale*) und der Bachehrenpreis (*Veronica beccabunga*) leicht anbauen; mit Kresse und Bürzelkraut gemischt, ergeben diese frischen Kräuter einen schmackhaften Salat. Etliche Medizinalkräuter – Wasserminze, Helmkraut, Fieberklee, Wolfstrapp – kann man ebenfalls so ernten.

Gänseblümchen.

Brennnessel, des Gärtners Freund.

UNKRÄUTER

Die so genannten Unkräuter rufen, ebenso wie die Kerbtierchen, bei etlichen Gartenbesitzern unbesonnene, ja fast hysterische Reaktionen hervor. Oft handelt es sich um einen in den Garten projizierten, neurotischen Sauberkeitsfimmel: Blind wuchernde, schwer zu kontrollierende Unkräuter sind oft das Bild blind wuchernder, niedriger Gedanken, die dann radikal mit Stumpf und Stiel ausgerottet werden müssen. Diese unbewusste Übertragung von Gefühlsinhalten findet man zuweilen auch in der seriösen Literatur. Ein amerikanisches Standardwerk über Unkräuter schreibt etwa: »Sauerampfer ist ein Kommunist. Er hisst seine rote Flagge, wo immer er eindringt, und er dringt überall ein, wo die demokratischen Gräser mit schwierigen Umständen zu kämpfen haben. Obwohl er klein ist, kriechen seine schlangenhaften Wurzeln durch die Graswurzeln und lassen neue ›Rote‹ hier und da zwischen den Grasbüscheln sprießen« (Spencer 1974: 83).

Ein anderer Naturwissenschaftler beschreibt die Unkräuter als fremdartige Ausländer (*aliens*), mit denen man kurzen Prozess machen soll (Koxloff 1976: 184). »Sie bringen Ungeziefer, verringern den Verkaufswert der Kulturpflanzen, ihr geiles Wachstum ist eine hässliche Plage, sie sind oft giftig und verursachen Heuschnupfen« (Janick 1963: 259). Bis zum heutigen Tag wird gegen die Unkräuter unter Einsatz von chemischen Herbiziden und unter Beeinträchtigung der Lebensgemeinschaft und der Nahrungsmittelqualität ein hoffnungsloser Kampf geführt. Da genügt ein Wort des Meisters Laotse: »Unheil droht dem, der Leben fördern will mit Gewalt, der zwingen will die Kräfte des Lebens« (*Tao-te-king*).

Ganz objektiv gesehen: Was sind Unkräuter? Sie sind *Ackerbegleitkräuter*, die sich im Zuge der Entwicklung der Landwirtschaft mitentwickelt haben. Sie sind zudem die ersten Pflanzen in der natürlichen Sukzession, wenn ein Boden seiner Pflanzendecke beraubt worden ist. Ihnen folgen in zweiter Stufe Gräser oder Dornengestrüpp. Unkräuter sind Anzeiger eines Bodenzustandes. Sie können dem Gärtner zeigen, ob sein Boden zu sauer, zu mineralisiert, zu fest oder zu alkalisch ist. Auf der Weide zum Beispiel verdrängen die Unkräuter nicht die Süßgräser, sondern zeigen lediglich an, dass der Boden – wegen mangelnder Düngung oder Überweidung – keine Futtergräser mehr hervorbringen kann. Zu meinen, dass Unkräuter die Ursache von Problemen seien, heißt den Wagen vor das Pferd zu spannen. Gegen Unkräuter zu spritzen, bedeutet so viel, wie gegen die Anzeiger von Symptomen zu kämpfen, ohne die Ursachen erkannt zu haben.

Viele Jahre können Wildkräutersamen im Boden ruhend warten, bis günstige Umstände sie zum Keimen veranlassen. »Bodenproben enthalten im Durchschnitt bis zu 7000 keimfähige Unkrautsamen pro Quadratfuß (30 cm^2) bis zur Tiefe der Pflugsohle« (Daubenmire 1968: 170). Das Weideröschen (Feuerröschen) und das kanadische Berufskraut keimen erst dann freudig, wenn ein Feuer über den Boden hinweggegangen ist. Nach dem Ersten Weltkrieg keimte der scharlachrote Klatschmohn in Massen in den von Granaten durchwühlten, blutgetränkten Böden Flanderns. Oft bedarf es nur des Umgrabens oder einer besonderen kosmischen Konstellation, dass Unkräuter wie aus dem Nichts erscheinen. Maria Thun berichtet, dass die Unkräuter besonders stark keimen, wenn man den Boden bearbeitet, wenn der Mond im Löwen ist (Thun 1979: 21). Bei einer guten Humuswirtschaft brauchen diese latenten Unkräuter kein Problem zu sein; nur wenn der Boden unwissend einseitig behandelt wird, sprießen viele auf einmal, um ihn wieder ins Gleichgewicht zu bringen.

Für den Biologen Joseph Cocannouer gelten diese sonst unerwünschten Pflanzen als unerkannter Segen, als Wächter des Erdbodens: »Die meisten Unkräuter sind Tiefwurzler, die die Pflugsohle durchbrechen und den Untergrund für die schwächeren Kulturpflanzen aufschließen, die dann selbst ihre Wurzeln treiben können. Mit ihren tiefbohrenden Wurzeln pumpen die Unkräuter versickerte Nährstoffe wieder zur Oberfläche und lassen das Grundwasser kapillarisch in die oberen Schichten steigen. Die Wurzelmassen durchlockern und beleben den Boden, halten ihn aber gegen Wind- und Wassererosion fest. Die harmonisierende Wirkung der Unkrautwurzeln besteht auch in ihren Ausscheidungen und Chelaten, die den anderen Organismen zugute kommen. Gemähte Unkräuter fügen Mineralien und andere Nährstoffe dem Kompost zu. Im Heu und auf der Weide können die Tiere selektiv diese Pflanzen in ihre Nahrung einbauen, was ihre Gesundheit fördert« (Cocannouer 1964: 56). Cocannouer empfiehlt sogar, dass man hier und da ausgesuchte Unkräuter im Beet neben den Kulturpflanzen stehen lässt, die dann als »Mutterkräuter« ihren zivilisierten Vettern beistehen. Die besten »Mütter« sind Gänsedistel (*Sonchus*), Melde, Nachtschatten, Judenkirsche und Traubenkraut (*Ambrosia artemisiifolia*), die ihre Wurzeln in die B- und C-Horizonte senken und den Kulturpflanzen Wasser und Nährstoffquellen erschließen. Gehackte Unkräuter können als Mulch in den Reihen einfach liegen bleiben. Kriechende Unkräuter wie Vogelmiere (*Stellaria media*), Portulak (*Portulaca oleracea*), Gundermann und Gauchheil können als lebendige Bodenbedeckung die Bodengare schützen. Alan Chadwick betont, dass gesunde, kräftige Unkräuter, wenn man ihnen beschränkt Lauf lässt, ätherische Lebenskräfte in den Garten ziehen und die Vitalität aller Pflanzen erhöhen. Er lässt seine Lehrlinge sogar Gänsedistel, Kreuzkraut (*Senecio*), roten Gauchheil (*Anagallis arvensis*), Ehrenpreis (*Veronica*), Wegerich (*Plantago*) und andere Wildkrautsamen unter die Wicken, Puffbohnen und den Roggen der Gründüngersaat mischen.

Auch für die Gartenfauna wirkt sich das Unkraut günstig aus. Regenwürmer verzehren abgestorbene Wurzeln und Blätter und benutzen die Wurzelpassagen als Gänge in den Untergrund, um kalkige und tonige Mineralien zu fördern. In Südamerika durchgeführte Studien zeigen, dass der Insektenfraß an Kulturpflanzen wesentlich verringert wird, wenn Wildkräuter als Nachbarpflanzen mit im Beet wachsen. Maisfelder mit Unkräutern hatten 40 bis 53 Prozent weniger Zikadenfraß und 68 Prozent weniger Drahtwurmfraß als von Unkraut gesäuberte Kulturen (Rodale 1977: 58).

Bargyla Rateaver, eine kalifornische Gartenbaulehrerin mit jahrzehntelanger Erfahrung, schreibt, dass Unkräuter wie die Gänsefüßler und Brennnesseln den Boden verbessern, weil sie überschüssige Salze und Metallionen in ihre Gewebe binden, dass Brennnessel, Wegerich, Löwenzahn und Disteln den Regenwurm mit ihren Wurzelausscheidungen begünstigen und dass besonders Goldrute, Nachtschatten, Portulak, Hirtentäschel, Amarant und Klee den Boden durchfasern und gegen Abschwemmung schützen (Rateaver 1973: 91).

Eine große Artenvielfalt von Wildkräutern im Garten ist eigentlich ein Indikator eines gesunden Biotops. Wenn eine oder nur wenige Arten überhandnehmen, ist dies ein Zeichen der Störung. Forscher der britischen Landwirtschaftsorganisation »Soil Association« konnten mit Studien in Großbritannien und Dänemark belegen, dass auf Äckern, die mit Bio-Landwirtschaft betrieben werden, fünfmal mehr Wildpflanzen und 57 % mehr Pflanzenspezies wachsen. Einige Pflanzenarten wurden ausschließlich auf Bio-Äckern gefunden (*Natur & Heilen*, 12, 2000, S. 66).

Wir wollen noch kurz einige günstige Pflanzennachbarschaften hervorheben. Stechapfel (*Datura*) und Fuchsschwanz (*Amaranthus*) fördern die Kürbissorten. Die Ackerwinde unterstützt den Zuckermais. Brennnessel und Schafgarbe erhöhen den Ölgehalt der Heilkräuter. Melde und Gänsedistel bilden eine gute Gemeinschaft mit Gurken und Melonengewächsen. Senf hilft Weintrauben, Löwenzahn begünstigt Erdbeeren, Amarant fördert alle Nachtschattengewächse, Bürzelkraut (*Portulaca*) ist ein ausgezeichneter Bodenbedecker für Mais; Baldrian, Brennnessel, Taubnessel, Schafgarbe und Gänsedistel sind allen Gemüsen behilflich. Was sollte da vernünftiger sein, als alle Unkräuter zu kennen und sie in dynamischer Weise in die Gartenbaukunst einzubeziehen?

UNKRAUTBEKÄMPFUNG

Trotz ihrer Vorzüge muss man den »Wächtern des Bodens« doch zuweilen zu Leibe rücken. Besonders im Frühling oder bei aufgehender Saat muss man auf der Hut sein, dass sie die Kulturpflanzen nicht überwuchern. Man kann das Saatbeet zwei Wochen vor der Aussaat bereit machen und dann die aufkeimenden Unkräuter mit dem Kultivator vernichten, ehe man einsät. Dann muss man regelmäßig mit der Pendelhacke oder dem Kultivator die Reihen durchhacken, bis die Saat größer ist. Innerhalb der Reihen selbst kann man von Hand oder mit einer spitzen Unkrauthacke sich breit machende Unkräuter beseitigen. Sobald die Kulturpflanzen kräftig genug sind, kann man eine Bodenbedeckung geben, was die weitere Unkrautentwicklung unterdrückt. Einzelne Unkräuter lässt man absichtlich als »Mutterkräuter« stehen. Wenn die Unkräuter trotz allem ein Problem sind, deutet das auf eine Einseitigkeit im Boden oder in der Düngung hin. Der Boden braucht diese hartnäckigen Pflanzen einfach, um zu gesunden. Da es auf die Kräftewirkung dieser Unkräuter ankommt, kann man sie in diesem Fall sammeln und verjauchen. Viele Pflanzen vertragen ihre eigenen Jauchen nicht – man gibt dem Boden, was er braucht, nur in einer anderen Form.

Nur beim Gras, das die nächste Stufe in der Sukzession darstellt, muss man aufpassen. Das Gras nimmt seine Nährstoffe aus dem gleichen Horizont wie die Nutzpflanzen und muss daher entfernt werden. *Quecke* oder Schnurgras (*Agropyrum repens*) vermehrt sich stark, wenn man es verhackt, denn jedes Stückchen wächst zu einer neuen Pflanze heran. Man muss die unterirdischen Ausläufer sorgfältig aus dem Beet herausrechen. Die getrockneten Wurzeln ergeben einen hervorragenden medizinischen Tee für Nieren- und Blasenbeschwerden. Der Anbau von Buchweizen verdrängt die Quecke vollends. Auf alle Fälle sollten chemische Unkrautvernichtungsmittel gemieden werden, denn sie wirken verheerend auf den Boden, selektieren zum Teil hartnäckige Wurzelunkräuter – wie die Quecke – und vermehren den Schädlingsfraß.

Anstatt mit chemischer Kriegsführung und Flammenwerfern gegen die stillen Mitbewohner der Erde vorzugehen, wäre man besser beraten, sie als Nahrung oder Medizin zu genießen, wie es Elisabeth und Karl Hollerbach in ihrem Buch »Kraut und Unkraut zum Kochen und Heilen« vorschlagen (Hollerbach 1998). In anderen Kulturkreisen gibt es oft den Begriff »Unkraut« gar nicht, weil man weiß, dass jede Pflanze ihren Wert hat. Indianersquaws pflegen die Unkräuter in ihren Hügelbeeten mit Mais, Bohnen und Kürbis als Suppen- und Arzneikräuter mit den Kulturpflanzen zusammen. Auch die alten Europäer nahmen die wilden Gewächse in ihre Küche auf. Eine Analyse des Mageninhalts des Tollund-Mannes, der vor zweitausend Jahren dem Odin zum Opfer gehenkt und in ein dänisches Moor versenkt wurde, zeigt, dass sich sein letztes Mahl aus einem Gersten-Leinsamen-Brei mit vielen Ackerunkräutern als Zutat zusammensetzte (Glob 1975). Die Gerbsäure des Moors hat den Brei so gut erhalten, dass man folgende Pflanzen identifizieren konnte: Ampfer, Knöterich, Winde, Kamille und etliche Gräser. Ein anderer Däne, der Grauballe-Mann, der ebenfalls mit einem Strick um den Hals aus dem Leben schied, hatte ein Frühlingsmenü aus Klee, Melde, Scharbockskraut, Frauenmantel, Nachtschatten, Schafgarbe, Kamille, Pippau und sechzig anderen Pflanzen als Henkersmahlzeit genossen.

Bekannte essbare Unkräuter aus dem Gartenbeet sind Klettenwurzel, Sauerampfer, Löwenzahn, Wegmalve, Melde, Wegerich, Vogelmiere, Feldsalat (*Valerianella*), Gundermann, Ackersenf und viele andere, die man entweder als Rohkost im Salat, als Würze oder in der Suppe genießen kann.[41] Man muss natürlich wissen, welche Teile essbar sind, und man muss die giftigen Kräuter mit Sicherheit unterscheiden können. Giftige Gartenunkräuter sind unter anderen die Wolfsmilchgewächse (*Euphorbiaceae*), die Hahnenfußgewächse, Hundspetersilie, Ackergauchheil und Nachtschatten.[42]

41 In Osteuropa hat sich dank jahrzehntelanger sozialistischer Mangelwirtschaft eine ausgeprägte Wildgemüsesammelkultur erhalten. Wildpflanzen halfen den Menschen, Hungerzeiten und Kriege zu überleben. Wertvolle Angaben zum Thema, inklusive anregender Rezepte – etwa für eingesäuerte Gierschstängel –, lassen sich z. B. dem Buch »Wildwachsende Pflanzen in unserer Ernährung« von A. K. Koschtschejew (Leipzig 1990) oder »Wildpflanzen für die Küche« von François Couplan (Aarau, AT Verlag 1997) entnehmen.

42 Giftkräuter aus dem Garten zu verbannen, weil man befürchtet, Kinder könnten davon naschen, ist Unsinn. Kinder sind allgemein intelligent genug, um zu lernen, welche Pflanzen stark giftig, leicht giftig, unbekömmlich oder zu genießen sind.

INSEKTEN UND ANDERE KLEINE BIESTER

Sprich, wie werd ich die Sperlinge los, so sagte der Gärtner,
Und die Raupen dazu, ferner das Käfergeschlecht,
Maulwurf, Erdfloh, Wespe, die Würmer, das Teufelsgeschlecht?
Lass sie nur alle, so frisst einer den anderen auf.
Johann Wolfgang von Goethe

Manch ein Gartenbesitzer wird schon beim Anblick einer Hand voll Raupen oder Käfer hysterisch und ergreift drakonische Gegenmaßnahmen. Vor Kurzem wurde in einer Zeitung berichtet, dass man einen Gärtner tot zwischen seinen Kohlköpfen gefunden hatte. Todesursache: Eine Überdosis von Pflanzenschutzmitteln.[43] Solche irrationalen Ängste lassen keinen Raum für eine nüchterne, sachliche Betrachtung, wie unsere sechs- und achtbeinigen Mitbürger in die biologischen Zusammenhänge hineinpassen.

Die panische Angst vor Insekten wird auch fleißig von der chemischen Industrie gefördert. Nach Angaben des Bundesamts für Verbraucherschutz und Lebensmittelsicherheit versprühten bundesdeutsche Landwirte im Jahr 2019 18 691 Tonnen giftige Pestizide im Wert von mehreren Milliarden Euro.[44] Mittels teurer, groß angelegter Propagandafeldzüge im Fernsehen und in den Illustrierten wird Öl auf das Feuer dieser hysterischen Furcht gegossen. Brutale Nahaufnahmen zeigen, wie die Kiefer der Insektenmonster die Feldfrüchte annagen, wie ganze Landschaften vertilgt werden und wie die Chemiekonzerne als Retter in der höchsten Not erscheinen. Entomologen verbreiten im Auftrag ihrer Brotherren Informationen, die im kalten, wissenschaftlichen Jargon vorgetragen werden, aber doch eine lebensfeindliche, bisweilen sadistische Einstellung kaum verbergen können. In Sachbüchern liest man zum Beispiel, dass ein Fliegenpaar innerhalb eines Jahres so viele Nachkommen haben könnte, dass eine dicht gepackte Glocke von wimmelnden Fliegenleibern, 60 Millionen Kilometer im Durchmesser, die Erde ersticken könnte. Das ist natürlich eine ganz unmögliche, abstrakte Vorstellung, aber irgendwie schleicht sich doch das Gefühl ein, der Mensch stehe in ernsthafter Konkurrenz mit den Insekten. Es geht ums Überleben – entweder wir oder sie! Es ist ein Krieg, in dem man nicht sicher ist, wer gewinnen wird, denn immer mehr Arten werden fast so schnell immun, wie die Forschung neue, stärkere Gifte, synthetische Pheromone, Hormonanaloga oder Kontrazeptiva herstellen kann. Werden in ferner Zukunft die höher entwickelten Insekten-Urenkel die bleichen Knochen der Verlierer im Daseinskampf begaffen, wie wir die Knochen ausgestorbener Saurier?

Aber schauen wir erst einmal die Tatsachen an. Der ökonomische Verlust durch Insektenschäden ist bei Weitem nicht so groß wie behauptet. Einbezogen in die Aufzählung der Kosten sind die vorbeugenden Bekämpfungsmaßnahmen, der Forschungsaufwand, die Geräte und Sprühmaschinen, der Vertrieb und die Reklame für die Gifte. Die Erlösminderung durch tatsächlichen Insektenfraß ist nur *ein* Faktor. Man weiß eigentlich wenig über die von Insekten verursachten Verluste, denn der Befall wird wiederum durch die Agrarchemikalien erhöht. Man weiß, dass nach Anwendung von Kunstdünger und Herbiziden die Insektenpopulationen steigen und dass nach Anwendung von Pestiziden die natürlichen Feinde der Schädlinge zuerst ausgerottet werden, die Schädlinge aber umso schneller, diesmal ohne Widerstand der Nützlinge, zurückkommen. Da hilft dann nur noch teures Gift. Der Teufelskreis schließt sich.

Viel mehr Schäden als die Kerbtiere verursachen Mehltau, Pilzbefall und Fäulnis, die ihrerseits durch falsche landwirtschaftliche Maßnahmen und ungünstige Wetterlagen hervorgerufen werden. Der Entomologe Dethier schreibt: »Das schwarze Ross des dritten Reiters der Apokalypse mag in vielen Gestalten kommen, aber nicht in der Gestalt des Gliederfüßlers.« Als Schädlinge auftretende Insekten haben sich vermehren können durch den Anbau von Monokulturen, weil man Pflanzen außerhalb ihres natürlichen Ökotops anpflanzt, weil man das ökologische Gleichgewicht untergraben hat. »Es gibt keinen Grund, die Insekten als ernstzunehmende Nahrungskonkurrenten anzusehen. Wetter, Pilzorganismen und komplexe sozioökonomische Faktoren stellen eine viel ernsthaftere Bedrohung unserer Nahrungsmittelversorgung dar« (Dethier 1976: 73). Im Gegenteil, »Insekten sind auch unsere wichtigsten Partner bei der Schaffung von Leben auf der Erde, denn oft übernehmen sie die Federführung bei der Gestaltung terrestrischer Ökosysteme« (Beerenbaum 1997: 16).

HEILIGE KRABBELTIERE

Nicht immer hatten die Menschen ein so ängstliches Verhältnis gegenüber den Kerfen. Mit der Ausnahme gelegentlicher Heuschreckenschwärme findet man kaum historische Berichte über Ungezieferbefall. Wenn im Nahen Osten oder in Südeuropa eine Heuschreckenplage kam, deutete man dies als den Zorn

43 Nach Schätzung der Weltgesundheitsorganisation vergiften sich weltweit jedes Jahr rund eine Million Menschen an Pflanzenschutzgiften, 20 000 von ihnen sterben (Grimm 1999: 199).

44 Und dies, obwohl wissenschaftlich schon längt erkannt wurde, dass Pestizide auch für Menschen äußerst giftig sind: Sie schädigen das Immunsystem, stören die Fruchtbarkeit, greifen Organsysteme an und lösen vermutlich Krebserkrankungen aus (Greenpeace: *http://www.greenpeace.de* 13.02.01).

Gottes gegen ein böse gewordenes Volk. Immer traten die Grashüpfer zusammen mit anderen Plagen auf, mit Überschwemmungen, Trockenheiten, Pest und Hungersnot. So steht im hebräischen Text der Heiligen Schrift, dass Moses seine Hand über Ägypten strecken soll, »dass Heuschrecken auf Ägyptenland kommen und alles auffressen, was im Lande wächst« (2. Mose 10: 12), damit der hartherzige Pharao Buße tue. Weitere Indizien eines ökologischen Zusammenbruchs kommen hinzu: wuchernde rote Algen (»und alles Wasser im Strom wurde in Blut verwandelt«), eine Froschplage, Stechfliegen, Viehpest, Hagel und ein Sterben unter den Menschen. Nur die Buße konnte helfen, die Rückkehr des Menschenwillens zum göttlichen Plan.

Bei primitiven Ackerbauvölkern war das Verhältnis zu den Kerbtierchen größtenteils von Achtung, Ehrfurcht und bisweilen von Freude geprägt. In den Erzählungen der Nahuatl (Mexiko) bringen die roten Ameisen den Menschen Mais, nachdem die Götter ihnen befohlen hatten, den Menschen Nahrungsmittel zu bringen. Die Irokesen glaubten, dass es die Aufgabe der Grillen und Heuschrecken sei, mit ihrem Zirpen die Sommerhitze herbeizurufen, damit der Mais in den Feldern ausreife. Ähnliche Zusammenhänge wurden von europäischen Bauern wahrgenommen: »Wenn im August die Zikade singt, reifen Hirse und Mais gut«, heißt es in Italien, und hierzulande sagt man: »Wenn die Grille im September singt, wird das Korn billig« (Hauser 1973: 407).

Einige Beispiele, die der Völkerkundler Sir James Frazer gesammelt hat, geben uns ein Bild von der ganz andersartigen Auffassung der Insektenwelt im vortechnischen Zeitalter. Die estländischen Bauern warnten ihre Kinder, keinen Kornkäfer zu töten, denn: »Je mehr wir ihm zuleide tun, um so mehr tut er uns zuleide!« Wenn es doch vorkam, dass ein Käfer getötet wurde, gab man ihm einen schönen Namen, legte ihn unter ein Steinchen mit einem Getreidekorn. Siebenbürger-Sachsen stimmten die Blattfliegen freundlich, indem sie die Augen schlossen und dabei drei Hand voll Hafer in verschiedene Richtungen warfen. Um die Saat gegen sämtliche Schädlinge zu schützen, gingen sie über den Acker und taten so, als würden sie aussäen; dabei sprach man den Zauberspruch: »Ich säe für alles, was fliegt und kriecht, steht und geht, singt und springt. Im Namen des Vaters ... usw.« Die Bauersfrauen lockten die Raupen aus den Gemüsegärten, indem sie nachts den Besen um den Garten zogen und sprachen: »Guten Abend, Mütterchen Raupe! Du musst mit deinem Mann in die Kirche gehen!« Das Gartentor wurde dann offen gelassen.[45]

Im europäischen Mittelalter wurde widerspenstigen Insekten mit Gebeten und der Macht der Heiligen begegnet. Wenn sie dennoch zum Problem wurden, konnte man sie vor Gericht stellen. Es gab bei den Burgundern juristische Vorschriften, wie man ein Verfahren gegen Grashüpfer einzuleiten hatte. Das Gericht musste schriftlich einberufen werden, ein Richter bestimmt und Anwälte zur Anklage und zur Verteidigung ernannt werden. Der Ankläger würde den Prozess gegen die Heuschrecken vortragen, den Schuldspruch verkünden und Verbrennung auf dem Scheiterhaufen verlangen. Die Verteidigung konnte demgegenüber erwidern, dass ein Schuldspruch gesetzeswidrig sei, weil man das Insekt vorher nicht juristisch aufgefordert hatte, innerhalb einer gewissen Frist das Land zu verlassen. Falls die Heuschrecke sich nach Ablauf der Frist noch innerhalb der Landesgrenzen befinde, solle das Tier exkommuniziert werden. Einige Juristen haben angeblich auch für den Fall einer Ausweisung den Einwand einer Verletzung der Rechte der Vögel erhoben, denen die Grashüpfer als Nahrung dienen. Auf diese Art und Weise wurden 1479 in Bern die Raupen vom Erzbischof exkommuniziert und verbannt, und 1493 wurden die Maikäfer wegen ihrer Gefräßigkeit aus Lausanne verbannt (Dethier 1976: 105).

Diese Beispiele können uns recht naiv vorkommen, aber wenn man den mittelalterlichen *Realismus*[46] kennt, dann weiß man, dass der übersinnliche Gruppengeist der Tierart vor Gericht gestellt wurde und nicht die einzelnen kleinen Insekten. Unsere Überlegungen zur Wirklichkeit dieser Gruppenseelen lassen da eine wirksamere und tiefere Einsicht vermuten, als es bei unserem heutigen Vergiften der Umwelt der Fall ist.

Kinderreime und Bauernregeln zeugen davon, dass man die Insekten oft gar nicht in einem negativen Sinn betrachtete. Zum Teil galten die Insekten auch als heilig. Den Ägyptern galt der Skarabäus, der Pillendreher, der eine Dungkugel vor sich herschiebt, als Repräsentant des Sonnengottes auf Erden. Die Hornisse gehörte dem Kriegsgott, ebenso die aufdringliche Fliege, deren Bild auf einem Zauberamulett dem Krieger den rechten Draufgängergeist verlieh. Zur Jahreszeit der sieben blühenden Gräser fangen die Japaner Grillen und andere Insekten und sperren sie in kleine Käfige. Zum Höhepunkt dieses Herbstfestes, wenn alle Laternen leuchten, werden die kleinen Gefangenen befreit, und man lauscht entzückt ihrem zirpenden Gesang. In Indien füttert man an jedem Feiertag die Hausameisen mit Reismehl, es könnten ja die Seelen verstorbener Ahnen sein.

Die erste Saat, die die Mormonensiedler in der Wüste von Utah im Jahre 1847 ausgesät hatten, reifte gerade, als sie von einer fast biblischen Heuschre-

45 Die See-Dyak auf Sarawak fangen eine der Heuschrecken, die ihre Gärten plagen, setzen sie auf ein winziges Boot, das mit dem besten Futter versehen ist, und lassen es den Bach hinuntertreiben. Wenn das nichts nützt, modelliert man ein Krokodil, opfert ihm ein Huhn und Reiswein und stellt es mitten in den Garten, damit es die Heuschrecken vertreibe. Auf dem Balkan und im Nahen Osten werden Käfer oder Grashüpfer, wenn deren zu viele sind, mit einer regelrechten Trauerzeremonie begraben. Ein Mädchen, das zur Raupenmutter erkoren wurde, und alle Jungfrauen im Dorf klagen und beweinen die tote Larve. Die anderen Raupen verlassen daraufhin die Gärten (Frazer 1951: 614).

46 Der philosophische »Realismus« besagt, dass die geistigen Urbilder realer sind als die vielen daraus hervorgehenden Einzeldinge und Einzelwesen. Im Gegensatz dazu der »Nominalismus«, der die Urbilder als bloße verbale Konstruktionen gelten lässt.

Senfblüte mit Schwebfliege.

Sonnenblume mit Waldhummel.

ckenplage befallen wurde. Während die Sekte eifrig Jehova anflehte, tanzten und trommelten die Schoschonen-Indianer ihren Dank an den großen Geist, der ihnen so reichlich die knusprige Nahrung geschickt hatte. Ein Denkmal in Salt Lake City erinnert jedoch daran, dass der Gott der Mormonen die Oberhand behielt, denn eine Schar Möwen kam unverhofft und rettete die »Heiligen der Letzten Tage« vor der Not.

Insekten können als Vorboten und Zeichen erscheinen. So sind die großen Totenkopfschwärmer (*Acherontia atropos*), wenn sie nachts vor den Fensterscheiben flattern, Künder eines bevorstehenden Todes. Ameisen sind das Symbol des Fleißes, Bienen der selbstlosen Hingabe und als solche das Sinnbild der Rosenkreuzer. Der Marienkäfer wird überall als himmlisches Tier verehrt, worauf schon seine Namen deuten: *vaches à Dieu, bête de la vierge, lady bug, Mary's chafer, vaca de San Anton,* Herrgottskäfer, Himmelgueggerli usw.

WAS IST EIN INSEKT?

Für die darwinistische Naturwissenschaft ist es eindeutig: Insekten sind ebenso wie der Mensch Parasiten der Vegetation und stehen mit ihm im Konkurrenzkampf. Ein anderes Bild ergibt sich jedoch, wenn wir den Platz der Insekten im Naturkreislauf betrachten. Da sehen wir, dass die Gliederfüßler in die Abbauphase des großen Lebenskreislaufs gehören. Deutlich wird dies etwa, wenn Aaskäfer und Maden tote Gewebe fressen oder Ameisen Knochen blank putzen. Überall, wo die Form und Gestalt gebenden ätherischen Lebenskräfte den Körper verlassen haben, stellen diese Tiere sich ein. Die Maden der Schmeißfliege fressen sogar bei noch lebenden Säugern die gangränösen Geschwüre und bewirken durch ihre allantoinhaltigen Ausscheidungen eine Beschleunigung der Wundheilung. Die abbauende, abtragende Funktion der Insekten in ätherisch geschwächten Lebensbereichen offenbart sich darin, dass Drahtwürmer (*Agriotes*) in großen Massen in frisch umgebrochenem – chaotisiertem – Grasland auftreten. Sogar die Bienen und bunten Schmetterlinge erscheinen in dem Bereich, wo die Pflanze ihre Vitalität einbüßt, wo sie verblüht, verduftet und versamt. Ohne die Heerscharen der Insekten, die sterbende Pflanzen, Kadaver und Streu angreifen, um sie dann den Bakterien und Pilzen zu überlassen, könnte das Leben gar nicht weitergehen.

Wenn im Feld oder im Garten der Insektenbefall besonders schädigend ist, hat man es sowieso mit schwachen Pflanzen zu tun, die wenig ätherische Reserven haben. Jeder Gärtner wird schon beobachtet haben, dass es gerade die schwächlichsten, schlecht wachsenden Pflanzen sind, die angegriffen werden. Da möchte man meinen: »Was für blöde Viecher! Die schönen, saftigen Pflanzen lassen sie stehen; die mageren, kränklichen zerfressen sie!« Der Bauer beobachtet etwas ganz Ähnliches im Stall, wo Läuse, Zecken und Ungeziefer immer nur die schwächsten Kälber befallen. Mit sicherem Instinkt und Hartnäckigkeit stürzen sie sich auf alles, was lebensunfähig ist. Schlecht gedüngte Gemüse am Beetrand, von triebigem Dünger aufgedunsene Blätter, Pflanzen, die durch künstliche Beregnung einen täglichen Kälteschock erleiden oder anderswie unsachgemäß behandelt werden, sind die Opfer. Wir sehen, dass das Insekt nie die Ursache des Gartenunglücks ist, sondern der Vollstrecker.

Die Hauptaufgabe des Gärtners ist es zu sehen, dass die vitale Lebenskraft ungehindert durch die Pflanze strömen kann, dass sie sich im Wachstum zügig und ohne Stockung von der Keimung über das Blattstadium bis hin zur Blüte und Frucht entwickeln kann.

DAS INSEKT ALS DOPPELGÄNGER DER PFLANZE

Wenn man die Entwicklungsmetamorphosen eines Insekts und einer Pflanze nebeneinanderstellt, den Kohlweißling neben den Kreuzblütler, dann sieht man, dass das Insekt ein regelrechter Doppelgänger der Pflanze ist. Auf die Eier und Samen folgt das vegetative, segmentierte Wachstum der Stängel und der Larve, dann kommen Knospe und Puppe und schließlich die erstaunliche Umwandlung zu Schmetterling beziehungsweise Blüte. Bis ins Detail sind sie einander so ähnlich, dass Rudolf Steiner sagen konnte: »Der Schmetterling ist eine fliegende Blume; die Blüte ist ein festgehaltener Falter.«

Das Insekt gehört zur Pflanze. Besonders deutlich ist das in den Fällen, in denen Insekt und Pflanze in enger Symbiose miteinander leben. Obwohl viele polyphage Insekten ein weites Spektrum von Gewächsen anknabbern, gibt es ebenso viele monophage, die ganz auf eine Art angewiesen sind. So findet man den gefürchteten Koloradokäfer immer auf Nachtschattengewächsen, den Distelfalter nur auf der Distel, den Wolfsmilchschwärmer nur auf den Wolfsmilchgewächsen, den Seidenspinner, der uns die Seide schenkt, immer auf Maulbeerbäumen. Die Emmentaler Bauern freuen sich, wenn im Hochsommer die Sauerampferkäfer die »Plaggen« (Stumpfblättriger Ampfer) von der Weide fressen, die anderen Kräuter aber stehen lassen. Der Apfelblütenstecher hilft seinem Wirt, indem er hier und da die Blüten ansticht und auf diese Weise die Äpfel vereinzelt, sodass sie sich besser entwickeln können. Die hübsche Raupe des Schwalbenschwanzes findet man nur auf Schirmblütlern wie Möhren oder Dill. Die Saugrüssel der Falter und die langen schmalen Blütentrichter bilden zusammen eine funktionelle Einheit, die die Bestäubung möglich machen.

Nur ein lebensfremdes Denken kann sich einen insektenfreien Garten vorstellen oder verlangen, dass alle Insekten vernichtet werden sollen. Eine Vielfalt von verschiedenen Arten gehört in den ökologisch gesunden Garten. Wenn

Korrespondenz zwischen Pflanze und Insekt.

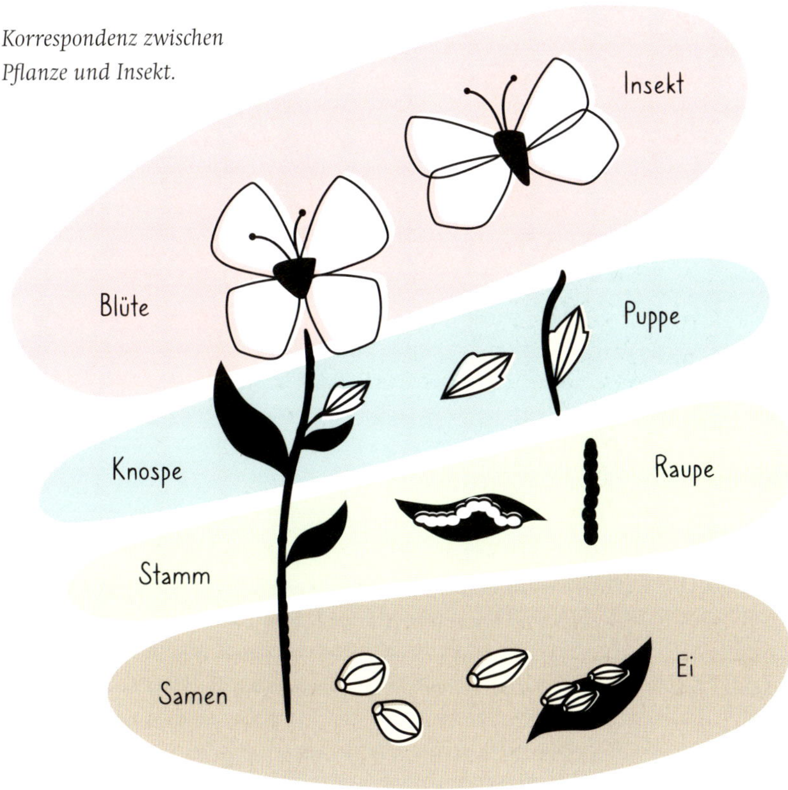

eine Art massenweise schädigend auftritt, ist das ein sicheres Zeichen, dass der Gärtner einen Fehler gemacht hat. Es gibt Untersuchungen, aus denen hervorgeht, dass die Ausscheidungen der Raupen ihren Futterpflanzen Wachstumsstimulatoren, Spurenelemente und Enzyme zukommen lassen. Auch wenn 20 bis 30 Prozent der Pflanze gefressen wird, kommt es schließlich oft doch nicht zu einer Ertragsminderung (Rodale 1974: 56). Von gesunden Pflanzen fressen die Larven hauptsächlich die älteren, beschatteten, vergilbten Blätter oder abgefallene Streu. Nur wenn der Boden nackt ist und die Pflanze zudem noch geschwächt, wird die ganze Pflanze angegriffen. Die gesunde Pflanze schützt ihre Haut mit Wachsen, Harzen, Gerüchen (Ester), Saponinen, Alkaloiden, Glykosiden, Säuren, Gerbstoffen und anderen Ausschwitzungen. Eine kränkelnde Pflanze kann nicht mehr genügend dieser Stoffe herstellen, sie sendet darüber hinaus auch pheromonale Botschaften an die Insekten, dass sie des Lebens überdrüssig ist.

DAS INSEKT ALS ASTRALES FEUER

Der Übergang von der ätherischen Welt der Pflanzen zu der astralen Welt der Tiere befindet sich dort, wo sich Blüte und Insekt, Wurm und Wurzel berühren. Der Wurm – Drahtwurm, Engerling usw. – nagt an alten Wurzeln, die ihre Funktion erfüllt haben; die Biene und der Falter suchen die Vegetation auf, wenn sich diese im Blühvorgang verausgabt, wenn sie ihre grüne Regenerationskraft der Blütenfarbe, dem Blütenstaub und dem Nektar opfert. Das Insekt ist, in seinem richtigen Verhältnis zur gesunden Pflanze, ein begrenzender Faktor, über den die Pflanze als ätherisches Wesen nicht hinauskann. Wird wegen Schlechtwetterperioden, Dürre oder Kälte die ätherische Kraft zu schwach, dann drückt die Astralität stark lastend auf das Ätherische. Im schlimmsten Fall kann es zu einer flächendeckenden Plage werden, von der ganze Felder und Wälder befallen werden. Manchmal sind es ungünstige Konstellationen, die die ätherischen Bildekräfte abebben lassen, wie bei Sonnenfleckenausbrüchen oder dem *Brückner-Zyklus*, der im Durchschnitt alle fünfunddreißig Jahre ein Wetterchaos mit milden Wintern und kühlen Sommern bringt (Huntington 1962: 461). Dieser Zyklus lässt sich mit den großen Auswanderungswellen nach Amerika, mit Fehlernten und der irischen Hungersnot in Korrelation bringen. Andererseits kann die Ätherkraft auch durch die direkten Aktivitäten der Menschen durch industrielle Luftverschmutzung, radioaktive Strahlungen, Treibhauseffekt und andere Störungen gemindert werden. Man kann in den Wäldern der USA vielerorts sehen, dass die Bäume von Spannern und Borkenkäfern getötet werden. Sieht man genauer hin, stellt man jedoch fest, dass der Befall erst dann kommt, wenn mit Planierraupen Straßen und Schneisen gehauen, gespritzt oder mit Motorsägen gewütet wurde. Auch beim europäischen Waldsterben ist der Borkenkäfer Symptom und nicht Ursache. Ähnlich im Garten: Die Lebenskraft wird gestärkt und der Insektenfraß vermindert, wenn man sich mit einer sanften Technologie begnügt.

Die Insekten durchwandern in ihrem Lebenslauf die vier Elemente. Die Eier – kleine Kügelchen mit saliner Lösung gefüllt –, die oft in den Boden gelegt werden, gehören eindeutig dem Erdelement. Die saftigen Larven, die oft ein wässriges Milieu vorziehen, gehören zum Wasserelement. Nach der Puppe, die in der Luft hängt, entwickelt sich das Erwachsenenstadium im Wärmeelement. Das erwachsene Insekt gehört dem Feuer an. Das zeigt sich schon in der Anziehungskraft, die Licht und Flamme auf diese Wesen ausübt; es zeigt sich im Leuchtvermögen einiger Leuchtkäfer und Glühwürmer und im Begattungsflug der Ameisen und Bienen im hellen, warmen Sonnenschein.

In der alchemistischen Elementenlehre hat das Wasserelement mit dem Sich-Manifestieren, dem In-Erscheinung-Treten, mit dem Mond und den untersonnigen Planeten zu tun, das Feuerelement dagegen mit dem Verschwinden, dem sulphurischen Vergehen, mit dem Saturn und den obersonnigen Planeten. Wir sehen, die gefräßigen Kerbtiere wirken als ein astrales Feuer auf die ätherische Welt der Vegetation. Genauso wie ein physisches Feuer Holz und brennbare Stoffe wegrafft, raffen diese Kinder Agnis die geschwächte und sterbende Vegetation hinweg. In der mineralischen Welt wird die Asche als *Sal* hinterlassen, in der ätherischen Pflanzenwelt sind es die Samenkörner.

In der Bilderwelt der Bauern und der alten Philosophen werden Insekten und Feuergeister miteinander in Beziehung gebracht. Die nordischen Skalden berichten, dass der Feuergott Loki sich gerne in eine Fliege verwandelte. In vielen Kulturen werden die Insekten als Verwandte jener Mächte angesehen, die den geordneten Kosmos wieder ins Chaos stürzen wollen. Das kommt in Goethes »Faust« zum Ausdruck, wenn Mephistopheles sich als Fliegengott vorstellt, Herr der Wanzen und Läuse, Sohn des Chaos – der Mutter Nacht –, der sich die Flamme vorbehält. Er ist des Menschen Doppelgänger, ebenso wie die Insekten Doppelgänger der Pflanzen sind. In einer norwegischen Legende entspringen alle Insekten den Körperschuppen des Feuer speienden Lindwurms, den der Ritter Georg erschlägt (Lindholm 1973: 24).

In Anbetracht dieser Assoziationen ist es kein Wunder, dass bei vielen Menschen die kribbeligen Tierchen Unbehagen hervorrufen, denn irgendwie spürt man, dass sie mit Vergehen, Auflösung und Tod zu tun haben. Sogar das Entschlüpfen des Falters aus dem Kokon wird als Bild des Sterbens genommen. Man ahnt daher einen irrationalen, unbewussten Aspekt in dem Krieg, der heutzutage gegen die Insektenwelt geführt wird.

DER KRIEG GEGEN DIE KERBTIERE

Es schien die ideale Lösung, die Nebenprodukte der chemischen Kampfmittel, die für den Zweiten Weltkrieg bestimmt waren, an die Landwirtschaft weiterzuverkaufen und mit chlorierten Kohlenwasserstoffen und Organophosphorverbindungen dem Ungeziefer ein für allemal den Garaus zu machen. Aber anstelle der Endlösung der Insektenfrage haben die Menschen ihre Lebenswelt vergiftet, haben Vögel, Säugetiere und sich selbst schwer geschädigt. Die Insekten konnten sich sehr schnell von den ersten Angriffen erholen und wurden giftresistent, manche sogar so sehr, dass sie von den Giften leben können. Ihre Feinde, die komplizierteren, sich langsamer vermehrenden Nützlinge, die Vögel, Igel und Kröten, wurden stark zurückgedrängt. Weil sie in der Nahrungskette höher stehen, speichern sie DDT in ihren Leibern, sodass bei einigen Raubvögeln das Überleben in Frage gestellt ist. Inzwischen sind andere, früher harmlose Insektenarten wie die Ohrenkneifer und einige Wanzen (*Heteroptera*) zu »Schädlingen« geworden. Etliche Insekten sind erst seit einigen hundert

Gärtner mit Blacke (Stumpfblättriger Ampfer).

Jahren als Schädlinge bekannt. Dazu zählt man in den USA die Hessenfliege, den Baumwollbohrer, den Schwammspinner, den Armeekäfer und den Koloradokäfer, der erst 1850 als Schädling auftrat (Dethier 1976: 119). Neue Transportmittel, Monokulturen, die Austilgung natürlicher Feinde, das Anpflanzen von Kulturpflanzen außerhalb ihres normalen Lebensraums und die synergistischen Nebenwirkungen der Chemikalien sind dafür verantwortlich. Herbizide können einen starken Befall auslösen: Schon nach einer einzigen Behandlung mit 2,4 D steigert sich die Fruchtbarkeit der Weibchen der Maisbohrerlarven. NPK-Düngung führt zur »Zwangsosmose«, mindert den Kieselsäuregehalt der Pflanzenepidermis, schwächt die Widerstandsfähigkeit und bringt als Folge weiteren Insektenbefall (Rodale 1974: 22). Die Funktionäre des Agrobusiness geben das stillschweigend zu, wenn sie sagen, dass ihre Hochertragssorten nur unter massiver Anwendung von Pflanzenschutzgiften gedeihen. Ein gleichmäßiges, gesundes Wachstum setzt eine Harmonie zwischen Astralem (Stickstoff, Aminosäuren, Proteine) und Ätherischem (Zucker, Kohlenhydrate) voraus. Zu viel Stickstoff zieht Blattläuse und Milben an, ebenso wie zu wenig andere Vertilger auf den Plan ruft. Zu viel Phosphor zieht die Weißfliege und die Spinnenmilbe an. Die Profitspanne der Landwirtschaft wird schmaler, erstens wegen der steigenden Kosten der Agrarchemikalien und zweitens, weil unter heutigen Umständen die Insekten größere Schäden als zuvor anrichten können (Dethier 1976: 119).

Es kommt einem ein billiger amerikanischer Science-Fiction-Film aus den Fünfzigerjahren in den Sinn, in dem Ufos an der US-Küste landen. Die Air Force donnert mit ihren Bombern los, aber mit jedem Angriff werden die aus den Ufos schwärmenden Invasoren größer. Schließlich will man Kernwaffen gegen die Roboter einsetzen, doch zum Glück entdeckt ein sanftmütiger Wissenschaftler, dass es sich um inverse Energie handelt. Gerade noch zur rechten Zeit überwindet man die Eindringlinge, nicht mit Gewalt, sondern mit Blumen und Gesang.

Ein Grundgedanke der biologisch-hermetischen Landwirtschaft ist es, keine Kräfte und Energien im Kampf gegen das vermeintlich Negative zu vergeuden, sondern sie zu verwenden, um das Positive zu fördern. Also keine Gifte mischen und versprühen, sondern kompostieren, Vögel und Lurche hegen und pflegen sowie Pflanzengemeinschaften und Fruchtfolgen nach den Mondrhythmen anbauen. Man wird lernen, sich über die Geschicklichkeit der Raupe und den metallischen Glanz des Käfers zu freuen. Ahimsa!

DIE GRUPPENSEELE DES GLIEDERFÜSSLERS

Die reduktionistische Wissenschaft kann die Insekten unmöglich richtig erfassen; es fehlt ihr die richtige innere »Idee«, wie Goethe es sagen würde. Trotz Großoffensive mit DDT, Arsen und ausgeklügelten Methoden ist es noch nicht gelungen, auch nur eine einzige Kerbtierart zu eliminieren. Das zeugt von einer großen Lebensintelligenz und einer unübertrefflichen Anpassungsfähigkeit der Insekten. Die Schaben haben ihr Verhalten in Jahrmillionen nicht verändert. Andere Insekten hingegen, wie der Apothekenkäfer, haben sich innerhalb von Jahrzehnten umgestellt, sodass sie nun jahrelang zufrieden in einer verkorkten Flasche mit Arsen oder einem anderen Gift leben können.

Schon mancher Gärtner sah verblüfft, wie Blattläuse über Nacht ein ganzes Kohlbeet befallen können. Wo kommen sie so plötzlich her? Durch Jungferngeburt (Parthenogenese) werden zahlreiche Jungläuse lebend hervorgebracht, die ihrerseits schon bei Geburt mehrere hundert reifende Embryos in sich tragen. Entwicklungsstufen werden da völlig übersprungen. Erst im Herbst werden männliche Blattläuse erzeugt und Eier gelegt, die dann überwintern.

Wenn man die vollkommene Architektur der Bienenwabe, das Nest der Papierwespe, die luftgekühlten Termitenbauten in Afrika oder die unglaubliche Tarnung mancher Insekten bedenkt, dann muss man doch eine hohe Weisheit annehmen, die sich hier äußert. Die Schlupfwespen- und Raupenfliegenlarven fressen ihre Wirtraupen von innen heraus so auf, dass die Hauptorgane des Opfers zuallerletzt gefressen werden und die Raupe nur noch ein Hautbalg ist. Wer hat diesen Räubern gesagt, dass sie nicht gleich am Anfang die Organe anfressen sollen? Was für eine Intelligenz manifestiert sich in den sozialen Insekten, deren Staaten gesellschaftliche Differenzierungen in Krieger, Arbeiter, Pfleger, Funktionäre und mitunter sogar Sklaven aufweisen? Es liegt der Gedanke nahe, dass übersinnliche Gruppengeister in der Führung der einzelnen Insektenarten wirksam sind, denn aus einer mikroskopischen oder chemischen Analyse der einzelnen Käfer kann man ihr Verhalten nicht erklären. Der Gruppengeist organisiert die einzelnen Insekten ungefähr so, wie unsere höheren Wesensglieder in unseren Leibern die Zellen sinnvoll zusammenfügen. Dem Bienenschwarm oder der Ameisenkolonie kann man eher eine »Individualität« zugestehen als dem einzelnen Insekt. Das sieht man, wenn eine Ameise von ihrem Haufen entfernt wird; sie irrt ziellos umher, bis sie schließlich stirbt.

Insekten sind noch ganz makrokosmische Wesen – sie haben sich nicht in einem festen Leib mit zentralisierten Organen zusammengefügt. Ihre Astralität sitzt nicht tief in ihrer Körperorganisation. Sie sind lediglich eine Stufe über den Blütenpflanzen in der *Scala naturae*. Das bedeutet, dass ihr »Ich« und ihre Seele noch teilweise im übersinnlichen, weiten makrokosmischen Naturgeschehen zu suchen ist.

NÜTZLICHE INSEKTEN

Wie viele Insektenarten gibt es? Man schätzt mehrere hunderttausend Arten. Von diesen werden 90 Prozent als Nützlinge eingestuft, und von den restlichen 10 Prozent gelten nur ganz wenige als ausgesprochenes Ungeziefer. Zu diesem Ungeziefer werden auch solche gezählt, die an und für sich keinen Schaden anrichten, aber das Aussehen der Früchte vermindern und daher den finanziellen Erlös senken können.

85 Prozent unserer Kulturpflanzen sind auf Blütenbestäubung durch Insekten angewiesen. Alle unsere Früchte, viele Gemüse – Melonen, Kürbis, Aubergine (Eierfrucht), Paprika, Karotten (Möhren), Hülsenfrüchte – und der Klee, der zur Haustierfütterung so wichtig ist, werden von Insekten befruchtet. Bei schmalen Blütenkelchen ist die Bestäubung nur durch die langrüssligen Schmetterlinge möglich. Die Rosazeen bevorzugen Bienen, die Schmetterlingsblütler brauchen Bienen und Hummeln, und die Nachtkerze ist auf Motten angewiesen. Von der Insektenwelt bekommen wir Honig, Wachs, Seide, Lack, verschiedene Farbstoffe und Arzneien. Wie viele Kilometer fliegt eine Biene, und wie viele Blütenkelche muss sie besuchen, damit wir einen Löffel Honig in unseren Pfefferminztee rühren können?

Viele Insektenarten sowie Spinnen und andere Gliederfüßler sind eifrige Schädlingsjäger, die eine Ungezieferausbreitung eindämmen können. Entomophage (Insekten fressende) Insekten, die wir auf alle Fälle kennen und schützen sollten, sind reichlich im Garten vertreten. Darunter findet man die *Libellen*, die Mücken und Bremsen aus der Luft greifen, *Marienkäfer*, die blutrünstig den Blattläusen nachgehen, *Wespen* (*Vespidae* und *Specidae*), die sich über Raupen und Heuschrecken hermachen, die *Ameisenjungfer*, deren Larve als Ameisenlöwe bekannt ist, die grünlich schillernde *Florfliege* (*Chrysopa vulgaris*), die Blattläuse vertilgt, die ebenfalls blattlaussaugende Schwebefliege, den Laufkäfer (*Carabida*), etliche Raubwanzen (*Heteroptera*) und andere Käferarten (*Coleoptera*). Ohrwürmer (*Dermaptera*) sind keine Schädlinge, sondern nachtaktive Jäger, die sich an Blattläusen laben. Ihre gefährlich aussehenden Zangen, umgestaltete Schwanzborsten, dienen dem Ergreifen kleiner Gliederfüßler. Es gibt keinen Grund, die Ameisen zu vertreiben, sie sind die Gesundheitspolizei des Gartens und dienen als Vogelfutter.

Mist- und Dungkäfer, die Aas und faulende Stoffe beseitigen, Ameisen, Termiten und Käfer, die altes Holz zu Mulm verwandeln, und die im Boden lebenden Insekten, die zusammen mit den Regenwürmern den Boden mischen, düngen und durchlüften, tragen alle zur Gesundheit einer Landschaft bei. Weitere Arten halten trotzige Unkräuter zurück, wie der Sauerampferkäfer (*Gastroidea viridula*), der den großblättrigen Ampfer wegputzt; in Oregon wurde der Blattkäfer (*Chrysomelia varians*) eingesetzt, um das üppig wuchernde Johanniskraut, welches die Weiden für das Vieh verdarb, auf ein erträgliches Maß zu reduzieren. Insekten sind die Nahrung der Fische, Frösche, Eidechsen, Maulwürfe, Vögel, Spitzmäuse und Igel, deren Anmutigkeit unsere Sinne erfreut. Auch der ästhetische Wert der bunten Schmetterlings- und Falterwelt, der glänzenden Käfer sowie das freundliche Zirpen der Grillen und Zikaden darf nicht vergessen werden. Gute Elementarwesen, die Sylphen und Salamander, werden von solchen lieblichen Wesen in den Garten gelockt. Wenn wir auch nicht direkt hellsichtig sind, nehmen wir diese Elementarwesen doch mit unserem Gemüt an der guten Stimmung, die sie bereiten, wahr. Aus all diesen Gründen ist ein Drauflosspritzen, wenn man einige Käfer im Garten findet, auch mit harmlosen, biologisch zersetzbaren Giften, nicht angebracht.

PRAKTISCHER PFLANZENSCHUTZ

Der echt biologisch-hermetische Gärtner kümmert sich wenig um Schädlingsprobleme, denn er weiß, dass ein gesunder Garten Käfer, Falter und Raupen haben *muss*. Nicht eine Art massenweise, aber eine Vielfalt von mindestens tausend Arten soll vertreten sein.

Am wenigsten Ungeziefersorgen hat man, wenn man darauf achtet, dass sich die Kulturpflanzen zügig, ohne Unterbrechung, vom Samen bis zur Ernte hin entwickeln können. Das bedeutet, dass man die Bodenansprüche der Sorten beachtet, dass man sie nie austrocknen lässt, ihnen aber auch nicht mitten in der Tageshitze eine kalte Dusche gibt. Es bedeutet, dass man die Setzlinge abhärtet und zur rechten Jahreszeit pflanzt, dass man die Samen zur richtigen Mondkonstellation sät, damit die kosmischen Energien *mit* der Pflanze, nicht gegen sie arbeiten. Mit reifem Humuskompost hat man die Versicherung, dass die Pflanze Wasser und Nährstoffe in angemessenen Mengen zur Verfügung hat, damit der Strom der ätherischen Kräfte beständig in Richtung des Aufbaus und nicht des Abbaus fließt. Die Anwendung von Kräuterpräparaten hilft, die Harmonie zwischen dem astralen und dem ätherischen Bereich herzustellen.

Pflanzennachbarschaften sind bei der Schädlingskontrolle wesentlich. Aromatische Kräuter und Blumendüfte vertreiben einige Schädlinge, oder sie maskieren den Geruch der Kulturpflanzen. Blumennektar ernährt die Jäger, wenn die süß-saftigen, zarthäutigen Blattläuse und Larven nicht gerade in Mengen vorhanden sind. Blumen locken Bienen, deren positiv wirkende Astralität die Träger minder gutartiger Astralität verdrängt. Imker haben schon öfter bemerkt, dass in Gärten, in denen Bienenkörbe stehen, weniger häufig Schädlinge auftreten.

Knoblauch ist im Allgemeinen ein guter Schutz gegen Schadinsekten, besonders gegen die Rosenblattlaus. Buschbohnenreihen zwischen den Kartoffeln vermindern sowohl den Befall durch Koloradokäfer als auch durch Bohnenungeziefer. Möhren, Pastinake, Wurzelpetersilie oder Sellerie mit Lauch oder Zwiebeln zusammengepflanzt sagen weder der Möhrenfliege noch der Zwiebelfliege zu. Der Kohlweißling und andere Schädlinge der Kreuzblütler werden von Hanf und einer Randpflanzung mit Minze, Salbei und Thymian ferngehalten. Fadenwürmer (Nematoden) mögen die Wurzelausscheidungen der Samtblume (*Tagetes*) nicht leiden; diese eignet sich daher als Nachbarin der Roten Bete (Rande) und anderer Wurzelgemüse. Bohnenkraut unterstützt die Abwehrkraft der Bohnen ebenso, wie Basilikum die Tomaten unterstützt (Hylten 1974: 254).

Man kann auch bestimmte Pflanzen als *Fangpflanzen* in die Beete setzen, um die Schädlinge zu ihr zu locken und von den anderen Pflanzen abzuhalten. Sojabohne und Ringelblume wirken so. Kapuzinerkresse zieht verschiedene Blattläuse an, Radieschen den Erdfloh, und Tomatillo (*Lycium pallidum*) lockt alle Schädlinge der Nachtschattengewächse zu sich (z.B. Koloradokäfer), die man dann leicht ablesen kann.

Wühlmäuse sind zwar keine Insekten, können aber doch eine rechte Plage sein. Man entmutigt diese Nager etwas, wenn man hier und da Rizinus (*Ricinus communis*) und andere Wolfsmilchgewächse oder den Stechapfel in die Beete setzt.

VÖGEL, KRIECHTIERE UND SÄUGETIERE

Neben den Düften und Ausstrahlungen bestimmter Kräuter kann der Gärtner noch Vögel, Kriechtiere und Säugetiere zu Hilfe rufen. Er muss ihnen aber den geeigneten Lebensraum schaffen.

Der ökologische Lebensraum der Singvögel ist im Allgemeinen die Peripherie der Blütenpflanzen. Sie ernähren sich hauptsächlich von den fetthaltigen, hartschaligen Samen und den ebenso fetthaltigen, hartschaligen Insekten, die sich wie sie an der Pflanzenperipherie im Blüten- oder Wurzelbereich aufhalten. Es gibt daneben auch »Weichfresser«, wie Amseln, Rotkehlchen und Zaunkönige, die sich über Larven und Raupen hermachen. Manche Vögel, wie die Tauben, sieht man weniger gern im Garten, da sie keine Insekten, aber dafür nur Samenkörner fressen. Andere wiederum, wie die Schwalben und die kleinen Buntspechte, fressen nur Insekten. Die meisten Vogelarten genießen beides: Sie fressen im Sommer hauptsächlich Kerbtiere und wechseln im Winter zu Samen und Körnerkost.

Um das bunte, fröhliche Federvolk in den Garten zu locken, sollten wir eine *Vogeltränke* einrichten, *Nistkästen* an geschützten Stellen aufhängen, im Winter einen vor Schnee und Wind geschützten *Futterplatz* einrichten und nicht zu viele Katzen halten. Ölhaltige Hanfsamen, Sonnenblumenkerne sowie getrocknete Beeren von Holunder, Eberesche und Wacholder eignen sich zur Winterfütterung. Für Meisen und kleine Buntspechte kann man Rindertalg und ungesalzene Speckschwarten aufhängen. Wenn die Beete gemulcht sind, können die Amseln in der Bodenstreu scharren und sich Käfer und Insekteneier herauspicken.

Blühende, fruchtende Hecken, die vor kalten, austrocknenden Winden schützen und sich als Bienenweiden eignen, sind ideale Aufenthaltsorte für Vögel und anderes Kleingetier. Schlehe, Traubenkirsche, Vogelbeere, Felsenbirne, Maulbeere, Sanddorn, Weißdorn und Heckenrose geben alle dem Menschen Säfte, Gelees oder Konfitüre und dem Vogelgeschlecht Futter. Haselnüsse, Brombeeren und Holunder können in die Hecken einbezogen werden. Solch eine Fruchthecke gibt den Vögeln auch eine Alternative zu Kirschen und Beerenobst. Jede Hecke und jede wilde Ecke im Garten bietet auch den Insekten fressenden Kröten, Blindschleichen, Eidechsen, Igeln und Spitzmäusen eine Heimat. Auch Wiesel, die den Wühlmäusen nachgehen, können sich dort ansiedeln.

Kröten, die eine feuchte Umgebung brauchen, verbuddeln sich gerne tagsüber im Komposthaufen. Eine erschrockene Dame aus einem amerikanischen Gartenklub lud mich einmal ein, die Losung eines »furchtbar großen Tieres, das sich nachts im Garten aufhält«, zu identifizieren. Es handelte sich um fingerdicken Kot, der fast gänzlich aus Chitinpanzern bestand – die Ausscheidung einer Gartenkröte! Sie beruhigte sich wieder, als ich ihr klar machte, wie viele schädliche Insekten da jede Nacht gefressen werden. Übrigens, wenn man sich Kröten anschafft, muss man sie eine Woche lang im Käfig halten, ehe man sie freilässt, denn sonst hüpfen sie schleunigst wieder in die Richtung ihres alten Reviers.

Wenn ein Garten groß genug ist, sollte er auch einen Teich haben, wo sich die Kröten und Frösche vermehren, wo Enten schwimmen können und Libellen, die eifrige Insektenjäger sind, ihr Larvenstadium durchmachen. In Manfred Stauffers Garten in Dornach (Schweiz) durchsuchen *Indische Laufenten* den Garten nach Nacktschnecken. Die grauen, weiß getupften *Perlhühner* lassen sich ebenfalls gut im Garten halten, wo sie Insekten und Insekteneier vertilgen. Bei Laufenten und Perlhühnern muss man Jungsaat und zarte Salate mit verstellbaren Hühnerzäunen schützen.

Wenn man alle diese Gehilfen zur Seite hat und hier und da durch »Einsammeln« nachhilft, sollte sich nie ein Schädlingsproblem stellen. Falls es doch einmal auftritt, sollte man mit Hilfe des Gartentagebuchs genau die vorhergehende Düngung und Fruchtfolge, das Wetter, die Konstellationen zur Zeit des Befalls und andere Daten überprüfen, um ein ganzheitliches Bild zu bekommen.

Es gibt Hobbygärtner, die Ohrenwürmer, Regenwürmer und Asseln als Schädlinge bekämpfen, weil sie diese Tiere in den Löchern von Kohlköpfen und Tomaten entdeckt haben. Bei genauer Beobachtung hätten sie gemerkt, dass diese Krabbler nur in schon vorhandene, von den Nacktschnecken gefressene Löcher hineingekrochen sind, um sich vom Schneckenkot zu ernähren. Man muss die ökologischen Zusammenhänge eben genau erkennen, ehe man eingreift.

BIOLOGISCHE GIFTE UND PRÄPARATE

Wenn man aufgrund der kosmischen, klimatischen und ökologischen Bedingungen doch einmal einen Schädlingsbefall hat, kann man den abnehmenden Lebenskräften der Pflanzen eine Stütze geben. Kompostwasser, in Regenwasser aufgelöste Kuhfladen sowie verjauchte Brennnesseln und Beinwell (Comfrey) stärken geschwächte Pflanzen ebenso wie heiße Hühnerbrühe den kranken Menschen. Bei Blattlausbefall verändert ein Brennnesseltee die Säftezusammensetzung der befallenen Pflanzen, sodass diese den Blattläusen weniger gut schmecken. Ein Kapuzinerkresseextrakt vertreibt Blutläuse (Pfeiffer 1977: 153). Zerstampfte Tomatensprossen, die einige Stunden in Wasser gezogen haben, können auf Kohlweißlinge und Erdflöhe abschreckend wirken. Ebenso vertreibt ein Wermuttee (*Artemisia absinthium*) und eine Mulchdecke aus Holunderblättern die Erdflöhe. Ein Zwiebelschalenauszug wirkt gegen die Möhrenfliege.

Nur zuallerletzt und nur im Notfall greift man zum Gift. Insektengifte braucht man nicht zu kaufen, man kann sie im eigenen Blumengarten züchten. Rainfarn (*Tanacetum vulgare*), Mutterkraut (*Chrysanthemum parthenium*), Studenten- oder Samtblume (*Tagetes*), Astern, Margeriten, Petunien, Ziertabak (*Nicotiana*), Schmuckkörbchen (*Cosmea*), Kapuzinerkresse (*Tropaeolum*) und Mädchenauge (*Coeropsis*) eignen sich alle als natürliche Insektizide. Man sammelt die Blüten und Blätter, trocknet sie, brüht sie auf und sprüht den Aufguss auf die befallenen Pflanzen. Damit das Gift besser haftet, kann man etwas Schmierseife (2 %) mit ins Gebräu mischen. Man kann auch eine Mischung dieser Blumen zerreiben und als Pulver auf die betroffenen Stellen stäuben. Ein potentes Rezept besteht aus zerstampftem und überbrühtem Wermut, Koriander, Chilipfeffer und Knoblauch. Man sollte damit jedoch höchst vorsichtig sein, denn auch biologische Gifte können sich in der Gartenökologie verheerend auswirken. Ähnlich wie die Anwendung von Pyrethrum, Derris, Tabak oder Quassia töten diese »biologischen« Gifte nicht nur Insekten, sondern auch die Blindschleichen, Kröten und andere Kaltblütler.

Es ist eine alte alchemistisch-magische Praxis, durch Feuer Unerwünschtes zum Verschwinden zu bringen, genau wie man umgekehrt durch Wasser neue Erscheinungen hervorruft. Hexenverbrennungen, Scheiterhaufen für Ketzer, das Surturfeuer am Ende der Welt und das Höllenfeuer gehören alle zu dieser Vorstellung. Es gibt Biodynamiker, die, einem Hinweis ihres Großmeisters folgend, einen »Pfeffer« aus verbrannten Insekten herstellen, der in feiner Dosierung angewendet nach vierjähriger Anwendung die Schädlinge vom Acker fernhalten soll. Die Insektenleiber werden verascht, wenn die Sonne sich im Zeichen von Wassermann, Fischen, Widder, Zwillingen, Stier oder Krebs befindet, denn aus diesen Regionen strömen die Kräfte der Insektenwelt (Steiner 1975: 160). In einem ökologisch geführten Garten brauchen die sechsbeinigen Plagegeister jedoch kein Problem zu werden, und man kann auf diese Praktiken verzichten.

Es braucht nicht weiter erläutert zu werden, dass die mikrobiologische Bekämpfung durch Viren und künstlich gezüchtete Bakterien (z.B. *Bacillus thuringiensis*), der Einsatz von biotopfremden Entomophagen (z.B. Gottesanbeterinnen), die Anwendung von Hormonstoffen, die die Metamorphose hemmen, Selbstvernichtung durch ausgesetzte sterilisierte Männchen und chemische Bekämpfungsmaßnahmen noch unerkannte ökologische Nebenwirkungen haben. Alle diese negativ ausgerichteten Maßnahmen grenzen an Schwarzmagie und werden wahrscheinlich schließlich den Zorn der Gruppengeister hervorrufen.

Folgenschwer und verwerflich ist auch das gentechnische Einschleusen von Insektiziden in das pflanzliche Erbgut. Das wurde besonders deutlich durch den transgenen Mais, dem ein Gen des *Bacillus thuringiensis* eingebaut wurde. Auch harmlose Schmetterlingsraupen, wie die des schönen Monarchfalters, verenden, wenn sie den Pollen der so veränderten Maispflanzen fressen.

PILZE, VIREN UND BAKTERIEN

Pilzbefall (Mehltau, Rost, Brände, Schorf, Stängelfäule, Schimmel) und Viruskrankheiten (Kräuselkrankheiten, Nekrosen) sind das Symptom einer verminderten Lebenskraft, die oft von Schlechtwetterperioden abhängt. Feuchtes, kühles Wetter, das einer Trockenperiode folgt, fördert den Pilzbefall. Durch die Feuchtigkeit öffnen sich die Spaltöffnungen (*Stomata*) auf der Blattunterseite, da die trockenen Wurzeln aber kein Wasser nachliefern können, ist kein Innendruck vorhanden, und die Pilzsporen können in die Spaltöffnungen hineinwachsen. Auch Kunstdünger kann Pilzschäden nach sich ziehen. Die Düngersalze werden zwangsweise von den Pflanzen schnell aufgenommen und schwemmen die Zellen auf, sodass die Zellhaut zu schwach ist, um den eindringenden Myzelen zu widerstehen. Auch hier wirken die Kompostwirtschaft und sorgfältige Pflegemaßnahmen vorbeugend. Der Kompost unterstützt die Wurzelpilze, die – wie der Bodenbiologe Selman Waksman nachweisen konnte – den Pflanzen Antibiotika vermitteln. Eine wesentliche Prophylaxe gegen Pilzerkrankungen besteht auch darin, die Setzlinge in der richtigen Entfernung voneinander in den Boden zu pflanzen, damit sie genügend Licht und Luft erhalten.

Im feuchten, kühlen Herbst, wenn der Mond einen höheren Bogen am Himmel zu ziehen beginnt als die Sonne, fühlen sich die Pilzorganismen ermutigt, über die Bodenfläche zu steigen und ihre Sporen unter den Herbstgemüsen auszubreiten. Der Gärtner kann sie mit den Licht- und Wärmekräften der obersonnigen Planeten in der Form von kieselhaltigem Schachtelhalmtee oder notfalls mit einer zweiprozentigen Wasserglaslösung (Na_2SiO_3) vom Gemüse vertreiben. Die Lösung wird als feiner Nebel auf die Blätter gesprüht. Kamillentee, verdünnter Knoblauchextrakt und ein Tee aus Schnittlauch wirken ebenfalls hemmend auf die Pilzorganismen. Rainfarn und Adlerfarn – man nimmt eine Hand voll pro Liter Wasser und lässt es drei Tage ziehen – haben eine ähnliche Wirkung. *Stängelfäule* im Saatbeet wird durch Beimischung von Torfmull in die Saatbeeterde und Besprühung der Jungpflanzen mit Kamillen- und Schachtelhalmtee verhindert. *Braunfäule* bei Tomaten im Herbst begegnet man mit der Spritzung eines Baldrianpräparats, Schachtelhalmtees, Extrakten der Wurzel des Japanischen Staudenknöterichs (*Fallopia japonica*) (Storl 2020b: 191) oder von Milch.

DIE SCHNECKE UND DIE GARTENÖKOLOGIE

Der wunderbare große Gemüsegarten von Aigues Vertes scheiterte zuletzt an den Schnecken. Über Jahre hinweg waren sie kein Problem gewesen. Durch fleißiges Einsammeln in den taufrischen Morgenstunden und durch die Pflege der Igel konnten die mit Gemüsetransporten aus Spanien eingewanderten Großen Roten Wegschnecken (*Arion rufus*) und die kleineren, grauen Ackerschnecken (*Limax agrestis*) in Schach gehalten werden. Plötzlich aber vermehrten sich diese Nacktschnecken bedenklich und verwüsteten ganze Beete. Im Laufe von drei Jahren gab es eine richtige Bevölkerungsexplosion unter diesen Kriechtieren.[47] Was war geschehen?

Mehrere Faktoren waren im Spiel. Erstens hatte man sich eine große Beregnungsanlage mit Anschluss an das Stadtwasser angeschafft. Die häufigere Bewässerung schuf ein ideales Mikroklima für diese Feuchtlufttiere. Außerdem waren die Pflanzen wahrscheinlich durch die übermäßige Beregnung geschwächt.

47 Dass es zur Zeit der Schneckenplage im Dorf auch Probleme in den zwischenmenschlichen Beziehungen gab, ist sicherlich kein Zufall. In einem ganzheitlich vernetzten Universum spiegelt sich das, was die Menschen tun, denken und trachten, immer auf irgendeine Art und Weise in der Natur.

Zweitens hatten wir einen neuen Hilfsgärtner. Ein Kanadier, der sich nach Problemen mit der Mafia in die Fremdenlegion geflüchtet hatte, dann aber, als er merkte, dass das auch kein Zuckerschlecken ist, sich wieder abseilte und schwarz über die Schweizer Grenze gelangte. Wir nahmen ihn auf. Da er wenig anderes kannte als Morden, gaben wir ihm ein Messer, um die Schnecken abzustechen. Nun, das Schneckentöten ist ein großer Fehler. Man braucht nicht einmal an einen zürnenden Schneckengott zu glauben, um das einzusehen. Die Weichtiere haben ein wunderbares Riechvermögen. Sie können über viele hundert Meter Witterung aufnehmen und riechen, ob es etwas zu fressen gibt. Schnecken sind Kannibalen, sie fressen ihre toten Artgenossen, um sich die notwendigen Nährstoffe einzuverleiben. Zertretene oder liegen gelassene getötete Schnecken ziehen ihre Genossen scharenweise an. Dasselbe geschieht, wenn man die Schnecken sammelt, in einer Regenwassertonne verjaucht und sie als Düngung im Garten benützt. Das ist unsinnig, auch wenn neunmalkluge esoterische Gärtner behaupten: »Wenn der Garten Schnecken braucht, dann soll er sie eben in Form von Jauche haben.«

Eine dritte Ursache der Schneckenvermehrung hatte kulturelle und kulinarische Gründe. Ein französischer Hilfsgärtner war begeistert von den vielen Weinbergschnecken (*Helix pomatia*). Er sammelte sie eifrig und verwandelte sie mit Hilfe pikanter Saucen in aufregende Gaumenkitzel. Nun scheint es, dass die Weinbergschnecken nebst Blattwerk auch die Eier der roten und grauen Nacktschnecken fressen.

Viertens verschwanden zur selben Zeit die Igel; wahrscheinlich mochten sie die neue Motorhacke nicht.

In den Gartenbüchern liest man oft von »Bierfallen«. Mit Bier gefüllte Tassen, Joghurtbecher oder Blechbüchsen ziehen die Schnecken an wie die Theke den Säufer. Wenn man Glück hat, plumpsen sie in den Behälter und ertrinken. Schöne Theorie! Tatsächlich zieht das Bier die Schnecken an, auch solche, die weit weg vom Garten wohnen. Es ist nicht der Alkohol, der sie anzieht, sondern der Bierhefepilz. Pilzsporen besiedeln die Blätter jener Pflanzen, die geschwächt sind. Der Geruch von Hefen, Pilz- und Mehltaubefall ist ein Signal an die Schnecken, dass die Pflanzen lebensmüde sind und ihre ätherischen Kräfte verströmen. Die Bierfallen intensivieren das Problem, sie sind eine Leuchtreklame für die Zuwanderung von Schnecken.

Als der Gärtner schließlich zu Gift greifen musste, stand es schon sehr schlecht um diesen »biologischen« Garten! Was hätte man anders machen können? Man hätte vorsichtiger mit der Bewässerung sein müssen, hätte weniger, dafür aber gründlicher bewässern und die Bodenfeuchtigkeit mit einer Bodenbedeckung halten sollen. Der Garten war, wie es Arthur Hermes ausdrückte, viel zu »nackt«, viel zu sauber. Liegen gelassenes geschnittenes, moderndes Heu und einige hier und da absichtlich stehen gelassene Unkräuter hätten den

Schnecken etwas anderes zu fressen gegeben als die armen Kulturpflanzen. Schneckenjagende Käfer (*Cychrus caraboides*) können sich unter einer Mulchdecke verstecken. Den Blindschleichen und Igeln, die viele dieser Weichtiere vertilgen, sollte man gute Lebensbedingungen schaffen. Im Winter hätte man die kleinen Buntspechte mit Talg füttern können. Laufenten hätten tagsüber durch den Garten watscheln sollen. Auch ein Teich, der Salamander und Kröten ermutigt, sich zu vermehren, hätte in den Garten gepasst. Die beste Art jedoch, um die Bösewichte zu fangen, ist, Bretter auf die Wege zu legen, unter denen sie sich tagsüber verstecken und von denen man sie leicht aufsammeln kann.

Ein vollkommen schneckenfreier Garten ist jedoch nicht erstrebenswert, denn diese Mollusken haben eine regulierende Wirkung auf den Kalkhaushalt, und ihr Kot begünstigt die Wasserfauna des Bodens (Palissa 1964: 156). Ich kannte sogar einen alten Gemüsegärtner namens Heinrich Thieß, der die schöne, gebänderte Hainschnecke (*Cepaea hortensis*) absichtlich in seinem Garten ansiedelte. Wenn Eltern mit ihren Kindern bei ihm Gemüse kauften, schenkte er den Kindern jeweils eine Schnecke.

Der alte Gärtner war auf der richtigen Spur. Meine Schneckenprobleme hörten endgültig auf, als ich mir eines Tages Zeit nahm, die Tierchen genau zu betrachten. Zwei Nacktschnecken feierten Hochzeit. Die weichen, geschmeidigen, überaus sensiblen, ineinander verschlungenen, zwittrigen Leiber drehten sich gemächlich, genüsslich im Kreis, wie das Yin-Yang der ostasiatischen Mystik. Der Anblick war so schön, so erotisch! Ich verschmolz in ihrer Seinssphäre, teilte sozusagen den »ätherisch-astralen Raum« mit ihnen und wurde gewahr, was für ein göttliches Wunder es ist, als weiche Schnecke in dieser harten Welt zu leben. Seit dem Moment, an dem ich diese Tiere liebend betrachten konnte, habe ich keinen Ärger mehr mit ihnen gehabt. Nur im Frühling sammle ich sie noch gelegentlich und trage sie an den Waldrand.

WÜHLMÄUSE LIEBEN LERNEN

Es gibt zwei Möglichkeiten, mit Schädlingsproblemen fertig zu werden. Der eine Weg ist der analytische, experimentelle, der dann zu äußeren, mechanischen, manipulativen Eingriffen und Abwehrmaßnahmen führt. Der andere ist ein meditativer, schamanischer Weg. Tiere, auch die so genannten Schädlinge, sind im Verständnis traditioneller Völker Verkörperungen von Wesenheiten, deren steuernder, voll bewusster Geist (Archetypus) sich auf einer transsinnlichen Ebene, in der »Anderswelt«, »bei den Göttern«, »hinter den sieben Bergen« befindet. Wenn es Schädlingsprobleme gibt, dann begeben sich die Schamanen der Pflanzervölker in den Trancezustand. Dann »fliegen« sie zu den Herren der Tiere, zu den Müttern und tragen ihnen ihr Anliegen vor. Auch alte Gärtner tun das auf ihre Art, indem sie sich – oft am Abend, nach getaner Arbeit – nachsinnend still ans Feuer oder auf die Gartenbank setzen.

In den letzten Jahren hatte ich zunehmenden Ärger mit den Wühl- oder Schermäusen. Ein Drittel der Kartoffeln hatten die rattenähnlichen Biester vernichtet, fast die Hälfte der Möhren, von den Pastinaken war überhaupt nichts übrig geblieben, Sellerieknollen und Zuckerhut waren von unten her ausgehöhlt. Gelegentlich sah man, wie ein Lauchstängel zitterte oder ein junger Obstbaum wackelte, wenn die Nager sich über die Wurzeln hermachten. Ich versuchte, ihnen mit sanften »biologischen« Mitteln Herr zu werden: Ich pflanzte die kreuzblättrige Wolfsmilch[48] (*Euphorbia lathyris*) und Blausternknollen (*Scilla*), die unter Biogärtnern als sicheres Mittel zur Vertreibung der Wühlmäuse gelten, in die Beete. Es schien, als lachten sich die Nagetiere ins Fäustchen, sie umgingen einfach diese Pflanzen. Ich stopfte die stinkenden Blätter des Zwergholunders (Attich, *Sambucus ebulus*) in die Gänge, steckte leere Weinflaschen in den Boden, damit der Pfeifton, der entsteht, wenn der Wind über sie hinwegfegt, sie erschrecke. Alles umsonst! Also, dann eben auf die harte Tour: Drahtfallen, vergiftetes Johannisbrot als Köder und was sonst noch der Dorfladen anzubieten hatte. Als ich es zuletzt mit Giftgas versuchte und mir dabei die Lungen verätzte, kam mir der andere Weg in den Sinn: »Rede mit ihnen! Sei freundlich, verbinde dich mit dem Wühlmausgeist! Es hat ja auch mit den Schnecken genützt!«

Selbstverständlich ist das Reden mit den Gruppengeistern der Tiere nicht wie ein normales Cocktailparty-Gespräch. Es bedurfte einer schamanischen Seance, wie ich sie bei verschiedenen Naturvölkern erlebt hatte. Ich wartete auf eine Vollmondnacht, denn da reisen die »Geister« am besten, und lud den Didgeridoo-Meister Hky Eichhorn ein, auf seinem Windhorn die Trance induzierenden Klänge hervorzuzaubern. Wir saßen beim offenen Feuer unter dem freien Himmel. In der tiefsten Nacht, gegen drei Uhr morgens, erschien tatsächlich das Gesicht einer Wühlmaus vor meinem geistigen Auge. »Könnten wir nicht friedlich miteinander leben?«, fragte ich freundlich den Nagergeist. »Ich lasse euch einige Wurzeln stehen und werde euch auch nicht mehr vergiften, wenn ihr mir die Ernte schont!«

Die Wühlmaus verzog ihr Gesicht zu einer bösen Fratze und, ehe sie wieder verschwand, ließ sie mich wissen: »Über Jahrtausende habt ihr Menschen uns vergiftet und gehasst; wie kannst du glauben, ich lasse mich auf deinen schäbigen Handel ein!« Von der Ernte blieb entsprechend auch diesmal nicht viel übrig.

In nächsten Frühjahr stieß ich beim Umgraben auf ein gemütlich gepolstertes Wühlmausnest. Sechs winzige Mäuslein lagen darin. Sie sahen so niedlich aus, das sich ihnen mein Herz öffnete. Das war der entscheidende Moment. Wühlmäuse leben zwar noch in meinem Garten, aber seit ich ihnen mit ungeheuchelter Liebe begegnen konnte, machen sie keine Schwierigkeiten mehr. Die ganze Gartenatmosphäre ist eine andere geworden. Wieder einmal habe ich gelernt, dass das »Reden« mit den Tieren oder auch Pflanzen nicht aus schönen Worten besteht, dass es auch kein Handel sein kann. Es besteht darin, dass man auch in ihnen das Göttliche sehen kann. Liebe ist die einzige Brücke. Sagte doch der weise Paracelsus: »Nur was man liebt, versteht man wirklich.« Solange man etwas herausschlagen, einen Deal oder ein Geschäft machen will, solange noch das Ego im Spiel ist, funktioniert das »Reden« nicht.

48 Die kreuzblättrige Wolfsmilch wird im Amerikanischen sogar »gopher plant« (Wühlmauspflanze) genannt.

Zu jeder Jahreszeit soll es im Garten blühen.

DER GARTENKALENDER

Ein ruhiger Blick, eine stille Konsequenz,
in jeder Jahreszeit, in jeder Stunde das Gehörige zu tun
wird vielleicht von niemand mehr als vom Gärtner verlangt.

Johann Wolfgang von Goethe

Das Gartenjahr richtet sich nach dem Klima und der geografischen Lage, in der sich der Garten befindet. Es ist daher schwierig, einen allgemeingültigen Arbeitskalender aufzustellen. Ein Kontinentalklima, wie man es in Osteuropa oder im Mittelwesten der USA findet, ist durch ganz klar unterscheidbare Jahreszeiten gekennzeichnet. Der feuchte, milde Frühling schmückt sich mit einer Blumenpracht, die aus dem Boden schießt, ehe sie vom Sommerlaub der Bäume beschattet wird. Dann folgt der heiße, schwüle Sommer, ein farbenprächtiger, klarer Herbst und schließlich ein eiskalter Winter. In einem mediterranen Klima, wie in Südeuropa oder an der Küste Kaliforniens, hat man es dagegen grundsätzlich mit zwei Jahreszeiten zu tun, einer regnerischen, kühlen Winterzeit und einer heißen, trockenen Sommerzeit. Im atlantischen Küstenklima Westeuropas sind die Grenzen der Jahreszeiten eher verschwommen. Der hier angegebene Kalender trifft für die Gegend um Genf zu, die sich in der Übergangszone der erwähnten Klimagebiete befindet. Zuvor wollen wir aber das sich jährlich wiederholende Naturgeschehen im Bild des aus- und einatmenden Erdorganismus fassen, in dessen Atemzug Mensch, Tier, Pflanze und Großwetterlage eingebettet sind.

DAS JAHR: ATEMZUG DER ERDENSEELE

Die Einteilung des Jahres ist nicht etwas willkürlich Ausgedachtes, sondern ein objektiv feststellbares, rhythmisches Zusammenwirken der Sonne und der Erde mit dem Tierkreis im Hintergrund. Es ist der Lebensrhythmus des Erdorganismus. Wenn wir vom Erdorganismus sprechen, dann ist nicht der heute im geläufigen Sinne »Raumschiff Erde« genannte Planet, sondern die Erde zusammen mit der Sonne, dem Mond und den Planeten als pulsierendes, sinnlich-übersinnliches Wesen gemeint. Bei allen Völkern nahm man diesen Pulsschlag wahr und begleitete ihn mit kultischen Handlungen und Tänzen. Das Wechselspiel zwischen Sonne, Mond und Erde wurde beim Sonnentanz der Prärieindianer, beim sakralen Ballspiel der Azteken, beim Diskuswerfen der ersten

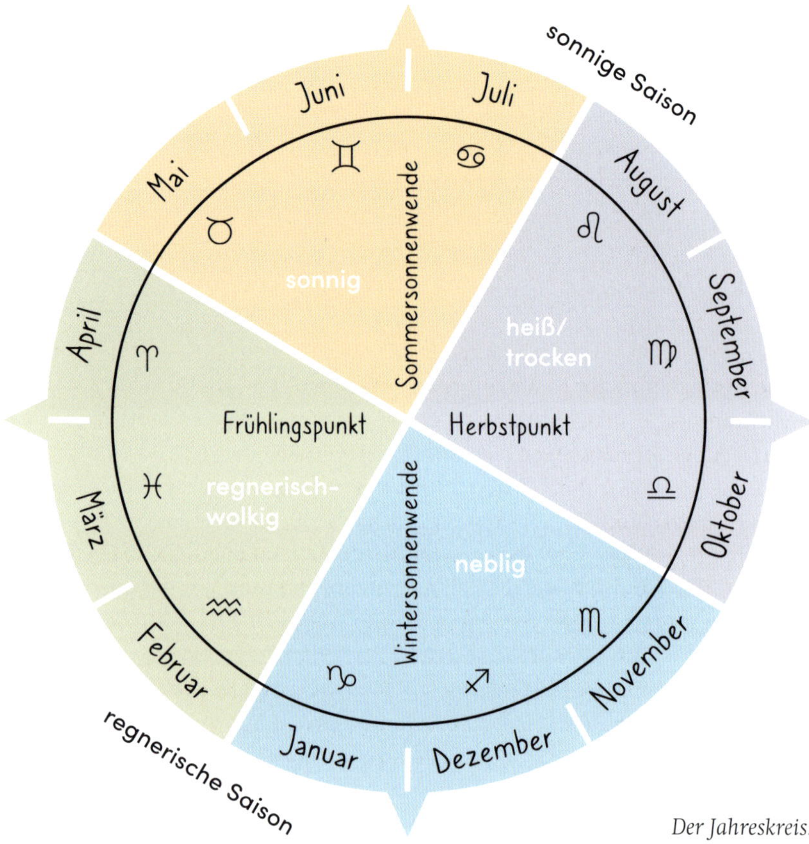

Der Jahreskreis.

olympischen Spiele und beim Reigen um den Maibaum nachempfunden und mitvollzogen. Ball, Diskus und Tänzer repräsentieren die Sonne und die Planeten in ihren Bahnen.

Anfang Februar merkt man, wie die Tage länger werden und die Lichtkräfte an das fest verriegelte Erdenhaus pochen, in dem die Tiere, Knospen und Samen Winterschlaf halten. Doch obwohl es von Tag zu Tag heller wird, traut der Landmann dem Vorfrühling noch nicht, auch wenn die Sonne hell scheint:

»Uf unser frowen liechtmesstag [2. Februar]
schint die sunn, ist der alten sag,
dass noch eyn winter sy do hynden.
Darumb sich niemand on futer lass finden!
Das weys das unvernünftig thier:
der ber, er kumpt noch nit herfür!«
(L. Reymann, Wetterbüchlein 1505)

Erst nach dem Paulustag (25. Februar) werden die Frühlingsanzeichen stärker, sodass zu der Zeit in einigen Gegenden die Bauern in den Obstgarten gingen, um die Bäume wachzurütteln, damit sie mit ihrem Saftfluss beginnen. Zur Zeit der Tagundnachtgleiche gegen Ende März erringt die Sonne ihren Sieg über den Mond: Helios zieht nun in die höheren Tierkreiszeichen, und die Tage werden bedeutend länger. Kräuter und Gras fangen an zu sprießen. Die Lebenskräfte schießen immer kräftiger aus der Erde empor. Frohlockend strömen die Elementarwesen, die im Winter in der Erde gefangen waren, in die durchwärmte, durchsonnte Luft. Die holde Göttin Ostera, ihr Wagen von fruchtbaren Hasen gezogen, hält ihren Einzug. Blumen werden ihr auf den Weg gestreut. Wo sie vorbeizieht, gibt es neues Leben: Küken und Entlein entschlüpfen ihren Eiern, Lämmer, Fohlen und Kälber werden geboren. Die Lerchen steigen, Bienen und Ameisen schwingen sich zum Hochzeitsflug empor, und die Zugvögel kommen wieder, um die liebliche Göttin zu besingen. Im Mai feiert man das Hauptfest dieser der Unterwelt entronnenen Erdenseele. Das Zwitschern, Singen, Sprießen, Blühen, Gebären und Wachsen scheint kein Ende zu haben. Die Germanen zündeten ein Osterfeuer an und verbrannten den Winterriesen als Strohpuppe. Die Kelten feierten den Maivollmond – später den 1. Mai – als die Hochzeit des Sonnengottes Belenos und der Vegetationsgöttin. Im alten Rom wurde Maia, nach der der Monat benannt ist, ein Schwein geopfert. Die ganze Natur feiert die Maiennacht, die Walpurgisnacht mit. Es ist, wie wir auch aus der Walpurgisnachtszene in Goethes »Faust« vernehmen, ein rasendes, orgiastisches Fruchtbarkeitsfest:

»Die Hexen zu dem Brocken ziehn,
Die Stoppel ist gelb, die Saat ist grün.
Dort sammelt sich der große Hauf',
Herr Urian sitzt oben auf.
So geht es über Stein und Stock,
Es f… t die Hexe, es s… t der Bock.«

Die Christen feiern gemächlicher. Der Auferstehungstag wird auf den ersten Sonntag nach dem Vollmond, der der Tagundnachtgleiche folgt, festgelegt. Es ist die Zeit, in der die Natur am üppigsten wächst. Am Karfreitag, an dem der Heiland in das Grab gelegt wird, pflanzt man auch gerne den Karfreitagsgarten mit Erbsen, Möhren, Salat und so weiter. Genau wie Er die Todeskräfte überwindet und den Stein wegrollt, sollen auch die Samen sprießen und gedeihen.

Immer weiter atmet die Erdenseele aus und reißt alle Pflanzen, Tiere und Elementarwesen mit sich. Die siegreiche Sonne zieht immer höhere Bögen; unüberwindlich ist sie, nichts scheint ihren Siegeszug aufhalten zu können. Alle Wesen freuen sich, nur der Feuergott Loki beneidet sie. Auf dem Gipfel ihrer Macht tritt die Wende ein – die Sommersonnenwende. Der Sonnengott

Baldur wird mit Hilfe Lokis vom außerordentlich starken, aber blinden Gott der Zeit, Hödur, tödlich verwundet. In der christlichen Bilderwelt ist es Johannes, der zu dieser Zeit geköpft wird. Hier und da wird noch der alte Brauch gepflegt, zur Sonnenwende ein Johannisfeuer anzuzünden und dann über die Glut in die zweite Jahreshälfte zu springen.

Ab Mittsommer beginnt das Leben sich langsam wieder von der Erscheinungswelt zurückzuziehen. Von Tag zu Tag werden die Sonnenstunden kürzer. Die heißesten Tage stehen jedoch noch bevor; sie wurden von den Kelten mit einem Augustfeuer zu Ehren Lugs, dem Gott der Ernte und Reifung zelebriert.

Die Früchte und Samen reifen aus. Bald ist die Herbsttagundnachtgleiche da, die Erntezeit, die Zeit, in der Michael und die himmlischen Heerscharen gegen das himmelstürmende Dunkel ankämpfen. Die Sonne schreitet durch das Zeichen der Jungfrau, der Tochter der Erdenmutter Demeter und des Himmelsvaters Zeus, die ihr sattes Füllhorn mit Obst, Früchten, Getreide und Blumen über die Gärten und Felder schüttet. Dann wird es immer kälter und feuchter, da die Sonne immer tiefer in die niederen Zeichen des Zodiakus steigt. Mondpflanzen wie Hutpilze, Mehltau und Flechten blühen auf, während die Sonne durch die Waage in Richtung des Hauses des Todes, in den Skorpion, zieht und ihre Vorherrschaft an den Mond verliert. Nun werden die Elementarwesen wieder von der Erde eingeatmet. Sie sind mürrisch und stürmen mit Odin und dem wilden Heer durch die Lüfte. Die Kelten feierten Samain, das Fest der Toten, Anfang November. Es ist Halloween, die Geister gehen um. Zum Allerseelenfest in dieser düsteren, unheimlichen Zeit zünden die Christen Kerzen auf den Gräbern der Verstorbenen an.

Zur Wintersonnenwende, in den zwölf heiligen Nächten, hat die Erdseele ganz eingeatmet, sie hält ihren Atem an, es ist vollkommen still und ruhig. Die Sonne ist am tiefsten Punkt angekommen, die Tage sind kurz, grau und trüb. Aber hier in der Tiefe wird sie neu geboren. Der Schütze weist sie auf die neue Bahn, während im Mikrokosmos das Feuer des Logos im Seeleninneren, im kleinen Stall des Herzens neu entfacht wird. Behutsam beginnt die Erdenseele wieder auszuatmen. Doch zuerst kommen noch die eiskalten Kristallnächte im Januar und Februar, wenn die Mächte der Sterne bis tief in die Erde hineinwirken. Es glitzert und funkelt, und kristallene Eisblumen wachsen auf den Äckern und kahlen Ästen: Für die Mineralwelt ist es nun Hochsommer. Die Pflanzen schlafen, geborgen in Samen und Knospen, der äußeren Manifestation entzogen. Sie ruhen im Übersinnlichen, wo die Erde und die Gnomen ihre schönen Gestalten und kunstvollen Formen in ihrem Bewusstsein bewahren.

Schon im Februar kann man feststellen, wie die Tage länger werden. Der Lichtmesstag, der als Orakeltag beim Landvolk eine große Rolle spielte, war für die Kelten der Tag, an dem die jungfräuliche Göttin Brigid den Tiefen entstieg. Im Februar, wenn der Saft schon in die kahlen Bäume steigt, hören die Bauern auf zu holzen. Die Alteuropäer zapften die Birken an, um den belebenden, reinigenden Saft zu gewinnen, die Irokesen zapften zur gleichen Zeit die Ahornbäume an. Die stark werdende Sonne eilt dem Frühlingspunkt in den Fischen zu und überwindet die Mondkräfte.

Und so schließt sich der Kreislauf. Der Gärtner lebt wie der Bauer ganz mit diesen makrokosmischen Rhythmen. Mit der Pflanzen- und Tierwelt fühlt er sich im Frühling in den Kosmos hineingegossen und im Herbst von der Erdenseele wieder eingeatmet. Mit dem geistigen Auge sieht er hinter den Naturerscheinungen den Geist und die Seele der Natur walten. In den zwölf Monaten des Jahres, während die Sonne die »Häuser der zwölf Götter« durchwandert, nimmt er im Garten die wesenhaften Unterschiede ihrer Wirkungen wahr. Der kosmisch orientierte Gärtner wird nicht verlangen, Tomaten oder Erdbeeren zu Weihnachten zu haben. Auch wenn das möglich ist, tut er es nicht, denn ein solcher Verstoß gegen die Naturgesetze braucht gewaltige Energien: künstliches Licht, Pflanzenschutzmittel, Transportwege und Gewächshäuser, die mit Öl geheizt werden müssen.

DER ARBEITSKALENDER

Werfen wir nun einen Blick auf die Monat für Monat wichtigsten Arbeiten im Gemüsegarten. Die naturbezogenen Monatsnamen aus der Zeit Karls des Großen (742–814) und das Tierkreisbild, in dem sich die Sonne befindet, stellen wir neben den gewöhnlichen Monatsnamen.

Januar (Hartung oder Schneemonat; Schütze, Steinbock). Für den Gärtner gibt es draußen wenig zu tun. Nun arbeiten die Heinzelmännchen für ihn. Unter dem schützenden Mulch sind Trilliarden Klein- und Kleinstlebewesen am Werk, den Humus aufzubauen und dem Boden eine gute Gare zu geben. Frost und Schnee vermitteln dem Erdboden die harmonischen, gestaltenden Bildekräfte des Kosmos und drängen Schädlinge zurück. Das ist ein mystisches Geschehen, in das der Gärtner nicht hineinpfuschen soll. Seine Arbeit ist jetzt eine geistige. Er kann den Gartenplan, die korrekten Fruchtfolgen und Pflanzengemeinschaften durchdenken, Samenkataloge und Gartenbücher durchblättern.

Die Obstbäume, Hecken und Beerenbüsche können noch ausgelichtet werden. Aber Vorsicht! Die meisten Gärtner schneiden zu viel und zu radikal, und dann gibt es später im Jahr Blattlaus- oder Schildlausbefall. Eine gute Regel, die Arthur Hermes lehrte, ist, nur ein Drittel von dem zu schneiden, was man sich auf ersten Blick vorgenommen hat. Frühblühende Zierhölzer – Forsythie, Zierkirsche, Kornelkirsche, Zierquitte – soll man zu dieser Zeit überhaupt nicht schneiden.

Radieschen – Leckerbissen im Frühjahr.

Gärtnern: einfache Werkzeuge, hohes Wissen.

Wenn es das Wetter erlaubt, ist es vorteilhaft, den Kompost zu wenden. Holzasche vom Herd kann auf die ruhenden Beete gestreut werden – aber nicht die Asche von Steinkohle, die wegen ihres Schwefelgehalts den Boden versäuert.

Man kann die Vögel füttern und beobachten. Früher wusste man, dass sie Botschaften aus anderen Dimensionen mitbringen. Im frischen Schnee kann man Spuren lesen und die nächtlichen Besucher des Gartens ausmachen.

Vielleicht gibt es auch noch etwas zu ernten, etwa Grünkohl, Krauskohl, Lauch (Porree), Feldsalat (Nüsslisalat) oder – wenn die Wühlmäuse etwas übrig lassen – Pastinaken und Topinambur. Diese Wintergemüse vertragen Frost und bleiben im Beet. Im Wurzelkeller sollte man darauf achten, dass der Weißkohl, Spitzkohl oder Rotkohl nicht schimmelt. Befallene Blätter sollten sorgfältig entfernt werden.

Februar (Hornung; Steinbock, Wassermann). Nach Lichtmess, so sagte man, »spitzt der Garten langsam wieder die Ohren«. Die gemächliche Zeit der Gartenruhe geht allmählich zu Ende. Die alte Bodenbedeckung (Mulch) kann weggerecht und die Beete können für die ersten Saaten vorbereitet werden. Der erfrorene Gründünger (Phazelie, Persischer Klee, Senf), der im Spätherbst eingesät wurde, wird nun umgegraben, sodass er richtig verrottet, ehe man dann später Erdäpfel oder Sommergemüse in die Beete setzt.

In klimatisch günstigen Gegenden können eventuell schon gegen Monatsende – traditionell ab Petri Stuhlfeier (22. Februar) – folgende Saaten im Freiland ausgebracht werden: Puffbohnen, Zuckererbsen (Kefen), Feldsalat (Nüssli), Schalerbsen, Schwarzwurzeln, Pastinaken, Karotten (Möhren), Gartenkresse und Radieschen. Steckzwiebeln und Schalotten können gesteckt werden, am besten in Reihen zwischen oder neben den Doldenblütlern (Pastinaken, Karotten).

In den 1,20 Meter breiten Beeten nutzt man die Sonneneinstrahlung am besten, wenn man die kurzstämmigen Erbsen in einer Reihe an der Südseite pflanzt und die hochwachsenden Erbsen in der Reihe dahinter. Zwischen den Reihen können Spinat und an beiden Seiten Frühsalat oder Radieschen gepflanzt werden. Topinambur und die ägyptische Luftzwiebel (Rockenbolle) können, sofern sie noch nicht im Beet sind, jetzt gesteckt werden.

Tief gelockerte Hügelbeete erwärmen sich schneller und trocknen leichter ab; man schafft dadurch bessere Wachstumsbedingungen. Ein Plastikzelt, im Bogen über die Beete gespannt, kann nachts und an kalten Tagen Schutz gewähren. Tagsüber muss man Acht geben und die Zelte lüften, damit man die Pflanzen nicht »kocht« und damit sich kein Mehltau entwickelt. In besonders kalten Nächten kann man noch zusätzlich Säcke und Strohmatten über die Zelte legen und vielleicht auch Eimer mit heißem Wasser darunter stellen. Das Wasser gibt dann langsam über Nacht seine Wärme ab.

Der Februar eignet sich, um Stauden umzupflanzen und die ausdauernden Kräuter im Kräutergarten zu versetzen. Dabei muss man sich vorstellen, wie groß diese Gewächse im Sommer werden, damit man sie nicht zu dicht nebeneinander pflanzt.

März (Lenzmonat; Wassermann, Fische). Nun, da die Wiesen zögerlich zu grünen anfangen, beginnt das eigentliche Gärtnerjahr. Der traditionelle Stichtag ist der Tag der »ersten Gärtnerin«, der Gertrudentag am 17. März. Im Bauernspruch heißt es: »Ist Gertrude sonnig, wirds dem Gärtner wonnig« oder: »Gertrud mit der Maus, treibt die Spinnerin aus« – und zwar aus der Stube in den Garten.

In den noch kalten Märznächten leistet ein Jungpflanzenfrühbeet – für Sommerkohl, Blumenkohl, Spargelkohl, Blattkohl, Kopfsalat, Rippenmangold (Krautstiele), Lauch, Sellerie, Endivien – wertvolle Dienste. Das Beet wird ringsum mit Brettern vor dem Wind geschützt und mit Fenstern abgedeckt. Eine besonders feine, gut gesiebte Erdmischung aus 1 Teil Torfmull, 1 Teil Sand, 1 Teil reifer Komposterde, 2 Teilen guter Gartenerde wird den Sämereien als Wachstumsgrundlage bereitet. Die Jungpflanzenzucht wird in kleine Quadrate in das Frühbeet eingesät. Der Kasten wird nachts zugedeckt, morgens je nach Temperatur aufgedeckt. Die Pflänzchen werden von Unkraut freigehalten, ab und zu etwas ausgelichtet und schließlich pikiert. Eine wöchentliche Besprühung mit Kamillen-Schachtelhalm-Tee wirkt vorbeugend gegen Stängelfäule und Mehltau. Bei der langsam aufgehenden Sellerie- oder Bleichselleriesaat – das Keimen dauert drei Wochen – sind tägliches Gießen mit der feindüsigen Gießkanne und Unkrautzupfen besonders wichtig. Die winzigen Selleriesamen kann man mit Sand mischen, damit sie sich bei der Aussaat besser verteilen.

Mitte März werden weiterhin kältebeständige Pflanzen in die offenen Beete eingesät. Zu den Saaten gehören Haferwurzel, Schwarzwurzel, Gemüselöwenzahn, Gartenmelde, Gartensauerampfer, Rote Bete (Rande), Karotte (Möhre), Kohlrabi, Senf, Petersilie, Wurzelpetersilie, Pastinake, Speiserübe und Kohlrübe. Die langsam keimenden Doldenblütler – Karotte, Pastinake und Petersilie – sollte man zusammen mit einigen Salat- oder Radieschensamen als *Markiersaat* aussäen, damit man später die Reihen wiederfinden kann. Zwischen den Reihen muss man fleißig mit der Pendelhacke den Boden lockern, um das sprießende Unkraut zu vernichten. Besonders nach dem Regen sollte gehackt werden, damit die Erdoberfläche nicht verkrustet und der Boden leichter »atmen« kann. Im März kann man weiterhin Erbsen, Feldsalat, Schalotten und Spinat säen. Jetzt kann auch Spargel, der dann später verpflanzt wird, ausgesät werden.

Kartoffeln – sie sollten schon vorgekeimt sein – kann man gegen Ende März in den Boden legen. Die Iren wählen dafür den Tag ihres Nationalheiligen, den Patrickstag am 17. März.[49] Wenn man wenig Saatgut hat, kann man die Kartoffeln »äugeln«. Jedes »Auge«, das mit etwas Fruchtfleisch aus der Knolle geschnitten und in 60 Zentimeter Abstand voneinander in die Reihen gesteckt wird, entwickelt sich zu einer Kartoffelstaude. Die Kartoffel ist wie andere Nachtschattengewächse eine stark lunare Pflanze, daher schaut man auf die Mondstellung, wenn man sie pflanzt. Man steckt sie, wenn der Mond sich in einem Erdzeichen – Stier, Steinbock, Jungfrau – befindet, womöglich bei Erdferne (Apogäum). Die wässrigen Zeichen, Krebs und Skorpion, sind ungünstig für die Erdäpfel. Wie Bohnen und Erbsen kann man Kartoffeln auch bei Neumond setzen. Auf eine Düngung mit kalihaltiger Holzfeuerasche, gut verrottetem Stallmist und einer biodynamischen Hornmistpräparatbehandlung sprechen die Kartoffeln gut an. Auf eine Mulchdecke für die Erdäpfel sollte man vorerst verzichten. Da die Bodenbedeckung den Boden kühl hält und dieser sich dann nicht schnell genug aufwärmt, kommt sie erst später in Betracht.

Wie jedes Hauptnahrungsmittel sind auch die Erdäpfel mit Tabus und magischen Ritualen verbunden. Das war schon im Ursprungsland Peru der Fall, wo die Kartoffel dem Jaguarschöpfergott geweiht war, dessen Ungunst man mit blutigen Ritualen beschwichtigen musste und wo die zuletzt geerntete Knolle von den Bauern als »Kartoffelmutter« gefeiert wurde. Bei uns gibt es auch ziemlich ritualisierte Ansichten, wie man die besten Kartoffeln erzeugen kann. Einige Gärtner schwören auf Mulchkultur, bei der man die Saatknollen einfach unter eine Decke Mulch legt; andere pflanzen sie in Tonnen oder ausgediente Autoreifen, andere wieder in Hügelbeete. Wie dem auch sei: Der dümmste Bauer hat die dicksten Kartoffeln, denn er ist derjenige, der, jenseits aller schlauen Theorien, in das Wesen dieser eigenartigen Pflanze eindringen kann und sich von der Kartoffel selbst sagen lässt, wie man sie am besten behandelt.

Im Obstgarten kann man nun Edelreiser pfropfen und neue Bäume und Sträucher pflanzen. In die Dauerbeete werden die mehrjährigen Gewächse wie Spargel, Meerrettich, Kermesbeere (*Phytolacca*), Rhabarber, Topinambur und Beinwell gepflanzt. Jetzt ist auch die Zeit, das kräftige Wurzelgeflecht von Kräutern wie Schnittlauch, Lavendel, Minze, Salbei, Rockenbolle und Ysop zu teilen; die Kamille sät man in leicht alkalische Böden aus.

April (Ostermonat; Fische, Widder). Die im März angefangenen Arbeiten gehen auf Hochtouren weiter. Die Osterzeit ist ohne Zweifel die fruchtbarste Zeit des Jahres. Die Saatkästen bedürfen weiterhin genauester Pflege. Jungpflanzen werden weiter vereinzelt (pikiert). Gegen Monatsende können die Markerbsen gesät werden und in den Saatbeeten die Spätgemüse (Weißkohl, Rosenkohl, Rotkraut,

49 Patrick, der Kartoffel-Patron, ist der Schutzheilige Irlands, jenes Landes, das wie kein anderes karmisch mit der Kartoffel verbunden ist.

Wirsing, Sommerendivie). Im Obstgarten können noch immer Veredelungen vorgenommen werden. Der Spargelstich beginnt.

Wenn man kein Gewächshaus hat, kann man gegen Ende März und Anfang April ein *Mistbeet* bereiten, um die Setzlinge der wärmebedürftigen Sommerpflanzen aufzuziehen. Zu diesen gehören Tomaten, Pfeffer, Paprika (Peperoni), Auberginen (Eierfrüchte), Abelmosch (Okra), Neuseeländer Spinat, Malibar-Spinat, Gurken und Kürbisse. Man schachtet ein 1 Meter breites Beet 1 Meter tief aus und füllt das Loch mit frischem Pferdemist, der mit Jauche, Urin, Gülle oder Belebtschlamm angefeuchtet ist und dem Branntkalk (Ätzkalk) beigegeben wurde. Darüber kommt eine Handbreit (etwa 10 Zentimeter) Torfmull, der die giftigen Ammoniakdämpfe auffängt, und darauf zwei bis drei Handbreit (etwa 25 Zentimeter) gesiebte, gut gemischte Anzuchterde. Wie beim Frühbeetkasten werden die Seiten mit Brettern verschlossen und das Ganze mit Fenstern, die zur Südseite schräg abfallen, überdeckt. Die Sonne heizt von oben durch das Glas, und der Pferdemist heizt den Boden von unter her. Die beständige Wärme des Pferdemistes, die bis zu sechs Wochen anhält, wurde schon von den Alchemisten zur Herstellung von Präparaten benutzt.

Vierzig Tage heizten die Alchemisten gewöhnlich das spagirische Präparat im Pferdemist, eine Zeitspanne, die auch im Mistbeet zutrifft. Wie beim normalen Saatbeet muss man lüften, wenn es zu warm wird, nachts bei Frostgefahr zudecken und die Keimlinge vorsichtig mit lauwarmem Wasser begießen. Wenn die Pflanzen dann groß genug sind und keine Frostgefahr mehr besteht, können sie im Mai in weitere Saatbeete gepflanzt werden. Gurken, Zucchini und Kürbis, die sich nicht gerne umpflanzen lassen, kann man in Papptöpfen oder in Presstorftöpfen großziehen und später gleich mit den Behältern in ihre Beete setzen.

Mai (Weide- oder Wonnemonat; Widder, Stier). Kohlsetzlinge, Endivien, Salate, Lauch und Rippenmangold sollten nun schon alle in ihre Beete gepflanzt sein. Wenn es keinen Frost mehr gibt, kann man die Stangen- und Buschbohnen, Zuckermais, Kürbisse, Gurken, Sommersalat und Kräuter wie Basilikum, Majoran und Bohnenkraut direkt in die Beete säen. Nun kommen auch bald Tomaten, Abelmosch, Neuseeländer und Malibar-Spinat, Aubergine, Tomatillos, Paprika (Peperoni), Kürbis und Chilipfeffer in ihre gut gedüngten Beete. Die frostfreien Tage beginnen, wie der Bauernspruch sagt, meistens nach den Eisheiligen: »Vor Nachtfrost bist du sicher nicht, bevor Sophie vorüber ist« (15. Mai, die »kalte Sophie«).

Der Sellerie kann nun ebenfalls ausgepflanzt werden. Obwohl er Frost vertragen kann, sollte man ihn davor behüten, denn er macht sonst keine Knollen, sondern schießt in Blüte. Auch die kälteempfindlichen Kräuter wie Basilikum, Bohnenkraut, Majoran, Rosmarin und Kapuzinerkresse können gesät werden.

Im Mai sollte man auch schon etliches vom Garten in die Küche nehmen können: Zuckererbsen (Kefen), Erbsen, Puffbohnen, Spinat, Brennnessel, Salat, Schnittlauch, Radieschen, grüne Zwiebeln, Kresse, Rauke (*Eruca sativa*) und Senfgemüse. Auch kann man die nun hochgewachsenen, noch vor der Blüte stehenden Brennnesseln sammeln, trocknen und für Jauchen, Hühnerfutter oder als Suppengemüse aufbewahren.

Juni (Brachmonat; Stier, Zwillinge). Die Frühbeete, in denen man Spinat und Erbsen hatte, können nun abgeräumt und mit Folgesaaten von Karotten (Möhren), Salat, Buschbohnen, Kohlrabi und anderen Saaten bestellt werden. Verdünnte Jauchen und Gülle leisten bei Kohl, Mais, Gurken und anderen Starkzehrern Nachschub. Erdbeeren werden gelichtet, gedüngt und gemulcht und ihre Ableger in ein neues Beet gesetzt. Vor der Sonnenwende sollte auf alle Fälle das Spargelstechen und die Rhabarberernte beendet sein.[50] Diese Kulturen, ebenso wie die Erdbeeren werden nun noch gedüngt, damit sie für das nächste Jahr neue Kräfte sammeln können.

Ansonsten geht es mit den Pflegearbeiten weiter: Gießen, Hacken, Jäten; Bohnen, Lauch, Kohl, Gurken und Tomaten häufeln.

Juli (Heumonat; Zwillinge, Krebs). Nun kommt die heiße, lichte Zeit nach Johanni, wo auf die richtige Bewässerung und auf eine schützende Bodenbedeckung zu achten ist. Die Tomaten werden aufgebunden und mit ihren eigenen, ausgegeizten Geiztrieben gemulcht. Die Gurken werden an schräg stehenden Hühnerzäunen aufgebunden, damit sie nicht so viel Platz wegnehmen. Nur muss man vorsichtig sein und darf die Triebe nicht knicken, denn sonst werden die Gurken bitter. Wir richten nun das Saatbeet wieder her, um gegen Monatsende noch einmal Endivien, Kohlrabi, Blattmangold, Zuckerhut und Kopfsalat einzusäen. Das Saatbeet muss mit Kartoffelsäcken, Strohflechtwerk oder kalkmilchgetrübtem Glas beschattet und gut feucht gehalten werden, damit die Saat auch keimen kann. Das Keimen ist in dieser Jahreszeit manchmal ein Problem.

In die abgeernteten Frühkartoffelbeete und andere Beete, in denen schon wieder oder noch Platz ist, können die letzten Buschbohnen, Radieschen, Blattsalat oder Wintergemüse wie Karotten, Speiserüben, Chinakohl, Wurzelpetersilie, Rote Beten (Randen) und Knollenfenchel gesät werden. Auch diese Beete müssen gut mit Humuskompost vorbereitet und feucht gehalten werden, damit die Samen keimen können.

50 Nach der Sommersonnenwende wird der Rhabarber immer unbekömmlicher, da er zunehmend nierenschädigende Oxalsäure akkumuliert.

Zucchini sollten täglich geerntet werden, denn solange man die jungen Früchte schneidet, produziert die Pflanze neue Blüten. Tomaten, Gurken und Mais können – an regnerischen Tagen – mit gegorener Geflügeljauche gedüngt werden. Überhaupt sind die Starkzehrer, auch die Kohlarten und Kürbisse, dankbar für Brennnessel- und Beinwelljauche und anderen flüssigen Kopfdünger.

August (Erntemonat; Krebs, Löwe). Das Bewässern und Hacken geht wie im Vormonat weiter. Abgeerntete Himbeerruten werden abgeschnitten; die Spitzentriebe der Tomaten abgebrochen. Nun kann man für den Herbst Feldsalat (Nüssli), Spinat, Kohlrabi, Chinakohl und Senf aussäen, Perlzwiebeln stecken, Kopfsalat und Grünkohl pflanzen. Es ist Hauptpflanzzeit für neue Erdbeerkulturen.

Die Ernte ist voll im Gang, und man sollte die Pflanzen, die man für die Samenzucht behalten will, markieren. Viele Heil- und Gewürzkräuter können nun geerntet und in Büscheln in einer durchlüfteten, schattigen Kammer zum Trocknen aufgehängt werden. Der 15. August (Maria Himmelfahrt) ist traditionell der Weihetag der Kräuterbüschel.

September (Herbstmonat; Löwe, Jungfrau). Der erste Frost kann nun jederzeit kommen, aber Spinat, Radieschen und Feldsalat können immer noch ausgesät werden. Der Knoblauch soll jetzt in die Erde gesetzt werden. Wo man schon abgeerntet hat, wird ein Gründüngergemisch aus Hafer/Roggen und Wicke/Erbse eingesät. Diese Gründüngung kann sich gut entwickeln, da es nun noch genügend warm ist und die Vögel die Saat nicht auskratzen, da es genügend Wildbeeren und -früchte gibt. Ansonsten wird der Gärtner mit Ernten im Gemüse- wie im Obstgarten und mit dem Gurken- und Sauerkrauteinlegen beschäftigt sein.

Oktober (Weinmonat; Jungfrau, Waage). Nach der Herbsttagundnachtgleiche schwindet die Üppigkeit der Vegetation. Die Beete leeren sich langsam. Man holt wieder die Folien hervor, um bei kühleren Temperaturen die Beete der Tomaten, Auberginen und Paprika damit zu überdachen. Die Knollensonnenblumen (Topinambur) sind mit ihrer Blüte fertig und reif zum Verzehr. Die Wurzeln des Brüssler Chicorée werden ausgegraben und im dunklen, kühlen Keller gelagert, bis man sie im Winter in ihre Treibboxen pflanzt. Rhabarberstauden können geteilt und vermehrt werden.

November (Windmonat; Waage, Skorpion). Das Wintergemüse wird nun mit einer lockeren Stroh- oder Laubdecke geschützt, wenn sich die Frostmännlein in den Garten schleichen. Erdbeeren, Spargel und Rhabarber werden mit altem, verrottetem Mist gemulcht und mit Fichtenzweigen bedeckt. Die Komposte werden noch einmal umgesetzt und winterfest abgedeckt, damit man im nächsten Frühling gut humifizierte Erde für die Saatbeete hat. Die leeren Beete werden mit Laub oder Stroh bedeckt oder eventuell grob umgegraben. Es ist höchste Zeit, die Wurzelgemüse in Mieten und im Wurzelkeller einzuwintern. Dazu gehört auch der Chicorée (Witloof), den man nach Weihnachten zu treiben beginnt. Grünkohl, Rosenkohl, Lauch, Zuckerhut und andere harte Gesellen bleiben draußen. Topinambur, Pastinaken, Knollenziest und Schwarzwurzeln können in der Erde bleiben. Junge Obstbäume und Gehölze werden jetzt gepflanzt.

Dezember (Christmonat; Skorpion, Schütze). Im Weihnachtsmonat macht man die Treibkisten für den Chicorée bereit, fängt mit dem Reben- und Obstbaumschnitt an, flickt das Gartenwerkzeug, schaut nach den Komposten und ruht sich aus. Die zwölf heiligen Weihnachtstage vom Heiligen Abend bis zum Dreikönigstag sind eine Vorschau auf die nächsten zwölf Monate. Jeder Tag – so Arthur Hermes – zeigt jeweils den Charakter und das Wetter der kommenden Monate an.

Vom Schnee bedeckt schlafen die Beete. Das Leben und Treiben der Pflanzen und Tiere des Gartenmikrokosmos ist entschwunden. Es ruht unsichtbar in der Erde, im Kosmos, aber auch im Geiste des Gärtners. Vor seinem inneren Auge werden jetzt schon die Beete bestellt und die Fruchtfolgen und Pflanzengemeinschaften des kommenden Jahres ausprobiert. Die Erfahrungen vergangener Jahre spielen da mit hinein und bereiten im Einklang mit den Kräften und Wesen des Makrokosmos die neue »Inkarnation« des Gartenmikrokosmos vor.

PRÄPARATE, TINKTUREN UND ELIXIERE

Die Vorbereitung der Erde für den Samen ist ein großes Geheimnis und eine wahre Zauberei. Soll man Marmorstaub beimengen, dreijährigen Kuhmist, ein paar Krümelchen Erde von einem frisch aufgeworfenen Maulwurfshügel, zu Staub gestoßenen Lehm, Elbsand und vielleicht eine Handvoll Erde aus dem Grab einer erhängten Jungfrau?

Karel Čapek

Wir haben gesehen, wie der Boden von Trilliarden von atmenden, metabolisierenden, assimilierenden Kleinlebewesen durchwirkt ist. Wie alle lebendigen Zellen sind sie allen möglichen Einflüssen zugänglich. Kunstdüngersalze, Insektizide, Fungizide, Herbizide, aber auch die Abgase, die winzigsten Öltröpfchen und die geringfügigsten Rost- und Metallteilchen wirken auf das Bodenleben ein (Kekaly 1974: 44).

Ein gesunder Boden kann bis zu einem gewissen Grad die negativen, lebenshemmenden Einwirkungen puffern, schädliche Metalle binden, den pH-Wert ausgleichen und ein fließendes Gleichgewicht zwischen den kosmischen und terrestrischen Wirkkräften erhalten. Wenn das nicht geschieht, dann äußert sich die Störung im Pflanzenwachstum. Pflanzen können als rein ätherische, makrokosmisch orientierte Wesen an sich nicht krank sein, sondern sie spiegeln die Krankheit ihrer Umwelt wider.

Wir leben in einem Zeitalter solch katastrophaler Umweltverschmutzung, dass es für die Natur immer schwieriger wird, sich gesund zu entfalten. Die Anthroposophen folgern, dass Mutter Natur schwach geworden ist und Feld und Garten – die Grundlage unserer irdischen Existenz – nun unsere Hilfe brauchen. Wenn der menschliche Leib krank wird, bereitet der Arzt eine Medizin, die heilende Kräfte vermitteln kann. Werden Feld und Garten »krank« und schwach, bedarf es ebenfalls eines helfenden Eingriffs, der die natürlichen Anlagen verstärkt und Heilkräfte herbeizieht. Da es sich in der kleinen Welt (Mikrokosmos) um ähnliche Lebensvorgänge wie in der großen Welt (Makrokosmos) handelt, sollte man dem Acker fast die gleichen Heilmittel, entsprechend zubereitet, geben können wie dem siechen Menschen. Eine Anzahl solcher besonders zubereiteten Tees (Heißwasseraufgüsse), Abkochungen, Kaltwasserauszüge, Elixiere, Extrakte, Mixturen und Präparate aus Kräutern, Steinen und Tierorganen werden zu diesem Zweck von der biodynamischen Landwirtschaft benutzt.

Diese Präparate, die Rudolf Steiner in seinem »Landwirtschaftlichen Kurs« angibt, gehören ganz in die alchemistisch-spagirische Tradition. Es handelt sich weder um giftige, stark wirkende Substanzen noch um irgendwelche Pflanzennährstoffe, sondern um Mittel, die es dem Boden ermöglichen, sich wieder mit den formativen Kräften des Kosmos zu verbinden, und um Tinkturen, die das Gleichgewicht zwischen dem Astralischen und dem Ätherischen wieder herstellen können. Als Tinktur wird von der Alchemie ein Mittel bezeichnet, das einen Umwandlungsprozess erwirken kann.

HERSTELLUNG DER BIOLOGISCH-DYNAMISCHEN PRÄPARATE

Sehen wir uns erst einmal die offiziellen biodynamischen Präparate an, die Steiner in Koberwitz empfohlen hat. Dass es sich dabei um alchemistische Aufbereitungen handelt, die einen magischen Hintergrund haben, wird von den Anthroposophen oft verschleiert.[51] Schon die numerische Benennung der Präparate – 500 bis 508 – durch den ersten Forschungsring enthält eine gewisse Pseudowissenschaftlichkeit, weil diese Ziffern sich auf nichts konkret Messbares beziehen. Am wichtigsten sind die »Hornpräparate«:

- *Hornmistpräparat (500)*: Frischer Kuhmist wird in ein Kuhhorn gestopft. Im Herbst wird das Horn in gutem Humusboden vergraben und, nachdem es den Winter im Boden verbracht hat, im Frühling wieder ausgegraben. Von diesem gut verrotteten, angenehm riechenden Präparat nimmt man einen haselnussgroßen Krümel pro Eimer lauwarmen Regenwassers. Mit der Hand oder mit einem Besen – am besten aus Birkenreisig – rührt man eine Stunde lang, abwechselnd nach rechts und nach links schwenkend, sodass sich immer ein Trichter in der Flüssigkeit bildet. Nach diesem rhythmischen Rühren wird das Präparat mittels einer Rückenspritze oder eines feinen Besens in geringen Mengen über diejenigen Felder, Beete und Saatbeete gespritzt, in denen man die terrestrischen Kräfte und die Wurzeltätigkeit anregen will. Die beste Zeit zum Ausspritzen ist der späte Nachmittag.
- *Hornkieselpräparat (501)*: Quarzsteine, wenn möglich Bergkristalle, werden zu Pulver gemahlen. Das angefeuchtete Pulver wird in ein Kuhhorn gepackt, das man, wie beim ersten Hornpräparat, ungefähr 60 Zentimeter tief in die Erde vergräbt, nur wird es über den Sommer anstatt über den Winter in der Erde

51 »Ein Irrtum aber ist es, wenn von anthroposophischer Seite aus behauptet wird, das biologisch-dynamische Düngeverfahren (...) sei etwas Neues, noch nie Dagewesenes. Die das behaupten, wissen eben nichts von Alchymie und ihrem Wesen; es wäre ihnen sonst bekannt, dass das Problem der Düngung, das der Verwesung, Fäulung und Verbrennung, das eigentliche Grundproblem der ganzen Alchymie ist« (Bernus 1969: 47).

gelassen und im Herbst ausgegraben. Man nimmt eine Portion, so groß wie eine Erbse oder ein Pfefferkorn, und verrührt sie rhythmisch in lauwarmem Regenwasser, sodass sich dabei immer wieder entgegengesetzte Spiralen formen. Dieses Präparat vermittelt kosmische Wärme- und Lichtkräfte und sollte in den Morgenstunden direkt auf die Blätter, Blumen und jungen Früchte gesprüht werden. Saatbeet und Jungpflanzen sollten nicht damit behandelt werden.

Die Präparate 502 bis 507 sind die Heilkräuterpräparate, die man der Kompostmiete zusetzt, um bestimmte kosmische Kräftewirkungen zu verstärken und Umwandlungsprozesse anzuregen:

- *502 Schafgarbe* (*Achillea millefolium*): Angefeuchtete Schafgarbenblüten, im Frühsommer gesammelt, werden in eine Hirschblase gestopft. Die Blase wird über den Sommer an einem sonnigen Ort in der frischen Luft aufgehängt und dann im Herbst bis zum Frühling in guter Humuserde vergraben. Dieses Präparat entwickelt »im Kalibildungsprozess ihre Schwefelkraft«.
- *503 Kamille* (*Chamomilla officinalis*): Die im Sommer gepflückten Kamillenblüten werden mit Kamillentee angefeuchtet und in Dünndarm einer frisch geschlachteten Kuh zu »Würstchen« gedreht. Diese Würstchen werden im Herbst im Boden vergraben, wo ihnen das Schneeschmelzwasser zugutekommt, ehe man sie im Frühling ausgräbt. Mit dem Kamillenpräparat wird die »Kalziumwirkung« reguliert.
- *504 Brennnessel* (*Urtica dioica*): Kurz vor der Blüte geschnittenes Brennnesselkraut wird, ohne besondere Hülle, das ganze Jahr im Boden gelassen. Dieses Präparat reguliert die Eisenprozesse.
- *505 Eichenrinde* (*Quercus robor*): Vom Stamm abgeschabte Eichenrinde wird durch das Hinterhauptloch (*Foramen magnum*) eines unbeschädigten Haustierschädels (Rind, Schaf oder Ziege) gestopft. Der Schädel wird im Herbst an einer

Anordnung der Kompostpräparate.

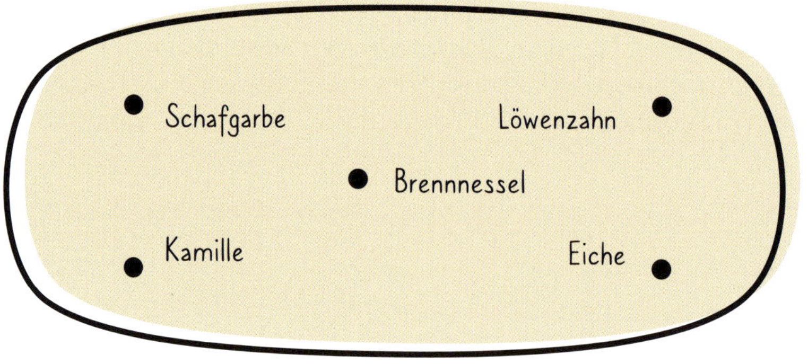

Stelle bei einer Quelle oder Dachtraufe begraben, wo das Wasser auf die Erde rieselt. Im Frühling ist das Präparat fertig und hilft, dank seines organischen Kalkgehalts, die Kulturpflanzen infektionsresistent zu machen.

- *506 Löwenzahn* (*Taraxacum officinale*): Die im Frühling gesammelten Blüten werden angefeuchtet, in das Gekröse – die Haut, an der der Darm befestigt ist – eines Rindes gewickelt und vom Herbst bis in den Frühling vergraben. Dieses Präparat bringt »die Kieselsäure in das richtige Verhältnis zum Kali«.
- *507 Baldrian* (*Valeriana officinalis*): Dieses letzte der Kompostpräparate hilft, den »Phosphorprozess« im Kompost zu regeln. Die Pflanze wird ausgepresst, und der Presssaft, einige Tropfen pro Eimer Regenwasser, wird über den Kompost gesprüht.
- Als zusätzliches Präparat (508) gibt Steiner den *Schachtelhalm* (*Equisetum arvense*) an. Diesmal wird ein Absud gekocht, 1 : 10 mit Wasser verdünnt und als Mittel gegen Mehltau und Pilzbefall auf die Pflanzen gesprüht.

Die ziemlich schwierig und zeitaufwendig herzustellenden Kompostpräparate können auf Vorrat bereitet werden. Nachdem man sie im Frühling ausgegraben hat, füllt man sie in Glas- oder Tongefäße um – nie in Metall – und bewahrt sie in einer Kiste auf, die mit Torfmull gepolstert ist. Torfmull absorbiert die »Strahlungen« der Präparate. Der Baldrianlikör wird in einer verkorkten, dunklen Glasflasche aufbewahrt.

Für den Komposthaufen nimmt man pro Kubikmeter jeweils die Menge eines gestrichenen Teelöffels. Man formt kleine Kügelchen und steckt sie in folgender Anordnung in die Löcher, die man mit einem Stock in die Miete stößt:

Vom Baldrianpräparat wird ein Tropfen eine Stunde lang rhythmisch in lauwarmem Regenwasser verrührt und dann mit einem Besen über den Haufen gesprengt.

Natürlich gibt es noch andere Präparate. Nach dem Gesetz der Entsprechung zwischen Mikrokosmos und Makrokosmos sollte jede *Materia medica botanica* auch für den Garten-Hof-Organismus anwendbar sein. Für die Gegenden, in denen diese euroasiatischen Kräuter nicht wachsen, sind ähnliche Präparatpflanzen zu finden. Was soll der Gärtner in Mittelamerika, Australien oder Afrika nehmen? Die offizielle Biodynamik ist da nicht viel weitergekommen. Oft werden die Präparate mechanisch, stur und abergläubisch mit derselben Gesinnung wie die chemischen Produkte der konventionellen Landwirtschaft gehandelt und gebraucht.

WIE KANN MAN DIE WIRKUNGEN VERSTEHEN?

Selbstverständlich wird jemand, der in den heutigen agrarwissenschaftlichen Instituten geschult worden ist, die biodynamische Methode als schieren Aberglauben bezeichnen. Steiner gibt bei der Besprechung der Präparate in seinem »Landwirtschaftlichen Kurs« selbst zu: »Nicht wahr, all das erscheint heute wie verrückt – das weiß ich schon, aber denken Sie doch einmal, was alles den Leuten bis heute in der Welt verrückt erschienen ist und was nach ein paar Jahren doch eingeführt wurde« (Steiner 1975: 131).

Als ich zum ersten Mal auf diese Methode aufmerksam wurde, konnte ich mir höchstens eine psychologische Wirkung auf das Gemüt des Gärtners vorstellen, aber nicht auf die Natur. Das russische Märchen eines jungen Mannes, der eine unrentable, verkommene Länderei erbt, dessen Leibeigene arbeitsscheu, Äcker und Scheunen verwahrlost sind, kam mir in den Sinn. Er geht zu einer alten, weisen Frau, um sich einen Rat zu erbitten, was er tun soll. Sie gibt ihm einen Beutel »mit magischem Sand« und rät ihm, jeden Morgen ein Körnchen in jede Scheune und auf jeden Acker zu streuen. Er tut dies gewissenhaft, und siehe da, der Betrieb läuft wieder gut: Die Scheunen sind hergerichtet und die Felder werfen Ertrag ab. Der Zauber bestand eigentlich nur darin, die faulen Leibeigenen glauben zu lassen, dass sie es mit einem richtigen Draufgänger zu tun zu haben, denn welcher Herr würde jeden Tag schon so früh nach ihnen schauen kommen. Im objektiven, materialistischen Sinne war eigentlich keine Wirkung in den Sandkörnern.

Ein mir bekannter freudianischer Psychologe sieht in dem rhythmischen Rühren, dem Verspritzen und Vergraben der Präparate nichts anderes als eine »Onanierfantasie«, als unbewusstes Zwangsverhalten, das auf Fixierungen im genitalen und analen Bereich beruht. Das ist aber eher eine Verleumdung als eine Erklärung. Jeder, der einmal die Zubereitungen gerührt und versprüht hat, der den Kompost präpariert und mit dem Handbesen besprengt hat, wird erfahren haben, dass eine ruhige, friedliche Gemütsstimmung in ihm aufgestiegen ist. Der befriedigende psychologische Aspekt spielt – wie in jeder rituellen Handlung – in der Präparatanwendung selbstverständlich eine Rolle, aber es wäre falsch, die Wirkung einzig und allein darauf zu reduzieren.

Wir wollen etwas näher auf die Einzelheiten der Präparate eingehen. Warum werden beim Kiesel- und Mistpräparat Kuhhörner genommen? Erinnern wir uns daran, was für ein beeindruckender Verdauungsspezialist die Kuh mit ihren vier Mägen und ihrer fast zweiwöchigen Verdauungszeit ist. Nach außen scheint das Tier langweilig, stumpfsinnig und träge zu sein, aber in seinem Inneren erschließt es die Lichtkräfte und Informationen, die die Vegetation im Jahreslauf vom Kosmos aufgenommen hat, und verwandelt diese, wie ein wahrer Alchemist, in den allerbesten Dünger und in hochwertige Milchnah-

Reifende rote Johannisbeeren.

rung. Die Kuh ist ein regelrechter Meditant, der seine Sinne hauptsächlich nach innen kehrt. An ihren Extremitäten, den Füßen und dem Kopf, trägt sie Hornspitzen, die wie Trichter die im Verdauungsprozess freigesetzten Schwingungen auffangen, zurückstauen und intensivierend zurückwerfen. Die Hörner der Kuh sind nicht, wie Darwinisten meinen, zum Kampf gegen andere Tiere da – obwohl sie gelegentlich dazu gebraucht werden –, sondern sind zum »Hören«, zum Wahrnehmen der inneren Vorgänge geschaffen. Man kann sie als biologische Kondensatoren oder Verstärker auffassen.[52] Diese Fähigkeit des Horns wird vom Gärtner genutzt, um die Kräfte, die im Erdboden wirksam sind, auf ähnliche Weise zu konzentrieren und intensivieren.

Auf den ersten Blick scheint diese Fähigkeit des Kuhhorns eine völlig unbegründete Annahme zu sein. Aber man muss bedenken, wie wichtig die architektonischen Formverhältnisse sein können. Im Kraftwagenmotor kommt das Funktionieren auf die exakte Einstellung der Zündkerzenfunkstrecke, der Ventile und des Vergasers an. Es handelt sich um Bruchteile von Millimetern. Die Klangqualität der Musikinstrumente hängt ganz und gar von der Form ab. Obwohl keine Substanzveränderung stattfand, klingt eine verbeulte Trompete oder eine Trommel mit einem Loch nicht mehr. In einem Behälter, der nach den genauen Proportionen der Großen Pyramide zu Gizeh konstruiert ist, kann man Kadaver mumifizieren, Maden davon fernhalten und Alphawellen akkumulieren (Flanagan 1973). Man kann sich an dieser Stelle fragen: Warum trugen die Druiden und Magier spitze Hüte? Der tschechische Ingenieur Karel Drbal ließ einen solchen pyramidenartigen Behälter patentieren, in dem aufgestellte Rasierklingen scharf bleiben. Die Qualität des Pilsner Bieres leidet, wenn es in viereckigen anstatt den traditionell runden Fässern aufbewahrt wird (Ostrander 1973: Kap. 27). Eine Brille, die nicht die genau entsprechende Dicke und Krümmung hat, verschlechtert das Sehvermögen. Unzählige weitere Beispiele der Bedeutung von Formverhältnissen könnten angegeben werden. Vielleicht stimmt es also doch mit den Kuhhörnern als Kondensatoren. In ähnlicher Weise benutzte man im alten China (Ming-Periode) und in Indien, später in der Renaissance und am Hof des Kaisers Rudolf II. (1552–1612) Nashornhörner zum Aufbewahren und Verstärken von Giften und Elixieren. »Die Kräfte dieser Hörner kommen mit dem Einhorn überein, welchem sie zuweilen auch substituiert und an dessen Stelle gebrauchet werden« (Zedler 1732–1754: Bd. 23: 778).

Auch der Embryologe und Arzt Karl König, der die biodynamische Landwirtschaft zur Grundlage seiner Camphill-Dorfgemeinschaften machte, kommt zum Schluss, dass die tierischen Hüllen wegen ihrer architektonischen Formen für die Kräuterpräparate verwendet werden (König 1963). Im lebenden Organismus sammeln, konzentrieren und verstärken diese Organe gewisse Kräfte, die das Tierleben ermöglichen. Wenn man sie richtig handhabt, wirken sie in derselben Funktion im Erdboden weiter.

Die meisten Präparate werden über den Winter in der Erde vergraben. Das hat auch seinen guten Grund, denn im Winter sind andere Kräftewirkungen in der Natur vorhanden als im Sommer. Im Winter zieht sich, wie wir gesehen haben, das Leben in die Erde zurück. Die kristallenen Sternenkräfte wirken bei Frost und Eis bis in den Erdboden hinein, während Insekten, Lurche und Nagetiere Winterschlaf halten und Samen, Wurzeln und Knollen in sich geschlossen ruhen. Das Kuhhorn sammelt und verstärkt die in den Boden zurückgezogene, von Sternenkräften durchpulste Lebenskraft und konzentriert sie in die ungestalte, amorphe Mistsubstanz hinein. Ganz in Analogie zum Schädel – dem Menschenkopf im Bereich des Mikrokosmos –, der die Gedanken auffängt und sie im Gehirnbrei bewusst werden lässt, sammelt der Mistbrei im Kuhhorn die in die Erde kommenden kosmischen Formkräfte. Steiner sagt dazu: »Die Hirnmasse ist einfach zu Ende geführte Darmmasse. Verfrühte Gehirnabscheidung geht durch den Darm. Der Darminhalt ist seinen Prozessen nach durchaus verwandt dem Hirninhalt« (Steiner 1975: 201). Die kosmischen »Gedanken« werden dann, wenn das Präparat potenziert und auf das Saatbeet ausgespritzt wird, den Jungpflanzen übermittelt, damit sie vernünftig keimen, wurzeln und wachsen.

Das Quarzpräparat wird dagegen den Sommer über in der Erde gelassen. Das ist die Zeit, wenn die Lebenskräfte Gestalt annehmen und ganz nach außen dem Kosmos entgegenströmen. Anstatt in inneren »Gedanken« versunken, tief im Wurzel- und Gnomenbereich zu harren, hat das Pflanzenleben nun seine Sinne auf das Sylphen- und Salamanderreich gerichtet und wird von Licht- und Wärmekräften durchströmt. Um diese Kräfte zu steigern, wird Bergkristall im Kuhhorn präpariert. Bergkristall kann von Licht und Wärme durchstrahlt sein, ohne seine Eigenschaften zu verlieren. Wenn man ihn präpariert und potenziert, kann man diese Eigenschaft nutzen, um den Pflanzen Licht- und Wärmekräfte zu vermitteln. Das photosensitive, grüne Blattwerk ist das »Auge« des Erdorganismus, das in den weiten Kosmos hinausspäht und das »Gesehene« dann in Form, Farbe, Aroma und Reife in sich zur Gestalt bringt. Diese Lichtempfindlichkeit der Vegetation soll mit diesem Präparat gestärkt werden.

Der Tageslauf ahmt im Kleinen den großen Rhythmus des Jahreslaufes nach. Deswegen wird das Quarzkieselpräparat in den Morgenstunden, wenn das Pflanzenleben, von der Sonne geweckt, den Saft steigen lässt und der Turgor und die Assimilation zunehmen, auf die Vegetation gespritzt.

Das Mistpräparat hingegen wird gegen Abend ausgespritzt, wenn sich Stärke und Zucker in die Wurzeln zurückziehen.

52 Die Hörner der Kuh erhitzen sich sogar beim Wiederkäuen. – Es ist Tierschänderei, den Rindern die Hörner wegzuätzen, wegzuzüchten oder abzusägen. Nur in den engen Verhältnissen einer nicht artgerechten Massentierhaltung kommt es dazu, dass sich die Tiere gegenseitig durch Hornstöße verletzen.

Wieder drängt sich uns die Frage auf: Liegen diese angeblichen Wirkungen der Präparate tatsächlich vor oder bildet man sich das nur ein? Obwohl es einige wissenschaftlich einwandfrei durchgeführte Experimente gibt, die eine objektive Wirkung beweisen (Wortmann 1977: 183), werden wir später sehen, dass die Frage, so formuliert, eine zu einfältige Erkenntnistheorie voraussetzt.

DIE DOSIERUNG

Von den Hornpräparaten nimmt man nur ein paar Prisen pro Hektar; von den Kräuterpräparaten kommt ein Teelöffel pro Kompostmiete in Frage. Bei dermaßen geringen stofflichen Mengen wird der moderne Mensch stutzig. Es ist also doch nur Einbildung, meint er. Die Praktiker der biodynamischen Methode verweisen diesbezüglich gerne auf die Heilerfolge der Homöopathie, die ja oft mit dermaßen hoher Verdünnung arbeitet, dass man kaum mehr von Substanzwirkungen sprechen kann. Andererseits zeigt Pfeiffer, dass Kupfersulfat in einer Verdünnung von 1:1000 Millionen die Alge Spirogyra schädigt, bei 1:700 Millionen Weizenkeimlinge hemmt und bei 1:800 000 noch deren Wachstum stoppt (Pfeiffer 1977: 165). Der Emmentaler Käsemacher weiß, dass die Milch von einer Kuh, die eine einzige Antibiotikaspritze bekommen hat, den ganzen Inhalt eines Tausendliterkessels verderben kann. Als Nebenprodukt der Phenoxy-Wuchsstoffherbizide, die man im Getreidebau gewöhnlich anwendet, entsteht Dioxin, das in einer Verdünnung von 1:1 Trillion bei Versuchstieren mutagen und Krebs erregend wirken kann (Boly 1977:39). Ein Überschuss einiger Gramm Molybdän pro Hektar veranlasst das Vieh, das Gras an der betreffenden Stelle nicht zu fressen. Und welche Femme fatale wüsste nicht um die betörende Wirkung eines Tropfens exotischen Parfüms hinter dem Ohr? Solche und ähnliche Beispiele zeigen, dass es doch nicht unmöglich zu sein braucht, dass kleinste Mengen eines Präparats Träger von außerordentlichen Wirkungen bzw. Informationen sein können. Man sollte sich die Präparate jedoch nicht im gleichen Sinn wie stark wirkende Chemikalien oder gar wie radioaktive Teilchen vorstellen, denn es handelt sich dabei um harmlose, einfache Naturstoffe, die aber *dynamisiert* oder *potenziert* worden sind.

Drei der Präparate werden in starker Verdünnung rhythmisch gerührt. Wir haben es mit einer sehr alten spagirischen Technik zu tun. Stoffe sind nach dieser Ansicht erstarrte Kräfte, die Reminiszenz eines einstigen dynamischen Geschehens. Wenn man nun Substanzen wie Quarz, Mist, Kalkschalen oder Pflanzenteile zerreibt, rhythmisch verrührt oder verschüttelt, dann chaotisiert man die fest gewordene Struktur des Stoffes, lockert sie auf, löst sie aus ihrer Erstarrung und setzt die in ihr vorhandenen ätherischen Bildekräfte frei. Die Bildekräfte sind leicht und lebendig und können als Tinktur Metamorphosen bewirken. Da es sich um Kräfte (Qualitäten) und nicht um Stoffmengen (Quantitäten) handelt, kann man die Tinktur immer weiter verdünnen. In der homöopathischen Medizin verlässt man die Stoffwirkung der Stammlösung (Urtinktur) ganz und steigt in die hohen Potenzen, wobei der ursprüngliche Stoff – meistens ein Gift – nicht einmal mehr molekular aufzufinden ist. Die Verdünnungen werden so hoch, als schütte man ein paar Salzkörnchen in den Genfersee. Die ursprüngliche Giftwirkung der groben Substanz schlägt um und wirkt ätherisch – *Similia similibus* – als Gegengift (Basold 1963: 58).

Dass Stoffe sensibilisiert werden können, sollte klar sein, wenn man an Schallplatten, CDs oder magnetisierte Stecknadeln denkt. Wasser, das empfängliche Element, das sensible Chaos, ist jedoch der beste Träger der frei gewordenen Informationen. Der angesehene französische Wasserforscher Jacques Benveniste führte Experimente durch, die beweisen, dass gerührtes oder aufgeschütteltes Wasser die »Erinnerung« an Stoffe, mit denen es sogar in homöopathischer Dosierung verbunden war, bewahren und weiter vermitteln kann (Schiff 1999).[53] Schwenk konnte zeigen, dass beim rhythmischen Rühren die einzelnen Wassermoleküle in verschiedenen Schichtungen und in unterschiedlichen Geschwindigkeiten aneinander vorbeigleiten und dadurch äußerst eindrucksfähig werden, sodass das Wasser die Einflüsse der planetarischen Konstellationen als Information aufnehmen kann (Schwenk 1976).

So weit wie in der Homöopathie geht man mit den Verdünnungen der landwirtschaftlichen Präparate nicht. Man steigert die Kräfte einfach und benutzt sie noch in ihrer Stofflichkeit als Reizmittel. Die »ätherisierten« Ausgangsstoffe haben auch hier, bei den Hornkiesel-, Hornmist- und Baldrianpräparaten, das Wasser als empfindlichen Träger.

Aus ähnlichen Gründen – zwecks Aufschlüsselung – rührt man auch ab und zu die Brennnessel-, Beinwell-, Kohlblatt-, Hühnermist- oder Kuhfladenjauchen, die man als Hilfsmittel im Garten benutzt. Es handelt sich um ein Lebendigmachen (Ätherisierung oder Oxigenisierung), das sich mit den rhythmischen Kreisläufen des Blutes im Körper, den Strömungen des Wassers in den Seen und im Meer oder den Bewegungen der Luft vergleichen lässt. Auch beim Kochen rührt man ja nicht nur, damit die Suppe nicht anbrennt.

53 So führt etwa der Ganges, der sich in vielen Sturzbächen und Strudeln seinen Weg in die Tiefen bahnt, die »Erinnerungen« beziehungsweise die Schwingungen des hohen Himalayas mit sich hinab in das tiefer gelegene Land. Gangeswasser gilt zu Recht als besonders heilsam, reinigend und energiereich.

Schafgarbe

Dieses hübsche Heilkraut ist eine Venuspflanze. Im Mittelalter hieß sie *Supercilium veneris* (Augenbraue der Venus) und wurde zum Austrocknen und Heilen der venerischen Krankheiten benutzt. Ihr anderer Name, *Achilleskraut*, erinnert daran, dass sie angeblich auch den griechischen Helden Achilles heilte, und deutet auf die Eigenschaft, Wunden auszutrocknen. Der englische Kräuterarzt Nicholas Culpeper (1616–1664) teilt sie ebenfalls der Venus zu und beschreibt sie in ihrer Wirkung als »bindend und trocknend, die bei Männern schwache Nieren heilt und bei Weibern den Weißfluss« (Culpeper 1649: 199). Im Allgäu wird sie immer noch der Jungfrau geweiht, wenn man zu Maria Himmelfahrt einen »Sang« oder Kräuterbüschel bindet. In der stark aromatischen, feinblättrig gefiederten Pflanze kann man einen lösenden Sulphurprozess erkennen, der eben auf das wässrige Element trocknend wirkt. Da Nieren und Blase in der Korrespondenzlehre zur Venus gehören, ist es kein Wunder, dass die Blase des Hirsches als Präparathülle benutzt wird. Der Harn des Hirsches enthält beträchtliche Mengen Kalium, ein Element, das auch in der Schafgarbe in größeren Dosierungen vorhanden ist. Die I-Ging-Stäbchen, die in China zum Orakelwerfen benutzt werden, werden aus den Stängeln der Schafgarbe geschnitten. Auch in Europa benutzte man die Schafgarbe zum Orakeln. Eine Jungfer, die wissen wollte, wer ihr Schatz werden würde, pflückte das Kräutlein an einem unheimlichen Ort und sprach:

»Die erste Schafgarbe finde ich hier,
Im Namen Christi pflück ich sie mir
Und wie Jesus Maria mit Liebe bedacht,
Mög im Traum mir erscheinen mein Liebster heut' Nacht.«

Dann legte sie die Schafgarbe unter ihr Kissen und hoffte auf den Traum. Da Geschlechtlichkeit mit dem Verhältnis zwischen astralischem und ätherischem Bereich zu tun hat, können wir im erweiterten Sinn verstehen, dass diese Funktion auch im Kompost durch die Schafgarbe geregelt wird. Schafgarbe öffnet das Ätherische, damit es das Astralische empfangen kann (Lievegoed 1972: 54).

Kamille

Dieses schmächtige, feinblättrige, duftende Kraut, das gerne auf festgetrampelten, alkalischen Böden wächst, ist schon seit vorchristlichen Zeiten als mächtige Heilpflanze bekannt. Nicholas Culpeper teilt sie der Sonne zu. Die alten germanischen Stämme hatten sie ebenfalls dem Sonnengott Baldur geweiht. Ihre konisch-kegelförmige Blüte, von weißen Zungenblüten umrandet, trägt auch ganz die Signatur der Sonne. Als Tee wirkt sie entzündungshemmend bei

Wunden, Geschwüren und Halsschmerzen. Da sie bei Geburtswehen schmerzstillend und auf die Menstruation regulierend wirkt, hat sie den Beinamen *matricaria* (lat. *mater* = Mutter) bekommen. Sie wirkt auch hervorragend bei Darmstörungen. Diese Verbindung tritt bei der Präparatherstellung in den Vordergrund, da man Kuhdärme als Hülle benutzt. Für das Präparat beruft man sich auf die heilkräftige Merkurwirkung dieser Pflanze, die auf die ätherischen Kräfteströmungen harmonisch regulierend wirkt (Lievegoed 1972: 53).

Brennnessel

Man braucht die Brennnessel nur anzufassen, um unzweifelhaft zu erkennen, dass sie zum feurigen, kriegerischen Mars gehört. Sie enthält auch so viel Eisen, dass man sie als Heilmittel bei Eisenmangel im Blut (Anämie) verwendet. Im Frühling, nach dem kalten, feuchten Winter, kann man eine blutreinigende Frühlingskur mit Brennnesselspinat oder -tee machen. In Brennnesseltee gewaschene Haare werden kräftiger und »strahliger«; bei Gicht oder Rheuma hilft die martiale Hitze der Pflanze, durch die in ihren Nadeln enthaltenen, dem Bienen- und Schlangengift ähnlichen Toxalbuminen. In die Gülle getan, harmonisiert sie die Gärung, und selbst verjaucht, düngt sie und vertreibt Blattläuse. Die in der Brennnessel vorhandenen »Eisenstrahlungen, die fast so günstig sind wie unsere eigenen Eisenstrahlungen im Blute« (Steiner), »treiben heraus, was nicht hingehört«, und machen den Kompost »vernünftig« gegenüber den Einwirkungungen der obersonnigen Planeten. Das Nadelkleid der Brennnessel enthält so viel Astralität in Form von Histaminen und Toxalbuminen, dass bei der Präparatherstellung eine zusätzliche tierische Hülle nicht nötig ist.

Stieleiche

Unter würdigen Eichen, die bis zu tausend Jahre alt sein konnten, wurde früher Gericht (Thing) gehalten. Jedes Dorf hatte eine schützende Eiche, die dem Donnergott geweiht war. Die Römer schmückten verdiente Bürger mit Eichenlaub, und noch heutzutage pflanzt man Eichen zur Erinnerung an große Persönlichkeiten. Das deutet auf eine Verwandtschaft mit dem königlichen Planeten Jupiter hin. Die Eichenrinde jedoch enthält viel Kalk – bis zu 78 % im Aschengehalt –, auch wenn sie auf kalkarmen Böden wächst; der Kalk wiederum gehört eindeutig zum Mond. Packt man Eichenrinde in einen Schädel, hat man es mit einer jupitertemperierten Mondwirkung zu tun. Schädel gehören auch zum Mond. In der naturopathischen Medizin wird Eichenrinde wegen der adstringierenden Wirkung des Gerbstoffes als Mittel gegen Magengeschwüre, Hämorrhoiden und Nasenbluten gebraucht. In Form des Präparats wirkt sie gegen Pilzkrankheiten und Parasiten, die eine unkontrollierte, exzessive Mondwirkung darstellen. Der strenge, gerechte Jupiter zügelt die Ausschweifungen der negativen Luna. Das Präparat »dämpft und zügelt wucherndes Ätherisches« (Steiner).

Löwenzahn

Der Löwenzahn mit seiner strahlenden gelben Blüte hat eindeutig die Jupitersignatur. Er ist ein Heilmittel bei Gelbsucht und Leberleiden. In der kristallenen Kugel der ausgereiften Samen – der Pusteblume – wechselt die Signatur in die des Saturns. Der große Meister der Makrobiotik, Georges Ohsawa, erklärte, als er im Schwarzwald das erste Mal eine blühende Löwenzahnwiese sah: »Wo so viel Löwenzahn wächst, braucht man kein Ginseng« (Finsterlin 1979: 25). Lebensverlängerung und Geistesklarheit, die man im Fernen Osten dem Allesheiler Ginseng (*Panax schinseng*) als Wirkung nachsagt, sind ebenfalls Jupiterwirkungen. Die Jupiterkräfte, die durch die Pfahlwurzeln tief in die Erde dringen, lassen in der Präparathülle des Rindergekröses die Kieselwirkung der obersonnigen Planeten bis in die Stoffwechselsphäre hineinstrahlen.

Baldrian

Diese an kühlen Waldbächen wachsende Pflanze enthält ätherische Öle, die eine Wärme erzeugende, »phosphorisierende« Wirkung haben, sodass man das Baldrianpräparat im Spätherbst als Frostschutz auf die Tomaten sprühen kann. Die Pflanze wirkt anziehend auf Katzen und fördert die Regenwurmzucht im Boden und im Kompost. Die krampflösende, schlaffördernde Wirkung des Baldrians wird synthetisch im *Valium* nachgeahmt. Nach Culpeper gehört Baldrian wahrscheinlich wegen seiner Heilkraft zum Merkur, während G. W. Suraya ihn zum Mars zählt. In diesem Allheilmittel sind alle Planeten vertreten. Im Präparat ist es jedoch die Saturnwirkung, die hervorgehoben wird. Die Urbilder, die sich hinter der Saturnsphäre befinden, wirken mittels der saturnischen Wärme in die ungestalte Kompostmasse hinein (Lievegoed 1979: 63). Das Baldrianpräparat verbindet die Pflanze mit ihrem kosmischen Urbild.

DER PRÄPARIERTE KOMPOST

Ein Kompost ist, wie wir bereits gesehen haben, ein großer, nach außen verlegter Verdauungsvorgang. Absterbende tierische und pflanzliche Stoffe werden hier völlig zersetzt, ins Chaos getrieben und dann zu ganz neuen Molekülen zusammengesetzt. Man steht vor dem Mysterium des Werdens und Vergehens, des Lebens und des Todes, wenn man über den Kompost meditiert. Überall da, wo alte Formen sich auflösen, zerfallen und chaotisch werden, können die verschiedensten Kräfte und Impulse Eingang finden. Das ist auch beim Menschen so, wenn sein Leben durch Schicksalsschläge, Krankheiten, Drogen oder Ausschweifungen erschüttert wird; es können dann dem Menschen ganz neue seelische und geistige Inhalte eingeprägt werden. Er kann den Suggestionen böswilliger Verführer verfallen oder sich dem heilsamen Rat eines wahrhaft

Weisen öffnen. Beim Kompost sind es elementare, makrokosmische Einflüsse, die in die chaotisierte Substanz einwirken. Die Heilkräuterpräparate stellen eine solche, absichtliche, geführte Beeinflussung dar; sie lenken den Verrottungsprozess. Durch die Präparate können ätherische, auch geistig-seelische Kräfte über den Kompost in den Boden und anschließend in das Tier und in den Menschen hineinwirken.

Man kann den Komposthaufen als ein äußerst unspezialisiertes, strukturloses Lebewesen betrachten. Seine strukturelle Organisation ist noch primitiver als die primitivster Algen oder Lebermoose. Wie bei diesen ist das Lebenselement über die ganze leibliche Masse (Corpus) gleichmäßig verteilt. Wie bei Würmern, Seesternen oder Wurzelknollen wird das Leben nicht zerstört, wenn man den Corpus zerteilt. Jeder Teil regeneriert sich und lebt weiter, denn nirgends ist dieses primitive Leben in spezielle Organe gegliedert. Auch im Anfangsstadium des menschlichen Embryos kann man die Keimzelle teilen und beliebig viele Klone erzeugen.

Obwohl den primitiven Organismen am untersten Ende der Skala spezialisierte Organe fehlen, können sie trotzdem alle Lebensfunktionen wie Stoffwechsel, Fortpflanzung, Ausscheidung oder Atmung ungehindert ausführen. Sie können das, weil ihre Lebensfunktionen mit den makrokosmischen Rhythmen verbunden und synchron gegliedert sind. Sie werden von den kosmisch bedingten Tag/Nacht-, Monats- und Jahresrhythmen, dem Wasser- und Luftkreislauf und anderen Naturzyklen geprägt. Man kann bei diesen Lebewesen höchstens von *Organanlagen* sprechen.

Dem Kompost, diesem allerprimitivsten und höchst ätherisierten Lebenskloß, pflanzt der Kompostmeister diese Anlagen in Form der biodynamischen Präparate ein, damit die makrokosmischen Kräfte besser *organisierend* eingreifen können. Die Präparate verkörpern die Anlagen der Drüsen und Organe, die in höher organisierten Lebewesen den Stoffwechsel, das Wachstum, den Ionenaustausch und andere lebenswichtige Vorgänge regulieren. Man könnte auch sagen, die sieben Präparate funktionieren als Prototypen der sieben Hauptorgane oder Chakren. Das Schafgarbenpräparat wird zur Anlage für die Venusfunktion von Blase, Niere und Geschlechtsorganen. Die im Tierschädel präparierte Eichenrinde wird zur Anlage der Mondfunktion des Gehirns und Nervensystems. Die Brennnessel vermittelt die Anlage zur Sonnenfunktion des Herzens und zur Marsfunktion des roten Blutes. Baldrian gibt die Saturnanlage, die sich in der Milz konzentriert, Löwenzahn jene der jupiterhaften Leberfunktion. Kamille ergibt als Merkurfunktion die Anlage der Lunge. Die Kalkbeigabe ist die Anlage zum Knochengerüst des Kompostes, und die Abdeckung ist die Haut des Organismus.

So von seinem »Schöpfer«, dem Gärtnermeister, ausgerüstet, beginnt der Kompost ein richtiges Leben, das drei Metamorphosen beinhaltet: das Hitzestadium, das Regenwurmstadium und das reife Salpeterstadium. Dieses primitive Lebewesen gedeiht und reift und wird schließlich auf dem Altar des Ackers oder Gartenbeetes »geopfert«. Das Opfer wird zur Tinktur, die dem Gartenmikrokosmos urwüchsige, makrokosmische Lebenskräfte vermittelt. Kunstdünger, der nur quellend im wässrigen Bereich der Erde und Pflanze wirkt, kann gar nicht mit diesem ätherträchtigen *Arcanum*[54] verglichen werden. Erst die Anwendung der Präparate, die die Dynamik der kosmischen Kräfte vermitteln, macht die biologische Landwirtschaft zu einer bio*dynamischen*.

Bei der Kompostbereitung und Präparierung befinden wir uns ganz und gar in der alchemistischen Begriffswelt. Der Kompost ist ein regelrechter Homunkulus (lat. *homuncio* = kleines künstliches Menschlein). Karl König nennt den behandelten Kompost »ein werdendes Wesen«, das einen physischen und einen ätherischen Leib besitzt und zur Grundlage der Manifestation des Pflanzenarchetypus wird (König 1968: 4). Paracelsus beschreibt den Homunkulus als »das Wesen, außerhalb des Weibes Schoß gezeugt, durch die Kunst des Spagyricus (...) mit dem arcanum sanguinis hominis präpariert, vierzig Wochen in Pferdemist gekocht« usw. (Hartmann 1973: 174).[55]

Man sieht, dass die biodynamischen Präparate eine tiefe philosophische Grundlage haben, die eine rege geistige und seelische Anteilnahme des Gärtners erfordert. Auf keinen Fall können diese Präparate im materialistischen Sinne als einfache Kompoststarter verstanden werden, die man gedankenlos kaufen und verkaufen kann. Man hätte es dann tatsächlich mit unverhohlenem Aberglauben zu tun.

WIE FINDET MAN NEUE PRÄPARATE?

Die Präparatepflanzen, die Steiner angibt, sind nicht die einzigen Pflanzen, die man als Medizin für den Gartenmikrokosmos nehmen kann. Jedes Heilmittel, das im Menschenleib wirkt, kann auch im Leib der Natur wirken, wenn es verständnisvoll präpariert wird. Das ist besonders dann nötig, wenn man in einer Gegend gärtnert, in der die angegebenen Pflanzen nicht wachsen, oder wenn man eine spezielle Tinktur braucht. Die Frage ist aber: Wie findet man die richtigen Pflanzen, und wie präpariert man sie? Nur in alten Schriften zu kramen und blindlings obskure Rezepte nachzuahmen, entartet leicht zu einer leeren Handlung, die wenig Wirksamkeit aufweist.

Wie erkennt man also das Wesentliche an einer Pflanze? Greifen wir auf die goetheanistische Erkenntnismethode zurück. Erstens beobachtet und betrachtet man die Pflanze genauestens unter allen möglichen Aspekten. Man kennt alle ihre Wachstumsstufen, weiß, wie die Blüten duften, wie sie überwintert, in welcher Lebensgemeinschaft sie wächst; man lernt die mit ihr verbundene Folklore kennen; man bewundert sie; man spürt gedanklich und gefühlsmäßig in sie hinein oder zeichnet sie mit Buntstiften ab. Mit anderen Worten: Man befasst sich lange und innig mit ihr, ohne jedoch von eigenen Vorstellungen oder vorwitzige Hypothesen auszugehen.

Aus dieser langen, meditativen Betrachtung kommen dann, als zweite Stufe, die richtigen Einfälle. So ist das Denken nicht ein subjektives Kombinieren, sondern wird selbst zu einer Art inneren Wahrnehmung. Die *Innenseite des Phänomens* erschließt sich uns. Vor dem inneren Auge stellt sich die Äthergestalt oder gar die Seele der Pflanze ganz objektiv dar. Durch meditative Versenkung in sie kommen wir der Pflanzenseele näher, wird das Bild sozusagen schärfer eingestellt.

Man vertieft sich in das Pflanzenwesen, indem man die Pflanze in den Garten pflanzt, sie sammelt, trocknet, ihr Aroma wahrnimmt, wenn sie frisch ist, wenn man sie als Tee aufbrüht, mit ihr räuchert oder sie verjaucht – das Riechen ist der Königsweg zu den tieferen Sinnen, zu den Instinkten. Man kann sie auch kosten und dabei beobachten, was sie für einen Einfluss auf den eigenen Leib und die Seele haben kann. Wenn man nüchtern ist oder sogar länger gefastet hat, empfindet man die Eindrücke viel stärker. Man achte dabei genau auf die Gedanken und Imaginationen, die im eigenen Innern aufsteigen. Betrachtet man das Schneeglöckchen, dann kommt einem vielleicht der Besuch bei der Großmutter in den Sinn; bei den Brennnesseln denkt man an das Märchen von den sechs verzauberten Schwänen; beim Huflattich erscheint einem die flachshaarige Frau, die daraus einen Hustentee braute. Man steige ganz in diese Bilder ein, denn sie gehören mit zu den Erscheinungszusammenhängen. Man versenke sich in diese Imagination, ohne aber dabei Inhalte zu fantasieren, die nicht dazugehören. In solchen Bildern und auch mittels Eingebungen und Klarträumen tritt einem das Wesen der Pflanze – die Dryade, die Blumenelfe oder der Pflanzendeva – näher und sagt schließlich etwas über seine Eigenschaften und Kräfte aus. Es ist, wie bereits Goethe erkannte, eine Gnade, ein Geschenk: Mit Hebeln, Schrauben und raffinierten Instrumenten wird man es ihm nicht abringen können, mit Experimenten und chemischen Analysen wird man ihr nicht auf die Schliche kommen. Es ist vielmehr ein Dialog, der oft viele Jahre dauert, ähnlich der unbewussten Zwiesprache, die ein Mensch mit seiner Lieblingsblume führt.

54 Nach Paracelsus ist ein Arcanum »die durch tausendfältige Erhöhung verbesserte Kraft eines Dinges«.

55 Auch in der Geschichte des *Golems* (hebr. *Golem* = der Ungeschlachte), eines künstlichen Menschen aus Lehm, dem vom Prager Rabbiner Löw ben Bezaleel die Buchstaben des Namens Gottes eingepflanzt wurden und der dadurch zum Leben erwachte, finden wir Züge der alchemistischen Kunst, die uns beim Kompostmachen wieder begegnet.

Löwenzahn – Jupiter in Pflanzengestalt.

Das gewonnene Präparat wird der Vermittler der ätherischen Kräfte dieses Pflanzenwesens. Die Ermittlung dieses Präparats ist das Resultat des Dialogs zwischen dem Menschen und einem übersinnlichen, makrokosmischen Wesen. Der verstehende, fühlende Mensch kann aus dieser Beziehung nicht weggedacht werden. Rühren, Schnuppern, Behandeln, Denken und Vorstellen gehören mit zu dieser Beziehung. Der Mensch kann nicht durch einen Computer oder eine Rührmaschine ersetzt werden. Auch chemische Analyse und synthetische Herstellung des Präparats sind nie das Richtige. Man muss ganzheitlich vorgehen wie in der früheren spagirischen Medizin, wo der Arzt den Patienten kannte und wo alle Umstände wie Planetenstand, seelischer Zustand des Kranken *und* des Arztes bei der Heilmittelzubereitung miteinbezogen wurden. Da gab es keine abstrakte Massenherstellung von Mitteln, für die es noch keine Patienten gibt.

Das neu gefundene Präparat muss einen geeigneten Träger haben. Der naturnahen Medizin folgend, nimmt man dazu Wasser, Öl, Alkohol oder Honig. Die Bauern haben ihre Heilmittel lange mit Osterwasser bereitet. In der mondhellen Osternacht wird von einer Jungfrau mit einem Krug reines Quellwasser geschöpft. Sie muss allein zur Quelle gehen, darf mit niemandem reden und sich auch nie umblicken. Solches Wasser hält sich sehr lange, da es dämonischen Einwirkungen unzugänglich ist. Die Spagiriker sammelten für ihre Präparate frischen Morgentau, den sie als neue, aus dem Himmel kommende Materie betrachteten. Der Frauenmantel, in dessen Blättern man oft glitzernde Tauperlen findet, wurde von den Alchemisten zur Herstellung des »himmlischen Wassers« benutzt; daher stammt sein lateinischer Name *Alchemilla*. Der englische Kräuterarzt Edward Bach benutzte reines Quellwasser für seine Blütenessenzen. Schließlich kommt noch das lebensgeschwängerte Vollmondregenwasser für die Präparateherstellung in Frage.

Honigpräparate, die auf eine Idee der englischen Gärtnerin May E. Bruce zurückgehen, werden in der Gärtnerei der Abtei Fulda sowie von vielen englischen Gärtnern benutzt. Dazu werden die sechs biodynamischen Präparatepflanzen in Honig gekocht, anstatt sie dem langen Prozess in den Tierhüllen zu unterziehen, und dann zum Kompost gegeben (Abtei Fulda 1973: 18).

Der Bauer und Gärtner sollte die Präparate für die tatsächlich vorhandenen Bedürfnisse selbst herstellen und nicht im Handel kaufen. Er sollte den Mist von den eigenen Tieren, die er pflegt und liebt, nehmen. Er sollte die Kräuter selbst anbauen oder sammeln. So kann seine Seele die Präparateherstellung Schritt für Schritt begleiten, sein Geist sich mit den Pflanzendevas verbinden. Er sollte dabei auch auf seine Lebensführung, sein Gefühls- und Gedankenleben achten. Diese müssen lauter und aufrichtig sein, denn sonst vertreibt er die Devas, und die Herstellung der Präparate wird zu einem leeren Ritual, zum billigen Okkultismus, oder er projiziert seelische Unreinheiten in die Präparate. Wenn die Substanz durch stundenlanges rhythmisches Schütteln aufgeschlossen ist, wenn sie im wandlungsfähigen flüssigen Medium aufgelöst oder durch Zerreibung chaotisiert ist, dann ist sie nicht allein für die Einflüsse des makrokosmischen Firmaments empfänglich, sondern auch für die des mikrokosmischen. Ungute Gedanken und böse Gefühle wirken dann wie schlechte Konstellationen.

DIE GUTE STUNDE

Außer auf die Regungen des inneren Himmels sollte der Gärtnermeister auch auf den äußeren, makrokosmischen Himmel achten. Eine gute Stunde, eine gute Konstellation ist erwünscht. Morgen- und Abendstunden sind immer der Zeit um Mittag oder Mitternacht vorzuziehen. Man sollte den Hauptplaneten kennen, der in der Signatur der Pflanze zur Geltung kommt, und die Pflanze pflücken, wenn dieser Planet besonders wirksam ist oder in einem guten Aspekt oder einem guten Tierkreiszeichen steht. Auch wenn er am Aszendent, in einem Eckhaus oder im zehnten Haus ist, kann es günstig sein, ein ihm zugehörendes Kraut zu nehmen (Surya 1978: 85).

Seit babylonischen Zeiten pflückt man Heilkräuter in ihren *Planetenstunden*. Diese so genannten Temporalstunden, die man noch in den mittelalterlichen Klöstern beachtete, waren nicht von gleichmäßiger Länge, wie sie es heutzutage durch die mechanische Abzählung des Uhrwerks geworden sind. Man teilte die Nacht in zwölf Stunden und den Tag in zwölf Stunden. Daraus ergab sich, dass im Sommer die Tagstunden viel länger waren als die Nachtstunden, während im Winter umgekehrt die Nachtstunden viel länger waren. Es waren eben Stunden, wie man sie auf einer Sonnenuhr ablesen konnte. Nur zur Tagundnachtgleiche im Frühling und im Herbst waren die Tag- und Nachtstunden gleich lang. Jede Stunde hat einen planetarischen Regenten. Am Sonntag gehörte die erste Morgenstunde der Sonne, die zweite der Venus, die dritte dem Merkur, die vierte dem Mond, die fünfte dem Saturn, die sechste dem Jupiter, die siebente dem Mars, die achte der Sonne, die neunte der Venus, die zehnte dem Merkur, die elfte dem Mond und die zwölfte dem Saturn. Die Nachtstunden gehen dann in derselben Reihenfolge weiter mit Jupiter, Mars, Sonne, Venus, Merkur, Mond, Saturn und so weiter. Folgerichtig – wenn man die Geduld hat, es nachzuzählen – ist der Regent der ersten Tagesstunde am Montag der Mond, am Dienstag Mars, am Mittwoch Merkur usw. (Surya 1978: 100).

WIE ERKENNT MAN DEN PLANETEN IN EINER PFLANZE?

Heben wir noch einmal hervor: Alle Planeten sind in jeder Pflanze wirksam, ein Planet ist jedoch dominanter als die anderen. Nach diesem herrschenden Planeten, den man an Physiognomie, Blütenfarbe, Blattstellung und anderen Kriterien erkennt, ist die Signatur der Pflanze benannt. Zuweilen kommt es vor, dass zwei Planeten gleich stark sind und einander modifizieren. So gehört zum Beispiel der Chilipfeffer als Nachtschattengewächs dem Mond an, aber die knallrote, feurig-scharf schmeckende Frucht verrät den Mars in ihr. Man spricht dann von einem lunaren Mars oder einem martialen Mond. Grob verallgemeinert unterscheidet man die Planetenzugehörigkeit nach folgenden Merkmalen:

- Mond: Mondpflanzen wachsen schnell, sind weich und wässrig. Manchmal sind es Kriechpflanzen, manchmal wässrig aufgedunsene Gewächse, die oft bizarre Gestalt annehmen. Die Blüten sind weißlich-gelb bis zartlila, die Früchte – wie die der Kürbisse – sind oft groß und eher geschmacklos. Oft sind

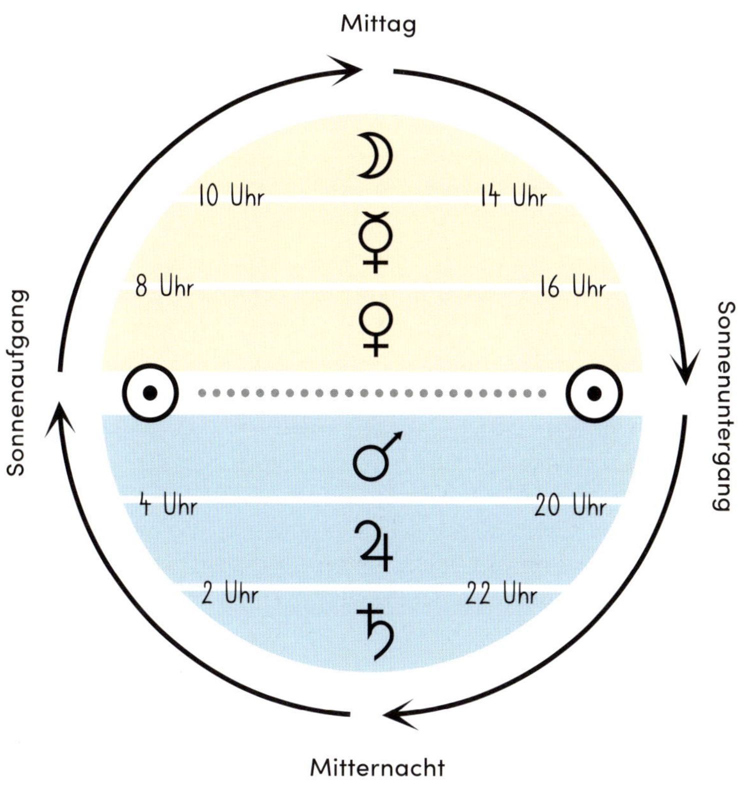

diese Pflanzen alkalisch, giftig oder rufen wie viele Nachtschattengewächse Halluzinationen hervor.

• Sonne: Sonnenpflanzen folgen mit ihrem beständigen Wachstum dem Jahreslauf und schließen mit einer strahlenden, oft goldgelben, aromatisch duftenden Blüte ab. Die Früchte sind süß. Gewächse, die auf das Herz wirken, wie Weißdorn, Ziest oder Zitronenmelisse, und solche, die sich mit der Sonne wenden, wie die Sonnenblume, haben eine solare Signatur.

• Merkur: Schnellwüchsigkeit, gefiederte Blätter und schillernde, glänzende Blüten, die aber nicht besonders duften, kennzeichnen die merkuriale Pflanze. Kräuter mit einer Heilwirkung auf Zunge, Nerven und Lunge und viele Schlingpflanzen gehören zu diesem Planeten.

• Venus: Auch bei den Venuspflanzen hat man ein relativ lebhaftes Wachstum. Die Formen der Pflanzen sind anmutig, die Blüten weiß bis rosa, mitunter grün (Frauenmantel), der Duft ist angenehm. Der Geschmack ist leicht säuerlich, wie etwa der Apfel. Alle Frauenkräuter und Aphrodisiaka haben eine Venussignatur.

• Mars: Stachelige, borstige und dornige Pflanzen, solche mit roten Blüten und Früchten, mit scharfem, prickelndem Geschmack und Duft, mit anregender Wirkung (Pfeffer, Meerrettich) oder mit Pfahlwurzeln (Karotte und Rote Bete/Rande) sind martiale Pflanzen.

• Jupiter: Bei den Jupiterpflanzen ist das Wachstum üppig, aber langsam. Die Pflanzen sehen stattlich und edel aus. Die Früchte sind zuckersüß (Weintraube, Feige). Die Farben der Blüten reichen von Goldgelb bis zum königlichen Purpur. Ölhaltige und nahrhafte Früchte und Samen (Oliven, Eichel, Buchecker) sind dem Jupiter zugeordnet ebenso wie diejenigen, die das Gemüt anregen und eine joviale Stimmung bewirken (Gerste, Weintraube).

• Saturn: Saturnpflanzen wachsen noch langsamer als Jupiterpflanzen. Die Rinden, Blätter und Blüten haben ein mattes, raues, dunkles Aussehen. Der Duft der Pflanzen ist balsamisch, harzig, der der Blüte ist meistens unangenehm (Baldrian), und wenn es Früchte gibt, sind sie oft herb oder bitter. Die saturnischen Farben sind Blau (Borretschgewächse), Grau (Beifuß, Eiche) oder Schwarz.

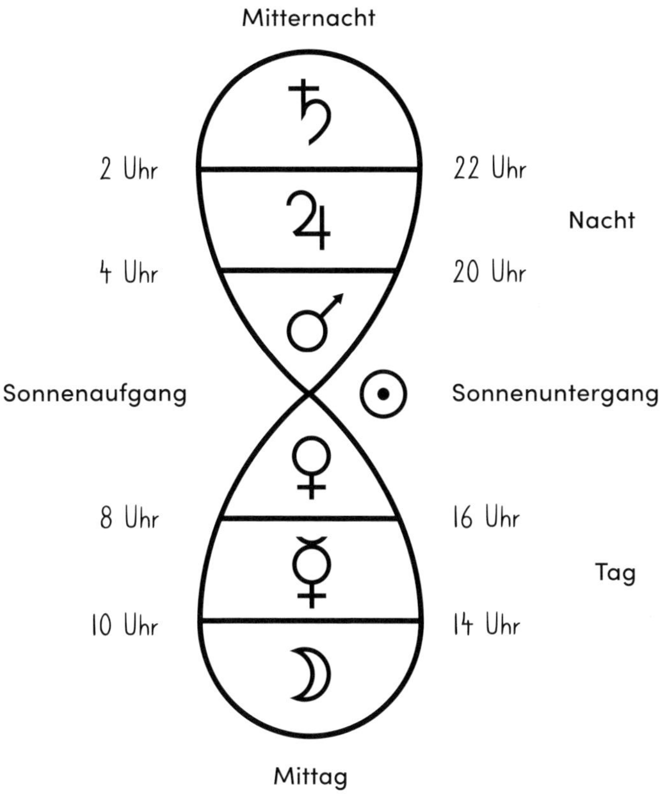

Arthur Hermes hatte ein anderes System, um die Planetenstunden zu bestimmen (Storl 2014b: 183):

Saturnstunde	Mitternacht
Jupiterstunde	Späte Nacht, kurz vor und kurz nach Mitternacht
Marsstunde	Frühe Nacht, nach Sonnenuntergang, vor Sonnenaufgang
Sonnenstunde	Abenddämmerung, Morgendämmerung
Venusstunde	Nach Sonnenaufgang, vor Sonnenuntergang
Merkurstunde	Vormittag, früher Nachmittag
Mondstunde	Mittag

GARTENPRODUKTE ALS NAHRUNGSMITTEL

Wir informieren uns mit kosmischer Ordnung,
indem wir gesunde Nahrung zu uns nehmen.
Fritz-Albert Popp

Wer bis hierher mitgelesen hat, sollte sich ein Bild machen können, wie man kräftige, gesunde Gemüse züchten kann. Nun gilt es noch dafür zu sorgen, dass wir nicht durch schlechte Formen der Aufbewahrung und unvernünftiges Kochen unsere Gartenerzeugnisse wieder verderben.[56]

Im Vergleich zu den Tieren haben die Menschen ihre Instinktsicherheit bezüglich der Nahrung verloren. Wer kann schon an einer unbekannten Pflanze schnuppern und sofort erkennen, ob sie genießbar oder giftig ist? Dies ist eine Folge der Tatsache, dass sich der Mensch aus den makrokosmischen Zusammenhängen herausgelöst hat, dass er ein Mikrokosmos, ein »Ich« geworden ist, dass er sich wie eine Schnecke in der Schale seiner Gebäude und Stadtmauern verkrochen hat, wobei sein Blick oft nicht weiter als bis zum gedruckten Papier oder zum Bildschirm reicht. Naturvölker scheinen da noch viel sicherer zu sein; sie zeigen mehr Vernunft in dem, was sie essen und wie sie es essen. Das rührt aber weniger von den Instinkten her als von alten kulinarischen Traditionen, von weisen Nahrungsvorschriften und -verboten, die den Eigenschaften der Ökologie und der ansässigen Bevölkerung angepasst sind. Die Theosophen sind der Ansicht, dass diese Traditionen in einer längst vergessenen Zeit, als der Mensch dem Makrokosmos noch viel näher stand, von Hellsehern, Rishis und geistigen Führern eingesetzt worden waren. Der moderne Mensch hat dieses Erbe weitgehend hinter sich gelassen. Wenn er sich aber wieder auf seinen Instinkt verlassen will, sind die Folgen katastrophal. Wenn er isst, was er will und so viel er will, wird er entweder hyperaktiv oder fett und bekommt vom Übermaß an raffiniertem Zucker faule Zähne, seine Nerven werden schwach, sein Blutkreislauf stockt, weil er zu viele Reizmittel genießt; sein Stuhlgang rebelliert gegen zu weiche, industriell verarbeitete oder verkochte Kost. Nur die Pharmaindustrie hat von all dem einen Gewinn. Auch der prächtigste Selbstversorgergarten hilft nichts, wenn man nicht weiß, wie man mit den Erzeugnissen umgehen sollte.

WAS IST NAHRUNG?

Sämtliche Lebensmittel kommen ursprünglich von *lebenden* Organismen. Der Technokrat mit seinen Apparaturen und seiner kostspieligen Forschung hat noch nicht das winzigste Salatblättchen herstellen können. Alle Nahrungsmittel, auch die tierischen, entspringen letztlich dem Leben der Pflanzen. Bei jedem Bissen und jedem Atemzug, den wir machen, sagt uns die Pflanze: Du kannst leben, weil wir da sind!

Was tut die Pflanze, um zur Nahrung für Mensch und Tier zu werden? Nach der Formel der Assimilation und Photosynthese werden 6 Teile Wasser (H_2O) und 6 Teile Kohlendioxid (CO_2) in der Gegenwart von Sonnenlicht, Wärme und einigen Katalysatoren zu Traubenzucker ($C_6H_{12}O_6$), der dann weiter in Stärke oder Fett umgewandelt werden kann. Sauerstoff ist Nebenprodukt dieses Prozesses. Anschaulicher gesagt, das grüne Blatt hat das einzigartige Vermögen, die »toten« Elemente – Erde (Mineralien), Wasser, Luft (Kohlendioxid), Feuer (Sonnenlicht) – zu verbinden und zu beleben. Die Energien, die diese Belebung in der Pflanze zustande bringen, sind kosmischen Ursprungs; sie strömen hauptsächlich von der Sonne, aber auch vom Mond und den Planeten der Erde zu. Indem wir unsere Nahrung verspeisen, haben wir am ganzen Weltall teil: Wir essen in Pflanzenstoffe eingebundene kosmische Lebenskräfte. Die kosmischen Lebenskräfte werden dann unsere eigenen Lebenskräfte.

Diese »kosmischen Lebenskräfte« hat der geniale Physiker Fritz-Albert Popp genauer identifiziert und wissenschaftlich belegt. Nahrung, erklärt er, wird nicht, wie allgemein geglaubt, dem Körper zugeführt, wie dem Motor Treibstoff. Nicht die Kalorien sind der entscheidende Nährwert, sondern die *Information*. Die Information besteht aus geordneten Lichtfeldern. Nahrungsmittel sind Lichtspeicher. Wie auch Heilkräuter übertragen die Nahrungspflanzen »fehlende Schwingungen« auf den Organismus, der diese für die Regulation seiner raumzeitlichen Rhythmik benötigt (Bischof 1995: 320). Photonen sind die Informationsträger, die die *Form* gebenden Frequenzen vermitteln. Popp, dessen Forschung es zu verdanken ist, dass man die Lichteinheiten, die die Lebewesen speichern und abstrahlen, messen kann, konnte eindeutig beweisen, dass naturgemäß erzeugte, biologische Ware eine größere Lichtspeicherfähigkeit aufweist als konventionelle Ware. Fazit: Je mehr Lichtspeicherfähigkeit, umso größer die Haltbarkeit und umso geringer die Oxidationsrate (Bischof 1995: 322).

Auch wenn die messbaren Inhaltsstoffe gleich bleiben, nimmt die Photonenintensität bei der Lagerung ab. Es ist also richtig, wenn die chinesische

56 Dazu Are Waerland: »Der Mensch ist das einzige Lebewesen, das seine Nahrung verdirbt, ehe es sie verzehrt.«

Küche verlangt, die Gemüse so frisch und lebendig wie möglich zu verwenden, am besten direkt vom Garten in den Kochtopf. Popp konnte nachweisen, dass die Supermarktgemüse, die der Hydrokultur entstammen oder unter Plastikfolie gezogen wurden, ein vermindertes Lichtspeichervermögen aufweisen.[57]

Wenn wir die Nahrung verdauen, werden die in der Pflanze enthaltenen makrokosmischen Impulse vom inneren Alchemisten – dem *Archaeus*, wie ihn Paracelsus nennt – in mikrokosmische Impulse umgewandelt. Dieser Archaeus zerkleinert die makrokosmische Substanz, löst sie in Laugen und Säuren auf, lässt Gase entstehen, chaotisiert die Stoffe und setzt im Feuerprozess die gebundenen Lichtenergien frei. Die Schlacke und Asche (*faecis*), die sich dabei bilden, schiebt er durch den Darm wieder in den Makrokosmos.

Bei den Tieren werden die freigesetzten kosmischen Energien zum Laufen, Springen, Zeugen und anderen Formen des Ausdrucks ihres Seelenlebens eingesetzt. Beim Menschen ist dies ebenso der Fall, nur kann er einen Schritt weiter gehen: Er hält mit der Lichtenergie nicht nur Seele und Körperfunktionen in Gang, er kann nicht nur denken, sondern darüber hinaus imaginieren und Intuitionen folgen und dem durch Worte und Taten Ausdruck verleihen. Da er nicht wie das Tier der Führung eines weisen, makrokosmischen Gruppengeistes, der seinen Instinkt leitet, unterworfen ist, hat er die völlige Freiheit, mit den in der Verdauung gewonnenen Kräften zu tun, was er will. Er kann die Kräfte nutzen, um anderen Wesen zu schaden, um sich auf egoistische Weise selbst zu befriedigen, oder er kann sie, wie die Pflanze es ihm vormacht, in selbstlose Taten umsetzen und zur Selbsterkenntnis kommen.

Um eine gesunde Kultur zu pflegen und Körper, Geist und Seele auf Erden sinnvoll wirken zu lassen, brauchen wir frische, biologisch erzeugte, »lichthafte« Nahrung. Steiner wurde einmal von Ehrenfried Pfeiffer gefragt, wieso trotz der »inneren Schulung«, der geistigen Übungen und des vorhandenen guten Willens so viele Streitereien, Eifersüchteleien, Machtgelüste und ähnliche Untugenden in den geistig-spirituell orientierten Bewegungen zutage treten. Steiner antwortete, ohne zu zögern, das sei eine Folge der Ernährung. Die Brücke vom klaren Denken zum Wollen und Tun kann nicht mehr geschlagen werden, weil die (kunstdüngerernährten) Pflanzen nicht mehr die Kräfte hergeben, die die Menschen brauchen (Pfeiffer 19747). Anderswo sagte Steiner voraus, dass die Menschheit an den Punkt gelangen könnte, wo die Nahrung so denaturiert ist, dass man am voll gedeckten Tisch verhungern würde.

Auch für Fritz-Albert Popp ist das keine Frage: Schlechte Nahrungsmittel übertragen schlechte Informationen, stören Biorhythmen, beeinträchtigen das Biophotonenfeld des Organismus und die Muster der Erregung und Abregung sensorischer Reflexe. »Langfristig dürften aber ständige Aberrationen Informationskatastrophen auslösen, so zum Beispiel Krebs, Herz-Kreislauf-Versagen, Allergien und vieles mehr« (Popp 1999: 149). Zu dem »vielen mehr« gehören auch geistig-seelische Verwirrungen. Auch der Politiker, der im Bundestag oder im Europäischen Parlament Entscheidungen zu treffen hat, ist oft selbst Opfer verminderter Nahrungsmittelqualität. Er trifft Fehlentscheidungen, die schlimme Folgen für die Gesellschaft und die Natur haben.[58]

Dass eine vollwertige Ernährung, die unser Denken, Fühlen und Wollen unterstützt, mit der richtigen Bodenpflege anfängt, haben schon Are Waerland, I.J. Rodale, André Voisin, Jethro Kloss und andere Vorkämpfer des 19. und 20. Jahrhunderts gewusst. Graham, Bircher, Kollath und andere Reformer konzentrierten sich auf die Zubereitung der Lebensmittel und hoben hervor, dass durch unsachgemäßes Aufbewahren, Verarbeiten und Kochen, durch schlechte Essgewohnheiten und scharfes Würzen die Qualität der Nahrung in Mitleidenschaft gezogen wird.

NAHRUNGSMITTELREFORM

Wie bei der Aussaat und beim Pflanzen gibt es auch beim Ernten gute und weniger gute Zeiten. Die Nahrungspflanzen sind ja keine toten Dinge; sie sind lebende, wachsende Organismen, die sich ständig verändern. Daher muss man sie zu einem günstigen Zeitpunkt ernten. Blattgemüse sollte man in den frühen Morgenstunden ernten, da zu dieser Zeit die vitaminreichen Säfte in die Pflanze steigen. Wurzelgemüse sollte hingegen abends geerntet werden, denn der Zucker- und Stärkebestandteil zieht gegen Abend in die Wurzeln. Nach Ansicht Alan Chadwicks ist eine Frucht eigentlich nur eine kurze Weile richtig reif; vorher ist sie noch unreif, bald darauf schon überreif. Gemüse, besonders Fruchtgemüse, und Obst muss also zum richtigen Zeitpunkt gepflückt und aufgetischt werden. Das ist allerdings nur beim Selbstversorger oder im Rahmen einer kleinen Gemeinschaft möglich. Und damit wird man auch der Forderung Georges Oshawas gerecht, nach welcher die Nahrung des Menschen aus der ihn

57 Man muss noch hinzufügen, dass die Nahrung, die wir zu uns nehmen, nur die gröbste Form der Ernährung ist. Die Sinneseindrücke, die als Licht, Form, Farbe, Klang und Geruch die Tore der Nase, Ohren und Augen passieren, stellen eine Art feinstoffliche Ernährung dar, die für uns erbaulich ist. Der Garten nährt also nicht nur unseren Magen. Frische Luft und Sonnenschein, Blumendüfte, Vogelgezwitscher sowie ästhetisch schön hergerichtete Gartenbeete sind Nahrung für Leib und Seele. Auch der Bildschirm liefert »Nahrung«, feinstofflichen Junkfood, der verdaut werden muss.

58 »Kann [der Politiker] sich dann überhaupt noch sorgfältig genug auf seine Aufgaben konzentrieren, hat er noch die Fähigkeit, sein Heer von bürokratischen Zuarbeitern, die selbst wieder in eine eventuell unheilvolle Nahrungskette eingebunden sind, zu kontrollieren, verfügt er noch, eventuell mit Antibiotika und Konservierungsstoffen gehemmt bis mumifiziert, über die Kraft, richtige Einsichten durchzuboxen, oder sitzt er lieber, von Beruhigungsmitteln und Batterieeiern beseelt, die Probleme einfach aus?« (Popp 1999: 16)

Kürbis mit wetterbedingten Wachstumsstörungen.

Rote Bete (Rande).

umgebenden Landschaft kommen und nicht, in Folie eingeschweißt, chemisch oder durch Bestrahlung haltbar gemacht, aus allen Ecken der Welt herbeigeschleppt werden sollte.

Der Schweizer Ernährungsforscher W. Kollath fordert, dass die Nahrung nicht nur frisch, sondern auch möglichst wenig verarbeitet sein soll, damit ihre volle Vitalität zur Geltung kommt (Löckle 1970: 105). Nach diesem Grundsatz ist eine frische Karotte besser als Karottensaft, Vollkornbrot besser als Weißbrot, ein ganzer Apfel enthält mehr ätherische Lebenskraft als Apfelmus.[59]

Je weiter man sich in der Ernährung von der Frische und Ganzheit der Nahrungsmittel entfernt, umso näher kommt man dem Zustand der Mineralisation. Wir haben auf diese Gefahr schon beim Kompostierungsprozess aufmerksam gemacht, wo der Gärtner darauf achten muss, dass die organischen Verbindungen nicht in den Bereich der anorganischen Elemente abrutschen und dem Lebenszyklus verloren gehen. Dieses »Abrutschen« geschieht aber in der industriellen Lebensmittelverarbeitung absichtlich, denn dadurch halten sich die Stoffe besser. In Konservengemüse, Weißmehl, Kristallzucker oder gesättigten Fetten (Holenstein 1978: 7) ist nicht mehr viel Leben – dafür aber halten sie sich umso länger in den Gestellen der Supermärkte. Früher konnten Strafgefangene bei Brot und Wasser einigermaßen gesund bleiben, aber heute – das zeigen amerikanische Experimente – gehen sogar Ratten kümmerlich ein, wenn sie nur Weißbrot (vitaminangereichertes modernes »Wonderbread«) und Wasser bekommen. Mikrowellengerichte, tiefgekühlte Fertiggerichte, gezuckertes oder aus Büchsen entnommenes Obst und Gemüse haben die notwendigen ätherischen Lebenskräfte größtenteils verloren, auch wenn sie mit nachgeahmten Geschmacksstoffen und künstlichen Vitaminen aufgepäppelt worden sind.

Die Nahrungsmittelerzeugung gehört in die Hände lokaler Erzeuger und Händler. Wie Hans-Ulrich Grimm hervorhebt: »Gerade Lebensmittel sperren sich von Natur aus gegen die Globalisierung. Sie lassen sich ungern über weite Strecken transportieren: sie verschimmeln, verderben, vergammeln. Und auch die Tiere reagieren naturgemäß auf die industriellen Produktionsweisen: Sie werden siech und krank, sie sterben. Nur mit Gewalt lassen sich die Lebensmittel der Globalisierung und Industrialisierung unterwerfen: Mit chemischen Eingriffen, mit Gift und Medikamenten, mit Konservierungsstoffen und Impfplänen, mit Gasen oder gar Atomstrahlen« (Grimm 1999a: 281).

59 In Deutschland stammt heute 75 % alles Verzehrten aus industrieller Produktion, in den USA, dem Pionierland des modernen Lebens, sind es schon 95 % (Grimm 1999b: 17).

WINTERGEMÜSE UND WINTERSALAT

Für den Selbstversorger oder eine Gemeinschaft mit Anschluss an einen biologischen Landwirtschaftsbetrieb sind denaturierte Lebensmittel kein Problem. Frische, unverdorbene Gemüse, Früchte und Salate sind das ganze Jahr verfügbar, auch im Winter (Stauffer 1979). Es ist eine so große Auswahl möglich, dass niemand empört ausrufen muss: »Was, schon wieder Kohl und Bratkartoffeln!«

In einem milderen Klima kann man Rosenkohl, Grünkohl, Federkohl, Lauch, Feldsalat (Nüssli) und Zuckerhut den Winter über im Beet lassen. Unter Umständen können auch Rippenmangold, Blattmangold, Kresse, Senf, Kohl, Rauke, weiße Speiserüben, Petersilie, Schnittlauch, Rote Beten (Randen) und Sellerie unter dem Schutz des Glaskastens oder einer Folie im Garten bleiben. Die Wurzeln und Knollen – Kohlrüben, Karotten, Haferwurzeln, Nachtkerze (Schinkenwurzel), Wurzelpetersilie, Knollenziest, Pastinaken, Rote Beten, Sellerieknollen, Kartoffeln, Topinambur und andere – nimmt man meistens in den Wurzelkeller. Die Kartoffeln sollten getrennt von den anderen Gemüsen aufbewahrt werden, da ihre Ausdünstungen sich auf die Haltbarkeit der anderen Lagerfrüchte ungünstig auswirken. In Gegenden, wo der Winter nicht sehr streng ist, können viele Wurzeln und Knollen im Boden gelassen werden, nur sollte man sie bis Februar geerntet haben, denn beim neuen Saftfluss treiben sie aus und werden holzig.

Äpfel, Birnen, Quitten und anderes Obst kann man gut über den Winter aufbewahren; dazu kommen noch Zwiebeln, Knoblauch, Kürbisse und Fenchelknollen, die aber nicht in den feuchten, kalten Keller kommen, sondern in einen kühlen Raum mit trockener Luft. Ein Dachboden (Estrich) könnte dafür geeignet sein.

An frischem Salat braucht es im Winter ebenso wenig zu fehlen wie an frischem Gemüse. Neben Zuckerhut, Endivien und Feldsalat kommt vor allem Chicorée (Brüsseler Endivie, Witloof) in Frage. Die Chicoréewurzeln, die über den Sommer im Feld gewachsen sind, werden im Herbst geerntet, das Laub wird dem Vieh verfüttert, und die Wurzeln werden kühl und trocken – vielleicht im leeren Mistbeet – gelagert. In der Weihnachtszeit werden die ersten Wurzeln in einem warmen Raum in Kisten in gute Erde gepflanzt, mit einer fünfzehn Zentimeter dicken Torf-Sand-Schicht bedeckt und mit lauwarmem Wasser begossen. Wenn man einen Kuhstall hat, genügt die Stallwärme (12 bis 14 °C), um die großen, festen Hauptsprosse der Chicoréewurzeln zum Austreiben zu bringen (Storl 1980: 148). Wenn nach zwei oder drei Wochen die ersten Spitzen der Zapfen aus der Deckschicht herausschauen, kann geerntet werden. Die weißen Zapfen ergeben einen zarten Salat, können aber auch als Gemüse gekocht und mit einer Käsesauce serviert werden. Die übrig gebliebenen Wurzeln schmecken dem Vieh. Man kann sie notfalls auch als Gemüse kochen, wenn man sie lange genug einweicht, um den bitteren Geschmack etwas zu mildern. Chicorée ist übrigens ein Lebertonikum. In Frankreich röstet man die Wurzeln und mischt sie in den Kaffee, um ihn etwas bitterer zu machen.

Der Wintersalat kann mit den zarten Keimlingen von Kresse, Alfalfa, Senf, Linsen, Radieschen, Sojabohnen und Weizen garniert werden. Diese Samen, die bei der Keimung fast alle lebenswichtigen Vitamine und viele Mineralien aktivieren, werden in feuchten Gläsern im warmen Zimmer zum Sprießen gebracht. Man weicht sie ein, badet sie jeden Tag erneut in lauwarmem Wasser und wartet, bis sich die ersten grünen Keimblätter gebildet haben. Diese Keimlingssalate enthalten so viel Vitamin C, dass man auf importierte Südfrüchte gut verzichten kann. Wenn man noch das Vitamin-C-reiche Löffelkraut, Sauerkraut und einen Sirup von schwarzen Johannisbeeren, Holunder, Sanddorn oder Ebereschenmus dazu nimmt, hat man einen weiteren Schritt zur Eigenständigkeit in der Befriedigung der Grundbedürfnisse getan.

Wildkräuter, die man im Vorfrühling schon in den Beeten oder auf der Wiese findet, geben dem Wintersalat anregende Geschmacksnuancen. Einige Blätter Gundermann, Vogelmiere, Wegerich, wilde Kresse, Barbarakraut, Sauerampfer und vom noch nicht blühenden Scharbockskraut gehören mit in den gesundheitsfördernden Salat. Später im Frühling kommen dann noch der Löwenzahn, Giersch, Wiesenschaumkraut, die jungen Blätter des Beinwells, der Schafgarbe, der Wegwarte und etliche andere grüne Kräuter hinzu (Storl 2018: 16).

Im Ganzen hat man eine derart große Auswahl und Kombinationsmöglichkeit, dass man auf Einwecken, Einfrieren und Einkochen – mit Ausnahme der köstlichen Beeren – verzichten kann. Gedörrte grüne Bohnen, die reich an Eiweiß sind, und eingesäuerte Gurken, Rüben, Rettiche, Sauerkrautkohl und sogar Gierschstängel vervollständigen die Gemüseauswahl für das Wintermenü.

Diese Art der Behandlung und Aufbewahrung von Wintergemüsen benötigt keinen großen Aufwand an Fremdenergie (Transport, Kühltechnik, Verpackung usw.) und erlaubt uns, auch in der Ernährung mit den makrokosmischen Lebensrhythmen im Einklang zu leben. Wenn wir im Winter hauptsächlich Samen, Wurzeln und Knollen, im Frühling frisches Grünzeug und nach der Sommersonnenwende reife Früchte aus dem Garten in die Küche nehmen, dann entwickeln wir nicht nur ein viel tieferes Verständnis für die Naturmetamorphosen, sondern stehen in Resonanz mit der Gartenseele. Obwohl sich der Mensch im Laufe der Entwicklung vom Diktat der makrokosmischen Rhythmen weit entfernt hat, ist er trotzdem, was sein Seelenleben anbetrifft, noch damit verbunden. Ebenso wie die Menschen im Allgemeinen lieber nachts schlafen und tagsüber wachen, leben sie im Winter lieber in der Geborgenheit der warmen Stube, während sie im Sommer lieber in der freien Natur spielen, träumen oder wandern. Im Winter, um die Weihnachtszeit ist man viel offener für die imaginativen Bilder in den Seelentiefen, während man im Sommer viel leichter das Götterschaffen in der warmen, lichten, strahlenden Natur wahrnimmt. Wenn man auch in der Ernährung diese Rhythmen mitmacht, kann es sein, dass das winterliche Imaginieren so stark wird, dass man wie einst die Hirten zu Bethlehem die Geburt des Lichtes schauen kann und im Sommer die Sylphen und Feuergeister über den Garten tanzen sieht.

DAS KOCHEN

Das Kochen ist fast das Urbild des alchemistischen Umwandlungsprozesses. Es ist die erste Stufe der Verwandlung makrokosmischer Substanzen in mikrokosmische Energien. Im Kochprozess werden die durch Wasser und Feuer aufgeschlossenen Stoffe immer empfänglicher für mikrokosmische, seelische Einflüsse. Eine Frau kann ebenso Hass oder Liebe in die Suppe hineinrühren, wie der Gärtner seine Seelenstimmungen in seine Präparate hineinrührt.

Die Chinesen, die sich oft von den Erträgen winziger Flächen ernähren müssen, treiben nicht nur einen äußerst intensiven Gartenbau, sondern achten auch darauf, dass Vitamine und Nährstoffe beim Kochen nicht wieder verloren gehen. Sie schnetzeln das Gemüse in mundgroße Happen und lassen einen Teil im Dampftopf kurz kochen, während ein anderer Teil schnell in etwas heißem Fett geröstet wird. Das Gemüsekochwasser, das die meisten gelösten Mineralien und Vitamine enthält, wird mit frischen Kräutern, Nudeln, Ei, Sojasauce oder anderen Zutaten als magenwärmende Suppe vor der Mahlzeit genossen.

Die Planeten im Kochtopf (Planet, Tag, Gemüseart, Getreideart, Holz)

Sonne Sonntag	Mond Montag	Mars Dienstag	Merkur Mittwoch	Jupiter Donnerstag	Venus Freitag	Saturn Samstag
Blumenkohl	Gurke	Artischocke	Fenchel	Artischocke	Bohnen	Knollensellerie
Topinambur	Haferwurzel	Kardy	Malve	Chicorée	Erbsen	Melde
Knollenziest	Kürbis	Brennnessel	Abelmosch	Karotte	Spinat	Mangold
Zuckermais	Kohl	Karotte	Portulak	Klettenwurzel	Blattgemüse	Amarant
Huflattich	Lauch	Knoblauch	Petersilie	Pastinake	Spargel	Rapunzel
	Aubergine	Lauch	Zwiebel	Zuckerwurzel		Schwarzrettich
	Zucchini	Paprika		Schwarzwurzel		Borretsch
		Tomaten		Hopfenspargel		
		Rote Bete				
		(Rande)				
Weizen	Reis	Hafer	Roggen	Gerste	Hirse	Mais
Esche	Kirsche	Eiche	Esche	Ahorn	Birke	Buche
	Pappel	Eberesche	Ulme	Eiche	Linde	Tanne
	Weide		Hasel	Kastanie		Fichte

Im Haushalt des Gärtnermeisters in Aigues Vertes wurde durch die meisterhafte Kochkunst der Gärtnersfrau für die Gesundheit der Gärtner gesorgt. Die frisch vom Beet geernteten Gemüse wurden nie übermäßig geschält, denn die wertvollsten Nährstoffe befinden sich in den Rinden und Schalen. Da verschiedene Verfahren die Nährstoffe jeweils anders aufschlüsseln, wurden rund zwei Drittel der Gemüse, die zu einer Mahlzeit verarbeitet wurden, gekocht, ein Drittel in Öl gedünstet und ein kleiner Teil als Rohkost serviert. Das so zubereitete Gemüse kam mit dem Hauptnahrungsmittel, Kartoffeln oder einem Getreide auf den Tisch. Zu jeder Mahlzeit gehörte ein mit verschiedenen Kräutern gewürzter Salat, Vollkornbrot aus der Dorfbäckerei und ein kräftiger Kräutertee.

Die Gärtnersfrau hatte bei Arthur Hermes kochen gelernt. Der Bauernphilosoph nannte seine Kochweise die »planetarische Küche«. Roggen, Weizen, Gerste, Hafer oder ein anderes Getreide, das den Mittelpunkt der Mahlzeit bildet, wird zuerst über Nacht in Wasser eingeweicht. Er nannte dies einen »Mondprozess«. Am nächsten Morgen werden die Körner ganz langsam auf niedriger Hitze gekocht. Das ist ein »Sonnenprozesses«, der den natürlichen Reifevorgang weiter steigert. Die Gemüse, die verschiedenen Planeten zugeordnet sind, gehen dann mit dieser »Sonne« und diesem »Mond« in »Konjunktion«. Am Sonntag gibt es ein weißes Sonnengemüse, am Montag ein purpurnes oder lilafarbenes Mondgemüse, am Dienstag ein rotes für den Mars, am Mittwoch ein buntes Merkurgemisch, am Donnerstag ein gelbes Jupitergemüse, am Freitag werden grüne Venusblätter bereitet, und am Samstag schließlich wird ein dunkles, blaues Gemüse mit dem Getreide kombiniert. Hermes, der immer auf einem Holzfeuer kochte, war überzeugt, dass Gasflammen und vor allem elektrische Hitze – die aus dem untersinnlichen Bereich stammt – eine schlechtere Qualität der Wärme darstellen. Auch das Holz für den Kochherd wird bewusst nach seiner planetarischen Zugehörigkeit ausgewählt. Tannen- und Buchenholz bewirken eine heiße Saturnwärme; Ahorn und Eiche geben Jupiter- und Marshitze; Esche ist Sonnenholz, Ulme ist Merkurholz, und Kirsche, Weide und Pappel liefern eine kühlere Mondenwärme. Indem man an den entsprechenden Tagen diese verschiedenen Holzarten zum Kochen nimmt, kann man in gesteigertem Maß die Qualitätsunterschiede der einzelnen Wochentage miterleben.[60]

»Man esse täglich die ganze Pflanze!«, ist ein Lehrsatz, den Arthur Hermes öfter verkündete, »man esse Wurzelhaftes, Stängelhaftes, Blatthaftes sowie Frucht und Samen, denn die ganze archetypische Pflanze steht in Korrespondenz zum ganzen Menschen. Der Kopf, die Sinne und Nerven brauchen die

60 Für Arthur Hermes sind Pflanzen »Antennen« oder Sinnesorgane der Mutter Erde, mit denen sie die Energien und zyklischen Impulse der Planeten aufnimmt.

Salze, die in der Wurzel zu finden sind; Atmung und Kreislauf bedürfen des Blattgrüns, welches das pflanzliche Spiegelbild des Blutes ist; Stoffwechsel- und Fortpflanzungsorgane brauchen die Blüten- und Samenkraft.«

DIE HAUPTNAHRUNGSMITTEL

Die makrobiotische Ernährungslehre hat die Bewohner des Abendlandes wieder daran erinnert, dass Getreide das Grundnahrungsmittel der Menschen ist. Der Amerikaner liebt große Portionen Fleisch, viele saftige, exotische Früchte, Süßigkeiten, etwas Gemüse, das Brot und die Kartoffeln aber sind fast vom Teller verdrängt worden. Man konsumiert in Amerika mehr Getreide als irgendwo anders in der Welt, aber man lässt es erst die Tiere fressen, und dann isst man die Tiere. Für Georges Oshawa enthält eine derartige Kost zu viel *Yin* und zu wenig *Yang*. Er macht die gesundheitlichen Schwierigkeiten vieler US-Bürger dafür verantwortlich. Auch Selbstversorger müssen auf das Yin-Yang-Verhältnis in der Nahrung achten, denn zu viel grünes Gemüse und zu wenig Grundnahrungsmittel können der Gesundheit ebenfalls schaden.

Jedes Volk hat sein Grundnahrungsmittel, das es als Manifestation menschenfreundlicher Götter verehrt. In Afrika sind Hirse oder Yams die Geschenke der Ahnen; in Burma – so der Dichter U Maung Maung – sagt man Buddha und meint Reis. In früheren Zeiten, ehe der Weizen zur Waffe und zum politischen Druckmittel wurde, war das tägliche Brot identisch mit dem Leib Christi. Wehe, wenn es vom Tisch fiel oder wenn man es gar verkommen ließ. Die Ernährung

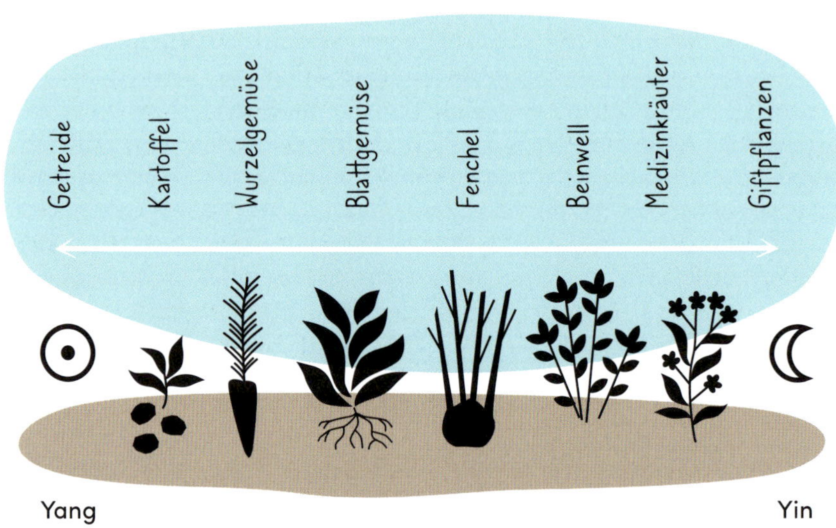

der großen Kulturvölker basierte auf einer oder mehreren Getreidearten: in Ostasien Reis, in Amerika Mais, in Afrika hauptsächlich Hirsearten, in Westasien und dem mediterranen Gebiet Weizen und im kühleren Norden Roggen, Gerste und Hafer. Bei den tropischen Völkern dagegen spielen oft Wurzeln und Knollen wie Yams, Taro und Süßkartoffel die Rolle des Grundnahrungsmittels. Aus den Anden kommt die Kartoffel, aus dem amazonischen Tiefland der Maniok, der erst entgiftet werden muss, ehe er genießbar ist. Die kalifornischen Indianer hatten die Eichel als Hauptnahrungsmittel. Die im Wald gesammelten Eicheln wurden zermahlen, die Gerbstoffe mit heißem Wasser ausgelaugt; das getrocknete Eichelmehl wurde dann zum Kochen und Backen verwendet. Nach Oshawa gilt das Hauptnahrungsmittel (Getreide) als Yang, die Gemüse dagegen als Yin. Gemüse ist nicht Hauptnahrungsmittel, sondern Beilage, es gehört zum Mus, zum Körnerbrei.

DAS WÜRZEN

Dem spätmittelalterlichen Adel Europas war das Leben anscheinend zu fad, denn er verlangte immer mehr nach scharfen, exotischen Gewürzen, die über die Araber in den Handel gelangten.[61] Die Sucht danach war so groß, dass ähnlich wie heutzutage mit dem Erdöl der Reichtum des Westens in islamische Hände floss und prächtige Paläste und Moscheen entstehen ließ. Mit dem Aufstieg des Bürgertums und ihrer Handelstätigkeit verbreitete sich auch beim einfachen Volk die gar nicht so gesundheitsfördernde Gewohnheit, scharf und aromatisch mit tropischen Gewürzen zu kochen.[62] Heutzutage helfen diese Gewürze, über den faden, schalen Geschmack der kunstdüngergezogenen Handelsgemüse hinwegzutäuschen. Biologisch Gezogenes bedarf keiner starken Gewürze, die schließlich den Gaumen für die feineren Geschmacksnuancen unempfindlich machen. Für diese Gemüse genügen ohne Weiteres die Kräuter, die man im eigenen Kräutergarten zieht. Auch hier kann sich die Befriedigung der eigenen Bedürfnisse günstig auf die Befreiung der Dritten Welt aus den Maschen der Weltwirtschaft auswirken. Anstatt Pfeffer, Zimt, Nelken (Sansibar, Sri Lanka), Ingwer (Jamaika), Muskat (Indonesien), Gelbwurz und andere Gewürze auf dem Weltmarkt zu sinnlos in die Höhe getriebenen Preisen zu verkaufen, könnten diese Völker auf dann frei werdenden Ackerbauflächen mehr Nahrungsmittel für den Eigenbedarf anbauen.

61 Gewürze, insbesondere der Pfeffer, galten auch als Aphrodisiaka.

62 In den heißen Tropen ist die Anwendung der scharfen Gewürze sinnvoll. Sie wirken kühlend, da sie die Perspiration anregen, und verhindern Darmparasiten.

Erntereifer Zuckermais.

Richtig angewendet, unterstützen unsere Gartenkräuter die Verdauung, fördern den Speichelfluss sowie die Pepsin-, Galle- und Bauchspeicheldrüsenabsonderungen. Kräuter gleichen die Einseitigkeiten der schweren, wässrigen Gemüse und Knollen aus, indem sie durch die ätherischen Öle und Duftstoffe die Kräfte der obersonnigen Planeten einbringen. Man ergänzt Kohl durch Kümmel, Gurken durch Dill, das wässrige Sauerkraut durch die trockenen, feurigen Wacholderbeeren, mondenhaften Weichkäse durch Kümmel und Kerbel, Bohnen durch Bohnenkraut (*Satureja hortensis*) und die Weihnachtsgans durch Beifuß (*Artemisia vulgaris*).

Folgende Gewürzpflanzen lassen sich ohne Weiteres im eigenen Kräutergarten anpflanzen:

Umbelliferae	*Labiatae*	*Compositae*	*Andere Familien*
Anis	Basilikum	Beifuß	Knoblauch
Kerbel	Origano	Eberraute	Schnittlauch
Fenchel	Minze	Estragon	Kapuzinerkresse
Dill	Salbei	Rainfarn	Meerrettich
Kümmel	Majoran	Schafgarbe	Borretsch
Gewürzsellerie	Thymian	Wermut	Rauke
Koriander	Rosmarin		Kalmus
Petersilie	Bohnenkraut		Pimpinelle
Liebstöckl	Zitronenmelisse		Kresse
Engelwurz	Ysop		
Bibernelle	Gundermann		

Wenn wir die vorher angegebene Liste genau betrachten, sehen wir, dass die Gewürzkräuter allmählich in die Heilkräuter übergehen. Solche Pflanzen enthalten nach Popp besonders hochwertige Lichtinformationen (Bischof 1995: 322). Sie sind, wie auch Arthur Hermes sagt, voller Botschaften für Leib und Seele. Wenn wir sehen, dass der Großteil der Weltbevölkerung sich von weniger als einem Dutzend Pflanzenarten ernährt oder dass 60 % der weltweit konsumierten Lebensmittel aus nur 6 verschiedenen Pflanzen stammen – und wenn diese durch Gentechnik dann noch normiert werden –, ist es verständlich, dass die Menschen gerade noch »funktionieren«, aber der Lebensfreude und Vitalität entbehren. Schamanen, indische Sadhus und indianische Medizinmänner nehmen absichtlich so viel verschiedene Wildkräuter, Wurzeln und Blätter zu sich, weil sie dadurch in eine umfassendere Resonanz mit ihrer Um- und Mitwelt kommen (Storl 2020d: 236). Dabei ist nicht die Menge (Quantität), die gegessen wird, ausschlaggebend, sondern die Vielfalt.

AUFBEWAHRUNG ÜBER DEN WINTER

Man nimmt nur die gesündesten und kräftigsten Exemplare zur Lagerung. Die beste Erntezeit für Lagergemüse ist an trockenen Tagen bei abnehmendem Mond. Temperatur, Belüftung und Luftfeuchtigkeit sind drei Faktoren, auf die man im Lagerraum zu achten hat, um den physischen und ätherischen Leib der Pflanzen zu erhalten.

Temperatur: Bei Kürbissen und Süßkartoffeln müssen die Temperaturen um 10 °C liegen. Kartoffeln, Lauch, Kohlsorten, Karotten und andere Wurzelgemüse verlangen dagegen eine kühlere Lagerung gerade über dem Gefrierpunkt (um 2 °C). Wo der Winter nicht allzu streng ist, kann man viele Wurzelgemüse im Boden lassen, sofern man ihn mit einer dicken Mulchdecke aus Laub oder Stroh abdeckt.

Luftfeuchtigkeit: Zwiebeln, Knoblauch, Kürbisse und Knollenfenchel sollen in trockenen Speichern aufbewahrt werden. Zwiebeln und Knoblauch können zu Zöpfen geflochten und in einem kühlen, trockenen Estrich aufgehängt werden. Auch der Knollenfenchel braucht einen kühlen, trockenen Ort. Blatt- und Wurzelgemüse hingegen brauchen das feuchtere Lager – 75 bis 90 % Luftfeuchtigkeit –, wie man es in einem gut angelegten Wurzelkeller findet.

Wenn man keinen Wurzelkeller zur Verfügung hat, kann man die Wurzel- und Knollenernte in einer Sandmiete unterbringen, die man sorgfältig mit Erde und Stroh zudeckt. Die Gemüse, die hineinkommen, dürfen nicht nass sein. Auch müssen zur Belüftung einige Luftrohre angebacht werden, denn die Wurzeln atmen wie eben alle Lebewesen. Wenn man das nicht beachtet, kann es vorkommen, dass man im Frühling einen schlechten Kompost oder Silage hat. Kohlköpfe können mit dem Strunk nach oben in Gräben gestellt und so, oben mit Stroh und Laub vor Regen und Kälte geschützt, aufbewahrt werden.

Wie man sich auch entschließt, das Gemüse für den Winter unterzubringen, eins ist gewiss: Biologisch gezogene Gemüse haben eine viel längere Haltbarkeit als diejenigen, die mit der chemischen Stütze durch das Jahr gebracht worden sind.

VERERBUNG, SAMEN UND SAATGUT

Oh, sweet spontaneous earth ...
how often has the naugthy thumb of science prodded thy beauty?
E. E. Cummings

Seit Tausenden von Jahren haben die Bauern und Gärtner die besten Knollen und die Samen der schönsten Pflanzen als Saatgut für das folgende Jahr sorgfältig ausgesucht und aufbewahrt. Abertausende von verschiedenen, den örtlichen Lebensbedingungen angepassten Sorten wurden treu von einer Generation der anderen weitergereicht. Immer wieder, ihren Urbildern getreu, entsprang den winzigen Samenkügelchen und Knollenaugen eine neue Generation von Nahrungspflanzen. In den christlichen Ländern ließ man das Saatgut beim Erntefest in der Kirche segnen; in anderen Kulturkreisen waren es ebenfalls Priester, Schamanen und die alten Weisen, die auf ihre Art und Weise durch Fürbitte oder Blutopfer das Saatgut betreuten.

Seit dem letzten Jahrhundert hat sich etwas verändert. Die Lebenskraft einzelner Sorten scheint immer mehr abzuebben. Die weißgekittelten Priester der technokratischen Wissenschaft sprachen von »Degenerationserscheinungen« und begannen, besonders leistungsfähige Sorten auf »wissenschaftliche« Weise zu züchten. Mit immer raffinierter werdender Selektion, mit Einkreuzung von wilden, noch vitalen Verwandten der gefährdeten Kulturpflanzen und durch radioaktive Bestrahlung, die, wie man vergebens hoffte, irgendwann einmal »günstige Mutationen« hervorbringen könnte, versuchte man den Degenerationserscheinungen zu begegnen und ertragreichere Sorten zu züchten. Durch die Züchtung von Hochertragssorten (»Wundersamen«) glaubt man, den eigentlich durch neokolonialistische Wirtschaftsstrukturen verursachten Hunger ein für allemal zu besiegen. Der »Wunderweizen« und »Wunderreis«, der den Tempeln der technokratischen Forschung entsprang, ist jedoch nur bei künstlicher Bewässerung, maschineller Bearbeitung und massiver Herbizid-, Insektizid- und NPK-Anwendung lebensfähig. Hinzu kommt, dass dieses Saatgut der »Grünen Revolution« die Bauern nie selbst züchten können, da es sich um hybride Kreuzungen handelt.

Inzwischen hat die Gentechnologie einige Kulturpflanzen mit einem »Terminatorgen« ausgestattet, das automatisch Sterilität erzeugt, sodass der Landwirt nicht einmal in Versuchung gerät, das eigene Saatgut anzubauen. Die Kontrolle und Verfügung über das Saatgut wurde und wird zunehmend von großen Chemie- und Agrobusinesskonzernen monopolisiert. Nur die reichsten

Landbesitzer in der Dritten Welt können sich das Saatgut und die dazugehörigen Maschinen und Chemikalien leisten.[63] Die Armen werden hingegen vom Land verdrängt, viele enden in den Slums der Megastädte der Dritten Welt und gelten praktisch als »überflüssig«.

DIE FALSCHEN HOFFNUNGEN DER GENTECHNOLOGIE

Doch die Gentechnologie geht viel weiter als die raffinierten Züchtungsmethoden der »Grünen Revolution« der Sechziger- und Siebzigerjahre. In der traditionellen Züchtung wurden niemals die Artengrenzen überschritten. Nun aber wird die Integrität der über viele Millionen Jahren aufgebauten Artengrenzen verletzt, indem das Erbgut einer Tier- oder Pflanzenart in das einer anderen eingeschleust wird. Betroffen sind vor allem die weltweit am häufigsten angebauten Nahrungsmittel: Mais, Reis, Weizen, Kartoffeln und die für viele industrielle Prozesse wichtige Sojabohne. Ein Milliarden-Dollar-Geschäft auf einem anonymen, globalisierten Markt ist im Entstehen. Wissenschaftliche Experten sagen voraus, dass es gegen Ende des Jahrhunderts wohl keine einzige Kulturpflanzen mehr geben wird, die nicht genetisch verändert ist (Cowley 2001: 62). Werbekampagnen sollen alle Bedenken beruhigen: Glaubt man den Konzernen, dann geht es vor allem um hungernde Kinder der Dritten Welt und bisher unheilbar Kranke, denen geholfen werden soll. In den USA gibt es folglich keine »genmanipulierte« Nahrung, sondern »*gene-improved foods*« – und eine solche neue, fortschrittliche, verbesserte Nahrung will doch jeder.

Um welche »Verbesserungen« geht es da? Hier einige Beispiele, die den Gärtner und Landwirt betreffen:

Im Gegensatz zum Mais der Hopi und anderer Indianer ist der hochgepäppelte Mais der Saatkonzerne so schwach, dass er sich nicht gegen Unkräuter, Krankheiten und Parasiten durchsetzen kann (Katalyse Institut 1999: 66). Also hat man ihm ein Gen des *Bacillus thuringiensis* eingebaut; durch das entstehende Bt-Toxin werden die Raupen, die am Mais knabbern, vergiftet. Im Jahr 2000 wurden in den USA 25 % der Maisanbaufläche oder 8 Millionen Hektar mit transgenem Mais bepflanzt. Die Gene tauchten dann auch in benachbarten Feldern auf, in denen gar kein Genmais angebaut wurde – durch den Pollenflug kamen Kreuzungen zustande. Dadurch wäre auch der Zuckermais des Biogärtners betroffen. Dass der harmlose Monarch, einer der schönsten Schmetterlinge der Neuen Welt, sich nicht richtig verpuppen kann und stirbt, wenn er den Pollen des transgenen Maises frisst, hat inzwischen sogar die amerikanischen Verbraucher aufgeschreckt (Bredow 2001: 179).[64] Der »gene-improved food« wird als »Frankenstein food« entlarvt.

Mittels genetischer Manipulierung kamen auch herbizidresistente Maissorten und andere herbizidresistente Nahrungspflanzen zustande. Auf diese Weise verdient der Agrarkonzern doppelt, er liefert nicht nur das patentierte transgene Saatgut, sondern auch das darauf abgestimmte Unkrautvernichtungsmittel. Es handelt sich um ein Total-Herbizid, das jede andere Pflanze außer der Kulturpflanze vernichtet. So wird der Artenschwund der Wildflora, insbesondere der Ackerbegleitkräuter radikal beschleunigt.

Die Kartoffel, das vitaminreiche, bekömmliche Hauptnahrungsmittel der Nordeuropäer[65], ist ebenfalls ins Visier der Genmanipulatoren geraten. In die Kartoffel wurde das Bt-Gen eingeschleust, das Insekten tötet; an Viren- und Pilzresistenz wird gearbeitet.[66] Durch gentechnische Veränderung hat ein multinationaler Pommes-frites-Hersteller die Stärkezusammensetzung der Kartoffel verändern lassen, sodass sie beim Frittieren weniger Fett aufnimmt. Das ist ein typisches Beispiel für den Versuch, die Pflanzen besser an industrielle Prozesse anzupassen. Um die Knolle auch in höheren Lagen und in kälterem Klima anbauen zu können, hat man ihr durch Übertragung eines Gens aus der Flunder ein »Antifrostprotein« eingebaut. Um sie gegen Läuse zu schützen, hat man ihr ein Gen vom Schneeglöckchen eingepflanzt – leider töten die Genkartoffeln auch die Marienkäfer oder verursachen bei ihnen Sterilität (Katalyse Institut 1999: 180) und machen Laborratten, die davon fressen, krank.[67] Kartoffeln mit einem Glühwürmchengen leuchten sogar, wenn sie an Wassermangel leiden – diese bizarre Erfindung soll Wasser sparen helfen.

Der weltweite Zuckerkonsum steigt noch immer.[68] Kein Wunder, dass auch mit der Zuckerrübe experimentiert wird. Sie soll herbizidresistent und vor allem widerstandsfähig gegen Virenbefall gemacht werden. Um Letzteres zu bewirken, wurde ihr das Hüllprotein von bestimmten Viren ins Erbgut ein-

63 Der schnell wachsende Markt für Saatgut wurde im Jahr 2000 auf über 12 000 000 000 US-Dollar geschätzt (Baumgarner 2000: 115).

64 Auch die schönen Florfliegen, die zu den besten Freunden des Gärtners zählen, werden in Mitleidenschaft gezogen, wenn sie Bt-geschädigte Insekten (Maiszünsler) fressen.

65 Es ist noch immer vor allem die Kartoffel, mit der die meisten Nordeuropäer ihren Vitaminbedarf – auch an Vitamin C – decken.

66 Die Tatsache, dass Pilz- und Virusanfälligkeit ein Indikator einer geschwächten Umwelt (Verlust an Bodenlebendigkeit, Wetterunbeständigkeit und dergleichen) ist, wird weitgehend ignoriert.

67 Als Arpad Pusztai, der Genforscher, der das Gengift aus dem Schneeglöckchen in die Kartoffel einbaute, die neuen Kartoffeln an Versuchsratten verfütterte, erlebte er eine Überraschung. Die Ratten wurden krank, die inneren Organe schrumpften, es kam zu Entzündungen im Verdauungstrakt. Seltsamerweise bekamen die Ratten diese Symptome nicht, wenn sie das reine Schneeglöckchengift bekamen, sondern nur, wenn sie die Genkartoffeln fraßen. Als Pusztai danach öffentlich erklärte: »Hätte ich die Wahl, würde ich gentechnisch veränderte Lebensmittel nicht essen«, war er seinen Job am Rowett-Institut in Aberdeen, Schottland, los (Grimm 1999a: 157).

68 Übertriebener Zuckerkonsum ist, wie Psychologen hervorheben, oft Ersatz für mangelnde Liebe, für die »Süße des Lebens«.

gebaut. Um die Rübe zu veranlassen, mehr Fruchtzucker (Fruktane) zu bilden, bekam sie ein Artischockengen verpasst. Dass die Zuckerrübe sehr nahe mit der Roten Bete, mit Mangold und der Runkelrübe verwandt ist und dass diese einander bestäuben und kreuzen, stimmt bedenklich.

Der Raps (*Brassica napus*) ist ein wichtiger Öllieferant. Um die im Rapsöl vorhandenen Fettsäuren den Ansprüchen der Wasch- und Reinigungsmittelindustrie anzupassen, wurde ein Gen des Lorbeerbaums in die Pflanze eingeschleust, hinzu kam noch ein Gen für Herbizidresistenz und männliche Sterilität. Es ist wahrscheinlich, dass diese vererblichen Veränderungen durch Kreuzung auch auf die vielen Wildkäuter (Rübsen, Ackersenf, Hederich) und Gemüse der *Brassica*-Gattung übertragen werden können (Katalyse Institut 1999: 92).

Und dann gibt es auch noch die Anti-Matsch-Tomate (Flavr Savr-Tomato), in der das Gen für das Matschigwerden ausgeschaltet wurde. Die geernteten Tomaten werden zwar alt, sehen aber immer gleich frisch aus. Der Käufer kann nicht erkennen, wie alt die Ware wirklich ist.

Auch andere Gemüse, wie Chicorée, eine Kulturform der schönen blau blühenden Wegwarte, Zucchini, Melonen, Blumenkohl, Broccoli, Himbeeren und Erdbeeren sind ebenfalls manipuliert worden (Herbizid- und Virusresistenz, männliche Sterilität, Anti-Matsch).

Die ökologischen Folgen solcher Eingriffe sind nicht abzuschätzen. Die Lebensgemeinschaften der Natur sind hochgradig vernetzt. Was geschieht, wenn durch Auskreuzungen – »vertikaler Gentransfer« – auch ganze Populationen verwandter Pflanzen und Wildpflanzen das veränderte Erbgut aufnehmen und es unkontrollierbar in der Umwelt verbreiten? Auskreuzungsgefahr besteht mit hoher Wahrscheinlichkeit bei verschiedenen Gräsern, Luzerne, Kopfsalat, Karotte, Rettich, Endivien, Kohlarten und anderen Pflanzen (Meyer/Revermann, Sauter 1998: 159). Eingebaute Herbizidresistenzen werden wahrscheinlich zu schwer kontrollierbaren Super-Unkräutern führen.

Um Gene zu übertragen, wird oft ein Markiergen für Antibiotikaresistenz benutzt. Inwieweit diese Gene für Antibiotikaresistenz mit anderen Mikrooganismen zusammenwirken, welche Auswirkung sie auf die Darmflora von Tieren und Menschen oder auf die Bodenflora haben, weiß der Kuckuck. Dass die Antibiotikaresistenz auch auf Menschen übertragen werden kann, ist wahrscheinlich (Katalyse Institut 1999: 212). Pro Gramm Erdboden zählt man rund eine Milliarde Organismen. Diese Kleinstlebewesen haben die Fähigkeit zum Genaustausch – auch über die Artgrenzen hinweg – beibehalten. Plasmide – die viel mit Antibiotikaresistenz, Schadstoffabbau und Schwermetallentgiftung zu tun haben – verlassen gelegentlich die Bakterien- oder Pilzzellen, mit denen sie in enger Symbiose leben, und nisten sich anderswo ein. Die im Boden natürlich stattfindende »horizontale« Gentransferrate nimmt proportional mit dem

Stress zu, der durch Herbizideinsatz oder Mineraldüngung ausgelöst wird.[69] In Anbetracht der Tatsache, dass nur etwa 20 % der Bodenbakterienarten bekannt sind und davon nur 1 bis 2 % im Labor kultivierbar sind und wir nicht viel über Nahrungsketten, ökologische Gleichgewichte und andere Zusammenhänge wissen, ist die Freisetzung von DNS aus gentechnisch veränderten Organismen ein russisches Roulettespiel.

Dass einige Menschen auf transgene Nahrung allergische Reaktionen (Durchfall, Ausschlag) zeigen, ist ein Warnzeichen. Wenn wir den Gedanken ernst nehmen, dass die Nahrung ordnungsgebende Informationen an unseren Organismus vermittelt, dann bedeutet die Erbgutvermischung in den Nahrungspflanzen eine »Chaotisierung« der Bildekräfte, auf die wir angewiesen sind. Das Gleiche gilt für Haustiere, deren Futter oder Futtermittelzusätze zunehmend aus transgenen Pflanzen hergestellt wird. Gene oder Erbguteinheiten sind Buchstaben im Alphabet des Lebens. Aus ihnen entstehen kohärente Sätze, die einer gesamtökologischen Grammatik folgen, die Lebensvorgänge regeln, ihnen Rhythmus und gesunde Ordnung verleihen. Genetische Manipulation ist vergleichbar mit der beliebigen Vermischung verschiedener Sprachen: Was herauskommt, ist babylonische Verwirrung; niemand versteht den anderen mehr richtig. Es war schon schlimm genug, dass man Kadaverreste – deren ekliger Geschmack mit sinnestäuschenden Aromazusätzen »maskiert« wurde – den Rindern ins Futter mischte. Die Tiere verstanden die Botschaft der »Sprache« ihres Futters nicht mehr und wurden wahnsinnig. Die Genmanipulierung ist aber noch perverser, denn die verwirrenden Botschaften werden für ewig in das Erbgut eingeschrieben. Giftige Chemikalien in der Umwelt bauen sich im Laufe der Zeit ab, Radionuklide verstrahlen, auch wenn die Halbwertszeit oft eine halbe Ewigkeit dauert, Genorganismen jedoch vermehren sich, sie sind nicht zurückzuholen. Die Wissenschaft, die solches vorantreibt, ist im wahrsten Sinne diabolisch – vom griechischen *diaballein,* durcheinanderwerfen. Es ist die Wissenschaft des Diabolos, der sich selbst als Sohn des Chaos bezeichnet.

69 Der durch unnatürliche landwirtschaftliche Praktiken erzeugte Selektionsdruck unter den Bodenorganismen führt auch zu einer beschleunigten Mutationsrate. Dabei handelt es sich nicht, wie bisher angenommen, nur um Zufallsmutationen und natürliche Auslese, wie in der neodarwinistischen Dogmatik behauptet wird, sondern um gezielte Veränderungen. »Wenn man etwa Bakterien, die an Nahrungsmittelmangel einzugehen drohen, einen Zucker anbietet, den sie normalerweise nicht verdauen können, treten sehr viel häufiger, als nach der Zufallstheorie zu erwarten wäre, Mutationen auf, durch die die Bakterien genau die Enzyme bekommen, die sie in ihrer gegenwärtigen Lage brauchen« (Sheldrake 1993: 166).

GENETISCHE EROSION

Wenn lokale Gemüsesorten, Kartoffeln und Getreide zugunsten transgener Hochleistungssorten aufgegeben und einige Jahre lang nicht mehr angebaut werden, ist das alte Saatgut verloren. Die genetischen Eigenschaften, die sich über mehrere Jahrtausende in diesen einheimischen Sorten herausgebildet haben, können nie wieder auf die Erde gebracht werden, wenn das Saatgut – der physische Anker der Sorten – fehlt, ebenso wie man ausgestorbene Tierarten nicht künstlich wieder herstellen kann (Clark 1975: 64). Schon so viele örtlich angepasste Sorten sind durch die einheitlichen, lebensschwachen »Wundersorten« verdrängt worden, dass die Uno ihre Besorgnis bekundete und »Samen- und Erbgutbanken« aufstellen ließ, um bedrohte Sorten zu bewahren. Diese teuren und vollkommen unzuverlässigen Banken sollen den Züchtern eine Reserve geben, wenn die neueren Kultursorten weiter degenerieren.

Trotz einiger Saatbanken, die in den USA und anderswo an botanischen Instituten gegründet wurden, schreitet die Erosion der genetischen Diversität fort. Zwei Beispiele: 75 % der Luzernesorten und 90 % der Kleesorten sind weltweit seit der Wende zum 20. Jahrhundert verschwunden (Gilstrap 1961: 26). In der BRD sind 90 % der hier einmal existierenden Kultursorten bereits ausgestorben (Meyer/Revermann/ Sauter 1998: 47) Man erinnere sich nur, wie viele verschiedene Apfel- und Birnensorten sogar noch nach dem Zweiten Weltkrieg auf den Wochenmärkten feilgeboten wurden. Die Gefahr ist, dass unsere Lebensmittel auf eine immer beschränktere genetische Basis gedrängt werden. Welcher Bauer und welcher Gärtner züchtet heutzutage noch sein eigenes Saatgut? Die Gefahren einer verarmten genetischen Grundlage der Nahrungsmittel wurde 1970 den Maisfarmern in Amerika vor Augen geführt, als eine neue Pilzkrankheit trotz Fungiziden 15 Prozent des hochgezüchteten, hybriden Maises vernichtete und die Lebensmittelpreise in die Höhe schnellen ließ.[70] Nur durch die hektische Nachzüchtung neuer Kreuzungen im selben Winter auf der Insel Hawaii konnte das Saatgut für den Mais des folgenden Jahres sichergestellt werden. Viel schlimmer jedoch war die Katastrophe in Europa, als ab 1845 die Kartoffelknollenfäule in den Kartoffelmonokulturen wütete. Da in ganz Irland nur eine einzige Sorte wuchs, war die Katastrophe so vollkommen, dass die Bevölkerung der grünen Insel von acht auf vier Millionen Menschen sank. In Sri Lanka zerstörte ein Rost die gesamte Kaffeemonokultur und machte den weiteren Anbau unmöglich. Gegen Ende des 19. Jahrhunderts »degenerierte« der seit Jahrtausenden besungene Weinstock. Fast die ganze Weinkultur Europas erlag der amerikanischen Reblaus und dem Schimmel. Nur das Pfropfen auf eine amerikanische Wildsorte sowie Gift und Schwefel scheinen heutzutage die Rebe des Bacchus noch am Leben halten zu können. Trotz hektischer Forschungsaktivität verkommen die Kulturpflanzensorten immer schneller.[71]

Schon in den Vierzigerjahren kritisierte der große Bodenkundler William Albrecht von der Universität Missouri die Idee der genetischen Züchtung: »Es gibt einige Leute, die meinen, dass man so weit selektionieren und züchten kann, dass eine Leguminose z. B. aziden Boden verträgt oder dass Weizen rostresistent werden kann. Aber solche Vorstellungen beruhen auf fehlerhafter Logik. Sie halten nicht stand vor der *reductio ad absurdum*. Wenn man diese Vorstellungen bis zu ihrem logischen Schluss entwickelt, dann sollte es möglich sein, Pflanzen zu züchten, die gegen absoluten Nährstoffmangel widerstandsfähig sind« (Albrecht 1975: 253). Albrecht kam zu dem Schluss, dass das Instandhalten des Bodens durch Humuspflege, nicht aber genetische Manipulation die Antwort auf die fortschreitende Degeneration ist.

Zum gleichen Schluss kam Sir Albert Howard. Bei den Wildpflanzen in der freien Natur und bei den uralten Sorten, die von Eingeborenen angepflanzt werden, gibt es keine Saatgutdegeneration. In Indien erlebte er Sorten, die so alt waren, dass sie noch ihre Sanskritnamen trugen (Howard 1972: 11). Sir Howard sah den Grund der Degeneration in den kunstdüngerbehandelten Böden, die den Pflanzenkeimen nicht genügend Lebenskraft nachliefern können. Nur durch Kompostierung könne man sicher sein, dass die Pflanzen nicht nur eine gute Nahrungsqualität ergeben und schädlingsresistent sind, sondern dass sie auch gutes Saatgut liefern. Arthur Hermes bestätigte diese Ansicht ebenfalls. Der alte Bauer zeigte mir seine Kartoffeln – eine kleine Sorte mit rosa Fruchtfleisch – und erklärte: »Hier ist eine Kartoffelsorte, die offiziell schon längst ausgestorben, degeneriert ist. Es ist die Rosenkartoffel, die ich aus der norddeutschen Heide mitgebracht habe.« Hermes hielt die Rosenkartoffel und eine andere, nicht mehr marktfähige Sorte (die gelbe Krauskartoffel) über mehrere Jahrzehnte bei kräftigem Wachstum durch Kompostdüngung, das Beizen der einzelnen Augenstücke mit Holzasche und das Pflanzen in Hügelbeeten bei günstigen Mondzeichen. »Man muss dazu auch liebevolle Gedanken denken«, verriet er nebenbei.

70 Alte, gewöhnliche Sorten blieben vom Pilz verschont.

71 Bei der Tierzucht hat man die gleichen Probleme. Kühe, die auf Milchhöchstleistung gezüchtet werden, können ohne Tierarzt kaum mehr kalben. Auch hier wird die genetische Basis immer schmaler. Ein Viertel des amerikanischen Buntviehs stammt vom eingefrorenen Samen eines einzigen Hochleistungsbullen ab. Wie viele Erbanlagen für Krankheitsresistenz, Raufutterverwertung, Intelligenz usw. sind bei den Haustieren aufgrund solcher Züchtungen verloren gegangen! Haben die Miste solcher entarteter Tiere überhaupt noch die belebende, astralisierende Kraft, die Boden und Pflanze brauchen?

Nach der Überzeugung dieser Reformer und vieler kritischer Landwirte kann das Saatgut durch Kompostierung, gute Pflege und die günstige Gestaltung von Umweltfaktoren beeinflusst und verbessert werden. Dieser Gedanke wird jedoch von der etablierten, neodarwinistischen Genetik als längst überwundener Lamarckismus oder Lysenkoismus strikt abgelehnt. Die Gene sind, so heißt der Lehrsatz, von Umweltfaktoren absolut unabhängig. Nur durch Züchtung (Selektion und Kreuzung), Genmanipulation und natürliche oder induzierte Mutationen kann Veränderung im Erbplasma geschaffen werden, aber nicht durch Humus und Pflegemaßnahmen, und erst recht nicht durch »mystische« Faktoren wie »liebevolle« Gedanken! Durch Umweltmanipulation kann nur die Erscheinung (Phänotypus), aber nicht der genetische DNS-RNS-Code (Genotypus) verändert werden. Die Vererbungsregeln Gregor Mendels bewiesen das.

August Wassermann hat bei Laborversuchen die Schwänze von Laborratten über zwanzig Generationen hinweg abgeschnitten, und jedes Mal wurde die nächste Generation mit Schwänzen geboren. Lamarck hatte also Unrecht, wenn er meinte, dass eine äußere Einwirkung nach einigen Generationen einen Eindruck auf das Erbgeschehen macht. Auch der von Stalin begünstigte und später unter Nikita Chruschtschow in Ungnade geratene Biologe T. D. Lysenko, der Erbanlagen durch Pfropfen, Veredeln und Umweltveränderung (Vernalisation) beeinflussen wollte, ist völlig widerlegt. Die Entdeckung der Vererbungsmechanismen mit dem Auffinden des genetischen Codes (Watson-Crick-Modell) unterstreicht die Tatsache, dass die Chromosomen – ähnlich den Professoren in ihren Laboratorien – gegen äußere Einflüsse gefeit sind, aber nach außen hin mächtigen Einfluss ausüben. Diese *splendid isolation* erlaubt es den am besten angepassten Genen, die Willkür der Erscheinungswelt sicher zu überleben. (Die Wissenssoziologie hätte dazu sicher einiges zu sagen!)

Diese Gedanken liefern die Grundlage für die Behauptung, dass Hühnerbatterien, unnatürliche Hochleistungsbetriebe, das Trennen der Viehwirtschaft von der Pflanzenzucht, Monokulturen, Kunstdünger, Chemikalien und Gifte dem Erbgut absolut nichts antun können. Durch diese Maßnahmen seien die Degenerationserscheinungen niemals zu erklären. Weiterhin hegt man die Meinung, dass es die Degeneration eigentlich doch gar nicht gibt, denn der Begriff würde eine gesunde Gestalt, einen »Typus« voraussetzen. Dobzhansky argumentiert eindringlich, dass der Gedanke des »Typus« nur eine leere, idealistische Vorstellung ist, die auf die Ideenlehre Platons und auf die statische Vorstellung des Christentums zurückgeht, die sagt, dass jede Art von Gott einzeln erschaffen ist oder als Urbild irgendwo existiert (Dobzhansky 1973: 31). Er plädiert, anstatt eines »typologischen« Denkens ein »populationelles« Denken einzusetzen. Es gibt keine Urbilder, aber es gibt Populationen (Fortpflanzungs-

Topinambur-Knollen, frisch geerntet.

gemeinschaften), die zu einem Zeitpunkt zufällig eine Kombination von verschiedenen Erbanlagen besitzen. Dieser populationelle *Genpool* verändert sich sowieso im Laufe der Zeit durch Fehlinformationen in der DNS-RNS-Duplikation, durch genetische »Unfälle«, wie den Verlust (*deletion*) oder den Austausch (*cross-overs*) eines DNS-Abschnitts, und überhaupt durch die Labilität der Fortpflanzungsgemeinschaften (*gene drift*). Da liegt kein übersinnlicher Plan vor, keine Entelechie, sondern als Mechanismus wirkt der reine Zufall. Warum sollte nicht der Mensch zu seinem eigenen Nutzen eingreifen und, anstelle des reinen Zufalls, die Gene absichtlich so manipulieren, dass er mehr und bessere Nahrung produzieren kann? Warum nicht Superkühe und Supergemüse züchten, die sich den Bedingungen einer maschinell leicht zu handhabenden Monokultur und chemischer Fürsorge anpassen können? Die Entdeckung der sogenannten Gen-Schere (CRISPR/Cas9) im Jahr 2011, mit der sich Gen-Abschnitte (DNS-Sequenzen) gezielt einfügen, entfernen oder ausschalten lassen, bringt das Ziel näher. Diese »neuen« Pflanzen oder Tiere können dann auch von Konzernen patentiert werden.

DIE SPRACHE, DIE MAN MIT PFLANZEN SPRICHT

Während man auf der einen Seite, in der etablierten Genetik, bizarre Verkrüppelungen des Erbguts und einige Hochertragssorten hervorbringt, die aber ohne Gift und technologische Unterstützung lebensunfähig sind, haben auf der anderen Seite einige Menschen, allerdings mit anderen Methoden, erstaunliche Erfolge mit neuen Sorten erzielt. Luther Burbank, der »Gartenzauberer von Menlo Park« (Kalifornien), war der Ansicht, dass Pflanzen durch die Liebe und das Interesse des Gärtners so formbar sind wie Ton in den Händen eines Töpfers. Er überschwemmte die Gartenbaukataloge mit Hunderten neuer Pflanzensorten: riesigen Blumen, stachellosen Kakteen und einer neuen Kartoffelsorte. Diese Burbank-Kartoffel gehört inzwischen in den USA als »baked potato« zu jedem Festtagsessen. Es gelang ihm, diese neue Kartoffelsorte über Samen zu züchten anstatt über Wurzelklone. Seine Methode hat er nirgendwo ausführlich formuliert. Er »rede« mit den Pflanzen, wurde ihm nachgesagt. Nebenbei äußerte er jedoch, dass die Pflanzen zwanzig Möglichkeiten der Sinneswahrnehmung besitzen, dass sie jedoch wie alte Männer festgefahrene Lebensgewohnheiten haben; wenn man aber mit ihnen »spreche«, sich ihnen liebevoll zuwende, dann könne man sie überreden, ihre Gewohnheiten etwas zu ändern, damit sie sich auf eine andere Art äußern. Die Gedankenübertragung des Menschen habe eine formative Kraft (Yogananda 1969: 360). Das wusste auch der Gärtner Goethe: »Die Pflanze gleicht den eigensinnigen Menschen, von denen man alles erhalten kann, wenn man sie nach ihrer Art behandelt.«

George Washington Carver, der dem durch die Baumwollmonokultur verarmten Boden und den noch mehr verarmten schwarzen Pächtern der Südstaaten Erdnüsse, Süßkartoffeln und Tannenhölzer zur Genesung gab, sagte Folgendes über seine Erkenntnismethode: »Alle Blumen sprechen mit mir, und auch viele andere Lebewesen im Wald. Was ich weiß, lerne ich, indem ich *beobachte und liebe*« (Thompkins/Bird 1974: 132). Ähnliche Erfolge scheint der russische Pflanzenzüchter J. W. Mitschurin gehabt zu haben. Der österreichische Biologe Kammerer konnte bei einer Molch-Art durch Veränderung der Umwelt dieser Tiere anscheinend sogar eine vererbbare Veränderung der Handschwielen hervorrufen, und es gelang ihm, dass sie sich in seinem Labor vermehrten. Diese Tatsache passte ganz und gar nicht in das Schema der neodarwinistischen genetischen Theorie. Man verfälschte seine Darstellungen, warf ihm Betrug vor, und er beging Selbstmord. Keinem der ihm kritisch gegenüberstehenden Wissenschaftler gelang es, seine Molchzüchtung nachzuvollziehen: Die Molche wollen einfach nicht kooperieren. Wenn Kammerer kein Schwindler war – was für seinen ehrwürdigen Biografen Arthur Koestler außer Frage steht –, wie erklärt man dann seinen eigentümlichen Erfolg in der Züchtung? Er liebte seine Kaltblüter so sehr, dass er sich sogar den Spitznamen »Krötenküsser« erwarb, als er auf einer Wanderung in Mähren eine Kröte fand und sie sachte auf den Kopf küsste. Seiner einzigen Tochter gab er den Namen der hübschen Zauneidechse Lacerta als Vornamen. Es war ihm fast unmöglich, seine Labortiere zu töten, um sie zu präparieren. Auch bei diesem Wissenschaftler erkennen wir einen Faktor, der der konventionellen Wissenschaft fehlt: seelische Wärme und eine liebevolle Beziehung.

Hier haben wir den Schlüssel, um zum Wesen zu gelangen, das hinter der Erscheinung liegt. Hier kommen wir über das Manipulieren der materiellen DNS hinaus und dringen zu den lebendigen, plastischen Bauplänen, zur ätherischen Formkraft des »Typus« vor. Auch hier gilt das Prinzip *Similia similibus:* Totes Denken nimmt nur eine tote Welt wahr und führt zu Abbruch, Chaotisierung und Degeneration. Liebevoll einfühlendes Denken schafft Kontakt mit lebenden Wesen. Der mikrokosmische Geist des Menschen spricht die übersinnlich im Makrokosmos weilenden Wesen an, die dann ihrerseits dem Menschen zu Gefallen auf ihre Erscheinungsform einwirken. Der wahre Pflanzenzüchter hat übersinnliche Verbindungen mit den plastischen Urbildern, ebenso wie der Schamane, der Wildbeuter Kontakt mit den Gruppengeistern des jagdbaren Wildes hat. Immer wieder wird dem Ethnologen erzählt, wie der »Herr der Tiere« seine Kinder in das Innere des Berges oder in den tiefsten Wald zurückruft, wenn die Jäger böse oder unmoralisch werden, und wie er sie auf Bitten des Schamanen gegen das Versprechen der Besserung den Menschen wieder als Nahrung schickt. Noch viel schwieriger als mit den Tieren ist es, die Verbindung mit dem Gruppengeist der Pflanzen herzustellen. Die Geistwesen (Devas) der

Pflanzen sind ja viel weiter »draußen« in der transsinnlichen Welt. Der Pflanzenzüchter muss ein Pflanzenschamane werden und muss dort, in den tieferen Dimensionen, wo auch die Toten und die Ungeborenen weilen, mit der »Herrin der Pflanzen« sprechen. Die Hochschulwissenschaftler, die in der untersinnlichen Welt der DNS-Moleküle herumstöbern, suchen in der falschen Richtung und verbauen sich sogar den Zugang zu diesen Wesen. Genmanipulierung, Bestrahlung, Elektrokultur, Hydrokultur, Hydroponik und ähnliche durch Habgier motivierte Methoden vertreiben die Wesen der Erscheinungswelt, sodass ihre Manifestationen degenerieren oder gar aussterben.

Der biologisch-hermetische Gärtner kann jedoch sein Saatgut erhalten. Er braucht diese Lebensanker nicht den lebensfeindlichen Technokraten und den großen Handelsgesellschaften zu überlassen. Er kann sogar bessere Pflanzen züchten, denn er hat eine direkte seelische Verbindung mit den lebenden makrokosmischen Seelen.

WIE ERHÄLT MAN DAS SAATGUT?

Wenn der Same in den Boden gestreut wird, wird er von den Elementen Wärme, Wasser und Bodenluft erfasst. Er quillt auf, Fermente und Katalysatoren zersetzen Öle und Fette, Stärke wird gespalten, Eiweißstoffe zerfallen. Es entsteht ein molekulares »Chaos«; der Sameninhalt gleicht dann der alchemistischen *Prima materia*. In dieses Chaos können die formgebenden kosmischen Kräfte hineinwirken. Daher sorgt man dafür, dass man zu den richtigen Zeiten bei günstigen Konstellationen aussät. Wenn man einfach gute Nahrungsmittel anbauen will, richtet man sich hauptsächlich nach den Mondphasen, dem Vollmond und Neumond. Wenn man aber speziell Saatgut nachziehen will, dann sollte man auf die Mondzeichen (siderischer Mond) achten und Wurzelgemüsesamen an Wurzeltagen in die Erde bringen, Blattgemüsesamen an Blatttagen und Früchtesamen an Fruchttagen aussäen. Auf diese Weise kann der Archetypus stärker eingreifen. Man muss sich meditativ nach der goetheanistischen Methode in die Bilder und Pflanzeneigenschaften hineinversetzen, um das genau entsprechende Zeichen herauszufinden, das für die einzelne Art am besten ist. So werden zum Beispiel die Knollen für Kartoffelsaatgut am besten im Erdzeichen des Stiers gesetzt.

Der innere Kosmos hat auch eine informierende, bildende Wirkung auf das Saatgut, wenn sich die Samen im Stadium des Chaos befinden. Arthur Hermes ließ beim Aussäen die Sonne im inneren Firmament scheinen; er schüttelte den Samen in seiner Hand und lenkte seine Gedanken dabei auf das Sonnenwesen Christus'. Bei einigen Völkern wird beim Säen gesungen, bei anderen bewusste Stille bewahrt; bei einigen feiert man Orgien in den Feldern, und in anderen übt man Enthaltsamkeit. In jedem Fall ist die seelische Verbindung mit dem Keimungsprozess und mit dem Pflanzenwesen hergestellt.

Nicht nur das innere und das äußere Firmament sind zu beachten, sondern auch der Boden als irdischer Faktor. Der Same muss für seine Lebenskraft genügend Humus vorfinden. Gesalzene und vergiftete Böden, die keine Lebensätherkräfte enthalten, lassen zudem keine gesunde Ausprägung der Pflanzengestalt zu; Insekten und Pilzsporen kommen dann, um diese kränklichen Ausgestaltungen abzuräumen. Der präparierte Kompost liefert genügend solche Lebenskräfte, sodass sich die Pflanze nicht vor der nächsten Samenbildung erschöpft, sondern von der Keimung (Mond) bis zur Reife (Saturn) ungehindert die ganze planetarische Leiter hinaufsteigen kann. Wir erinnern uns, dass man die Pflanzenmetamorphose planetarisch ausdrücken kann: Keimling (Merkur), vegetatives Wachstum (Sonne, Venus), Blüte (Mars), Frucht (Jupiter) und Samen (Saturn). Nachdem der Same erreicht ist, zieht sich die Pflanzengestalt wieder in ihr übersinnliches Urbild zurück. Wenn der Gärtner im Frühling die Samentüte hervornimmt, wird er selbst zum Saturn (lat. *sator* = Sämann). Seine warmen, trockenen Hände lassen den Samen sozusagen aus dem »Himmel« fallen. Die kalte, feuchte Erde ist der »Mond«, die Mondensphäre, aus der bei der Keimung die Pflanze in eine neue Inkarnation tritt.

Man erhält das Saatgut, wenn man dem Pflanzenwesen einen schönen Weg bereitet, sodass es sich an seiner Inkarnation erfreuen kann. Ein weiser Gärtnermeister kann unter Umständen das Pflanzenwesen bitten, aus dem »Himmel« eine neue Anlage oder Eigenschaft mitzubringen. Aber wer von uns heutigen Menschen hat eine solche Geisteskraft?

DIE AUSSAAT

Man wählt die Saatzeit, die der Pflanze zusagt. Das Beet ist von Unkraut gesäubert, gelockert und mit Kompost gedüngt worden. Die Entfernung zwischen den Reihen ist auf die Sorten abgestimmt. Die Menge der Samen und die Dichte der Saat ist keine allzu schwierige Erfahrungssache, wobei allerdings der Anfänger immer zu dicht sät. Das macht aber nichts, denn man kann immer die zu eng zusammengedrängten Keimlinge lichten. Genauere Angaben findet man in Fachpublikationen, wie etwa Manfred Stauffers »Gemüsebau für Gemeinschaften« (1979).

Einige Sorten, wie Bohnen und Erbsen, lässt man zwölf Stunden vorquellen. Wenn man sie länger im Wasser vorquillt, können sie ersticken, da sie ja atmende Lebewesen sind. Gurken, Kürbisse und Melonen lässt man in Milch vorquellen. Gesundes Saatgut braucht nicht mit Fungiziden gebeizt zu werden, aber ein Saatbad, vermischt mit biodynamischen Präparaten, kommt ihm

Blühender Dill.

Giersch – Unkraut, aber lecker.

zugute. Das Hornmistpräparat unterstützt die Wurzelentwicklung (Pfeiffer 1977: 195).

Die Regel für die Saattiefe ist, dass man die Samen so tief in den Boden bringt, wie sie breit oder lang sind. Eine Ausnahme bilden die Lichtkeimer wie Salat, Tabak, Schinkenwurzel, Sellerie, Basilikum, Dill oder Kamille, die man nur an die feuchte Bodenoberfläche drückt.

Einige Gemüsearten springen fast aus dem Boden, kaum hat man sie ausgesät; dazu gehören die Kreuzblütler, Sonnenblumen und Salate. Sehr langsam hingegen keimen die Doldenblütler (Karotten, Pastinaken, Petersilie usw.), Neuseeländer Spinat und die meisten Küchenkräuter. Da man manchmal bis zu einen Monat warten muss, bis sich die Jungpflanzen zeigen, ist es günstig, die Reihen mit einer Markiersaat aus Schnittsalat oder Radieschen, die man unter die Langsamkeimer mischt, zu kennzeichnen.

DAS AUFBEWAHREN VON SAATGUT

Nur die besten Pflanzen – der Salatkopf, der am spätesten »schießt«, der festeste Kohlkopf, der größte Kürbis – werden für die Saatguterzeugung ausgesucht. Es handelt sich natürlich um Pflanzen, die zur richtigen Konstellation in den Boden gebracht und mit Kompost gedüngt wurden. Von Hungerformen, die vorzeitig zur Samenreife kommen, nehmen wir keine Samen.

Die Samen müssen an der Mutterpflanze so lange ausreifen wie nur möglich. Eine über die reifende Dolde oder Ähre gebundene Tüte schützt die Samen vor frechen Finken und vor Ausfall. Wenn sie dann ganz reif sind, schneidet man die Rispen, Ähren, Dolden oder den Blütenkopf, drischt sie in der Tüte aus und worfelt sie. Bohnen, Erbsen und Mais lässt man in den Hülsen oder am Kolben nachreifen. Fleischige Früchte wie Tomaten, Kürbisse, Gurken, Auberginen oder Paprikas lässt man am Stock überreif werden, dann kratzt man die Samen heraus und lässt sie ein oder zwei Tage in Wasser leicht gären. Auf diese Weise säubert man die einzelnen Samen von dem klebrigen Fruchtfleisch. Auf Löschpapier oder einem feinmaschigen Gitter werden sie dann getrocknet.

Alle Sämereien werden mit Datum und Sortennamen genau beschriftet und kühl, trocken und dunkel aufbewahrt, damit sie weder Schimmel noch Mehltau befallen und sie nicht in ihrer Samenruhe gestört werden. Schnupftabakdosen, die wegen ihres Nikotingeruchs abstoßend auf samenfressende Käfer wirken und sich dicht schließen lassen, sind die besten Behälter zur Aufbewahrung.

Fast alle Gemüsesorten keimen, schon kurz nachdem sie geerntet und getrocknet sind. Die Doldenblütler müssen aber mindestens einen Monat nachreifen, ehe sie keimen; Rote Bete (Rande) und Mangold werden nach zwei bis drei Jahren keimungsfreudiger. Der Knollenziest (*Stachys*) und Enzian brauchen

Frost, um zu keimen; andere Arten keimen besonders gut bei ihnen zugetanen Konstellationen; wiederum andere wie die Tomaten haben in der äußeren Schale Keimhemmstoffe, die erst abgebaut werden müssen und so verhindern, dass der Same schon in der Frucht keimt.

KEIMFÄHIGKEIT

Wie lange kann man Samen aufbewahren? Ist es nötig, jedes Jahr frisches Saatgut zu kaufen oder zu erzeugen? 1954 wurde bei einer Expedition ein fast zehntausendjähriger Lupinensamen im Eis des Yukon-Territoriums gefunden – keimfähig! Man weiß, dass Lotussamen nach tausend Jahren noch keimen, ebenso die Königskerze. Aber der keimfähige Weizen aus ägyptischen Mumiengräbern scheint dem Bereich der Fabel anzugehören. Auf jeden Fall haben Samen eine längerwährende Vitalität, als die verkaufsfreudigen Vertreter der Samenhandlungen uns glauben machen wollen. Die optimale Keimfähigkeit ist in der folgenden Tabelle angegeben; nach dieser Zeitspanne nimmt die Vitalität langsam ab.

Sellerie	10 Jahre
Gurke, Endivie	8 Jahre
Rote Bete (Rande), Aubergine, Melone, Kürbis	6 Jahre
Kohlsorten, Salat, Kürbis, Spinat, Speiserübe	5 Jahre
Spargel, Karotte, Senf, Paprika, Tomate	4 Jahre
Lauch, Bohnen, Petersilie, Erbsen	3 Jahre
Zuckermais, Zwiebel, Haferwurzel, Pastinake	2 Jahre

Wenn man wissen will, ob lange aufbewahrtes Saatgut noch keimfähig ist, kann man den Prozentsatz ermitteln, indem man hundert Samen zwischen nasses Löschpapier sät und dann zählt, wie viele gekeimt haben. Man kann auch zwanzig Samen säen und die gekeimten mit fünf multiplizieren, dann bekommt man ebenfalls den Prozentsatz des keimfähigen Saatguts. Aus dieser Überprüfung ergibt sich, ob es überhaupt wert ist, den Samen auszusäen, oder wie dicht man ihn säen soll.

BESTÄUBUNG UND KREUZUNGEN

Durch die Bestäubung werden die haploiden Chromosomensätze der einen Pflanze durch die der anderen ergänzt und bilden den »Embryo« der neuen, diploiden Pflanze.[72] Manche Blüten werden von Insekten bestäubt, andere vom

Wind, wieder andere sind Selbstbestäuber. Selbstbestäubung, wie man sie bei Tomaten, Bohnen, Erbsen und Mais findet, macht es dem Gärtner leicht, gute Samen zu bekommen, da unerwünschte Kreuzungen selten vorkommen. Der Salat kann sich selbst bestäuben, aber auch von den windgetragenen Pollenkörnchen des stacheligen, bitteren Stachellattich (*Lactuca scariola*) befruchtet werden. Da dies das Saatgut verderben würde, sollte man sorgfältig alle wildwachsenden Stachellattiche in der Umgebung des blühenden Kopfsalats entfernen. Haferwurzel, Chicorée und Gartenlöwenzahn sind gleichfalls Selbstbestäuber, werden aber gerne von Bienen besucht, die sie mit ihren wildwachsenden Verwandten Wiesenbocksbart (*Tragopogon pratensis*), Wegwarte (*Cichorium intybus*) und Feldlöwenzahn (*Taraxacum officinale*) kreuzen.

Man muss darauf achten, dass Paprika und Chilipfeffer einander nicht bestäuben. Gurken, Kantalupen und Wassermelonen bringen keine Kreuzungen hervor, aber bei Zucchini und anderen Kürbissen entwickeln sich eigenartige, mitunter ulkige Bastarde. Blattmangold, Rippenmangold, Rote Bete (Randen) und Zuckerrüben werden vom Wind befruchtet und können unerwünschte Kreuzungsresultate hervorbringen. Blumenkohl, Grünkohl, Kohlrabi, Rosenkohl, Broccoli und andere Kohlarten gehören alle der Gattung *Brassica oleracea* an und werden von Bienen oder Schmetterlingen sehr leicht gekreuzt, was zu unbrauchbaren Bastarden führt. Karotten kreuzen sich mit der Wilden Möhre (*Daucus carota*) zu einer holzigen, mageren Wurzel. Lauch vermischt sich mit Zwiebeln, wenn man nicht aufpasst, ebenso Knollensellerie mit Bleichsellerie. Höchst problematisch könnte sich in Zukunft die Bestäubung durch genveränderte Pflanzen erweisen. Um dergleichen unerwünschte Kreuzbestäubungen zu verhindern, muss man ganz bei der Sache sein. Samennachzucht ist nicht etwas, das man so nebenbei betreiben kann. Zur Blütezeit kann man die auserkorenen Blüten mit einer Papiertüte abschirmen und von Hand die Arbeit des Windes oder der Insekten übernehmen, indem man mit einem weichen Kamelhaarpinsel den Pollen auf die Narbe bringt. Wenn die Früchte sich zu formen beginnen, kann man die Tüte wieder entfernen.

Zu den einjährigen Gemüsepflanzen, von denen man Saatgut innerhalb eines Jahreslaufes gewinnen kann, gehören alle Hülsenfrüchte, alle Nachtschattengewächse, alle Gurken- und Kürbisarten, Kopfsalat, Rauke, Radieschen, Chinakohl, Spargelkohl, Gartenmelde, Gartenkresse, Spinat und Neuseelän-

72 Ein *haploider* Chromosomensatz ist ein einfacher Chromosomensatz, wie man ihn bei Einzellern findet, die sich nur asexuell vermehren, oder wie man ihn in den Keimzellen (Ovum, Sperma) höherer Organismen findet. Im Gegensatz dazu hat ein diploider Chromosomensatz die Erbanlagen beider elterlichen Teile.

der Spinat. Zweijährige Arten wie die Kohlsorten, die Doldenblütler, Rote Bete (Randen), Mangold, Lauch und Zwiebeln wachsen das erste Jahr ins Kraut, dann brauchen sie eine Winterruhe mit tieferen Temperaturen (Vernalisation). Erst im zweiten Jahr zeigen sie Blühbereitschaft. In tropischen Ländern, wo es keine Winter gibt, gelangen diese Pflanzen nie zur Blüte. Wir lassen diese Pflanzen entweder im Beet, unter einer tiefen Mulchdecke vor Frost geschützt, oder graben sie mitsamt einem Erdballen aus und bewahren sie bis zum Frühling im Wurzelkeller, ehe wir sie wieder ins Beet pflanzen. Wenn Fenchel, Sellerie oder Lauch schon im ersten Jahr Samen machen, nehmen wir diese frühreifen Exemplare nicht als Saatgut.

Viele Gartengewächse werden nicht aus Samen gezogen, sondern vegetativ vermehrt. Bei Kartoffeln und Topinambur zerteilt man die Knollen, wobei jedes Auge (Knospe) eine neue Pflanze bildet. Bei Beinwell, Meerrettich, Baldrian und Rhabarber teilt man ebenfalls den Wurzelstock. Bei Erdbeeren, Minze, Brennnessel, Rainfarn und etlichen Stauden werden die Ausläufer zur Vermehrung abgetrennt.

Man sieht, dass die Saatgutvermehrung ziemlich viel Aufmerksamkeit erfordert. Aber weder braucht jedes Jahr frisches Saatgut hergestellt zu werden, noch braucht man alle Samen selbst zu züchten. Ein Gartenverein, Nachbarn oder gute Freunde sind immer bereit, nicht nur gute Ratschläge auszutauschen, sondern auch Samen und Stecklinge. Verschiedene Menschen haben auch ganz unterschiedliche Erfolge mit der Saatgutherstellung, vieles hängt von ihrem »inneren Himmel« ab. In unserer Nachbarschaft in Oregon lebte ein alter Gärtner aus Texas, der besonders gerne den Abelmosch (Okra) verspeiste und auch einen unglaublichen Erfolg mit der Anzucht dieser Gemüseschote hatte. Er beschenkte die ganze Gegend mit dem Samen. Ein polnischer Einwanderer, der jedes Jahr den ersten Preis für die größten Sonnenblumen an der *county fair* gewann, segnete die ganze Nachbarschaft mit Sonnenblumenkernen. Auf diese Art kann die Saatguterzeugung eine Gemeinschaftssache werden. Man kann beobachten, dass es oft die älteren Männer sind, die sich selbst dem Saturnalter nähern, die die nötige Ruhe und Gedankenklarheit haben, um das beste Saatgut zu erzeugen. Der biologisch-hermetische Gärtner wird eine tiefe Befriedigung erfahren können, wenn er das Pflanzenwesen *vom Samen bis zum Samen* durch die Pflanzeninkarnationen begleiten kann.

Ein Gärtner freut sich über die ersten Kartoffeln.

NACHWORT

Für Jäger- und Sammlervölker ist die ganze Welt ein »Garten«, der, wie kulturanthropologische Studien zu Genüge zeigen, nicht nur Nahrung, sondern alles bietet, was der Mensch zum Dasein braucht. Abgesehen von kleinen Gehegen, in denen Sakralpflanzen – Tabak bei den Indianern, Pituri bei den Aborigines – gehegt und gepflegt wurden, wurde der heilige Erdboden nicht bearbeitet. Dennoch ist der Gartenbau so alt, dass sich viele Ursprungsmythen des Menschen um den Garten ranken. Immer wieder regt sich die Sehnsucht nach dem Paradies, was im Altpersischen nichts anderes als »Prachtgarten« bedeutet. Auch in den Utopien der Landkommunenbewegung und Alternativkultur spielt dieses Urbild unbewusst eine Rolle. Wenn die Welt garstig wird, wenn es sich wegen Wirtschaftskrisen oder Kriegen schwer leben lässt, drängt es den Menschen wieder in den Garten wie das erschreckte Kind an den Busen der Mutter. Man denke an die Gemüseflecken in den Bombentrichtern mitten in der Stadt, an die Gärten der Arbeitslosen oder die amerikanischen »Inflationsgärten« in Zeiten der Teuerung. Alte Leute und Rentner, ausgelaugt von langen Dienstjahren in Büros und Fabrikhallen, finden an ihrem Lebensabend Freude und Trost in ihren liebevoll gepflegten Gärtchen. In der düstersten Zeit der Industrialisierung erhielten sich die Ärmsten in England mit ihren »Armengärten« am Leben, und im Laufe der Proletarisierung konnten Arbeiter Erholung, frisches Gemüse und etwas Obst in ihrem Stückchen Paradies finden. Rings um die rußigen Industriestädte und an den Bahngleisen blühte mit den Schrebergartenvereinen eine regelrechte Volkskultur auf. Der Rückzug des kleinen Mannes in den Schrebergarten spielte in den Ostblockstaaten eine so bedeutende Rolle, dass Soziologen von dem Phänomen des »Datschaismus« (russ. *Datscha*, kleines Landhäuschen im Grünen) sprechen.

Man belächelt gerne diese spießigen, biederen Beispiele, und doch wird es wieder der Garten sein, in dem man sich den Seelenbalsam suchen wird, wenn das Experiment der Reorganisierung der Welt nach dem Fabrikmodell gescheitert ist, wenn der Nahrungsmitteltransport nicht mehr rentabel ist, die Energiekosten ins Unermessliche steigen und das soziale Gefüge unter dem Druck wieder einmal zu zerbrechen droht. Nirgends ist der Leistungsgrad pro Hektar und Energieaufwand höher als auf diesen kleinen, liebevoll gepflegten, intensiv bearbeiteten Flächen.

Ein kleiner Familiengarten kann in Zeiten steigender Lebensmittelpreise nicht nur die ästhetischen Bedürfnisse befriedigen, sondern auch beim Einkommen viel sparen. Mit einem 500 Quadratmeter großen Garten und weniger als 250 Arbeitsstunden kann eine vierköpfige Familie ihren Jahresbedarf an

Gemüse, Salat und Kartoffeln decken. Mit einem 3000 Quadratmeter großen Garten kann sich diese Familie sogar mit Eiern, Fleisch und Honig eindecken, wenn sie Hasen, Hühner und Bienen in die Gartenbiozönose einschaltet (Schönauer 1979: 33). Auf einem größeren Grundstück kann man schon ein paar Milchschafe, Ziegen oder ein Schwein halten – »Jedes Schwein eine Düngerfabrik!« (Mao Tse-tung). Mit mehr als einem Hektar kommen schon eine Kuh und ein Karpfenteich in Frage.

Der Familiengarten kann auf die teuren Geräte und den spektakulären Klimbim, den die Werbung anpreist, ganz verzichten. Gartenbau ist so urtümlich, dass die meisten Geräte und Techniken (griech. *techne* = Handfertigkeit) schon viele Jahrtausende vor dem Industriefabrikat perfektioniert worden sind. Auch die Völkerkundler berichten, dass die Technologie der Pflanzenvölker äußerst einfach ist, aber die Techniken sind höchst entwickelt und außerordentlich angepasst. Wenn man Tiefbeetkulur mit Humuspflege (Kompostierung) verbindet, braucht man auch keinen Gartentraktor, denn der Boden bleibt locker. Die Ruhe, die ein Garten geben kann, will man auch nicht stören, denn sie ermöglicht das Öffnen der Chakras, das andächtige Eindringen in die Welt hinter den Erscheinungen; sie ermöglicht das selten gewordene Denken im Gegensatz zum modernen, computerhaften Kombinieren.

Aus den Gärten wird eine sanftere Technologie aus Sonne, Wind und Wasser geboren werden können. Hier wird die der Unterwelt entsprungene Supertechnologie ebenso wenig Platz haben wie entfremdende, unmenschliche Arbeitsgänge. Man wird wieder Unabhängigkeit und das Vertrauen zu sich selbst finden und zur selben Zeit die Verbindung zum Nachbarn wiederherstellen, mit dem man den Überfluss der Produkte, Saatgut, Werkzeuge und Ideen tauscht. In jedem Garten kann der Lebensbrunnen sprudeln und der Lebensbaum Früchte tragen. Und zuletzt begegnet man, wie einst Maria Magdalena, dem Seelengärtnermeister, der den schweren Stein des toten Materialismus weggerollt, nachdem man geglaubt hatte, es sei nun doch alles verloren gegangen.

BIBLIOGRAFIE

Abele, Ulf: *Vergleichende Untersuchungen zum konventionellen und biologisch-dynamischen Pflanzenbau unter besonderer Berücksichtigung von Saatzeiten und Entitäten*, Diss. Universität Gießen 1973.

Abtei Fulda: *Der Natur auf der Spur*, Fulda: Parzeller & Co. 1973.

Adams, George: *The Plant Between Sun and Earth*, Strourbridge/England 1952.

Agena, Gesine und Susanne Städtler: *Sumpf- und Wasserpflanzen. Ihre historische und gegenwärtige Nutzung als Nahrungs- und Futterpflanzen*, Witzenhausen: Gesamthochschule Kassel, Fachbereich Landwirtschaft 1988.

Albrecht, William A.: *The Albrecht Papers*, hrsg. v. Charles Walters, Raytown/Missouri: Acres 1975.

Allaby, Michael und Floyd Allen: *Robots behind the Plow*, Emmanus, PA: Rodale Press 1974.

Anderson, Edgar: *Plants, Man and Life*, Boston: Little, Brown & Co. 1952.

Balzer, Georg: *Goethe als Gartenfreund*, München: Heyne 1976.

Baranger, Pierre: »Science et Vie«, Nr. 499, April 1959.

Basold, Anselm: »Beitrag zum Verständnis des Potenzierungsprozesses in der Heilmittelbereitung auf Grund einer geisteswissenschaftlichen Betrachtungsweise«, in: *Anthroposophie und Medizin*, Dornach/Schweiz: Philos.-Anthrop. Verlag 1963.

Baumgartner, Markus: »Die Ernte ist gefährdet«, in: *Cash*, Nr. 44, 2000.

Bell, Adrian D.: *Illustrierte Morphologie der Blütenpflanzen*, Stuttgart: Verlag Eugen Ulmer 1994.

Berenbaum, May R.: *Blutsauger, Staatsgründer, Seidenfabrikanten*, Heidelberg/Berlin/Oxford: Spektrum Akademischer Verlag 1997.

Bernus, Alexander v.: *Alchimie und Heilkunst*, Nürnberg: Verlag Hans Karl 1969.

Bischof, Marco: *Photonen – Das Licht in unseren* Zellen, Frankfurt a. M.: Zweitausendeins 1995.

Boly, William: »Sweet Dioxin«, in: *Oregon Times Magazine*, Sept. 1977.

Boyd, Doug: *Rolling Thunder*, New York: Random House 1974.

Bredow, Rafaela v.: »Tod der Schmetterlinge«, in: *Spiegel*, Nr. 4, 22. 1. 2001.

Brookfield, H. et al.: *Struggle for Land*, New York: Oxford University Press 1963.

Brown, Frank A.: »Hypothesis of Environmental Timing of the Clock«, in: *The Biological Clock*, New York: Academic Press 1970.

Callahan, Philip: *Insects and how they Function*, New York: Holiday House Publ. 1971.

Castaneda, Carlos: *Die Lehre des Don Juan: Ein Yaqui-Weg des Wissens*, Frankfurt a. M.: Fischer-Taschenbuchverlag 1973.

Chardin, Teilhard de: *Le Phénomène humain*, Paris: Edition du Seuil 1948.

Clark, Wilson: »US Agriculture is growing Trouble as well as Crops«, in: *Smithonian*, New York, Januar 1975.

Cocannouer, Joseph: *Weeds, Guardians of the Soil*, New York: Devin Adair Co. 1964.

Cowley, Geoffrey: »DNA on the Dinner Table«, in: *Newsweek Special*, New York 2000.

Culpeper, Nicholas: *Compleat Method of Physic whereby a man may reserve his body in health; or oure himself being sick, for three-pence charge, with such things onely as grow in England, being most fit for English bodies* (Reprint als »Culpepers Complete Herbal«), London: Foulsham 1649.

Darwin, Charles: *The Formation of Vegetable Moulds through the Action of Worms*, London 1882.

Daubenmire, Rexford: *Plant Communities*, New York: Harper & Row Publ. 1968.

Dethier, V. G.: *Man's Plague: Insects and Agriculture*, Princeton/NJ: Darwin Press 1976.

Dobzhansky, Theodosius: »On Genetics and Politics«, in: *Heredity and Society*, New York: Macmillan 1973.

Ellida, Mircea: *Patterns in Comparative Religion*, New York: Meridian 1958.

Emoto, Masaru: *The Message from Water*, Kioykusha, Japan: HADO 2000.

Findhorn Community: *The Findhorn Garden*, New York: Harper & Row 1975.

Finsterlin, Hellmut: »Oshawa in Deutschland«, in: *Durchblick*, Stuttgart, Nr. 4, Herbst 1979.

Flanagan, Pat: *Pyramid Power*, New York: Davores 1973.

Fletcher, John: *Russia: Past, Present and Future*, London: New Knowledge Books 1968.

Frazer, Sir James: *The Golden Bough*, New York: MacMillan 1951.

Geertz, Clifford: »Two Types of Ecosystems«, in: *Environment and Cultural Behavior*, hrsg. v. A. P. Vayda, Garden City/N. Y.: Natural History Press 1969.

Geier, B.: *Biologisches Saatgut aus dem eigenen Garten*, Essen: Synthesis-Verlag 1982.

Gilstrap, Marguerite: *Seeds*, Washington, D. C.: USDA Yearbook of Agriculture 1961.

Glob, P. V.: *The Bog People*, New York: Ballantine Books 1975.

Goethe, J. W. v.: *Sprüche in Prosa*, hrsg. v. H. Krüger-Westend, Leipzig: Insel-Verlag 1908.

Golowin, Sergius: *Götter der Atomzeit*, Bern: Morzsinay Verlag 1980.

Golueke, Clarence G.: *Biological Reclamation of Solid Wastes*, Emmaus/PA: Rodale Press 1977.

Gotthelf, Jeremias: *Uli, der Pächter*, Basel: Diogenes-Taschenbuch 1978.

Grimm, Hans-Ulrich: *Aus Teufels Topf*, Stuttgart: Klett-Cotta 1999a.

Ders.: *Die Suppe lügt*, München: Knaur 1999b.

Grohmann, Gerbert: *Die Pflanze als Lichtsinnesorgan der Erde*, Stuttgart: Verlag Freies Geistesleben 1962.

Gurjewitsch, Aaron J.: *Das Weltbild des mittelalterlichen Menschen*, Dresden: VEB Verlag der Kunst 1978.

Hageneder, Fred: *Geist der Bäume*, Saarbrücken: Neue Erde 1998.

Harris, Marvin: *Cows, Pigs, Wars, and Witches*, New York: Vintage Books 1975.

Hartmann, Franz: *Paracelsus: Life and Prophecies*, Blauveldt/NY: Rudolf Steiner Publications 1973.

Hauser Albert: *Bauerngärten in der Schweiz*, Zürich/München: Artemis 1976.

Hauschka, Rudolf: *Heilmittellehre*, Frankfurt a. M.: Vittorio Klostermann 1965.

Hawken, Paul: *The Magic of Findhorn*, New York: Harper & Rowe 1975.

Holenstein, Anne-Marie: *Zerstörung durch Überfluss*, Basel: Z-Verlag 1978.

Hollerbach, Karl und Elisabeth: *Kraut und Unkraut zum Kochen und Heilen*, München: Hugendubel-Irisana 1998.

Holmyard, E. J.: *Alchemy*, Middlesex/England: Penguin Books 1968.

Howard, Sir Albert: *The Soil and Health*, New York: Schocken Books 1972.

Huntington, Ellsworth: *Mainsprings of Civilization*, New York: Mentor Books 1962.

Hylton, William: »The Companionable Herbs«, in: *The Rodale Herb Book*, hrsg.v. R. Rodale, Emmaus/PA: Rodale Press 1974.

Janick, Jules: *Horticultural Science*, San Francisco: W. H. Freeman & Co. 1963.

Jeavons, John: *How to Grow More Vegetables*, Palo Alto/CA: Ecology Action of the Midpeninsula 1974.

Jensen, William A. et al.: *Botany: An Ecological Approach*, Belmont/CA: Wadsworth Publ. 1972.

Kandler, Otto: »Entstehung des Lebens und frühe Evolution der Organismen«, in: *Der Gang der Evolution*, München: Verlag C. H. Beck 1987.

Katalyse Institut: *Gentechnik in Lebensmitteln*, Reinbek bei Hamburg: Rowohlt 1999.

Kekaly, Aloys: »Der goldene Pflug«, in: *Implosion*, Biotechnische Schriftenreihe, Nr. 54/55, 1974.

Kerner Dagny und Imre Kerner: *Der Ruf der Rose*, Köln: Kiepenheuer & Witsch 1992.

Kervran; Louis C.: *Biological Transmutations*, Binghamton/NY: Swan House Publ. 1972.

Kindscher, Kelly: *Medical Wild Plants of the Prairie*, Lawrence/Kansas: University Press of Kansas 1992.

King, F. C.: *Farmers of Forty Centuries*, London: Jonathan Cape Publ. 1933

Kleine Enzyklopädie: *Land, Forst, Nahrung, Garten*, Leipzig: VEB Bibliographisches Institut 1978.

Klett, Manfred: »Untersuchungen von Licht- und Schattenqualität«, in: *Biologisch-Dynamischer Land- und Gartenbau*, Bd. 2, Darmstadt: Verlag Lebendige Erde 1973.

Knieriemen, Heinz: »Amaranth – Pflanze der Unsterblichkeit«, in: Natürlich, Nr. 8, 2000.

Koestler, Arthur: *The Case of the Midlife Toad*, New York: Vintage Books 1973.

Kolisko, L.: *Agriculture of Tomorrow*, London: Kolisko Archives 1939.

König, Karl: *On the Sheaths of the Preparations*, Reprint, Glencraig/England: Glencraig Printery 1968.

Kotschtschejew, A. K: *Wildwachsende Pflanzen in unserer Ernährung*, Leipzig: VEB Buchverlag Leipzig 1990.

Koxloff, Eugene: *Plants and Animals of the Pacific Northwest*, Seattle: University of Washington Press 1976.

Kranich, Ernst Michael: *Die Formensprache der Pflanzen*, Frankfurt a. M.: Fischer-Taschenbuch 1986.

Krätz, Otto: *Goethe und die Naturwissenschaften*, München: Callway 1998.

Kreeb, K.: *Oekophysiologie der Pflanzen*, Jena: VEB Gustav-Fischer-Verlag 1974.

Kropotkin, Fürst Peter: *Landwirtschaft, Industrie und Handel*, Berlin 1921.

Launer, Ekkehard: *Zum Beispiel Rindfleisch*, Göttingen: Lamuv 1996.

Liebig, J. von: *Chemie und ihre Anwendung auf Landwirtschaft und Physiologie*, 1840.

Lievegoed, C. B. J.: *The Working of the Planets and the Life Processes in Man and Earth*, Clent, Strourbridge, Worcs.: Broome Farm 1972.

Lindholm, D.: *Wie die Sterne entstanden*, Stuttgart: Verlag Freies Geistesleben 1973.

Löckle, Werner E.: *Bewusste Ernährung und gesunde Lebensführung*, Freiburg i. Br.: Verlag die Kommenden 1970.

Martin, Maurice: *Die Pflanze zwischen Erde und Kosmos*, Schaffhausen: Novalis-Verlag 1980.

Meyer, Rolf, Christoph Revermann und Arnold Sauter: *Biologische Vielfalt in Gefahr?*, Berlin: Edition Sigma 1998.

Meyer, Rudolf: *Nordische Apokalypse*, Stuttgart: Verlag Urachhaus 1976.

Moser, Rupert: »Kulturelle Verunsicherung und die Entstehung neuer religiöser und quasireligiöser Vorstellungen und Bewegungen«, in: *Bewältigung und Verdrängung spiritueller Krisen*, Bern: Collegium Generale Universität Bern, Peter Lang 1998.

Müller-Ebeling, Claudia, Christian Rätsch und Wolf-Dieter Storl: *Hexenmedizin*, Aarau: AT Verlag 2000.

von Nettesheim, Agrippa: *De Occulta Philosophia*, Meisenheim/Glam: Reprint A. Hain 1530.

Ostrander, Sheila et al.: *Psychic Discoveries Behind the Iron Curtain*, New York: Bantam Books 1973.

Palissa, Alfred: *Bodenzoologie*, Berlin: Wissenschaftliche Taschenbücher, Akademie Verlag 1964.

Peuckert, Will-Erich: *Theophrastus Paracelsus*, New York, Hildesheim: Georg Olms 1976.

Pfeiffer, Ehrenfried: *Sensitive Crystallization Process*, New York 1936.

Ders.: *Die Fruchtbarkeit der Erde*, Dornach/Schweiz: Rudolf Geering 1977.

Ders.: Vorwort zu R. Steiners *Agriculture*, London: BD Agricultural Association 1974.

Pfeiffer, E. und E. Riese: *Der erfreuliche Pflanzgarten*, Dornach/Schweiz: Rudolf Geering 1977.

Popp, Fritz-Albert: *Die Botschaft der Nahrung*, Frankfurt a. M.: Zweitausendeins 1999.

Rappaport, Roy: »The Flow of Energy in an Agricultural Society«, in: *Scientific American*, 225, Sept. 1971.

Rateaver, Bargyla: *The Organic Method Primer*, Pauma Valley/CA 1973.

Remer, Nicolaus: *Lebensgesetze im Landbau*, Dornach/Schweiz: Philosophisch-Anthroposophischer Verlag 1968.

Rodale, I. J. (Hg.): *The Complete Book of Composting*, Emmanus/PA: Rodale Books 1975.

Rodale, Robert: »Making Enemies into Friends«, in: *Organic Gardening and Farming Magazine*, Emmaus/PA: Februar 1977.

Ders.: *Organic Plant Protection*. Emmaus/PA: Rodale Press 1974.

Roszak, Theodor: *Unfinished Animal*, New York: Harper & Row 1975.

Salisbury, Frank et al.: *Plant Physiology*, Belmont/CA: Wadsworth Publ. Co. 1969.

Scheler, Max: *Die Stellung des Menschen im Kosmos*, Darmstadt: Otto Reichel 1935.

Schiff, Michel: *Das Gedächtnis des Wassers*, Frankfurt a. M.: Zweitausendeins 1999.

Schönauer, Gerhard: *Zurück zum Leben auf dem Lande*, München: Wilhelm Goldmann Verlag 1979.

Schulz, Joachim: »Die Blattstellung im Pflanzenreich als Ausdruck kosmischer Gesetzmäßigkeiten«, in: *Goethe in unserer Zeit*, hrsg. v. Günther Wachsmuth, Dornach/Basel: Hyberia 1949.

Schwarze, Achim: *Grüner Zweig* 48, Gartenbau, Löhrbach: Die Grüne Kraft, Werner Pieper (Hg.) 1980.

Schwenk, Theodor: *Das sensible Chaos*, Stuttgart: Verlag Freies Geistesleben 1976.

Ders.: »Wasserrettung und Wassernot«, in: *Soziale Hygiene*, Stuttgart: Verlag Freies Geistesleben 1973.

Ders.: »Grundlagen der Potenzforschung«, Stuttgart: Verlag Freies Geistesleben 1972.

Seymour, John: *Selbstversorgung aus dem Garten*, Ravensburg: Otto Maier 1978.

Sheldrake, Rupert: *Die Wiedergeburt der Natur*, Bern/München/Wien: Scherz 1993.

Spencer, Edwin: *All About Weeds*, New York: Dover Publ. 1974.

Spindler, Henri: »Bull. Lab. Maritime de Dinard XXVIII (1947)«; »Bull. Lab. Maritime de Dinard XXXI (1948)«.

Stauffer, Manfred: *Gemüsebau für Gemeinschaften*, Dornach/Schweiz: Rudolf Geering 1979.

Steele, Dorman J.: *A Fourteen Weeks Course in Chemistry*, New York: A. S. Barnes & Co. 1868.

Steiner, Rudolf: *Geisteswissenschaftliche Grundlagen zum Gedeihen der Landwirtschaft* (Landwirtschaftlicher Kursus), Dornach/Schweiz: Rudolf-Steiner-Verlag 1975.

Ders.: *Der Mensch als Zusammenklang des schaffenden, bildenden und gestaltenden Weltenwortes*, Dornach/Schweiz: Rudolf-Steiner-Verlag 1973.

Ders.: *Goethes Naturwissenschaftliche Schriften*, Sonderausgabe sämtlicher Einleitungen der »Deutschen National Literatur«, hrsg. v. Joseph Kürschner, Bd. 114–117 (1883–97), Stuttgart: Verlag Freies Geistesleben 1962.

Storl, Wolf-Dieter: *Bekannte und vergessene Gemüse*, Aarau/München: AT Verlag 2020a.

Ders.: *Borreliose natürlich heilen*, Aarau/München: AT Verlag 2020b.

Ders.: *Pflanzendevas*, Aarau/München: AT Verlag 2020c.

Ders.: *Kräuterkunde*, Braunschweig: Aurum 2020d.

Ders.: *Heilkräuter und Zauberpflanzen zwischen Haustür und Gartentor*, Aarau/München: AT Verlag 2018.

Ders.: *Mein Gartenwissen*, München: GU 2017a.

Ders.: *Pflanzen der Kelten*, Aarau/München: AT Verlag 2017b.

Ders.: *Der Selbstversorger – Mein Gartenjahr*, München: GU 2016.

Ders.: *Götterpflanze Bilsenkraut*, Solothurn: Nachtschatten Verlag 2014a.

Ders.: *Von Heilkräutern und Pflanzengottheiten*, Braunschweig: Aurum 2014b.

Ders.: *Culture and Horticulture*, Berkeley, California: North Atlantic Books 2013.

Ders.: »Kosmisch Kochen«, in: *Esotera*, 4, 1989.

Ders.: »Ideologie und Oekologie Emmentaler biologisch-dynamischer Höfe«, in: *Beiträge zur Ethnologie der Schweiz*, Ethnologica Helvetica IV, Bern: Schweizerische Ethnologische Gesellschaft, Universität Bern 1980.

Ders.: *Culture and Horticulture*, Wyoming/RI: Bio-Dynamic Literature 1979.

Ders.: *Shamanism among Americans of European Origin*, Bern: Inaug. Diss., Universität Bern 1974.

Stritzke, Siegfried: *Seltene Obstarten im Garten*, Berlin: VEB Deutscher Landwirtschaftsverlag Berlin 1981.

Surya, G. W.: *Die verborgenen Heilkräfte der Pflanzen*, Freiburg i. Br.: Hermann Bauer Verlag 1978.

Thompkins, Peter und Christopher Bird: *Die Geheimnisse der guten Erde*, München: Knaur 1991.

Dies.: *Das geheime Leben der Pflanzen*, Bern/München: Scherz 1974 .

Thun, M. und H. Heinze: *Anbauversuche über Zusammenhänge zwischen Mondstellung im Tierkreis und Kulturpflanzen*, Darmstadt: Forschungsring für biodynamische Wirtschaftsweise 1973.

Thun, Maria: *Aussaattage*, Biedenkopf/Lahn: Verlag Aussaattage 1979.

Todd, John: »A Modest Proposal: Science for the People«, in: *Radical Agriculture*, hrsg. v. Richard Merrill, New York: Harper & Row 1976.

Troll, Wilhelm: *Allgemeine Botanik*, Stuttgart: Ferdinand Enke 1959.

Voigt, Wolfram et al.: *Johann Wolfgang von Goethe als Naturwissenschaftler*, Leipzig: BSB, B.-G.-Teubner-Verlag 1979.

Wachsmuth, Günther: *Erde und Mensch*, Kreuzlingen/Zürich: Archemides 1945.
Welten, Frieda: *Biologischer Gartenbau Ratgeber*, Oberwil/Schweiz: Lichtquell-Verlag 1978.
Whitefield, Patrick: *Permakultur kurz & bündig*, Xanten: OLV 1995.
Wolber, G. und S. Vetter: »Samenjahre der Rotbuche und Planetenstellung im Tierkreis«, in: *Sternenkalender* 1973–74, Dornach/Schweiz: Goetheanum 1973.
Wortmann, Michael: *Konventionelle und Biologische Landwirtschaft*, Darmstadt: Verlag Lebendige Erde 1977.
Yogananda, Paramahamsa: *Autobiography of a Yogi*, Los Angeles/CA: Self-Realization Fellowship 1969.
Zedler, H. J.: *Großes vollständiges Universal-Lexicon aller Wissenschaften und Künste etc.*, Leipzig/Halle 1732–54.

REGISTER

Wolf-Dieter Storl

Mag. Dr. phil., geboren 1942, Kulturanthropologe und Ethnobotaniker, lehrte als Dozent an verschiedenen Universitäten, u. a. Sociology of Medicine (Kent State University, Ohio, USA) und Medical Anthropology (Sheridan College, Wyoming, USA); Ehrenmitglied der ethnomedizinischen Gesellschaft (AGEM), Dozent bei ETHNOMED (Institut für Ethnomedizin, München). Studienreisen, ethnografische und ethnobotanische Feldforschung, zahlreiche Artikel und Bücher. Seit 1988 lebt er auf einem Einödhof im Allgäu, wo er gärtnert und den Geheimnissen der Heilkräuter und Wildpflanzen nachgeht.

www.storl.de

Bücher von Wolf-Dieter Storl im AT Verlag

Einsichten und Weitblicke
Das Wolf-Dieter Storl Lesebuch

Bekannte und vergessene Gemüse*
Botanik, Geschichte, Heilkunde
und Anwendungen

Naturrituale
Mit schamanischen Ritualen
zu den eigenen Wurzeln finden

**Heilkräuter und Zauberpflanzen
zwischen Haustür und Gartentor***

Pflanzendevas
Die geistig-seelischen Dimensionen
der Pflanzen
Mit praktischen Anleitungen
zu Pflanzenmeditationen

Borreliose natürlich heilen*
Ethnomedizinisches Wissen, ganzheitliche Behandlung
und praktische Anwendungen

**Das Herz
und seine heilenden Pflanzen***

Pflanzen der Kelten
Heilkunde, Pflanzenzauber, Baumkalender

* Auch als E-Book erhältlich

AT Verlag
Bahnhofstraße 41
CH-5000 Aarau
Telefon +41 (0)58 510 63 10
info@at-verlag.ch
www.at-verlag.ch